KB232243

근대 일본의 문화사 3 : 1870~1910년대 1

근대 知의 성립

저자

나리타 류이치 成田龍一 | 일본여자대학 인간사회학부 교수

사토 도신 佐藤道信 | 도쿄예술대학 교수

나카야마 아키히코 中山昭彦 | 가쿠슈인 대학 교수

오사 시즈에 長志珠繪 | 고베시 외국어대학 교수

이소마에 준이치 磯前順一 | 국제일본문화연구센터 조교수

히라타 유미 平田由美 | 오사카대학 문학연구과 교수

고노 켄스케 紅野謙介 | 일본대학 문학부 교수

역자

〈연구공간 수유+너머〉의 '일본 근대와 젠더 세미나팀' | 한국과 일본의 근대 형성기에 관심을 가진 다양한 전공자들이 공부하는 모임이다. 이 책의 번역 이전에 岩波講座의 '근대 일본문화사' 시리즈 중 6권에 해당하는 『확장하는 모더니티—1920~30년대 근대 일본문화사』(소명출판, 2007)를 번역했고, 현재 이 시리즈의 4,5권에 해당하는 『感性の近代 : 1870~1910年代 2』와 『編成されるナショナリズム : 1920~1930年代 1』을 번역하고 있다. 이 책의 번역에는 강현정(영상이론), 김연숙(한국문학), 김주현(일본 근대문학), 남효진(일본학), 엄미옥(한국문학), 윤광옥(한국문학), 전미경(가족학), 정성필(역사학), 최성연(동아시아 불교), 한윤아(동아시아 영화이론), 허보윤(공예/디자인이론)이 참여했다.

근대 일본의 문화사 3 : 1870~1910년대 1

근대 지知의 성립

초판 인쇄 2011년 2월 1일 **초판 발행** 2011년 2월 5일
지은이 나리타 류이치 외 **옮긴이** 〈연구공간 수유+너머〉의 '일본 근대와 젠더 세미나팀'
펴낸이 박성모 **펴낸곳** 소명출판 **출판등록** 제13-522호
주소 서울시 서초구 서초동 1621-18 란빌딩 1층
전화 02-585-7840 **팩스** 02-585-7848 **전자우편** somyong@korea.com **홈페이지** www.somyong.co.kr

값 19,000원

ISBN 978-89-5626-541-4 94910
ISBN 978-89-5626-540-7 (세트)

근대 일본의 문화사 3 : 1870~1910년대 1

근대 지知의 성립

The Establishment of Modern Knowledge

나리타 류이치 외 지음

연구공간 수유+너머 '일본 근대와 젠더 세미나팀' 옮김

소명출판

KINDAICHI NO SEIRITSU 1870-1910 NENDAI 1
Iwanami koza: Kindai Nihon no bunkashi, vol.3
edited by Ryuichi Narita

Originally published in Japanese by Iwanami Shoten, Publishers, Tokyo, 2002.
This Korean language edition published in 2011
by Somyong Publishing Co., Seoul
by arrangement with the Proprietor c/o Iwanami Shoten, Publishers, Tokyo

◈ 일러두기

1. 번역을 위한 텍스트는 岩波講座에서 2002년에 발행한『近代日本の文化史 3－近代知の成立 1870～1910年代 1』이며, 이 책의 편집위원은 고모리 요이치小森陽一, 사카이 나오키酒井直樹, 시마조노 스스무島薗進, 지노 카오리千野香織, 나리타 류이치成田龍一, 요시미 슌야吉見俊哉이다.
2. 저자의 원주는 미주를 사용하였고, 역자의 주는 각주를 사용하였다.
   예) 각주 : 1, 미주 : 1)
3. 단행본과 신문, 잡지는『 』, 논문은「 」, 영화・연극・시・노래 등은〈 〉를 사용하였다. 다만 본 글의 특성상 사진제목이나 그림제목이 많은 경우, 이해하기 쉽도록 따로《 》로 표시하였다. 또 원문을 인용한 경우는 " "를, 강조의 경우는 ' '를 사용하였다.
4. 표기법
   - 일본어 인명 및 지명의 한글표기는 원칙적으로「외래어 표기법」(1986년 문교부 고시)에 따랐다. 따라서 어두에 격음을 쓰지 않았으며, 장음표기도 하지 않았다.
   - 일본의 인명 및 지명 등의 고유명사는 각 장마다 처음 나오는 경우에 한하여 한글 다음에 한자어나 일본어를 넣어 병기하고 그 다음부터는 한글만을 표기하였다.
   - 역자의 판단에 따라 이미 익숙해진 명사와 고유명사나 일본어 발음 그대로를 살리는 것이 좋다고 여겨진 경우에는 일본어 발음대로 쓰는 것을 원칙으로 하였다. 예를 들면,『東京日日新聞』의 경우『도쿄니치니치신문』이라고 표기했다.
5. 이 책의 마지막 장인 '사진 속의 '전쟁''의 본문에 나오는 잡지 수록 사진이나 그림제목의 경우, 본문에는 한글번역제목만 수록하였고, 마지막 장에 '사진 원제 목록'을 만들어 일본어 원제를 나열하였다.

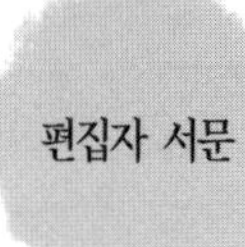

편집자 서문

20세기 마지막 사반세기 동안, 근대 역사와 문화를 재검토하는 일이 세계적으로 이루어졌으며, 그에 관한 서사 방식 또한 새롭게 모색되어왔다. 일본에서도 1980년대 이후 그와 같은 과정이 눈부시게 전개되었다.

'역사'의 개념 자체를 다양한 개인과 사회 집단의 역학관계 안에서 구성된 담론으로 새로이 파악하고, '역사'에 관한 지식들이 근대의 권력관계를 둘러싼 투쟁의 장 속에 배치되어 있음을 깨달았다. 또한 '문화'의 개념도 제각기 처한 역사적 · 사회적 · 정치적 맥락 속에서 만들어지며 강요당하고, 강요당하면서 만들어지는 투쟁의 장으로 재인식되었고, 실체적인 가치로서가 아니라 오히려 새로운 물음을 던지는 장으로서 재발견되었다. 그런 까닭에 우리가 '역사'와 '문화' 속에서 어떠한 주체로 구성되었는가를 문제 삼지 않을 수 없다.

이러한 비판적 실천은 근대 학문 분야나 지식을 둘러싼 모든 영역에서 전개되고 있다. 비판적 실천이야말로 근대적으로 제도화된 학문 분야를 근본적으로 비판하면서 자유로운 재편성을 모색하는 일이다.

우리가 지향하는 것은 종래 의미의 '근대사'도 '문화사'도 아니다. 각각의 학문 분야에서 탈영역적인 질문을 던지고 경계를 초월하여 공유할 수 있는 새로운 서사의 지평을 창출하는 일이다. 이를 위해 우리는 '문화'라는 창을 통하여 근대 일본을 재검토할 것이다. 근대 일본의 문화를, 끝없는 항쟁과 조정調整, 전략과 전술의 충돌과 교차 속에서 경계가 계속 변화하는 영역, 불안정하고 유동적인 그래서 동적인 매력을 가진 영역으로 보고자 한다. 근대 일본의 역사는 과거 사건들의 집적이나 현재의 시점에서 재구성된 서사가 아니다. 그것은 현재를 살아가는 것과 과거를 재정의 하는 것의 사이를 계속 왕복하고 횡단하는 운동이다.

근대의 학문 분야들이 은폐해온 역사와 문화의 정치성을 밝히기 위해 이 책에서는 '일본'의 근대를 문제 삼고 있다. 하지만 여러 나라의 연구자들에게 특별히 집필을 부탁했다. 그들의 글을 통해 세계 여러 지역에서 진행되고 있는 비판적인 지식의 새로운 흐름을 두루 살필 것이다. 동시에 이제까지 제각기 속해있던 학문 분야에서 빠져나와, 근대 일본의 역사와 문화에 관한 지적 담론의 경계를 돌파하고자 한다.

고모리 요이치 小森陽一
사카이 나오키 酒井直樹
시마조노 스스무 島薗進
지노 카오리 千野香織
나리타 류이치 成田龍一
요시미 슌야 吉見俊哉

역자 서문

이와나미岩波 문고가 기획한 '근대 일본의 문화사 시리즈'는 기본적으로 1990년대 일본학의 주요한 비판이론으로 자리 잡았던 이른바 '국민국가론'과 '총력전체제론'의 성과들을 집대성한 것이다. 별권을 포함해 총 11권으로 구성된 이 시리즈 중 1~2권이 국민국가론에 근거하여 막부 말부터 메이지기 이래의 국민국가의 성립과정을 상대화하고, 그 속에서 연연히 발견되는 모듈을 비판적으로 바라보고 있다면, 3~6권은 근대, 근대화라는 용어를 키워드로, 전통의 창조라는 입장에서 지식, 미디어, 표상, 신체 그리고 내셔널리즘이 어떻게 구성되었는지를 계보학적으로 재검토하고 있다.

이 책은 '근대 일본의 문화사' 시리즈의 3권에 해당하는 『近代知の成立 1870~1910年代 1』을 번역한 것이다. 이 시리즈를 기획한 편집위원들은 "근대적으로 제도화된 학문 분야를 근본적으로 비판하면서 그것의 자유로운 재편성을 모색"하는 데 그 목적이 있다고 했는데, 『근대지知의 성립』은 이 시리즈 중에서 가장 직접적으로 이러한 문제의식을

실현한 책이다. 이 책에서 저자들은 역사, 미술, 문학, 종교 등 근대 학문 분야들이 은폐해온 정치성을 계보학적으로 드러내고 있다.

그러나 이 책의 글들이 근대의 여러 학문들에 대해 비판적 재사유의 길을 열었음에도 불구하고 몇 가지 비판은 피할 수 없는 것 같다. 전근대에서 근대라는 단일하고 진보적인 발전의 시간 축을 공유하고 있다는 점이 그것이다. 이 책은 근대화를 상대화하면서도 유럽중심의 근대적 역사관이 채택해왔던 발전론적 시간관을 근본적으로 부정하지 않는다. 근대만이 이러한 창조와 변화를 추동한 시기로 특권화 되거나, 근대로의 이행과정을 어쩔 수 없는 것으로 간주하는 것처럼 보이기도 하기 때문이다. 그럼에도 불구하고 우연과 필연의 교착 속에서 만들어지는 근대에 대한 면밀한 검토는 지금 우리사회를 통찰하는데 꼭 필요한 작업이며, 이러한 관점에서 볼 때 다층적이고 다양한 힘의 역학 속에서 근대가 구성되었음을 드러내고 있는 이 책의 가치는 여전히 유효하다.

총 7개의 글로 구성된 『근대 지知의 성립』은 크게 세 부분으로 나뉜다. 먼저 총설로서 나리타 류이치成田龍一의 「시간의 근대—국민의 시간, 국가의 시간」이 있고, 이후 제1부 '근대적 학지學知'에서는 사토 도신佐藤道信의 「'일본미술'이라는 제도」, 나카야마 아키히코中山昭彦의 「문학사와 내셔널리티」가 있다. 제2부 '상징과 규범'에서는 오사 시즈에長志珠絵의 「내셔널 심볼」, 이소마에 준이치磯前順一의 「일본 근대 종교개념의 형성」을 다루고 있다. 제3부 '미디어의 근대'에서는 히라타 유미平田由美의 「토론하는 공중公衆의 등장」과 고노 켄스케紅野謙介의 「사진 속의 '전쟁'」이 있다. 각 장별 내용을 간략히 살펴보면 다음과 같다.

나리타 류이치成田龍一의 「시간의 근대—국민의 시간, 국가의 시간」

은 1870~1910년까지의 시간에 대한 역사상歷史像을 고찰하였다. 그는 '지금'을 해명할 때 역사학은 '과거'를, 풍속학은 '현재'를, 사회주의는 '미래'를 언급한다고 하면서 역사, 풍속, 사회주의라는 지知의 영역에서 시간의식이 어떤 과정을 통해 국민과 국가의 시간이 되었는지를 설명한다. 그 결과 가정과 도시라는 공간은 개인의 시간을 강화시켰고 학교, 군대, 축제일은 국가의 시간을 만들어 냈으며, 이런 시간은 '팽창'하여 국외로까지 연동되어 가면서 제국의 시간이 완성되었음을 보여준다.

사토 도신佐藤道信은 「'일본미술'이라는 제도」에서 일본이 '미술'이라는 서구의 개념을 단순히 받아들인 것이 아니라 스스로를 '내보이기' 위한 전략으로 사용했음을 밝히고 있다. 19세기 말까지 일본은 부국론의 일환으로 공예미술을 선전했고 근대성을 드러내기 위한 수단으로 서양의 미술 제도를 체화했다. 그러나 20세기에 들어서면서 일본 미술은 더 이상 서양을 겨냥하지 않고 국내 혹은 동양에서 자국의 위상을 드높이는 일로 방향을 선회한다. 도신에 의하면 이는 파시즘과 대동아공영의 준비과정이었다.

나카야마 아키히코中山昭彦의 「문학사와 내셔널리티」는 1890년부터 1910년까지 저술된 일본의 문학사들을 근대 '예술'을 둘러싼 문학관과 국민성, 그리고 대외표상, 즉 일본의 내셔널리티에 관한 여러 양상과의 관계 속에서 분석하는 글이다. 그는 비슷한 문학관과 국민성을 논하고 있는 '일본문학사'들을 복수의 요소로 살펴봄으로써 '일본문학사'라는 말로 범주화됨에도 그 범주 안에서 도저히 공통점을 찾아낼 수 없는 차이를 끌어낸다. 이를 통해 그는 '어긋남'을 없애고자 한, 애매한 문학사가 결국 제국주의 시대에 상응하는 '문화방위론'으로서 작용했음을 밝혀내고 지금의 시대를 사는 일본인이 아직도 이것을 내면화하고 있는 것은 아닌지 반문한다.

오사 시즈에長志珠繪의 「내셔널 심볼」은 근대 국민국가의 '내셔널 심볼'이라 할 수 있는 국기, 국장國章, 국가國歌, 어진영御眞影 등이 만들어지는 과정을 자세히 분석하여, 내셔널 심볼이 문화적 장치이자 근대 국민국가 간의 상호 정보로서 전파되었음을 밝히고 있다. 이들 내셔널 심볼은 '문명'이나 '개화'를 표방하면서 정치적으로 만들어졌고, 그런 심볼의 다양한 활용을 통해 내셔널리즘이 학습되고 강화되었다는 것이다. 따라서 심볼을 둘러싼 논의는 당시 사회 내부에서 생겨난 문제를 해결하는 것이라기보다는 국제사회의 요청이나 상호 호환성이라는 19세기 국민국가의 특징적인 요인에서 시작되었다고 볼 수 있다. 이처럼 '근대'적으로 '발명'되었던 심볼은 근대 국민국가의 제도적 장치가 되었고, 이후 '전통'으로 해석하기 위한 다양한 시도가 가해지게 된다.

이소마에 준이치磯前順一의 「일본 근대 종교개념의 형성」은 불교 내 종파의 가르침을 의미하던 '종교'가 'religion'의 번역어로 채택되고 개념화되는 과정을 다루었다. '종교'는 초기에는 서양 문명의 체현으로 간주되기도 하였으나, 이후 과학·국가와 충돌하면서 사적·비합리적 영역으로 밀려난다. 마지막 단계에서 일본식 정교분리를 이루고 종교의 본질을 탐구하는 종교학이 출현하면서 현재 종교 개념의 원형이 만들어졌다. 요컨대 일본의 종교개념은 서양이 만들어놓은 문명·야만·미개라는 정치적인 틀 안에서 이루어진 일본의 국민국가 형성이라는 역사의 맥락 안에서 형성되었다는 것이다.

히라타 유미平田由美의 「토론하는 공중公衆의 등장」은 일본의 국민국가 형성 과정에서 국민은 '정규' 경로에 의한 교화만으로 형성 된 것은 아니라는 관점에 동의하면서, '비정규' 경로의 하나인 '소신문' 미디어를 통해 민중이 국민이 되는 과정을 살펴보고 있다. 특히 '독자투고란'을 통해 드러나는 하층민들의 정체성과 차이에 주목하면서 '계급의 복잡한 행위성'이 국민화된 주체에 의해 잉태된 문제라는 점을 강조한다. 즉, '개인의 자유와 권리를 매개로 인간의 능동성과 활력을 동원'하려 했던 근대 일본 국가 형성 과정은 주체화와 객체화를 통해 개인과 집단 사이에서 이루어졌던 포섭과 배제의 경합이라는 것이다.

고노 켄스케紅野謙介의 「사진 속의 '전쟁'」은 『태양太陽』(1895년 창간)에 실린 사진들의 변천을 살핀다. 잡지 사진의 변천은 세 가지 요소 즉, ① 청일전쟁 이후, 메이지 30년대를 아우르며 일본이 동아시아 내 식민지를 갖게 되는 정치적 변화, ② 사진을 새로운 근대 문화의 중심으로 부상하게 한 인쇄기술의 급격한 발달, ③ 잡지와 신문이라는 근대적 매스커뮤니케이션의 발달 등에 기인하지만, 동시에 그 역사, 문화적 변화들을 견인하기도 해왔다. 이런 관점을 가지고 켄스케는 잡지 『태양太陽』의 사진들을 구체적으로 분석해서 이들이 '사건'보다는 '인물과 풍경'을 다루며, 장성將星과 정치인의 사진, 해외 풍물사진을 연달아 실으면서 당시 전쟁과 정치 상황의 담론을 형성하고 있음을 보여준다. 또한 그 사진들은 자연재해의 보도를 통해 죽음을 은폐하고 미학화했으며, 전쟁보도를 대신한 군사훈련사진 시리즈를 통해 전쟁의 역동성과 규모를 대리 경험하도록 만들기도 했다. 결국 이러한 사진들은 당시 정치적 상황을 보도한 언설을 해석하는데 상호 영향을 끼쳐, 점차 국가주의를 표상하며 전쟁을 담론화하고 국민을 창출해 갔던 것이다.

이 책은 〈연구공간 수유+너머〉의 '일본 근대와 젠더 세미나팀'이 번역한 두 번째 책이다. 2007년 말, 이 시리즈의 6권에 해당하는 『확장하는 모더니티擴大するモダニティ : 1920~1930年代 2』를 번역하였고, 번역 작업에 재미를 붙인 우리들은 '이왕이면 ……' 하면서, 이 시리즈 중 근대에 해당하는 부분을 모두 번역해보기로 했다. 현재 우리들은 이 시리즈의 4권 『감성의 근대感性の近代 : 1870~1910年代 2』와 5권 『편성되는 내셔널리즘編成されるナショナリズム : 1920~1930年代 1』의 번역 초고 작업을 진행하고 있다. 3년 여에 걸쳐 여러 명이 같이 번역 작업을 진행하는 것이 결코 쉬운 일은 아니나, 다양한 전공자들의 조금씩 다른 관점을 공유하는 재미, 그리고 세미나 시간에 벌이는 수다의 유쾌함이 우리를 여기까지 이끌었다.

유난스레 웃고 떠드는 우리 세미나팀 때문에 인상을 찌푸렸을 〈연구공간 수유+너머〉 친구들에게 미안하다는 말을 이 기회에 전한다. 우리 팀의 숨겨놓은 저력을 발휘해 특식 서비스를 근사하게 해야겠다.

2011년 1월

역자들을 대표하여

전미경

| 차례 |

제3부 **미디어의 근대**

'토론하는 공중公衆'의 등장
대중적 공론장으로서의 소신문小新聞 미디어

사진 속의 '전쟁'
메이지 30년대 잡지 『태양太陽』에 실린 사진들에 대하여

총설

시간의 근대*

국민의 시간, 국가의 시간

나리타 류이치 成田龍一**

1. 들어가면서

17

이 글은 1870년부터 1910년까지의 시간에 대한 역사상歷史像을 고찰하는 것을 목적으로 한다. 일반적으로 이 시기의 역사상은 문명개화와 계몽사상으로 시작하여 자유민권운동을 거쳐 교육칙어와 대일본제국헌법에 의해 국가제도가 확립되는 과정, 그리고 청일・러일전쟁과 그 후의 사회문제와 사회운동의 전개로 논의된다. 이러한 역사상은 근대 일

---

* 이 글은 김주현과 전미경이 번역했다.

** 1951년 오사카大阪 출생. 와세다早稲田대학 대학원 문학연구과(일본사 전공) 박사과정 수료, 문학박사. 현재 일본여자대학日本女子大學 인간사회학부 교수. 주요 저서로 『'고향'이라는 이야기-도시공간의 역사학』(1988), 『근대도시공간의 문화경험』(2003), 『다이쇼 데모크라시』(2007) 등이 있다.

본이 자유민권운동이라는 민중운동을 거쳐 천황을 받드는 '메이지 국가' 체제를 확립하고, 나아가 청일·러일전쟁 과정에서 제국주의화 한 것에 주목하면서, 동시에 그러한 상황 하에서의 민중운동도 시야에 넣는 것이다. 이러한 역사상이 드러난 예로 1971년에 발행된 『근대 일본사상사의 기초 지식近代日本思想史の基礎知識』(橋川文三·鹿野政直·平岡敏夫 편, 有斐閣)이 있다. 이 책에서는 '계몽 사상'—'자유민권 사상'—'메이지 국가 체제의 확립'—'청일전쟁과 내셔널리즘'—'사회문제와 초기 사회주의'—'러일전쟁과 비전론非戰論·주전론主戰論'—'메이지의 종언'(이 사이에 '근대문학의 성립', '러일전쟁 이후 문학'이라는 항목이 들어간다)이라는 '사상'의 흐름을 제시하였다.

그러나 이러한 저작 등이 '확산되는 민중 의식'까지를 고찰하고 있다 할지라도, 자유민권운동 이후 청일·러일전쟁까지 즉 1880년대 후반부터 1890년대까지의 주제는 국가체제였다. 또 거의 동시기에 간행된 이로카와 다이키치色川大吉의 『메이지 문화明治の文化』(岩波書店, 1970)는 '민중의식'의 관점에서 메이지기 문화를 기술하였지만, 이 책의 목적이 통시적 서술이 아니었기 때문에 1880년대 후반부터 1890년대까지에 대한 언급은 거의 없다. 1970년대 소위 민중사 연구는 이 시기를 연구 주제로 삼기 어려웠던 것이다.

그러나 요즘 '국민국가론'에 입각한 논의는 오히려 이 시기에 관심을 집중하고 있다. 1990년대로 접어들면서 근대 일본연구에 새로운 조류가 대두하였는데, 이는 '일본어'나 신체 작법身體作法 등 일련의 새로운 문제에 주목하는 것으로, 그 대부분은 연구 초점을 1880년대 후반 이후에 두고 있다. 나루사와 아키라成澤光의 「근대일본의 사회질서」(도쿄대학 사회과학연구소 편, 『현대일본사회現代日本社會』 4, 東京大學出版會, 1991)는 공간·신체·위생·시간 등 근대적 규율과 규범의 탄생이라는 관점에서 근대 일본을 분석하면서 1880년대에 주목한다. 또 잡지 『사상思想』의 특집 「근대의 문법」(1994)에 게재된 논문 중 많은 글들도 1880년대 후반을 문제 삼고 있다.

1970년대와 1990년대 역사상歷史像의 차이. 이 둘의 차이는 대단히 크다. 이는 다양한 의식의 변화가 초래한 결과이기 때문에 결코 가볍게 논할 수는 없지만,1) 적어도 이 두 역사상은 모두 1880년대부터 1890년대에 대한 새로운 역사상을 형성했다는 공통점이 있다. 이러한 관점에서, 이 시기에 역사학이나 국문학을 비롯한 다양한 학지學知가 성립되었다는 새로운 해석이 가능하다.

이 가운데에서 '일본의 특수성'을 둘러싼 논의의 전환에 주목할 필요가 있다. 이로카와 다이키치는 『메이지 문화』의 서두에서 "일본은 기묘한 나라이다"라고 하면서 일본의 '특수성'을 설명하고 있다. 그러나 1990년대 역사상의 입장에서는 근대의 규범이나 규율을 문제 삼고자 할 때 그것을 '특수성'이 아니라 근대라는 '보편성'에 역점을 두었고, '기묘함'도 '일본'이 아니라 '근대'가 초래한 것으로 설명한다. 이로카와 다이키치는 '일본'과 '국가'가 모두 역사적으로 형성된 것이라고 전제했다.

새로운 역사인식에 따른 일본근대사상日本近代史像은 다양한 문제를 제기하였는데, 1880년대 후반부터 1890년대가 주요한 연구대상으로 떠오르면서 일본 근대의 재검토를 촉구하였다. 이 책은 이러한 인식에서 편집・구성되었으며, 특히 총설은 시간에 초점을 두고자 한다. 근대 일본문화를 고찰할 때 문화의 기본적 틀이자 요소의 하나인 공간/시간의 표상과 의식을 간과할 수 없다. 미타 무네스케見田宗介는 공간과 시간의 표상계表象系를 "사람들이 살아가는 세계의 기초적인 틀"이라고 지적한다. 근세, 즉 18세기까지의 사회를 구성한 공간과 시간 의식은 19세기 중엽부터 크게 변화하여 근대의 공간과 시간을 창출했던 것이다.

근대 공간의 표상과 의식에 대해서는 이미 문학 연구자인 마에다 아이前田愛가 그 선구적 연구인 『도시 공간 속의 문학都市空間のなかの文學』(筑摩書房, 1982)에서 논한 바 있으며, 그 영향을 받아 도시사都市史 연구에서는 근대와 공간에 대한 역사적 고찰을 전개해 왔다.[2)]

그러나 시간에 관한 일련의 문제는 거의 논의되지 않았다. 나는 이미 「근대 일본의 '시간' 의식近代日本の'とき'意識」(佐藤次高・福井憲彦 편, 『시간의 지역사ときの地域史』, 山川出版社, 1999)에서 19세기 중엽부터 20세기 중엽에 이르기까지 근대 일본의 시간의식을 개괄한 바 있다. 이 글에서는 1880년대 후반부터 1900년대까지 국민국가 성립시기에 초점을 두어 국민국가가 초래한 시간표상과 시간의식을 고찰하고자 한다.

시간표상과 시간의식이라고 했지만, 시간을 날 것, 자연적인 것으로 생각한다는 뜻은 아니다. 시간은 반드시 공간과 결합하여 시공간의 모습으로 사람들 앞에 나타나기 때문이다. 또 시간은 국가의 시간 / 공동체의 시간 / 개인의 시간이라는 여러 차원을 지니며, 제도를 동반하는 시간이 있다면 제도에서 제외된 시간도 있고, 현재의 시간과 어우러진 과거나 미래의 시간도 있다. 젠더나 사회적 계층에 따라 시간이 표상되는 방식이나 시간의식도 달라진다. 시간은 감각과 의식의 형태이며, 사회학자 미타 무네스케의 말을 빌리면 "주관이 가능한 형식"이다. 그러나 이러한 시간은 국민국가 체제 아래에서 국민의 시간, 즉 근대의 시간이 창출됨에 따라 구분되었다는 점에 유의해야 한다. 근세의 다종다양한 시간이 약분約分되어 균일하고 균질한 시간이 생겨났고, 이 시간과의 연관성 속에서 다른 다양한 시간이 의식되고 자리매김된 것이다.

잘 알려진 바와 같이, 소위 '개력조서改曆詔書'[1]에 의해 '메이지 5년 12

1 메이지 정부는 1872년 11월 태양력을 채용한다는 조서를 내린다. 따라서 메이지 5년

월 3일'이 '메이지 6년(1873) 1월 1일'이 되었다. 또 종래의 태음태양력이 태양력으로 교체되고, 아울러 부정시법不定時法도 정시법定時法[2]으로 변경되었다. 1884년에는 그리니치 표준시가 정해짐에 따라 기쿠치 다이로쿠菊池大麓를 파견했으며, 1888년에는 일본 표준시를 채택하였다. 이미 1868년 '메이지' 연호가 정해졌으며, 천황 일세일원一世一元의 원칙[3]이 수립되었다. "구습을 개혁하고 국민을 문명의 영역으로 나아가게 한다"(塚本明毅의 건의서. 岡田芳朗, 『메이지개력明治改歷』, 大修館書店, 1994)는 의도 아래, 지금까지의 시간이 재편되면서 '메이지'와 접합하였던 것이다. 1873년에는 축제일이 정해져 국민 전체가 경축하는 시간(날)이 제정되었다. 그러나 이 축제일은 동시에 천황의 행사일이기에, 근대의 시간 즉 국민의 시간은 신민臣民의 시간으로 드러난다는 사실을 보여준다. 천황의 시간이 근대의 시간과 중첩되면서 제도로서 기능하기 시작한 것이다.

근대=국민의 시간은 년, 월, 일로 구분되면서 시간의 리듬을 결정하였다. 처음에 사람들은 이러한 시간 구분에 반발했지만, 이 시간은 학교나 관청 등의 기관, 혹은 신문과 같은 미디어를 통해 생활 속으로 서서히 스며들어갔다. 이러한 양상에 대해서는 많은 연구가 있으며, 나 역시 앞서 언급한 「근대 일본의 '시간' 의식」이란 글에서 이를 다루었다. 1870년대 전반에 선행한 '제도로서의 시간'에 따라 근대의 시간이 창출되었고, 이와 같은 사회 시간 편성에 호응하여 근대의 시간이 실천되었던 것이다.

(1872) 12월 3일을 메이지 6년(1873) 1월 1일로 규정하였고, 태양력을 시행하였다.

2 정시법定時法은 하루를 24시간으로 등분하여 시각을 나타내는 방법이다. 이전까지는 계절에 따라 길이가 달라지는 낮과 밤을 각각 등분하여 표시하는 부정시법不定時法을 사용하였으나, 1873년 이후 정시법으로 개정된다.

3 메이지 천황은 1868년 8월 27일 즉위 후, 9월 8일에 메이지明治로 원호元號 / 年號를 바꾸면서 일세일원제一世一元制를 채택하였다. 이는 새로운 천황이 즉위하면 곧 원호를 바꾸는 것을 의미하는 것이다. 또 이전 천황先帝의 사망일을 기념일로 제정했다. 메이지기에는 1월 30일이 고메이孝明 천황제로 휴일이었다.

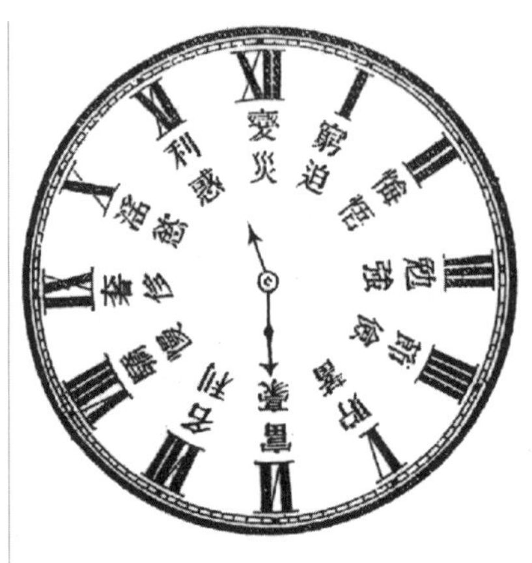

그림 1

근대·학교·관청·공장·역과 기차 등이 훈련시키고 신문과 학지學知가 철저히 가르친 근대의 시간. 그러나 동시에 '제도로서의 시간'에 대응 혹은 저항하는 '생활로서의 시간'도 다양하게 나타났다. 또 여기에서 직선적인 시간/반복하는 시간이라는 대항적인 시간관념도 생겨났다. 남성과 여성, 도시와 농촌, 중앙과 지방 등, 근대가 창출한 관계 속에서 시간은 복잡하게 얽히어, 통제하는 시간과 대립되는 저항하는 시간도 의식하게 되었다. '제도로서의 시간'이 재편된 규범이 되는 가운데, '생활로서의 시간'이 다양하게 등장하고 동시에 의식되었다.

다양한 시간의식이 나타나기 시작한 것은 1870년대였다. 1876년 9월 1일 『가나요미신문仮名讀新聞』의 '투고'란에 《인간 일생 회중시계》라는 그림이 실렸는데, 이 그림의 시계는 열두 시간을 한 시—'곤궁窮迫', 두 시—'회개悔悟', 세 시—'노력勉强', 네 시—'절검節儉' 등으로 묘사하였다(그림 1). 둥근 원 속의 시간이 인생의 시계와 중첩되면서, 과거의 교훈이 시간 의식과 겹쳐져 시계의 형태로 표현되었다. 이처럼 근대의 시간이 창출된 과정을 표현한 이 시계에는 매우 흥미로운 시간의식이 표상되어 있다.

1870년대는 과거 시간의 역사의식 관점에서 보면, 소위 문명사학이 등장한 시기이다. 후쿠자와 유키치福澤諭吉의 『문명론의 개략文明論之概略』(1875)을 시작으로, 특히 다구치 난키치田口卯吉의 『일본개화소사日本開化小史』(1877~1882)는 역사학상의 새로운 장을 열었다. 문명사관과 그 주변의 상황에 대해서는 다나카 아키라田中彰・미야치 마사토宮地正人가 편찬한 『역사인식歷史認識』(『일본근대사상대계日本近代思想大系』 제13권, 岩波書店, 1991)이 자세한 사료와 해설로 설명하고 있다. 여기에서는 '일본'을 세계 문명의 관점에서 바라보면서, 역사를 발전=진보의 시간과 원인과 결과의 '법칙'으로 묘사하였다.

또한 이 시기 이후 미래기未來記가 잠시 유행하기도 하였다. 정치소설로 장르화된 핫토리 부쇼服部撫松의 『23년 국회 미래기二三年國會未來記』(3부작, 1886), 스에히로 텟쵸末廣鐵腸의 『설중매雪中梅』(1886), 스도 난스이須藤南翠의 『녹사담綠簑談』(1886) 등이 이에 해당되며, 여기에 도쿠토미 소호德富蘇峰의 『미래의 일본將來之日本』(1886)을 더해도 좋을 것이다. 이와 같은 저작의 하나로 우시야마 요스케牛山良助의 『일본 신세계日本新世界』(1888)도 있다. 그는 "미래의 일본은 반드시 실업사회로 변화해야 한다"는 식산흥업을 씨실로 하고, "자유교류, 교육, 결혼의 이해득실, 남녀교제의 정황 및 외국인의 내지거주 양상 등 미래에 일어날 수 있는 모든 사회적 현상"을 날실로 하여 '신세계의 상황'을 기술하였다. 그는 입헌정체立憲政體, 즉 국회개설을 계기로 한 '개화의 바람'을 묘사하였으며, 학생 대화문에는 독일어, 여성 대화문에는 프랑스어, 상공업자에게는 영어 단어를 집어넣었다. 반면 중국인은 "영리에 급급해 염치도 모르고 축재에만 힘쓰며", '수구적'이고 '문명'의 진보에 둔하여 '야만'의 상태에 머물러 있다고 하였다. 미래를 말하고 있지만 '현재'의 인식 상태를 읽을 수 있다.

1870년대에 시작한 근대의 시간은 진화하는 시간-문명의 시간이라는 관념을 전제로 하였다. 제국대학에서 생물학을 가르친 윌리암 모스William Morse에 의해 진화론이 일본에 소개된 것은 1870년대의 일이다. 또 사회진화론을 정면으로 강조했던 가토 히로유키加藤弘之의 『인권신설人

權新設』이 발행된 것도 1882년이었다.

이 글의 주제는 근대 시간의 창출=기술記述의 실천=시간 표상이 '지知'의 영역에서 어떠한 양상으로 나타났는가에 관한 것이며, 특히 1880년대 이후 '지'의 영역 중 어떤 장소에서 어떠한 시간이 산출되었는가를 탐색하고자 한다.

여기에서는 '제도로서의 시간'과 '생활로서의 시간'을 잇는 것으로 표상·기술된 시간과, 그 시간의식에 초점을 둔다. 우선 역사적인 시간이 역사학의 장소에서 탄생하는 것, 현재의 시간으로서 풍속의 시간이 『풍속화보風俗畵報』 같은 잡지에서 성립하는 과정을 살펴보며, 또 사회주의가 주장하는 미래로 향하는 시간에 대해서도 논하고자 한다.

근대를 살아가는 사람들은 '지금'에 관심을 두지만, 그 '지금'을 해명할 때 시간의 요소들 즉 과거·현재·미래 중 어디에 역점을 두는가는 각기 다르다. '지금'을 해명할 때 역사학은 '과거'를 소재로 하고, 풍속은 '현재'에 역점을 두며, 사회주의는 '미래'를 언급한다. 이 위에서 각각의 지知가 과거·현재·미래라는 요소를 어떻게 관련시켰는지, 그리고 어떻게 '시간의 이야기'='이야기된 시간'(폴 리쾨르Paul Ricoeur)을 시간의 재형성화로서 논했는가를 고찰해보자. 역사학은 대략 1890년 전후, 풍속은 1895년 전후, 사회주의는 1900년대의 움직임을 중심으로 파악할 것이다.

2. '역사학'의 탄생 – 역사적 시간의 창출

역사기술은 과거를 연속적인 사회로 묘사함으로써 과거의 시간을 하나의 역사상歷史像으로 재형상화한다. 사학사史學史에 대한 연구는 문명사학이 근대 역사학으로서의 시간의식을 제시한 이후, 유교적 역사관 내에서 고증학파가 대두하였으며, 국학・국문학파가 등장하고, 이후 서양사학이 도입되었다는 사실을 보여준다. 일본의 근대 사학에는 한학・국학・서양사학이라는 세 학파가 존재하였고, 근대 사학은 이들 간의 대항과 긴장 속에서 형성되었다.3)

1889년 6월 제국대학에 국사학과가 만들어지고, 11월에 사학회가 설립되었으며, 12월에는 기관지 『사학회잡지史學會雜紙』가 발행되어 제도적 학문으로서의 역사학이 형성되었다. 『사학회잡지』의 목적은 "사학을 연구하고, 국사편찬 방법을 강명講明한다"(「예언例言」, 『사학회잡지』 제1호)는 것이었다. 다양한 논자들이 역사학의 방법과 목적에 대해 기술하였는데, 이 잡지에서 논의된 것은 사료와 그에 대한 연구방법론이다. 과거의 일을 재구성하고, 과거의 시간을 창출하기 위한 과정 그리고 그 맥락에서의 '방법론'이 제시되었다.

예를 들면, 시게노 야스쓰구重野安繹[4]는 한학계 학자로 역사학과 관련된 인물인데, 그는 사학회의 창립 강연에서 "역사는 시대의 모습을 있는 그대로 묘사하는 것으로, 사학의 요지는 그 모습에 생각을 덧붙여 사리事理를 증명하는 것이다"(「사학에 종사하는 자는 그 마음이 지극히 공평해야

4 시게노 야스쓰구重野安繹(1827~1910) : 역사학자. 메이지유신 후 정부의 역사편수작업에 종사. 도쿄대학 교수로 국사과 설립. 근대사학의 기초를 닦음.

한다」, 『사학회잡지』 제1호, 1889)라고 하면서, 『대일본사大日本史』 등에 나타난 종래의 명교명분론名教名分論에 의거한 역사 개념과 기술을 비판하였다. 덧붙여 시게노 야스쓰구는 '실사실리實事實理'의 왜곡을 비판하면서 국사의 방법과 목적을 다음과 같이 주장하였다.

> 사국史局이 채집한 재료에 의거하고, 서양의 역사 연구 방법을 채용함으로써 국사의 사적事蹟을 고증하고, 또 이를 편성하여 국익에 이바지하고자 한다.

여기에서 시게노 야스쓰구는 첫째 '재료' 즉 사료 선정이 엄밀해야 한다고 했고, 둘째 사료 고찰을 위한 방법론을 언급하였으며, 셋째 역사기술의 형태와 그 목적을 서술하였는데, 강조점은 첫 번째와 두 번째에 있었다. '국사'의 기술과 '국익에 이바지'라는 세 번째 논점은 너무나 자명했기 때문에 더 이상의 논의가 필요 없었던 것이다. 이처럼 『사학회잡지』가 가장 강조한 것은 역사기술에 있어서의 사료선정이었다. 시게노 야스쓰구는 강연 '사학에 종사하는 자는 그 마음이 지극히 공평해야 한다'를 보충하는 글인 「『이국신지利國新誌』에 게재된 초망생草莽生의 글에 답한다」(『사학회잡지』 제1호)에서, 종래의 역사는 패사稗史,[5] 소설, 전기戰記를 이용하였기 때문에 '유망謬妄', '소탈疎脫'[6]하다고 비판하였다. 제국대학 국사학과의 동료이자 같은 한학파인 호시노 히사시星野恒는 "사학연구의 역사편찬은 사료를 정밀하게 선택해야 한다"(『사학회잡지』 제1호)고 주장하면서, 역사기술을 위해 채택해야 하는 사료로, 예를 들어 『옥엽玉葉』, 『오처경吾妻鏡』, 『우관초愚管抄』, 혹은 『미카와 이야기三河物語』 등을

5 소설체로 쓴 역사서.
6 유망謬妄 : 그릇되고 허망함; 소탈疎脫 : 형식에 얽매이지 않아 서투르고 수수함.

언급하였다. 반면 『겐페이 성쇠기源平盛衰記』, 『헤이케 이야기平家物語』, 『태평기太平記』 등은 "사실을 추구한 것이 아니라 항간에 돌아다니는 이야기를 채집하여 제멋대로 갖다 붙이고 잘라냈다"고 일축하였다.

이것이 바로 역사에서 사료를 선정하고 정전화正殿化하는 작업이다. 결국 사료에는 역사의 '사실'을 전하는 사료와, "진위혼교眞僞混交"하면서 오로지 "이목을 집중시키기 위한 것"에 불과한 사료가 있다는 것이다. 역사에서 '사실'을 확정하기 위해서는 고증이라는 검증과정을 거쳐도 살아남을 수 있는 사료를 선정하고, 그 위에 고증의 과정을 축적함으로써 과거의 사건을 다루어야 한다는 것이다. 역사에서 '사실'은 확실한 것으로 존재한다는 '역사 본질주의'의 입장이 선택되었다는 것을 알 수 있다. 시게노 야스쓰구나 호시노 히사시는 수사관修史館(수사국修史局)의 편수관編修官으로서, 사료의 '편수'에 힘을 쏟아 왔다는 것을 거듭 서술하고 있다. 종래의 사학사史學史는 이들이 한학자이며 막부 말기의 고증학에 관심이 있었다는 것을 강조하면서 이들을 고증사학이라고 불렀다.

그런데 시게노 야스쓰구는 동시에 위의 강연에서 서양 역사학 방법을 참조해야 한다고 했다. 서양은 '방법이 정밀'(시게노 야스쓰구, 「『이국신지』에 게재된 초망생의 글에 답한다」)하기 때문에, '근대 역사학'의 방법을 도입할 필요성이 주장되었던 것이다. 그는 '사실'을 추구하기 위해서는 방법, 더 나아가 서양=근대의 역사학(사학)의 방법을 채택해야 한다고 생각했다. 그 결과 고증과 서양 역사학의 실증이 방법론으로서 함께 도입되었다.

중첩된 것은 방법론만이 아니었다. 역사기술 영역도 "우리나라 국사의 사적事蹟"(시게노 야스쓰구)이라는 점에서, 국민국가의 국가제도를 규명하는 서양 근대 역사학과 중첩된다. 시게노는 '사학'은 "국가의 고금 현상에 있어 그 기인종결起因終結을 연구하는 것"(「『이국신지』에 게재된 초망생의 글에 답한다」)이며, 국가는 자명한 것이라는 전제 위에 국사를 '고금의 현상'을 탐구하는 것으로 이해한다. 문제 대상으로서의 국사, 방법으로서의 고증, 그리고 그것을 가로지르는 '사실'주의 주장을 의식하고 있으며, '국사'와 근대 역사학, 즉 국사로서 재형상화된 과거의 시간과 근대 시간 개념으로서의 과거를 접합시켰다. 고증사학이 창출하는 신민적 시간이 근대의 시간과 중첩되면서 역사학=국사의 시간을 담당하게 되었던 것이다.

고증사학=한학파가 제도로서의 역사학의 중심을 차지했기 때문에, 이것이 근대 사학의 핵심이 되었고, 국학파는 이 한학파에 대하여 비판적이었다. 앞서 서술한 시게노 야스쓰구의 강연에 대해 국학파는 「문제제기를 위한 논박」(오쿠보 토시아키大久保利謙)을 내 놓았고, 여기에 다시 시게노 야스쓰구가 반론하기도 했다.[4] 그러나 이들의 대립은 역사 기술에 있어 중심축을 한학과 국학 중 어느 쪽에 두어야 하는가라는 점에서 서로 다를 뿐 역사의 시간 의식, 즉 방법에 대한 결정적인 차이는 없었다.

국학파의 중심인물인 고나카무라 기요노리小中村清矩는 고증학파 즉 한학파를 적대시하면서도, "진정한 우리나라의 사학을 다루기 위해서는 다른 나라의 역사를 참고해야 한다"며 '다른 나라의 역사'를 배제하지는 않았다(혹은 배제할 수 없었다). 따라서 역사의 서술방법은 "스스로를 그 시대 사람으로 생각한다"는 방법, 즉 과거의 것은 과거에서 듣는다는 태도를 취하였다(小中村清矩, 「사학 이야기」, 『사학회잡지』 제1호). 제도로서의 역사학은 한학파와 국학파의 대항을 내포하면서 근대 역사학의 방법론을 자각하고 그것을 채용하였다. 한학파와 국학파 모두 '국사'의 대상과 구조를 어떻게 확정하였는가, 다시 말해 국가적 과거라는 시간을 어떻게 창출하였는가에 초점을 두었던 것이다. 양쪽 모두 종래의 역사의식 · 시간의식을 먼저 방법론의 측면에서 비판하면서 새로운 역사의식 · 시간의식의 창출을 도모하였다. 이때 인식된 시간은 국체國体의 '현재(지금)'를 기준으로 형상화된 '과거'의 시간이다.

그렇지만 과거 시간의 창출 과정은 결코 단순하지 않았다. 제도로서 탄생한 역사학 특히 그 중심이었던 고증사학에 대한 비판적 입장도 등장하였다. 야마지 아이잔山路愛山[7]은 「역사 이야기」(『고쿠민신문』, 1894.4.29, 5.1)에서 고증을 '저급 고증'과 '고급 고증'으로 나누고, "국민 생활은 어떠한가, 인정풍속의 변천은 어떠한가와 같은 거시적 문제에 대한 탐색"을 '고급 고증'이라고 하면서 소설, 희곡, 시는 물론이고 기행문, 경서經書 등 모든 것이 사료가 된다고 하였다. 그는 『태평기』, 『헤이케 이야기』 등을 논하면서 "역시 실제 일어난 일을 기술한 것이라고 보기에는 거짓말 투성이다. 그러나 일본국민의 생활 · 감정 · 정치 · 사교 등의 모습을 기록한 것으로 본다면 '진실을 쓴 것'이라 할 만하다"고 했고, 더 나아가 "소설은 정사正史보다 훨씬 진실한 역사"라고까지 하였다(『고쿠민신문』, 1894.4.29, 5.1).

여기에서 아카데미즘으로서의 역사학, 즉 고증사학에 대한 강한 반발을 읽을 수 있다. 국사, 즉 국가의 역사가 아니라 국민감정을 포함한 영역으로서의 역사에 대한 희구가 있는 것이다. 그러나 그것은 고증사학이 가지고 있는 역사 본질주의적인 파악방식과 그로 인해 도출된 한정된 대상에 대한 비판이지, 근대적인 역사기술 자체에 대한 비판은 아니었다. 야마지 아이잔은 근대적인 역사의 기술을 고찰하기 위해 제도

7 야마지 아이잔山路愛山(1864~1917) : 저작가. 『고쿠민신문』 등의 기자로, 이색적인 역사론과 문학론을 발표.

로서의 역사학을 비판한 것이다. 여기에서 야마지 아이잔이 형식보다는 서술방식에 비중을 두고, '일본국민의 변천내력'에 관심을 가지고 있었다는 것, 다시 말하면 사실에 대한 탐구와 함께 '국민이 어떻게 성장하고 발달했는가'에 대한 관찰을 '역사의 목적'으로 꼽고 있었다는 점을 알 수 있다.

야마지 아이잔의 주장은 논의를 형식이나 국사의 편찬문제에만 한정하기 쉬운 제도적 역사학에 대한 초조함의 표현이었다고 할 수 있다. 야마지는 역사상歷史像이란 '지금'의 관점에서 재구성되는 것이라는 사실을 명시했으며, 자각의 필요성을 언급하며 "역사는 더 이상 아주 옛날의 이야기가 아닙니다. 살아있는 현재의 이야기입니다"라고 주장했다. 야마지 아이잔은 '지금'을 명시하고, 그러한 관점에서 과거의 시간을 재편성하는 '역사 구성주의'의 입장에서, 고증주의 즉 역사 본질주의를 비판한 것이다. 또한 서술을 중시하면서, 고증사학이 자칫 연대기에 불과한 것이 되기 쉽다는 사실을 견제한 것이기도 하다.

훗날 야마지 아이잔은 이 도식을 「일본현대의 역사학 및 역사가」(『태양太陽』, 1909.9)에서 다른 어법으로 표현하고 있다. 즉 야마지 아이잔은 '에도 사학'과 1900년대 '현대 사학'은 괴리된 것이 아니며 두 가지 유형의 역사학이 있다는 것을 강조했다. 역사의 기술을 '예술'로 보아 '감흥'을 위주로 하는 것과, 오로지 '사실史實'을 위한 '사실史實' 고증을 위주로 하는 것 두 가지로 나누고, 전자를 '평민적'이며 '구식'인 것으로, 후자를 '귀족적 혹은 전문적'이고 '신식'인 것으로 보았다. 야마지 아이잔 역사론의 핵심은 역사 기술에 계층성을 도입하여, 평민의 감흥에 주목하고 국민으로서의 일체감을 꾀하는 것이다. 이렇게 야마지의 역사관은 '생명 없는 역사학'='과거 사건을 과거의 사건으로서 다루는 역사학'='고증을 유일한 목적으로 하는 역사학'을 경멸하는 것이었고

(「전국책과 마키아벨리를 읽는다」, 『국민의 벗國民之友』 제361호, 1894), 이것은 '국민'의 과거 시간 서술을 지향하며, 고증사학의 방법론에 초점을 두는 것에 대한 반발이었다.

야마지 아이잔의 고증사학에 대한 비판은 매우 강도 높은 것이었지만, 그것은 물론 고증이라는 방법론 그 자체를 거부했던 것은 아니다. 야마지 아이잔은 방법보다는 서술이 우위에 있다고 하였으며, 관계와 구조, 사물과 개념에 주목한 역사서술에 관심을 두었다. 예를 들자면, 그는 사물에 관해 언급하면서 「근세의 물질적인 진보」(『국민의 벗』 제170~175호, 1892)에서 '의복의 원료'인 목면木綿을 예로 들며, 목면이 분로쿠文祿시대(1592~1596)에 포르투갈에서 전해졌다는 사실과 비단이 면으로 대체되면서 면화의 방적이 많아져 명주실 산출지역이 감소했다는 것을 지적하였다. 그러면서 그는 '목면과 비단의 경쟁'이 '평민의 이득과 손해'에 끼치는 영향력과 의의가 세키가하라關が原 전투[8]보다도 더욱 심각하다고 말한다.

제도로서의 국사가 영역을 제한하고 오직 정치, 즉 국가 제도의 역사만을 고찰하는 것에 비해, 야마지 아이잔은 사회 문화적인 영역에 비중을 두었으며, 역사를 다양한 시간과 공간의 존재로 의식하도록 만들었다. 역사 인식에 대해 그는 '문명의 조류'가 필연적이었다는 사실과, 그 관점에서 선진 / 후진을 논하였다. 그러나 동시에 그 역사의 시간인식에 있어서는 "옛날과 지금의 다른 점은 오로지 그 겉모습意匠에 있을 뿐이며, 형이하한 일이므로, 원칙에 다다르면 고금의 구분 없이 하나이다"(「전국책과 마키아벨리를 읽는다」)라는 순환적인 인식을 가지고 있었다.

8 세키가하라關が原 전투 : 1600년 현의 세키가하라에서 도쿠가와 이에야스德川家康가 이시다 미츠나리石田三成에게 승리하여 천하의 실권을 잡은 전투이다. 이후 승패나 운명이 결정되는 중대한 싸움이라는 뜻으로 사용된다.

"옛날은 더욱 지금과 같고 지금은 더욱 옛날과 같으니, 인생은 같은 법칙에 의거해 움직이고, 나라는 같은 운명을 순환하여 흥망성쇠하는 것이 도리이다"라는 깨달음이 역사학의 생명이 된 것이다. 이에 따라 야마지 아이잔은 과거의 사건을 예로 들어 그 역사적인 문맥을 무시하고 자의적으로 인용하였으며, "비스마르크는 어느 시대에도 존재한다"고 하면서, 비스마르크 정책과 춘추전국시대의 합종책合縱策[9]을 같은 사례로 취급해버렸다. '지금'이라는 시점에서 과거는 자유자재로 인용되고 열거된다. 즉 균일하고 균질적인 시간은 방기되며, 역사는 회상적인 사건과 시간의 층이라고 여겨진다. '지금'을 공유하는 것을 전제로, '지금'의 가치관에 기반한 과거의 시간이 상정된 것이다. 시간의식이라는 관점에서 야마지 아이잔의 논의를 살펴보면, 순환적인 시간과 직선적인 시간이 중첩되어 있다는 것을 알 수 있다. 다시 말하자면, 역사서술은 '지금' 시간에서의 재구성인 동시에 '지금'을 향하는 시간, 즉 '진보'를 축으로 하고 있으며 이에 따라 시간의 방향성은 새로이 결정되는 것이다. 과거가 과거로서 있는 것이 아니라 과거는 현재를 향해 직선적으로 진행되어 왔으며, 그것을 발달(진보)로 여기고 '지금'의 지점에서 찾아낸 것이 과거가 된다.

이러한 야마지 아이잔의 역사서술을 '민간사학'이라고 이름 붙인 것은 역사가인 이에나가 사부로家永三郎였다. 이 '민간사학'의 전형이 다케코시 요사부로竹越与三郎의 『신일본사新日本史』(상권과 중권은 민유사民友社에서 1891년 발간. 하권은 미발간)이다.5) 다케코시 요사부로는 기술記述에 많은

9 합종책合縱策 : 중국 전국시대 말기에 전국 7웅, 즉 서쪽의 진나라와 동쪽의 6국(위 · 제 · 초 · 한 · 조 · 연)간의 외교관계를 설정하려는 정책. 소진이 주장한 것으로서, 진나라를 견제하기 위해 6국이 동맹을 맺어 종적으로 뭉쳐야 한다는 견해이다. 장의의 연횡책과 대비된다.

비중을 두었는데, 『신일본사』 역시 메이지 유신의 과정 즉 시간 순의 서술을 실천한 것이었다. 상권은 「정변 유신전기政變維新前記」, 「유신후기維新後記」 및 「외교의 변천」을, 중권은 「사회, 사상의 변천」, 「종교」라는 내용으로 구성되어 있다.

다케코시 요사부로는 "일본이 하나의 국민으로서 부끄러움 없이 확고하게 성립할 수 있었던 것은 유신의 대혁명 때문이다"라는 인식 하에 유신의 '혈맥'을 잇는 것이 '일본 정통의 계승'임에도 불구하고, 현재의 정황은 그렇지 않기 때문에 『신일본사』를 쓰게 되었다고 말한다(「제7판 신일본사에 즈음하여」, 『신일본사』, 1893, 제7판의 서문). 다케코시 요사부로는 야마지 아이잔과 마찬가지로 '지금'의 시점에서 역사상을 재구성하고 '지금'과의 연관성을 통해 역사를 고찰했기 때문에 일단 유신의 역사상부터 서술하기 시작했다는 것이다.

다케코시 요사부로의 역사서술은 유신 이전의 정치적·사회적 대립이 유신을 거쳐 화해에 이르기까지의 주요한 원인들을 고찰하고, 제도와 개인, 사회와 개인이 뒤섞이게 된 과정을 분석한 것이다. 다케코시 요사부로의 역사기술 즉 과거 시간 표상에 있어서의 특징은 『신일본사』의 중권에서 확실히 드러난다. 이 책은 유신기의 사상과 사회를 다루고 있는데, 첫째로 국민 창출 과정이라는 큰 흐름 속에서 논점이 드러나며, 둘째로 이와 아울러 역사서술의 방법적 논의도 포함되어 있다. 다케코시의 서술 순서는 후자를 먼저 다루고 있지만, 여기에서는 우선 첫 번째 문제부터 살펴보기로 한다.

다케코시 요사부로는 정치 차원과 구별된 사회적 차원을 파악하고, 유신의 목적 즉 유신의 동기가 '사회적 변화'에 있었다고 말한다. 시간론의 관점에서 정치/사회라는 두 가지 형태의 시간에 주목한 것이다. '사회변혁의 조류'란 '문명개화 자주 자유의 태풍'이었으며 '구舊사회'

의 개조이므로, '민간세력'에 대한 주목과 그에 덧붙여 '사회 스스로의 대변혁'을 일으킨 '학지'에 대한 관심이었다. 즉, 다케코시는 시간의 추이 속에서 국민 공동체=국민국가를 위치시키고, 사회문제와 사회운동도 간과하지 않으면서 과거 시간으로부터 '지금'에 이르는 추이를 설명하고 있다.

이러한 사회차원의 역사기술과 그로부터 국민이 창출되었다는 설명은 『신일본사』의 역사서술 의식 및 방법과 연관된 것이다. 다케코시는 혁명을 '(영국 등의) 복고적 혁명', '(미국, 프랑스 등의) 이상적 혁명', 그리고 '오직 현재의 고통과 아픔을 참지 않고 발산하는', 사회의 결합이 느슨해진 '난세적 혁명'이라는 세 종류로 분류하고 메이지 유신은 이 세 번째에 포함된다고 하였다. 이러한 사회 결합력의 변화는 사회의 '전환'을 낳았으며, 새로운 결집을 촉진했다는 인식과 더불어 민심에 착목한 것이었다. 민심이 막부의 정치에는 이미 신물이 나 있었기 때문에 '이와 같이 혁명 일로를 달려', '사회적 혁명이 발화'한 것으로 본다. "보신게이오戊辰慶應 혁명[10]은 신정부를 이상으로 하는 이상적인 혁명도 아니고 왕조를 회고하는 복고적인 혁명도 아닌, 사회자체를 변혁하고 전복시키려는 난세적 혁명"이라고 했다.

따라서 다케코시 요사부로는 천황에게 충성을 다할 것을 주장하는 '근왕勤王의 정신'을 설파한 『대일본사』, 『일본외사日本外史』 등의 역사서에 의문을 제기하며, 오히려 반대로 혁명에 의해서 '근왕' 의식이 강화되었다는 흥미로운 논점을 제시하고 있다. 근왕론은 사회의 주목을 받지 못했던 것으로, 다카야마 히코쿠로高山彦九郎[11]처럼 비분강개한 사

---

10 메이지 유신을 가리킨다.

11 다카야마 히코쿠로高山彦九郎(1747~1793) : 에도시대 후기의 존왕사상가. 13세에 『태평기太平記』를 읽고 근왕에 대한 의지를 가지게 되었으며, 18세부터 일본 각지를 돌아다니

람들이 유신에 힘을 보탰다는 것은 불가능한 일이었다. 그보다는 오히려 외국과 막부에 대항 / 대응하는 난세적 혁명을 실현하기 위해 황실을 핵으로 하는 국체사상이 생겨났고, 난세적 혁명의 모든 요소가 국체가 되어 활력을 띠며 하나로 모아졌다. "근왕은 대혁명의 원인이 아니며, 오히려 국민의 활력인 대혁명에서 흘러나온 결과일 뿐이다"라는 것이다. 유신 이후의 사회가 항상 항쟁을 수반하고 있었으며, 그 항쟁이야말로 사회 모든 구성원들의 공유물이 되었다. 그때 황실은 "편협하고 불공평한 땅을 떠나 국가, 가장 공정한 것, 가장 지혜로운 것, 가장 맑은 것의 사상을 대표하기에 이른" 것이다. 이렇게 하여 다케코시 요사부로는 '국체'와 국민을 연관시켰으며 그것을 건국 이래의 역사적 시간 속에 배치하였다. "지금에서야 황위에 대한 존경이 이천오백 년 동안 아직 이제껏 한 번도 오르지 못한 경지에 도달했다." 다케코시는 (야마지 아이잔의 경우와 마찬가지로) 국민의 시간과 신민의 시간이 중첩된 총체를 근대의 소산으로 여겼던 것이다.

여기에서 다케코시 요사부로는 역사서술의 방법을 논하고 있다. 『신일본사』 중권의 책머리에 쓰여 있는 「제7판 신일본사에 즈음하여」라는 글에서 다케코시의 '역사 편찬의식'에 관한 견해를 알 수 있는데, 다케코시는 '역사 집필의 구성 / 배치'에도 고찰이 필요하다고 하며 서술의 문제를 적극적으로 다루고 있다. 그는 학자들이 '역사의 편찬'에는 자신의 견해를 가지고 있지만 '역사 집필'에 관해서는 관심이 없기 때문에 '무미건조한 필치'에 매달려 있다고 비판하였으며 서술방식 자체가 역사가 된다는 입장을 분명히 밝히고 있다.

다케코시 요사부로는 역사 집필에 대한 관심을 실천하기 위해 '다섯

며 근왕론을 설파하였다.

가지의 표준'을 꼽았다. '인물', '인물의 심리적 해부', '국민 특유의 기질', '시대', '공평함'이 그것이다. 그는 그래서 '역사가는 근엄한 법관인 동시에 시인'이라고 하였다. '인물'에 대해서는 오늘날 살아있는 인물과 담화를 나누고 악수하는 것 같이 그리는 것이 좋은 것이라고 평가하며 사실성을 추구했다. 또한 '시대'에 대해서는 '역사는 마치 지층과 같다'는 비유를 썼는데, 지층의 변화와 같이 인류의 역사도 구성, 변화, 대폭발, 성장이라는 순서로 이루어진다고 했다. 여기에서 그는 일본의 역사를 특수화하지 않았으며, 역사는 지층과 같이 '동서고금이 하나인 것'이므로 그 변화의 구체적인 모습을 포착해야 한다고 주장했다.

유신 이후 '세계 변화의 대강大綱'을 기술하려했던 『신일본사』에서는 지도에서 명산, 큰 강, 큰 호수, 절경이 전체의 지형을 대표하는 것처럼 역사도 세계 변화의 큰 흐름을 밝혀야 한다고 했다. 다케코시 자신은 사상계의 도덕적 / 물질적 / 법권적인 세 가지의 상상과 함께, 각각 그것을 대표하는 나카무라 마사나오中村正直, 후쿠자와 유키치福澤諭吉, 그리고 사족士族의 불평과 그에 대한 대표의견인 『도쿄니치니치신문東京日日新聞』의 사설을 예로 들었다. 이처럼 그는 지도를 그리듯이 각 '대표'와 그 대표를 통한 역사 서술 방법을 제시하고 스스로 실천했던 것이다.

이 시기는 막부 타도, 즉 메이지 유신 이후 겨우 20년밖에 되지 않았던 시기였기 때문에 아직 유신의 시간 속에 있었으며 유신이 역사화 되지 않았던 때였다. 그 가운데에서 야마지 아이잔과 다케코시 요사부로의 업적은 유신을 역사화하려는 시도의 일환으로 볼 수 있다. 경험을 통해 유신을 해석하는 것으로부터 자유롭지 않았던 때, 고증사학의 시게노 야스쓰구 일파는 연대기록으로서 『복고기復古記』를 펴냈으며, 고증과 사료 속에 몸을 숨기고 역사로서의 서술은 회피하였다. 이에 비해서 민간사학의 야마지 아이잔, 다케코시 요사부로 등은 역사의 서술에 특히 힘을 쏟았던 것이다.

그러나 학지學知와 연관되는 시간의식과 시간에 대한 고찰은 고증사학과 민간사학이 중첩되는 지점, 그 둘의 상호보완성 가운데서만 그 형태가 성립한다. 형식을 중시하는 고증사학과 기술에 매달리는 민간사학이 과거의 사건과 시간의 표상에 있어 중점을 두는 부분이 서로 상이하다는 사실은 말할 필요도 없을 것이다. 역사를 '본질주의'적으로 파악하는 고증사학과, '지금'을 기준으로 과거를 재구성하는 민간사학은 역사의 개념에 있어서도 서로 판이하게 다르다. 또한 과거의 시간을 묘사할 때 그것을 명확하게 '국민'의 시간으로 표상하는지 그렇지 않은지에 있어서도 차이가 있다. 그러나 이 둘은 1880년대 후반에서 1890년대에 걸쳐 '국민'의 과거를 신민적 시간과 국민적 시간으로 중첩시켜 그리고자 했다는 점에서는 공통성이 있다. 고증사학과 민간사학이라는 역사에 대한 두 접근법이 상호보완적으로 만나 공조적 관계를 만들어내며 근대 국민국가의 역사적 시간을 탄생시켰던 것이다.[6]

이렇게 역사학이라는 분야에서 과거의 시간이 만들어지고 있을 때, 문학사의 기술에 있어서도 이와 유사한 형태의 발상이 보이고 있었다. 『에도시대사江戸時代史』를 저술한 역사가 미카미 산지三上參次도 그중 한 사람이었는데, 그는 다카쓰 구와사부로高津鍬三郎와 함께 『일본문학사日本文學史』(上 / 下, 金港堂, 1890)를 발행하였다. 그는 여기에서 "문학사란 역사의 한 종류로 문학의 기원・발달・변천을 기록한 것이다"라고 쓰고 있다. 그들은 국학・국문학파였으며 앞서 말한 시게노 야스쓰구, 호시노 히사시 등 한학파와는 대립하는 관계였다. 고나카무라 기요노리가 중심이 된 잡지 『국문학國文學』(1890년 『일본문학日本文學』으로 개명)은 국문학이 사학을 포함하는 학문이라는 맥락에서 생겨난 것이었다.

『일본문학사』는 "우리나라에는 아직 문학서라고 할 만한 것이 없다"는 생각에서 쓰인 것으로서 말하자면 '본방本邦 문학사의 효시'였다. '서술평론의 체재', '시대 구분의 방법'에 유의하면서 특히 체재에 힘을 쏟았다고 한다. 또 "서양 각국에 있는 문학사와 문학서 체재를 참고하여 그것을 절충하고 추론한 것"이라고도 하였다. 이 『일본문학사』에서 미카미 산지와 다카쓰 구와사부로는, "우리나라의 것으로서 그 고유의 특질을 갖춘 문학"을 '국문학'이라고 하면서, 그 세 조건으로서 '국민고유의 특성', '자연 환경', '시운時運'을 꼽고 있다. '국민고유의 특성'이란 각각의 국민들이 갖는 기상과 품격이며, '자연 환경'이란 지형·기후·날씨·경치와 동식물의 다양한 모습을 뜻한다. 그리고 시운은 조정朝廷의 정책, 종교 세력을 말하는데 이러한 "갖가지 현상을 좇아가는 것"이 문학사라고 한다. 국어를 사용하여 그 특유의 사상과 감정, 생각하는 바를 드러낸 것, 즉 국민의 마음을 담는 국문학의 계보학이 문학사라는 것이다.

문학사의 탄생은 그 인식에 있어서 역사학의 탄생, 국사학의 탄생과 상통한다. 문학사는 첫째, "국민으로 하여금 자국을 사랑하고 흠모하는 관념이 깊어지도록 하는 것"이며, 둘째 "현재의 천차만별인 문장 체계를 걱정하는 사람"이 "지나간 것"을 되돌아보는 것이다. 이것은 점잖은 말투이긴 하지만 1890년경의 문학상황과 국민상황에 대한 초조함을 '문학사'로 승화시켜보려고 했던 것이라고 볼 수 있다.7)

3. 풍속의 시간—절취된 '현재' 시간

"풍속은 사회 민심의 표상"이란 말은 『도쿄풍속지東京風俗誌』(上 / 中 / 下, 1899~1902)를 저술한 히라데 코지로平出鏗二郞의 말이다. 풍속은 현재 시간에서 그 사회의 삶의 양상과 사건들을 잘라내어 기술한다. 히라데 코지로는 1900년 전후의 도쿄를 직업·교육·종교에서부터 연중행사, 주거, 집기류, 머리모양, 복장, 나아가서는 상점, 놀이, 관혼상제에 이르는 다양한 모습으로 기록하였다.

비슷한 시기인 1889년 2월 10일에 창간된 『풍속화보』는 『도쿄풍속지』와 마찬가지로 국민국가 형성기의 '현재'를 잘라내어, 현재 일어나는 사건들을 풍속으로 기록하면서 시간의 표상과 의식을 제시하였다. 이것이 폴 리쾨르가 말한 시간에 의한 개체화라고 할 수 있다. 여기에서는 무엇을 참조대상으로 하고 있는가, 그리고 그것으로부터 어떤 현재 시간을 드러내는가, 즉 무엇을 풍속이라고 포착하였는가에 주목하면서 『풍속화보』를 탐색하고자 한다. 『풍속화보』는 그 발행 목적을 ① '세상사'를 비롯한 다양한 영역에서, ② '현재'는 물론 "먼 옛날로도 거슬러 올라가", ③ "공예의 역사를 참조해서 연혁을 밝히는 데 충실하였다"고 기술하였다. 이를 위하여 ④ '정치권'과 '재야', '중심'과 '변방'을 불문하고, "군중, 놀이, 일상, 옷감의 무늬, 문양, 그릇모양, 도안 등 남길 만한 가치가 있다고 여겨지는 세상사를 망라하여 수집"하였다고 한다(「풍속화보발행주의서風俗畵報發行主意書」, 『풍속화보』(이하 생략) 제1호, 1889.2).

이 저작은 '전국 상황'을 파악하여 '고금 동이同異'에 대한 이해를 시도하고 있는데, "풍속의 변화, 서적의 증가, 세태 변천"의 기점을 메이지 유신에 두고 있다는 사실에 주목해야 한다. "막부 말기부터 유신의 금일에 이르기까지를 돌이켜보면, 세상의 진화천이進化遷移 상태는 매우 신속하고 급격"하다고 하며, 『풍속화보』는 인사人事・토목・공예・기구와 재료・동물・식물・놀이・음식・복식 등의 부문에서 유신 전과 유신 후, 즉 근대 이전과 근대의 '풍속'을 글과 그림으로 기록하고자 하였다. 창간호는 '궁정행사'를 과거의 '막부연중행사'와 비교하였고, 또 『도쿄세시기東京歲事記』[12]는 '근세까지'와 '현재'를 비교하여 기술하였다. 예를 들면 '근세까지' 상가는 설날에 문을 닫고 외출하지 않았지만, '오늘날'은 이와 달리 이발소만이 문을 닫는 정도라고 하였다. 새해 초하루부터 초사흘까지 매일 아침 정화수[13]를 뜨고, 죠니[14]를 먹는 것은 "옛날과 변함이 없다"라고도 했다. 기사는《막부시대 에도세시기 정월의 그림幕府時代江戶歲事記正月之図》을 부록으로 삽입하여, 에도와 도쿄의 새해 모습 차이를 시각적으로 보여주었다(이후 매월 도쿄세시기東京歲事記와 삽화로 그려진 에도세시기 즉 '유신 전 에도세시도'가 실렸다).

유신 전=전근대, 유신 후=근대라는 시간축과, 지방=주변, 도쿄=중심이라는 공간축, 이 두 개의 축이 『풍속화보』 기술의 큰 틀이며, 풍속=세상사에 대한 접근방식이었다. 달리 말하자면 『풍속화보』는 '현재'를 시간과 공간이란 축에 따라 양쪽의 공통점과 차이점을 기준으로 절취한 것이다. 제2호(1889.3)부터 연재된 노구치 카쓰이치野口勝一의 「풍속론」은 풍속이 "제각각인 것은 봉건적 제도"이며, 그것을 "하나로 만들어 가는 것이 군현郡縣의 제도[15]"라고 하였다. 봉건시대는 '각 번이 각각

12 원문에는 세사기歲事記로 기재되어 있으나 오식이란 표시가 있으므로, 세시기歲時記를 잘못 기재한 것으로 보인다. 세시기는 일 년 중의 자연 현상과 행사, 그에 얽힌 생활 등을 쓴 책을 말한다.

13 와카미즈若水 : 설날 아침 일찍 긷는 정화수로 그 해의 액을 쫓는다고 한다.

14 죠니雜煮 : 신년 축하 요리의 하나이다. 나물・무・토란 등과 닭고기・생선묵 등을 넣고 된장이나 간장으로 간을 맞춰 끓인 떡국을 말한다.

분립'되어 있었으므로 '풍속 역시 분립'되어 있어, 풍속의 '교환'도 없고 '혼합'도 허용되지 않았다고 하였다. 그러나 '메이지 유신의 대업'이 달성되자 '문명의 사물'이 유입되고, 신분이 철폐되어 '동등'한 사회가 만들어졌으며, "수도의 풍속이 가깝고 먼, 모든 곳으로 널리 전파되어, 이로써 풍속을 혁신한다"고 하였다. 따라서 "풍속이 뒤섞여 복잡한 것으로 말하자면 지금보다 더한 적은 없었다"고 했다.

이러한 가운데 노구치 카쓰이치의 「풍속론 제4」(제17호, 1890.6.10)는 '풍속'에 대해서 "영원히 변치 않는 것인가, 아니면 어떤 해를 기해 하나의 풍속으로 통일되어야 하는가"라는 시간의 관점에서 '풍속'을 논하였다. 여기에서 노구치는 "문물의 개진과 마찬가지로 풍속은 하나로 통일되어야 한다"고 하였다. 다시 말해 그는 시간의 진전과 풍속의 획일화 방향을 생각하며, 근대화가 수반하는 균일화를 인식하였던 것이다. 물론 그는 이 통일을 '정치상의 법령이나 규칙政令規飭'이 아니라 '상호친애親愛好常의 뜻'에서 찾고 있다.

또 노구치 카쓰이치는 풍속의 변화를 '진보'로 여기고, 진보의 '목적'도 이에 맞추어 정해야 한다고 말한다. 그는 "목적을 정하여 종래의 복장이나 가정을 개진하는 방향으로 나아갈 것인가. 또는 유럽이나 중국 복장 등에서 어느 한 쪽을 취해 우리가 이를 이용할 것인가. 아니면 우리나라 풍속에 적합하다고 여겨지는 것을 새로 만들어 세상에 보급시킬 것인가"라고 풍속의 균일화를 꾀하였다. 또 '지금'의 풍속은 '복잡하고 혼란스럽다'고 하면서, 이 같은 상황이 '영원히 지속되는 것'을 막기 위해서 '점진적인 개선'이라는 시간의 전략을 언급하고 있다. 여기에서 시간의 대항을 읽을 수 있다.

15 군현제도郡縣制度 : 봉건제도와 대비되는 것으로 중앙집권적인 지방행정제도를 말한다.

『풍속화보』에서 보이는 시간의 재형상화를 두 개의 주제로 나누어 검토해보자. 이는 『풍속화보』가 자주 언급한 주제인데, 하나는 현재의 커다란 사건이고, 또 다른 하나는 지방의 풍습·풍속·여성에 관한 것이다. 전자는 예를 들면 지진과 같은 재해를 말한다. 1891년 노비濃尾지진[16]이 발생했을 때 『풍속화보』는 제35호(1891.10)를 임시 증간하였다. 이 호는 다음 호인 제36호(1891.12)와 함께 지진 특집호로 꾸며졌다. 제35호는 권두에 양쪽 면에 걸쳐 다색 인쇄로 《지진도地震図》를 실었고, 노구치 카쓰이치의 「노비 지진 상上」(하편은 제36호)을 비롯해 야마시타 시게타미山下重民의 「대지진의 전조 및 그 전파력」, 「지진에 관한 학설」, 「노비 지진 기문記聞」, 「지진관측 및 진원震源」 등을 게재하였다. 나고야名古屋, 기후岐阜를 비롯한 각지의 지진 상황을 기록하고, 피해 가옥 및 인명수 일람표도 제시하였다. 아즈마 키쿠스이吾妻掬翠가 쓴 「지진지역 체험록」이나 「지진 경험자의 담화 및 보고」도 있다. 『풍속화보』의 특징은 무엇보다도 삽입된 도판(이 호는 표지도 지진 그림이었다)에 잘 나타나 있다. 이 그림은 아즈마 키쿠스이와 함께 파견된 화공 데라사키 코우교寺崎廣業가 그린 것이다.

여기에서 특징적인 것은 노구치 카츠이치가 「노비 지진 상」에서, "노비 지진은 근래의 재해 중 가장 큰 것으로, 백성을 참혹하게 한 것으로는 안세이安政 대지진[17] 이래 이보다 심한 적은 없었다"라고 하며, 안세이 대지진을 비교 기준점으로 삼았다는 사실이다. '비교 기준'으로서

16 1891년 기후岐阜와 아이치愛知의 두 현을 중심으로 일어난 강도 8의 대지진으로, 사망자 7,200여 명에 부상자 17,000여 명, 붕괴가옥이 4만여 채에 이르는 큰 사건이었다.

17 안세이安政 초기에 일어난 일련의 지진을 말한다. 안세이 원년(1884) 11월 4일 도카이도東海道의 대지진은 진도 8.4의 강진으로 사망자만 해도 약 2천~3천 명에 이른다. 다음 날인 11월 5일 다시 강도 8.4의 지진이 일어나 1천여 명이 사망하였다. 이어 안세이 2년 10월 2일에는 에도를 중심으로 강도 6.7의 지진이 일어나 4천여 명이 사망했다.

안세이 대지진의 상황이 소개되어(花兄處士, 「안세이 에도安政江戶 지진기사 상上」, 하下는 제36호), 《에도 대지진 대화大火장소 일람도》 외에도 안세이 지진에 관한 많은 그림이 게재되었다. 속표지에 실린 '특별광고'에는 "비교와 대조를 위해 고대부터 근세까지의 지진, 특히 안세이 지진의 전말을 자세하게 소개하였고 동시에 사료로 제공한다"고 기재되어 있다. 아즈마 키쿠스이의 「지진지역 견문록」은 안세이 시대와 비교하여 노비 지진은 "궁민을 구조하는 소치, 금일과 같이 신속할 수 없다"라고 하였다(아즈마 키쿠스이는 이어서 "메이지 성대聖代의 은택이 널리 퍼진 것에 감사"하다고 하였다). 또 아즈마 키쿠스이는 "안세이 지진 상황을 기록한 잡서雜書 및 가옥건축의 방법, 피난 방법 등을 쓴 서적류"를 수집하였지만, 이번 호에는 지진의 "실제 상황을 관찰하겠다"고 했다. 이때 아즈마 키쿠스이는 진원지에 점차적으로 근접하는 서술 스타일, 즉 사건의 외부에서 내부, 주변에서 진원지를 향해 기술하는 방법을 택했고, 나아가 개별 사항을 기록하고 숫자를 제시하면서 전체 모습을 그렸다.

이 같은 사건의 기술 방식은 전쟁을 바라보는 시선과도 흡사하다. 『풍속화보』는 청일전쟁 무렵 여러 번 '임시 증간호'를 발행했다. 1894년 9월 25일에 제1회 《청일전쟁도日淸戰爭図繪》(이후 제목을 《청국정벌도征淸図繪》로 변경하여 연재하였다)가 발행된 이래 제10편(1895.7.25)까지 계속되었고, 나아가 1895년 8월 30일에는 《타이완 정토도臺灣征討図繪》 제1편을 간행하였다. 이 그림은 제5편(1896.2.25)까지 간행되었으며, 계속해서 《타이완 토착민 소요도臺灣土匪掃攘図繪》 제1편 · 제2편(1896.3.25 · 5.25)이 출판되었다. 『풍속화보』의 특징은 "삼라만상을 소재로, 미려한 석판에 인쇄하여 그 사물을 실제로 보는 것처럼 묘사하여 천하 후세에 전한다"는 것이다. 따라서 청일전쟁 때에도 "천군만마가 분방등축奔放騰蹴하는 모습을 석판 사진을 이용하여 자세하게" 묘사함으로써 독자들로 하여

금 "마치 실제 전쟁터에 나온 것"처럼 느끼도록 하였다(《청일전쟁도日清戰争図繪》 제2편 예고, 제78호, 1894.9.25).

『풍속화보』는 "도쿄의 시중 풍속, 점차 그 분위기가 달라진다"(山下重民, 「전쟁도쿄시중의 실황」, 제85호, 1895.2.10)고 하면서, 평소의 "나약한 구습"이 일신되어 '웅장'하게 되었다며 그 양상을 기록하였다. 이 글에는 시간의 인식과 여기에 수반된 역사 / 문명 인식도 표명되었다. 예를 들면 노구치 카쓰이치의 "청나라 조정과 도쿠가와 막부의 말로"(「제6편」, 제86호, 1895.2.25)에서는 청나라는 에도막부의 말기처럼 "문념무희[18]를 뒤집으려는 전쟁上下文恬武熈復戰爭이 어떤 것이었는가를 몰랐을 뿐 아니라 치국治國의 요령도 전부 잊어버린 것처럼 아무 생각 없이 오직 선조의 훌륭한 업적에만 의지해 체면을 유지하는데 불과하다"고 하였다. 따라서 "청나라 백성을 불쌍히 여겨 자비를 베풀어 개도하고 동시에 문명으로 나아갈 것"을 꾀하였으며, "유신의 개혁으로 막부의 고질을 없애고 우리나라를 문명국으로 만드는" 것이 동양에 공헌하는 길이라고 하였다. 또한 청나라에게 근대의 시간을 학습할 것을 요청하기도 했다. 노구치 카쓰이치의 「정청기인론征清起因論 상上」(제8편, 호수 표기 없음, 1895.4.15)은 청일전쟁이 일본의 승리로 끝난 이유를 "문명의 제도를 채용했기 때문이다"라고 하였다. "원래 청국은 구습에 고착되어 혁신을 좋아하지 않는 반면, 우리나라는 신속히 제반 사물을 개선하여 구미와 보조를 맞추었다"고 하며, 청=구습, 일본=혁신이라는 도식 하에 근대를 학습한 일본의 승리를 언급하였다. 근대 양국의 관계는 "개명국과 미개명국의 전쟁"이며, 시간의 차이가 마침내 승패의 차이를 만들었다고 설명하였는데, 이처럼 청일전

18 문념무희文恬武嬉 : 문관들은 편안하게 지내고 무관들은 즐기려고만 한다는 뜻으로, 안일에 빠져 제 직분을 다하지 않음을 이르는 말. 한유韓愈의 평회서비平淮西碑에 등장하는 표현으로, 여기에서는 에도 말기 막부의 타락과 무사안일주의를 비판하는 뜻으로 쓰였다.

쟁과 이에 이르기까지의 근대화 과정은 일본과 중국의 시간 차, 곧 문명의 차이로 인식되었던 것이다.

노구치 카쓰이치는 '타이완 토벌'(《타이완 정토도台湾征討図繪》 제1편, 제98호, 1895.8.30)에서 "혼란한 민중을 다스리는 것은 엉킨 실을 푸는 것과 같다"고 하면서, "타이완은 야만인의 소굴"이자 "혼란한 민중의 요란한 소동"이라고 쓰고 있다. 그는 "혼란한 민중을 변화시켜 양민으로" 만들려면, 즉 '엉킨 실'과 같은 상태로 두지 않으려면 "군대의 공덕에 의지해야만 한다"고 하였다. 다시 말해 무력을 사용해서 타이완을 개화, 발전시켜야 한다고 주창하였다. "문치文治는 개화된 문명의 인민에게 마땅히 실시해야 하며, 야만적인 민중을 다스리려면 무력을 사용하여 습속을 굴복시킨 뒤에 문文으로 교화하고 육성해야 한다. 타이완과 같은 곳은 무력의 위세를 그에 더하고, 그 기운에 부합하여 변발을 단속하고 아편을 금지하며, 풍속을 바꾸어 제국인민으로서의 면모를 갖출 수 있도록 해야 한다"는 것이었다. 《타이완 정토도台湾征討図繪》 제3편의 제103호(1895.11.28)는 전반적인 타이완의 풍속들이 기록되어 있는데, 타이완의 후진적인 위생관념과 악취 등을 지적하고 있다. 〈그림 2〉에는 그 호의 주제로서 타이완의 야만스러움을 노골적으로 다루는 등 비문명의 시간이 제시되어 있다. 청의 풍속과 함께 타이완을 정체된 시간 속에서 묘사하였다. 다만, 청나라는 '아직 문명에 도달할 수 없는 단계'인데 비해 타이완은 '야만'으로 상정되어 있다는 점이 청과 다른 점으로, 여기에는 비문명에 대한 이중적인 시간이 제시되어 있다.

지역의 풍속, 풍습에 대해서는 아이누와 관련된 기사가 적지 않다. 사와다 셋케이澤田雪溪의 「홋카이도 도진쿠마마쓰리北海道土人熊祭」[19]에는

19 홋카이도 도진쿠마마쓰리北海道土人熊祭 : 홋카이도 원주민의 곰축제(구마마츠리)로서

그림 2

'구마마츠리(곰축제)의 방언은 이요만테', '가미神의 방언은 가무이' 등과 같이, 아이누어와 일본어(표준어) 사이의 '번역' 행위가 이루어지고 있으며, 아이누족 사내아이의 세 살 축하 의례인 구마마츠리의 진행방법이 상세히 설명되어 있다. 축제의 주최자가 입은 옷차림은 '실로 보기 드문 풍채'이며, 여성들은 '붉은 목면으로 만든 머리띠'를 하고 분주히 시중을 드는 등, '눈에 띄게 아름다운 모습'이라고 설명함으로써 홋카이도와 중앙='일본'과의 차이에 대해 흥미롭게 비교·기록하고 있다.

진세키枕石는 「홋카이도 토착민의 풍속」에서 아이누들이 "해가 감에 따라 점차 없어지는 경향이 있다"고 쓰고 있다. 이렇듯 『풍속화보』에서의 아이누에 대한 관심은 '사라지고 잊혀지는 것' 즉 '소멸'이라는 시간의식 속에 있었으며, 수사적인 표현으로 언급되는 경우가 많았다. 진세키는 "지금 그들을 연구하지 않는다면 옛 코로보츠쿠구르 인종(선사시대 일본 북부지방에 살던 토착민 부족)의 종적과 마찬가지로 아이누의 존재 여부조차 알 수 없게 되어버릴 것이다"라고 하면서, 그렇기 때문에 『풍

'이요만테'라고도 불린다. 홋카이도의 아사히가와에서 열리는데, 아이누 족은 곰을 신의 나라에서 와서 인간과 같이 생활하며 고기, 간, 모피를 주는 신성한 존재로 여긴다.

속화보』도 "그 아이누의 풍속을 채집하여 기록"할 필요가 있다고 말했다. 이와 함께 그는 아이누의 일부는 확실히 구습을 개혁했지만, "그 대다수는 고루한 옛 풍속과 격식을 고집스럽게 보존하며, 변화를 달가워하지 않고", 일본풍을 거부하고 있다고 하면서 다음과 같이 쓰고 있다.

> 요컨대 아무리 미풍양속인 것도 수천 년 동안 똑같이 보존하려 하거나, 또는 생활의 방식을 갑자기 바꾸어 그것을 따르려고 하면, 풍부한 금력金力으로서 그것을 행한다고 하더라도 영구히 지속할 수 있는 방책이 아니다. 소위 사회개량이라는 것 또한 이해득실의 문제가 따르는 것이므로 아이누의 풍속개량도 마땅히 그 득실을 생각하여 개도開導해야 한다.

여기에서 아이누들의 시간은, 진세키 자신이 스스로 대표하고 있는 '일본'의 시간에 따라 측정되어 '득실'이 산정되고, '개량'까지도 논의되고 있다. 아이누 당사자들의 시간은 찬탈되고 있으며, 풍속에 대한 기술 속에서 시간을 둘러싼 대립이 드러난다는 사실도 읽을 수 있다.

또한 머리 모양을 비롯한 여성의 풍속에 관한 언급도 많다. 『풍속화보』를 고찰한 미술사가 이케다 시노부池田忍는 여성이 묘사될 때 지방이라는 지역적 관점이 중첩되고 있는 것을 지적하면서, 지방 풍속에 대한 관심은 '토착민 여성의 신체'에 대한 관심과 겹쳐진다고 했다. 이러한 묘사가 도시와 남성의 시점에서 지방과 여성을 바라보고 있다는 사실을 꿰뚫어보고 있는 것이다(『일본회화의 여성상日本繪畵の女性像』, 筑摩書房, 1998). 중앙 / 지방, 남성 / 여성이라는 근대가 재편성한 시간의 비대칭성 속에서, 열등한 것들은 그것들끼리 서로 짝지어지며, 젠더의 비대칭적인 측면이 그것과 조합되어 결국 여성을 사적인 시간과 공간에 머물도록 강제한다. 예를 들어, 《이즈7도도伊豆七島図繪》를 특집으로 발간한 제

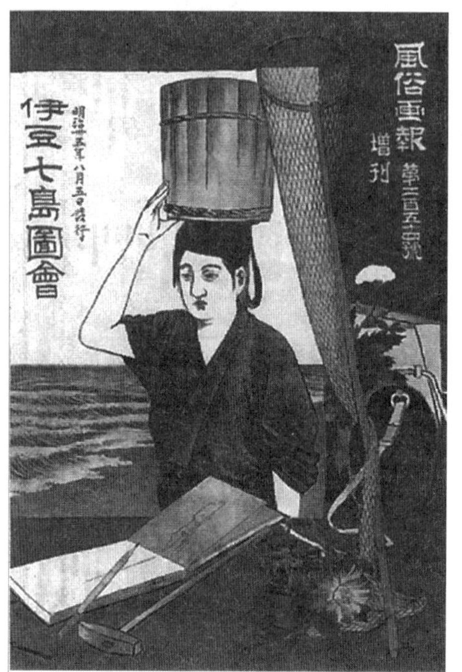

그림 3

254호(1902.8.5)는 나무통을 머리에 인 여성 그림을 표지로 하고 있는데, 그 주변에는 쌍안경과 스케치북이 어우러져 있다(그림 3). 여성을 매개로 보는 것과 보이는 것의 관계가 생성되고 있는데 이 여성은 지방 민속의 한 가운데에 있으며 이때의 시간은 정지해 있다. 같은 호에는 마주보는 두 면을 할애하여 컬러로 인쇄한 그림이 있다. 여기에는 '섬 여성의 풍속'으로서 머리모양, 의복, 머리를 묶는 방법의 차이가 시각화되어 있으며, 연령에 따른 차이도 설명되어 있다. 풍속이 여성과 중첩되는 동시에 여성은 지방, 즉 자연과 동일화되어 있는 것이다.

이렇게 풍속의 영역=시간은 일본의 현재를 단면적으로 보여준다. 지진이 일어났을 때에는 "국가의 큰일을 역사에 남기는" 것을 기획하여(「특별광고」, 『풍속화보』 제35호), 현지에 사원과 화공을 파견한다. 그리고 그와 동시에 이를 과거의 사건과 대비하여 역사적으로 고찰한다는 이중의 대응을 시도하였다. 여기에서 지방을 바라보는 시점은 중앙, 즉 도시와 남성의 시선이었다. 시간론에서 보면 『풍속화보』에서 발견할 수 있는 것은 바로 진보=문명이라는 근대의 시간, 그리고 그것이 국가=국민과 중첩되는 시간의 이중성이다. 전자의 시간에는 진화적 시간, 후자의 시간에는 비대칭적인 시간의식이 포함되어 있었다.

마지막으로 이 장에서 말하고 싶은 것은 도시 하층민에 대한 기술 속에 드러난 시간의식에 관한 것이다. 도시 하층민에 대한 대표적인 작가로 손꼽히는 기자 마쓰바라 이와고로松原岩五郎[20]의 「최암흑의 도쿄」가 『고쿠민신문國民新聞』에 연재되기 시작한 것은 1892년 11월 11일이었다. 그 후 이 글은 꽤 많은 증보를 거쳐 다음 해인 1893년 11월에 단행본으로 간행되었다(民友社). 스스로를 '빈민굴 탐색자'라고 부르며, '최암흑' 속 하층사회를 탐방하는 이 저작에는 공간적인 관점이 짙게 배어나고 있는데, 나 역시도 이 점을 고찰한 바 있다(「문명 / 야만 / 암흑」, 『도시의 공간, 도시의 신체 – 21세기의 도시 사회학 제4권都市の空間 都市の身體 : 二一世紀の都市社會學 第四券』(요시미 순야吉見俊哉 편), 勁草書房, 1996). 하층사회 사람들은 하루 벌어 하루를 살아가는 일용직 사람들로서 시간에 매어 살아간다. 이 저작물은 이러한 문제에 주목함으로써 시간의 개념에 주의를 기울였다. 그것을 잘 보여주는 것이 도쿄라는 대도시에서 성행하고 있던 '야간 노점'을 고찰한 부분이다.

원래 대도시의 상품들은 "물건 그 자체보다도 오히려 시간에 가치를 부여한다." 신문은 아침에는 1전 5리이지만 저녁에는 8리, 5리가 되고 밤에는 세 부에 1전까지 내려간다. 채소도 마찬가지로 오전 8시의 가격이, 2시간 후인 오전 10시가 되면 20% 정도 떨어지고, 종류에 따라 차이는 있지만 11시 반이 되면 대부분 반값이 되며, 어시장에서는 오전 10시가 지나면 매우 낮은 가격에 떨이로 팔게 된다. 헌옷 시장은 시간대가 아니라 시기에 따라 가격이 바뀌는데, 그 시절에 맞는 옷인지 철 지난

---

20 마쓰바라 이와고로松原岩五郎(1866~1935) : 일본 최초의 르포 기자. 『고쿠민신문』에 연재한 「최암흑의 도쿄」은 메이지 25, 26년경 도쿄의 하층사회를 탐방하고 쓴 르포르타주 문학이다. 한문조의 짧은 문체로 당시 하층민의 생활상을 정확하게 그려냈다는 평가를 받는다.

옷인지에 따라서 30% 정도 가격차이가 난다. 그러나 그 기간의 차이도 열흘을 넘지 않는다. 이러한 상황은 인형이나 금붕어, 묘목 종류에 있어서도 마찬가지인데 이처럼 대도시의 상품이란 "실로 시간을 다투는" 것이었다.

이렇게 "상인들이 시간을 다투는" 대도시 속에서, 하루벌이로 생활하는 하층사회의 구매력은 이중적인 의미로 밤에 발휘된다. 마쓰바라 이와고로는, 한 가족의 가장이 박봉을 벌어 집으로 돌아가면 아내는 그때부터 밖으로 나가 모든 일용품을 조달한다고 하면서 "하층사회의 구매력은 낮에는 삼, 밤에는 칠"이라고 쓰고 있다. 야간 노점, 그리고 밤 시간과 하층사회 사이에는 이러한 밀접한 관련이 있었다. 더욱이 마쓰바라 이와고로는 인력거꾼의 생활을 세밀하게 묘사하면서 '요나시'[21]라고 불리는 철야 인력거꾼의 생활에 한 장을 할애하고 있다. 마쓰바라는 저녁 무렵부터 채비를 시작하여 오전 1시경까지 일하거나, 오후 9시부터 나와서 새벽 무렵까지 일하는 사람들의 수가 결코 적지 않았다는 것을 지적하면서, 그는 "잠들지 않는 5천 도쿄사람들 가운데 4천이 인력거꾼"이라는 말을 소개하고 있다. 이것은 심야영업이 낮 영업보다도 요금이 높고 손님을 태우기도 쉬웠기 때문이었다. "대도시의 실로 신기하고 특별한 은혜"였다. 요나시들은 손님을 기다리는 동안 겨울밤에는 초롱불로 추위를 녹였고, 여름에는 인력거의 차양 밑에서 한 숨을 돌렸으며, 비가 올 때에는 처마 밑에서 비를 피했다. 또한 밤 인력거꾼들을 위해서 오뎅 · 조림 · 김밥 · 유부초밥 · 수제비 · 찹쌀떡 · 소바가키[22] 같은 것을

21 요나시夜なし : '요夜'가 '없다なし'라는 뜻으로, 밤에도 쉬지 않고 일하는 사람들을 일컫는다.

22 소바가키蕎麦掻き : 메밀가루를 뜨거운 물로 반죽한 먹을거리로, 식기 전에 적당한 크기로 떼어 간장이나 장국을 찍어 먹는 음식.

파는 노점상들이 줄 지어 생겨났다. 마쓰바라 이와고로는 이러한 노점상들을 살피며 신바시新橋에서 만세이바시万世橋까지 오후 10시에는 86개, 자정에는 41개, 그리고 새벽 2시에도 23개의 노점상이 영업하고 있다고 쓰고 있다. "노점 6개 중 2개는 밤샘 장사를 한다는 것을 알 수 있다"는 것이다.

마쓰바라가 묘사하는 '최암흑의 광경'은 종종 헨리 스탠리Henry Morton Stanley의 「야만국 탐색」과 비견되지만, 여기에는 시간의 정지나 무시간적인 상황은 그려져 있지 않다. 그는 빈민들이 "축제날이든 장례날이든 관계없이" 움직이며 "낮에만 일해서는 밥 벌어 먹기 힘든" 상태라는 것, 술집에 "이른 아침과 늦은 밤에 아랑곳없이" 사람이 몰려드는 광경을 서술함으로써 하층사회의 바쁜 시간과 쉴 겨를 없는 분주함을 관찰하고 있다. 이와 동시에 지적되는 것은 일반 사회 시간과의 어긋남이다. 마쓰바라 이와고로는 '최하급 식품점'을 방문하여 그 극심한 불결함, 혼잡, "하루 종일 떠들썩한 소리" 같은 것을 묘사하면서 '싼 물건'을 납품하여 제공하는 조건으로서 '첫째, 식품 재료에 있어 신선함을 바라지 말 것'을 꼽고 있다. 신선함을 결여하고 있다는 것은 시간의 어긋남이 발생했다는 것을 가리킨다. 이것은 간다神田의 청과물 시장에 신선한 감과 밤, 나팔버섯 등이 즐비한 것에 경탄하면서 "지구의 회전이 태양계를 벗어나서 75일쯤 앞서 달리고 있는 듯하다"라고 한 부분과 대비된다.

『최암흑의 도쿄』의 여러 부분에 시간개념이 직조되어 있는 것과 마찬가지로, 공간적 / 계층적인 파악을 보여주는 요코야마 겐노스케横山源之助의 『일본의 하층사회日本の下層社會』에도 시간개념이 묘사되어 있다. 일본의 하층사회는 빈민 · 직인 · 수공업자 · 기계공장인 · 소작인 등 노동자의 직종이 나열되어 있다. 또 도쿄 / 기류桐生 · 아시카가足利[23] / 한신지방阪神,[24] 그리고 대도시 / 지방도시 / 농촌 등으로 그 대상을 넓히고 있는데, 본편의 '생활상태'와 부록의 '일본의 사회운동'이 서로 맞대응하는 구조이다. 공간적인 대비와 배치가 눈에 띄며, 하층이라는 사회를 계층적으로 파악함과 동시에 공간적인 인식도 강하게 드러나는 저작이다. 그러나 요코야마 겐노스케의 관심은 어디까지나 직공의 행적에 있었으며, 시간론적인 요소도 함께 서술하였다. 「제2편 직공사회」는 '문명의 진보'와 함께 대규모 공장의 건설에 따라 공업이 부흥했으며, 일본의 공업사회는 메이지 유신의 혁명과 함께 그 기계를 서양에서 수입하여 방적업을 비롯 철공업, 성냥공장 등이 생겨나 가는 곳곳마다 굴뚝에서 연기가 나고 증기 소리가 들려오게 되었다고 쓰고 있다. 그렇다면 이런 상황 속에서 "옛날부터 있어왔던 소공업"은 어떤 상태였을까. 요코야마 겐노스케가 '소공업'의 예로 들고 있는 것은 목수, 미장이, 나무통 장인, 톱질장이 등을 비롯한 직공들이었다. 이 중에는 신발・게다・화물차・기와・하나오鼻緒[25]・모자・비누・유리 등을 제조하는 "메이지 시대에 현저하게 증가"한 공장조직을 채택하는 경우도 있었지만, 그 대부분은 "옛날부터 있어왔던 우리나라 고유의 공업"에 속해 있었다. 이 시기에 처음으로 생겨난 산업 종사자들과는 달리 여기에서 일하고 있던 사람들은 '경력'과 '관습'이 통용되는 '일종의 사회'를 만들었으며 '직인 기질'을 가지고 있었다. '직인사회'는 시대의 변천에도 불구하고 과거의 면모를 잃지 않아야 한다는 의식을 가지고 있었는데, 이것을 파악하는 것이 요코야마 겐노스케의 문제의식이었다. 그는 메이지 유신 이전에는 집에서 일하는 사람居織人[26]과 집 밖에서 일하는 사람

---

23 기류桐生 : 군마群馬현의 시; 아시카가足利 : 도치기栃木현의 시.

24 한신지방 : 오사카・고베지방.

25 하나오鼻緒 : 게다에 끼우는 끈. 여기에서는 그것을 수선하는 사람을 일컫는다.

26 居織人이란 자신의 작업장, 주로 집 안에서 일하는 사람을 가리키는데, 게다, 게다 끈, 헝겊 쌈지, 마키에(옻칠을 한 위에 금이나 은, 색가루를 뿌려 무늬를 그리는 공예품), 자수용

出織人의 구별이 확연했지만, 해가 가면 갈수록 복잡하게 뒤섞여져서 복장이나 차림과 상관없이 나가서 일하는 사람들은 청부업자, 집에서 일하는 사람들은 노동자처럼 되었다고 말한다. 요코야마 겐노스케의 서술은 도매업자, 동업자와의 관계에까지 이르고 있는데, 옛 막부시대와도 비교하였다. 그는 조합이 소멸해가는 것은 동업자 사이의 인정人情이나 동료 사이의 의리가 없어졌다는 뜻이며, 그 직종이 쇠락해가는 증거물이라면서 '암흑 속의 직인사회'라고 쓰고 있다. 요코야마는 "오늘날 부흥하고 있는 공장의 직공은 신속함만을 너무나 중요시하므로 기술의 단련에 뜻을 두는 일"이 없으며, "일을 익히는 것"이 마음대로 되지 않는다며 걱정스러워 하고 있다. 요코야마는 하층사회의 사람들이 상대적으로 금전은 물론 모든 면에서 열등한 위치에 있으며 결핍상태에 있다는 것을 통계를 사용하여 지적한다. 그러면서 그는 공업의 부흥에 따른 사회의 변화, 즉 사회 재편성에 수반되는 변화에 주목하였다.

4. 공장과 노동의 시간 / 문명으로서의 사회주의 – '미래'로부터의 시간

1897년 12월 1일 발행된 『노동세계勞動世界』(초기에는 월 2회 발행되다가 이후 월 3회로 증간)는 '사설'에서 다음과 같이 말했다.

> 우리 노동자는 노동을 통해 신성해진다. 조합의 세력을 고양하는 것은 올바른

품 등을 만드는 사람을 뜻한다. 목수, 칠장이, 미장이 등을 가리키는 出織人과 대비된다.

일본공업 발달의 기초를 확실하게 다지는 길이다. 노동자 교육을 장려하자. 그 기술을 수양하자. 그들의 지위를 점차 개량하고 진보시키자. 이것이 일본공업의 건전한 발달을 위한 길이다.

처음부터 노동조합기성회勞動組合期成會는 노사협조의 기조를 견지하고 있었으며, 그 기관지였던 『노동세계』도 역시 노동자의 지위 향상이 '일본공업'을 발달시키는 길이라고 주장하였다. 이 사설에서는 '노동자의 진보와 행복'을 저해하는 것들에 반대하여 '문명의 개진'을 도모함과 동시에 "질서를 어지럽히는 진보"는 결코 용납할 수 없다고 하였다. "질서를 어지럽히는 진보"가 무엇을 의미하는지 추측하기란 쉽지 않으나, 초기의 『노동세계』가 기피했던 혁명과 동맹파업을 가리키는 것으로 보인다. 노동자와 자본가는 같은 '진보'의 시간에 있어야 한다고 논해졌고, '진정한 조화'의 관점에서 노동조합과 노동운동을 인지할 것을 요구하였다. 여기에서 읽을 수 있는 시간의식 — 노동자의 진보와 공업의 발달이 병행한다는 것 — 은 이후에도 변함없이 계속되었다. 노동조합기성회 및 『노동세계』 논조는 노사 '협조'에서 노동자의 권리로, 또 노동자가 '인지'해야 한다는 요구에서 자기주장으로 변화하지만, 여기에서도 문명의 진보에 대한 신뢰는 일관되게 흐르고 있었다.

이러한 사실을 전제로 할 때 『노동세계』의 시간의식에는 두 가지 면이 있다. 첫 번째는 직진하는 시간으로, 그것은 서구와 비견되었다. 「사설」(『노동세계』(이하 생략) 제4호, 1898.1.15)에는 산업이 '빠르게 진보'하고 공업제도가 '발달'하면서 '점차로' 사회문제가 나타나 노동조합기성회가 '갑자기' 결성되었다는 식의 인식이 드러나고 있다. 노동운동은 "이후 걸음을 착착 전진하여" 철공조합의 설립을 촉진하였지만, 노동자의 지위는 "실로 가련하다" 할 정도였으며, "공업의 진보가 노동자의 몰락을 초래한다는 사실은 구미에서 실제로 증명되었다"라고 하였다. 이 글에서는 첫째 '구미'의 경우 공업의 진보가 노동자의 몰락을 가져왔다는 사실이 지적되었고, 둘째 이에 따라 '우리나라'의 대응을 촉구한다는 논리로 이어지고 있다. 즉 '구미'를 앞선 시간으로 보아, 그것을 참조해 '우리나라'는 다가올 사태를 경계해야 한다고 호소하면서, '우리나라'도 '구미'와 동일한 시간을 머지않아 경험할 것이라고 인식하였다. 이와 같이 『노동세계』는 일본의 노동문제는 아직 심하지 않지만 조만간 이런 시기가 곧 다가올 것이라고 했다. 결국 뒤따르게 될 경험, 시간인식에서 말하자면 한 방향, 단일한 시간이 상정되었던 것이다. 또 '지금'이야말로 그 대응을 고려해야만 하기 때문에, "지금 예방책을 수립하지 않는다면 우리나라 노동자, 아니 우리나라의 수많은 보통 사람들의 운명은 어떻게 될 것인가"와 같은 형태로 '지금'이 강조되었다.

두 번째는 노동자의 시간이다. 『노동세계』는 노동자가 사회로부터 인정받으려면 매사에 그들의 수양이 필요하다고 하며, 무엇보다 먼저 시간 지키기를 힘써 행하라고 강조하였다. 시간을 둘러싼 논의는 노동자의 규율, 즉 주체의 형성이라는 면에서부터 이루어지는 경우가 많다. 직공들의 시간관념이 느슨해 "근무시간을 무시하고 잡담에 열중하는 등, 임금을 거저 가져가면서도 조금도 부끄러운 줄 모른다"는 규탄이 등장하였고(三思生, 「타락한 직공의 모습」, 제60호, 1900.5.1), '무책임'하고 "맡은 바 일을 다 하지 않고 결근하여 휴업하는 일이 자주 있"으며, 또 봉급일 다음 날은 결근하는 '악습'이 심해 '문명적 직공'으로서 부끄럽다(「현시직공의 폐풍」, 제73호, 1901.3.1)고 하였다. 이러한 주장은 "시간이 귀중함을 알고, 이에 더하여 인내와 노력"을 장려한다는 근대적 가치의 제창이기도 했다(「지혜주머니智惠袋」란, 제57호, 1900.3.15).

여기서 초점은 바로 '노동시간'이다. 긴 노동시간으로 인한 폐해는

『노동세계』 제2호(1897.12.15)의 만화 〈장시간의 폐해〉에 잘 나타나 있다. 이 만화는 노동자의 시간을 새벽 5시부터 다음날 새벽 1시까지로 나누어 9컷으로 그렸는데, 다리에 힘이 풀려 기진맥진해 하는 노동자가 '오후 11시 30분'에 곤드레만드레 취해서 유치장에 들어간다. 오전 9시부터 오후 11시까지 총 14시간에 걸친 노동자의 구속은 다소 과장된 면이 있다고 할지라도 근거가 아주 없는 것은 아니다. 장시간의 피로로 인한 음주, 그리고 이로 인한 유치장 송치는 "노동자의 죄인가 그렇지 않으면 사회의 죄인가"라고 그려져 있는데 이것이 바로 시간의 소유를 둘러싼 대항對抗이었던 것이다.

『노동세계』는 이전부터 노동조합법안과 함께 공장법안의 제정을 요구하였다. 특히 헌정당憲政黨 내각이 공장법안을 제출하려는 움직임을 보이자 이에 대한 캠페인을 맹렬히 전개하였다. 제21호(1898.10.1)에는 "공장법은 누구를 위한 것인가"라는 주장을 전면에 세우고, "우리는 당국자가 마땅히 정의의 길로 나아가 선량한 공장법을 제출하여, 노동자를 보호하고 진정한 공장의 진보를 도모하는데 노력할 것을 강력히 갈망한다"라고 했다. 또 동시에 노동조합기성회는 '공장법안 수정운동'을 시작하고 의견서를 제출하였다. 이 의견서에서는 공장법의 적용 범위를 소규모 공장에까지 확대하는 것, 연소 노동자의 보호와 함께 노동시간에 관한 요구에 초점을 맞추고 있었다. 농상무대신에게 제출한 '청원서'에는 "하루 10시간 이상의 노동은 업무 효율도 낮으며, 또 직공으로 하여금 불건전한 풍습에 물들게 하는 것"이고, 따라서 노동시간을 줄여 "육체와 정신의 건전함을 양성하는 것이 공업발달상 필요한 일"이라고 호소하였다. 14세 미만의 직공 뿐 아니라 그 이상의 직공에게도 노동시간의 제한이 필요하다고 하면서, 14세 이상의 직공에게는 "하루 10시간을 초과하여 일을 시킬 수 없도록"(특별한 경우는 관청의 허가를 받아

연장 가능) 하자는 주장을 수정안으로 내 놓았다. 14세 미만 노동자에 대한 보호로 만들어진 10시간 이내의 노동시간을 '8시간 이내'로 줄이고, "어떤 경우에도 이 제한을 초과할 수 없게 하자"고 요구하면서 시간에 관한 투쟁을 전개하였다. 나아가 노동보호를 이유로 "적어도 주 1회의 휴일이 당연"하다고 하면서, 정부가 내 놓은 월 2회는 불충분하다고 했다(제23호, 1898.11.1).

그 밖에 이토 타다시伊藤正도 「공업 조례 제정에 대하여(후편)」(제25호, 1898.12.1)에서 '노동시간의 제한'을 요구하면서, 특히 연소자의 긴 노동은 "건강을 해치고 지식을 쇠하게 하며, 도덕을 손상시켜 마침내 노동자를 하나의 병약한 도구로 만들어버린다"고 했다. 이토 타다시는 "우리나라 공장의 노동시간"은 근무시간이 일정하지 않아서 실제로 살펴보면, "대부분 하루에 총 13시간 이상, 심하게는 15시간씩 일한다"고 하면서 장시간 노동에 대해 우려를 표명하였다. 『노동세계』 제26호(1898.12.15)도 "노동시간의 제한 및 임금 문제"를 거론하며 지식인들은 물론 노동자들 자신도 좀처럼 그 논의를 노동시간까지는 확대하지 않는다고 하면서 노동시간은 "인종의 체격에 상당한 영향을 미친다"고 하였다. 즉 구미의 노동자들은 많은 난관을 극복하여 9시간 노동을 '원칙'으로 만들었고, 그 결과 "노동자의 체력이 참으로 좋은"데 비해 우리나라의 여공과 빈농의 자제들은 "안색이 초췌하고 체격이 볼품없다"고 하였다. 또한 "우리나라 국민들을 타락한 기품의 인종으로 만들려는 것인가"라고 개탄하면서, '노동시간의 무시'에 대해 개개의 직공들에게도 충고하였다. "우리나라 노동자는 정말 노동시간의 가치를 모르는가?"8)

한편, 『노동세계』의 시간 의식은 한 방향으로 전진하는 것이었다. 가타야마 센片山潛은 20세기의 시작인 1901년에 발행한 『노동세계』(제69호, 1901.1.1)에서 「20세기 노동운동의 방침」을 말했다. 여기에서 그는 20세기의 방침을 19세기 노동운동의 '실적'에서 찾았다는 사실, 다시 말해 '소위 과거에 기대어 미래를 판단한다'는 점을 제시하였다. 가타야마 센은 노동조합을 세 종류로 나누었다. 교정회矯正會 등의 '투쟁적 노동조합', 활판공 조합과 같은 '조화적인 노동조합', 그리고 노동조합기성회가 지향한 '진보적 노동조합'이다. 이러한 분류 아래, 그는 '진보적 노동조합'은 진보를 방침으로 하였기 때문에 보수주의와 충돌했고, 문명적이기 때문에 '야만적 자본가와 대항'하고 있다고 하였다. 또 '사회도덕'을 강령으로 삼아 '사회주의를 지향'하며, '공명정대'한 운동을 실천해 왔으므로, 진보적 노동조합은 "광대한 만국 노동자가 함께 받들어야만 하는 사회주의이며, 그야말로 인류주의이다"라고 하였다. 나아가 그 '진보'는 도덕적·교육적이라고 평가하였다. 노동조합은 "항상 개명開明으로 나아가고 정정당당하게 인류주의를 내세웠기에 고립되지도 편향되지도 않으며, 그 결과 사회의 무대에 서서 수많은 공격을 물리치고 또 수많은 어려움과 경험을 거듭하면서 금일에 이르렀다"는 것이다. 가타야마 센은 '진보'='개명'을 평가하며 그것을 세계의 시간 속에 위치지으면서 과거에서 현재에 이르는 흐름으로 설명하고, 이를 이중의 '진보' 의식으로 서술하였다.

이러한 '과거'와 '현재'에 관한 의식을 바탕으로, 가타야마 센은 20세기에 '채택 가능한 방침'은 앞의 세 가지 형태 가운데 '진보적 노동조합'이라고 하였다. 그는 "과거를 돌아보아 그 실제를 살피며, 그로서 장래를 점친다"고 하였는데, '지금'을 매개로 과거–현재 그리고 미래를 연결하는 것이 『노동세계』가 제시하는 시간의식이다. 그는 19세기의 마지막 해인 1900년의 논문에서도 "우리 『노동세계』는 19세기의 말년에 태어나 다행스럽게 현세기의 진보된 문명 혜택을 받고, 마침내 20세기의 봄을 맞이한다. 이렇게 기쁜 우리가 19세기에서 얻은 경험과 그 권리는 20세기에 웅비하여 그 성장을 도모할 자격을 구비하였음을 확신한다"라고 서술하였고, 이후에도 그와 동일한 인식을 보이고 있다(「1900년」, 제52호, 1900.1.1).

가타야마 센은 '노동자는 19세기 동안'에 정치상의 공화共和는 얻었으나 공업상으로 '노예'가 되었다고 했다. 그리하여 이로부터 벗어나기 위해 노동조합운동을 일으켰는데, 이것은 만국의 문제 곧 '인류문제'가 되었다고 서술하면서, 19세기라는 시간을 기준으로 사건들을 정리했다. 이는 실천을 동반하는 시간의 재형상화라고 할 수 있는데, 과거-현재-미래를 일직선으로 나열하여 그 각각을 등치시켰다. 이것은 미래를 사정권 안에 넣으면서 '지금'으로 규정하는 시간의식이다.

『헤이민신문平民新聞』 제12호(1904.1.31)에 게재된 고토쿠 슈스이幸德秋水의 「인류와 생존경쟁」에는 "사회주의는 생물진화설과 모순되는가"라는 부제가 달려 있다. 고토쿠 슈스이는 "우리 사회주의자들도 다윈이즘의 신봉자라는 것을 매우 기쁘게 밝힌다"고 하면서, 스스로 '진화'라는 시간의식을 가지고 있음을 표명하고 있다. 사회주의자가 '진화'의 시간 속에 있다는 사실은 이미 여러 번 지적된 바 있다(대표적인 것으로는 마쓰자와 히로아키松澤弘陽, 『일본사회주의의 사상日本社會主義の思想』, 筑摩書房, 1973). "요즘처럼 의식주의 경쟁이 치열한 것은 결코 사회를 진화시키려는 이유에서가 아니다"라는 발언에서도 명백히 알 수 있듯이, 고토쿠 슈스이가 비판한 것은 자유경쟁 그 자체이지, 사회가 진화한다는 사실에 대한 부정은 아니었다. 다시 말해 그것이 '생존경쟁은 생물 진화의 한 동인'이라는 사실에 대한 의심은 아니었던 것이다. 그는 고등생물의 생존경쟁 상황이 하등생물에 비해 우세하다는 것, 즉 '인류 사회조직'의 진화에 따라 생존경쟁이 완화되고, 패배하여 희생당하는 사람이 줄어들고 있음을 강조했다.

고토쿠 슈스이는 "생존경쟁의 목표가 진화하는 데 있어, 그 방법은 고상해야 한다"고 주장했다. 진화라는 관점에서 보자면 그것은 철저한 경쟁을 통한 이중의 진화를 의미한다. 고토쿠 슈스이는 의식주의 경쟁을 폐지해야 한다고 하지만 그것은 어디까지나 "야수의 영역으로 퇴보하지 않는다"는 명확한 한계범위 내에서의 폐지였다. 그는 '문명인 / 야만인'이라는 이항도식을 사용하여, "태초 야만인의 생존경쟁 상태는 동물의 그것과 조금도 다를 바 없는 심각한 것이었다"라며 문명=진보(진화)라는 주장을 분명히 하고 있다. 그의 더욱 철저한 진화 즉 일방향적인 시간의식을 엿볼 수 있으며, 동시에 여기에는 사회주의가 세계적인 대세라는 인식이 겹쳐져 있음을 알 수 있다.

『헤이민신문』 제11호(1904.1.24)의 칼럼에서도 그는 "지금까지의 역사가 전쟁의 역사라고 해서 미래의 역사까지 그렇게 만들 필요는 없다"라고 하며, 세계가 '봉건시대'를 거쳐 지금은 '제국주의 시대'가 되었으나, 사회도 역시 진화하기 때문에 제국주의의 시대가 언제까지나 지속되지는 않을 것이라고 했다. 고토쿠 슈스이는 신속하게 제국주의를 타도할 것을 주장하였으며, "진보는 속도가 중요하기 때문에, 단 1초라도 빠른 것이 좋다"고 하였다. 이렇게 사회주의에는 진보와 발전이라는 시간이 긍정적인 문맥 속에 숨어 있었다. 제12호, 즉 고토쿠 슈스이가 쓴 「인류와 생존경쟁」이 실린 것과 같은 호의 신간소개란에서는 사카이 토시히코堺利彦가 오카 아사지로丘淺次郎의 『진화론강화進化論講話』를 소개했다. 사카이 토시히코는 진화론의 대략적인 사상은 일본사회 곳곳에 퍼져 있지만 그 원류인 진화론의 일본어판 서적은 극히 적다고 하면서, 오카 아사지로의 저작이 "정확한 시기에 등장한 출판물"이며, "널리 읽히기를 희망한다"고 칭찬하였다. 사카이 토시히코는 오카 아사지로의 사회주의에 대한 이해가 속단에 빠져있다고 비판했지만, 그것 때문에 이 책 자체를 거부하는 것은 아니었다. 이후에도 『헤이민신문』에는 지속적으로 이 책의 광고가 게재되었다.

이러한 '진화론=진보'라는 시간의식을 다양한 문맥 속에서 드러낸 것이 고토쿠 슈스이의 주요 저서 중 하나인 『사회주의신수社會主義神髓』(朝報社, 1903)이다. 이 책은 서론과 결론을 포함하여 모두 7장으로 이루어져 있는데, 내용은 빈곤의 원인, 산업제도의 진화, 사회주의 주장, 사회주의의 효과, 사회당 운동이다. '식산殖産 혁명'에 의해 재화는 늘어나지만, 거기에는 장시간의 노동과 고생, 궁핍이 있다. 게다가 인도・정의・진리를 실현할 수 없는 "오늘날의 문명은 한편으로는 찬란하고 아름다운 힘과 광휘를 발휘하지만, 다른 한편에서는 암흑 속의 궁핍과 죄악을 가지고 있다"고 하였다. 문명사회가 되었음에도 불구하고 노동은 감소하지 않으며 의식주의 문제는 해결되지 않았는데, 고토쿠 슈스이는 그 '원인', 즉 '현재사회의 병폐'를 '분배의 공정성이 사라졌다'는 점, 다시 말해 '부의 불공평한 분배'에서 찾고 있다.

여기에서 고토쿠 슈스이의 설명방식은 꽤나 공간적이다. 부의 분배가 일부에 편중되기 때문에 빈부의 현격한 차이가 생겨나며 이것이 현재의 문제가 된다. 고토쿠 슈스이는 이런 주장을 토대로 여기에 이중의 시간을 끌어온다. 첫 번째는 사회의 부富가 '하늘에서 떨어진 것'이 아니라 '노동의 결과'라는 인식 속에 존재하는 시간이다. 이에 따르면 '부'란 노동자의 소유물이어야 하는데 왜 실제로는 그렇지 않은가라는 물음이 제기될 수 있다. 고토쿠 슈스이는 마르크스를 원용하면서 토지와 자본(생산수단)이 사회화되어 있지 않기 때문에 그렇다고 답한다. 여기에서 두 번째의 시간이 도입된다.

두 번째의 시간은 산업사회의 시간과 사회주의 사회의 시간이라는 순서로 설명되었다. 고토쿠 슈스이는 생산양식을 축으로 하여 문명의 변천을 파악하였는데, "세계의 역사는 생산양식의 역사"라면서, 사회의 진화나 혁명이 모두 "산업방법의 변이였을 뿐"이라고 한다. 현재의 '자본가제도'라는 생산양식 역시 '봉건제도의 전복'이라는 '역사적 사명'은 다했으나, 노동자의 생산물이 생산기관 소유자의 소유물이 된다는 모순을 발생시켰으며, 그것이 현재 사회의 모든 해악을 만들어냈다고 보는 것이다. 계급투쟁이 생겨나며 우승열패, 약육강식의 참상이 출현하고 이에 따라 구미 모든 나라들이 현재 겪고 있는 충돌과 파열 상황이 발생했다는 것인데, 아직까지 일본에서는 이러한 참상은 없지만, 빠른 시일 내에 이와 같은 추세에 직면할 것이라고 말한다. 여기에서 고토쿠 슈스이는 자본가제도는 진화과정의 극한점에 있으며, "세력이 극에 달하면 변하기 마련"이라고 신시대 도래의 필연성을 말하고 있다. 즉 지금의 자유경쟁은 자본화에 독점되어 있으며, 공명정대한 경쟁이 아니라 단지 소수계급의 횡포에 지나지 않는다는 것이다. 그는 그 자유경쟁이 "사회 진화의 반전을 가져오지 않을 뿐 아니라 오히려 쇠퇴를 가중시키는 것"이 되었으니, "더욱 더 한 단계의 진화"를 거쳐 사회주의의 시간으로 진입할 것을 주장한다. '불공평한 경쟁'을 '정의로운 경쟁'으로, 다시 말해 의식주의 경쟁을 그만두고 '지와 덕'의 경쟁을 하자는 것이다.

이렇게 사회주의의 시간으로 이행하는 데에는 한 번의 시간 단절, 즉 '혁명'이 필요하다. 여기에서 고토쿠 슈스이는 시간을 '연장延長'과 '완만緩慢'이라는 두 개로 분절한다. 그는 한편으로는 "사회의 역사는 혁명의 기록이다. 인류의 진보는 혁명의 효과다"라고 말하면서도, 다른 한편으로는 혁명의 '공포'를 고려하였다. 영국이든 미국이든 프랑스든 혹은 일본이든, '현대의 문명'은 혁명의 연장선상에서만 생각될 수 있다는 것이다. 그는 "혁명을 두려워하는 자여, 현재 너희들이 구가하는 문명 진보란 실로 과거에 있었던 수많은 대혁명이 가져온 결과이다"라고 말한다. 그리고 사회가 '대사代謝'[27]하는 것은 '진화'의 덕분이라며, 여기에서도 진화를 언급하고 있다. 그는 페르디난트 라살Ferdinand Lassalle을 인용하면서 구시대가 가고 신시대가 도래하며, 신시대는 또 새롭게 바뀔 것이라고 했다.

그러나 고토쿠 슈스이가 말하는 혁명이란 '평화적 혁명'이다. 『사회주의신수』에서 그는 혁명을 자연의 진화에 비유하며 정책을 '천천히' 실행해야 한다고 주장하면서, 이때 혁명은 '일시적인 반란'이 아니라 '평화적 방법'으로 진보와 행복을 획득하는 것이라고 하였다.

고토쿠 슈스이가 제시하는 시간은 말할 것도 없이 마르크스가 주창한 시간이며, 그 점에서 눈에 띄는 신선함은 없다. 그러나 고토쿠 슈스이는 시간의 지속과 중단을 신중히 논하면서, 그것이 국민국가 확립기의 시간과 어떻게 공유되고 절단되는가를 보여준다. '현재'의 모순을 다루는 방식으로 그는 '과거'로 거슬러 올라가 '미래'를 제시하였으며, '진화'라는 시간으로 현재를 관통해 보였다. 그렇지만 '과거'에서 '현재'에 이르는 시간 사이에 존재하는 단절을 '현재'에서 '미래'로의 시간 사이에도 다시 적용하고 있기 때문에, 이 시점에서 또 하나의 '단절'이 필요하다. 그리고 여기에서 광의의 문명=진보를 유지할 것을 표명했다. "사회주의는 실로 이러한 진화의 이치를 믿으며, 사회 전체가 그 이치에 따를 것을 바라고 있다." 그러나 그는 속도와 순서를 배려하여 각 나라에 따라 시간의 완만함과 '개조의 순서와 방법'이 달라진다고 주장했는데, 이러한 점에서 고토쿠 슈스이의 시간은 근대 시간의 사정거리

27 신진대사. 여기에서는 사회의 유기적인 구성과 순환, 변화를 뜻한다.

내에 있었고, 이미 그 점에서 미래의 시간으로서의 사회주의의 시간을 고찰, 제창하고 있었다고 할 수 있다.9)

미래의 필연성은 '지금'에 대한 비판, 그리고 동시에 '지금'을 지탱해주는 시간의식에 대한 지지라는 뒤섞인 이중성의 인식 하에 있었다. 선진 문명과 사회의 흐름 속에서 진화의 시간을 말하고 있기 때문에, 고토쿠 슈스이의 논의는 '문명으로서의 사회주의'라고 파악해도 좋을 것이다.

이러한 진화론적인 시간의식은 미래의 이상사회를 그리는 형태로도 기술된다. 사카이 토시히코가 『헤이민신문』 제8호(1904.1.3)에서 제23호(1904.4.17)까지 15회에 걸쳐 번역 연재했던 윌리엄 모리스William Morris의 「이상향News from Nowhere」은, 사회주의자에 의한 미래소설(그리고 번역)이라고 불릴 만한 것이었다. 이 이야기에는 꿈속에서 본 '대변화' 이후의 사회 모습이 그려져 있는데 여기에는 화폐도 학교도 없고, 먹고 살기 위해 해야만 하는 여러 가지 압박이 없다. 이 글은 '도시와 시골의 관계'를 시작으로 신사회의 구조에 관한 질문과 답변을 정리한 것인데, 여기서 신사회는 '인민 전체가 국회'이며 정부는 물론 육해군과 경찰 등도 없는 사회이다. 형벌이 없고 따라서 '감옥'도 없으며, "국가라고 부를 만한 형상이 사라져" 버렸다. 그곳에는 슬럼이 없고 "미려하고 청결한, 마음 편한 좋은 장소"에 살면서 "다만 각자 제각기 할 수 있는 일을 한다"는 것이 '새로운 풍속 습관'으로 상정되어 있으며, 모두가 "자신이 가장 잘하는 일을 할 자유"를 가지고 있다. 노동자는 생산의 즐거움과 기쁨이 있고, 생활 자체가 보답이 되어 만족을 얻을 수 있다. 이 글에서는 이러한 '오늘날의 진보'가 자랑스럽게 이야기되고 있으며, '마음대로 하는 생활'이 실천되고 있다. 너무나 모리스답게 자연과의 일체화는 물론, 기계를 없애고 '새로운 수공업시대'에 진입한 것을 긍정적으로 그리고 있다.

현재의 이상이 미래사회에 투영되어, 지금의 문제라고 인식되고 있었던 것이 미래사회에는 해결되어 있다. 즉 이상향을 그려냄으로써 현재의 알력이나 다툼이 없는 형태의 사회가 제시된 것이다. 그러나 '남녀의 관계'에 관해서는 "남자가 여자를 억제하는 일"이 없어진다고 말하면서도, "여성은 여자가 잘 할 수 있는 일", "가장 좋아하는 일"을 할 수 있다며 여성에게는 사환일이나 부엌일 등 '집안의 잡무'를 배당하고 있다. 더구나 "아름다운 여성이 여러 가지를 돌보아주는 일"을 하는 것은 누구에게나 기쁜 일이라고까지 씌어 있다. '건강한 여성'은 '아이가 있는 여자'로서 존경받기를 꿈꾸며, 따라서 남성중심의 가치관과 사회관, 젠더에 대해서는 전혀 고려하고 있지 않다.

이때 윌리엄 모리스와 사카이 토시히코가 '이상향'에 도달하는 시간의 절단에 대해서 말하고 있다는 사실이 흥미롭다. '어떻게 그 변화가 올 것인가'를 묻는 질문에 대한 대답으로, 노동시간의 제한, 최저임금의 제시 등 노동자의 요구에 의한 '진보'가 이루어지는 가운데, '1952년' 경에 이르면 불경기가 절정에 달해 노동자 동맹과 상류사회가 대립하게 된다고 보았다. 노동자 동맹의 대회에 경찰관이 난입해 사상자가 속출한 것을 계기로 노동자와 정부 대립이 강화되었는데, 노동자 대회 중에 기관총이 발사되어 "피와 시체의 강"이 흘러넘친 것으로 묘사된다. 이 대참사는 노동당에 힘을 실어줌과 동시에 보수당의 등장을 촉박하였고, 총동맹파업의 결행을 가져왔으며, 그 후 '2년간 내란이 계속'되었다. 이미 '타협의 여지'는 완전히 없어졌으며, 자유평등의 공산사회로 가거나 혹은 절대적인 노예제도로 돌아가거나 둘 중의 하나로 복귀하는 것밖에는 아무것도 없었다. '일대파열一大破裂'이라고 불리는 바와 같이, 과거 시간의 절단 위에 신사회라는 이상향이 실현되었던 것이다. 그리고 사카이 토시히코와 윌리엄 모리스는 이 '절단'의 이미지를 매우 구체적으로 상상하고 있었던 것이다.

번안되는 과정에서 그 배경이 2003년의(어쩌면 2100년쯤인지도 모른다) 런던으로 바뀌었지만, 『헤이민신문』의 다오카 레이운田岡嶺雲, 니시카와 코지로西川光次郎도 이상사회론을 그리고 있다. 다오카 레이운은 「망시공亡是公의 한탄」(제3호(1903.11.29)에서 제26호(1904.5.8)까지 14회 게재)에서, "새천년에 유토피아가 있으며 지덕知德의 세상이 오리니"라고 서술하고 있는데, 그 시점은 19세기이며 '시간의 그릇됨'을 풍자하였다. 미래에서 현재를 비판하는 방식을 취해 그는 19세기의 '문명'이라는 개념 그 자체에 대해 비판을 가하고 있다.[10)]

이러한 진화의 시점에서, 문제가 발생하는 경우는 '퇴화'로 인식된다. 예를 들어 공원 등 사회적 성격의 장소를 공유물로 하자는 주장이 한창일 때, 히비야 공원이 소수자에 의해 점령되는 사태가 일어났다. 한 자본가가 공원 내에 큰 요리점을 만들어 폭리를 취하고 있었던 것인데, 니시카와 코지로는 이러한 사태를 지적하면서 이를 히비야 공원의 '퇴화'로 보고 있다(「공원의 퇴화」, 제35호, 1904.7.10). 진화와 퇴화라는 직선적인 시간의식 위에 현재를 기준으로 그 벡터의 방향을 판단하고 있는 것이다.

5. 제국의 시간

근대의 시간과 국민=국가의 시간의 이중성, 그리고 국민의 시간과 신민의 시간의 중첩. 이것이 다양한 지점에서 창출된 시간의 공통분모이며 공유점이었다. 과거의 시간도 그리고 현재와 미래의 시간도 모두 진보의 벡터를 가지는 균일적 · 균질적인 것이며, 그와 동시에 '우리나라'라는 국민국가의 단위에서 시간이 인식되었던 것이다. 다양한 균열과 대립 속에서 근대의 시간의식이 기술되었으며 이에 따라 학지學知가 형성되었다. 이 글에서는 표상된 시간으로서 '제도로서의 시간' / '생활로서의 시간'을 가로지르는 의식 속의 시간, 즉 지의 영역에서의 시간을 다루었다. 이 근대－국민－신민이라는 삼각구도를 형성하는 시간은 20세기가 되면서 빠르게 변용하였다.

그 커다란 계기가 되었던 것이 러일전쟁이다. 요코야마 겐노스케는 이미 "러일전쟁은 빈민의 생활에 영향을 미쳤으며, 궁핍의 정도를 심화시켰다"고 하면서, 전쟁이 하층사회에 끼친 영향을 지적하였다. 마지막으로 러일전쟁을 소재로 한 소설에서 시간이 어떻게 다루어졌는지를 살펴보는 것으로, 일본제국의 시간이 종래의 시간과 어떻게 달라졌는가를 알아보자. 사쿠라이 타다요시櫻井忠溫의 『육탄肉彈』과 미즈노 히로노리水野廣德의 『그 전투此一戰』를 예로 들어보겠다.

『육탄』은 뤼순 작전에 참가했던 사쿠라이 타다요시가 자신의 체험을 엮은 작품이다. 간행과 함께 쇄를 거듭한 이 책은 러일전쟁의 기록을 대표하는 작품이 되었다. 1894년 5월부터 8월까지의 사건들이 시간의 순서에 따라 기술되어 있는데, 여러 가지 에피소드로 짜여 있기 때문에 종종 시간이 앞뒤로 왔다 갔다 하였고, 도중에는 시간의 공백도 있다. 뤼순 공격을 시간상으로 기술하는 것이 『육탄』의 목적이기는 하지만 "이를 서술하기에 앞서"라는 표현을 쓴다든가, '뤼순의 가치'를 언급하면서 "이제와 뒤돌아보면", "이야기는 다시 처음으로 돌아가", "여기에서 잠시 이야기해 둘 것이 있다", "전쟁이 끝난 후에 모든 정보를 종합해서 보자면"과 같은 말이 곳곳에서 등장한다. 전쟁의 시간을 보낸 당사자로서 이야기를 기술하고 있으면서, 동시에 전투라는 일관된 행위와 함께 그와 관련된 정보와 사건들을 동일한 이야기 수준에서 말하고 있기 때문에, 시간이 앞서거니 뒤서거니 하는 것이다.

그럼에도 불구하고 각각의 날짜는 중시되어, 총동원 명령이 내려와 일본을 떠난 날은 "그야말로 생애에서 결코 잊을 수 없는 중요하고도 기쁜 날"이라고 말하며, 왜두산歪頭山의 점령을 "6월 26일 오전 8시!"라고 쓰고 있다. 앞서 뤼순 함락일인 "메이지 38년 1월 2일이라는 길일은 영원히 잊을 수 없는 날"로 간주된다. 각 사건에는 날짜와 내용이 중첩되면서 의미가 부여되었고 기억해야만 하는 것이 되었다. 그러나 사건의 의미 부여는 시간의식과 겹쳐져, 뤼순 함락은 "세계 역사의 한 획을 긋는 대사건"이라고까지 서술되며 공격과 전투 때마다 날짜가 병기되었다. 전투가 격렬하거나 묘사가 자세해지면 시간이 지표로서 표시된다. 가령 7월 29일 밤에 허우쟈둔侯家屯 부근에서 야영하고 있던 일본군 부대는, 밤 3시 반에 명령을 받고 4시 전에 사령부에 도착하여 5시에 공격개시 소식을 듣게 되었으며, 서둘러서 연대까지 뛰어가 4시 50분에 야영지에 돌아왔다는 내용 등이 극도로 상세하게 서술되어 있는 것이다.

기본적인 시간의 흐름은 진군—전투—부상이었다. 각각의 작전 수행마다 설명을 덧붙여서, '격전—고전—점령', 혹은 '절체절명의 위기—산 정상의 일장기'와 같은 방식으로 묘사되었으며, 작전은 전투별로 세분화되었다.

『육탄』에서의 시간이 '전진하는 시간'이라는 사실도 간과할 수 없다. 『육탄』의 서두에는 최초의 호령=전진이라고 서술되어 있다. 그것을 쓰면서 사쿠라이 타다요시는 "항상 전진해야만 했다. 모험은 불가피했다"라고 각오를 말한다. 또한 남산의 전투와 태백산의 전투를 비교하기도 한다. "4천여 명의 사상자를 낸 그 남산의 전투는 지금까지의 전투 중 가장 격렬한 것이었으나, 그것과 비교해서 태백산의 전투는 적은 사상자를 내고 큰 결과를 얻은 전리품이었다고 말할 수 있다." 그는 끊임

없이 뒤에 오는 사건보다 더 큰 사건과의 비교를 통해 거대함을 한층 더 드러내는 방식을 사용하고 있으며 '전진'하고, '팽창'하는 의식과 시간, 대상이 기술된다. 『육탄』은 전쟁을 어떻게 그려낼 것인지를 모색하는 작품으로, 그 이후 전쟁에 대한 기술記述의 한 전형이 되었다.

전쟁을 경험한 당사자로서 '내부'에서 전쟁을 묘사한 사쿠라이 타다요시의 『육탄』과 대비되는 것이 미즈노 히로노리의 『그 전투』이다. 이 작품은 사쿠라이 타다요시와 마찬가지로 '동해해전'[28]에 참가한 미즈노 히로노리가 전쟁의 실상을 알리려는 의도로 썼다. 여기에서 미즈노 히로노리는 발틱 함대의 편성에서부터 로제스트벤스키Zinovil Petrovich Rozhdestvenskii가 인솔하는 함대가 길게 늘어선 형태로 마침내 동해까지 쳐들어왔던 항로를 설명하는, 즉 '만리의 원정'으로 작품을 시작하고 있다. 매일매일 그 이동의 모습을, 몇 겹으로 접는 식의 그림 지도를 덧붙여서 시간 순으로 설명하고 있다. 발틱 함대의 시간과 공간의 추이를 기술하고 있는데, 다른 한편으로는 그들을 기다리고 있는 일본 연합함대의 동향도 나타나 있다. 「기다리고 있음을 믿어라」가 제4절의 제목인데, '기다린다'라는 시간적 행위가 『그 전투』 초반부의 주제였다. 일본 함대와 러시아 함대의 비교는 전함 등의 종류와 함대의 수, 크기, 포력에서부터 훈련, 규율까지를 포함했다(훈련과 규율이라는 정신적 영역에 관한 것은 일본의 함대가 우수한 점이 많다고 하였다). 또한 물질적인 측면, 즉 외적인 것은 '거의 필적할 정도'라고 하면서도 '속력의 우수함'은 일본을 우위에 두었다. 미즈노 히로노리는 "전쟁의 기선을 제압하는 것은 순간적으로 속도를 높이는 것에 있

28 동해해전 : 1905년 5월 27일과 28일에 걸쳐 대한해협에서 벌어진 일본군과 러시아군의 전투를 가리킨다. 러시아군의 전력의 ⅓에 불과했던 일본군이 대승을 거둠에 따라 일본제국주의의 팽창이 심화되고 러시아의 남하정책에는 제동이 걸리게 된다. 원문에는 '일본해해전日本海海戰'이라고 표기되어 있으나, 같은 사건에 대한 국내 역사서의 명명에 따라 '동해해전'으로 표기한다.

다"고 하면서 '속도'라는 시간도, 전편을 관통하는 일관된 관심사로 다루었다. "만약 제61호의 도착이 10분 늦어진다면, 제34호에 탑승한 사람들의 운명은 몹시 처참하게 되었을 것이다"라는 등, 시간의 근소한 차이를 강조하는 표현들이 여기저기에서 눈에 띈다. 이러한 두 개의 시간을 축으로 하여, '동해해전'에 있어서 언제 어디에서 어떠한 움직임이 있었는가를 시기별로 정확하게 그려낸 것이 『그 전투』의 핵심이다.

우리 주력 함대의 각 함선은 여러 번 닻을 올려 예정된 항로를 향해 서열을 맞추어, 오전 7시에 전 함대가 근거지를 출발했다. 오후 1시 30분경에 다다라서야, 이미 아침에 도착해 있던 적과 접전을 펼쳤으며, 남서방향에서 제3전대를, 서쪽 방향에서 제5, 제6전대를 발견하여 비로소 전 함대에 연락을 취했다.

특히 해전의 상황은 그 각각의 함대의 움직임이 그림으로 그려져 있으며, 시간의 경과에 따라 상세하게 기록되었다. 글과 그림 둘 다 시간의 추이에 따른 변화를 보여주었던 것이다. 5월 27일 일몰까지의 움직임, 그리고 그 후 어뢰정의 움직임이 기록되었으며, 28일은 새벽부터의 동향, 특히 중상을 입은 로제스트벤스키 제독을 대신한 네보가토프 사령관의 항복이 중심적으로 그려진다. 함대의 움직임과 전투의 모습이 전대戰隊, 때에 따라서는 미카사호, 스오로프호, 알렉산더호 등의 함선, 그리고 함선 내의 갑판 등으로 세분되어 기록된다. 함선과 함께 각각의 수병들이 일본인이건 러시아인이건 상관없이 클로즈업되어 '야마토타마시日本魂', '슬라브 혼魂'으로 기술된다. 러시아 측에서는 자국함대와 함선, 제독을 주어로 하고 있지만 대부분은 일본 측을 주어로 하고 있는데, '동해해전'은 이미 발틱함대의 편성에서부터 발발했다는 인식하에 서술되고 있는 것이다.

『그 전투』는 말하자면 '외부'의 시점에서 씌어졌다. 미즈노 히로노리는 실제로 보지 못했고 볼 수도 없었던 동해해전의 전체를 그려내려 하고 있었다. 이에 비해 『육탄』은 전쟁 참가자였던 사쿠라이 타다요시가 실제로 본 것을 '내부'에서 묘사한 것으로, 두 소설은 해전과 육지전이라는 차이뿐만 아니라 기술 스타일도 달랐다. 이 두 권의 책에는 러일전쟁 기술의 두 가지 스타일이 제시되어 있는데, 양쪽이 동시에 '시간'에 관심을 두고 각각 다른 스타일로 '시간'을 그려냈다는 것에 주목해야 한다. 이것은 『풍속화보』에서 보았던 청일전쟁의 기술과는 다른 것이며, 러일전쟁은 시간에 대한 새로운 관심과 기술을 요청하고 있었던 것이다.

제국의 시간은 다양한 모험담으로도 나타났다.[11] 원래 이동이라는 시공간의 사건=경험은, 지금까지 많이 쓰여져서 그것이 기행문이라는 하나의 영역을 형성해왔다. 『메이지 기행문』을 분석한 다카스 요시지로高須芳次郎는 본고에서 초점을 맞춘 1880년대 후반과 나아가 1900년경을 하나의 시기로 보고 있다. 다카스 요시지로는 고다 로한幸田露伴, 오하시 오토와大橋乙羽, 오마치 케이게쓰大町桂月 등을 제2기(1887~1897)의 대표자로, 고지마 우스이小島烏水를 제3기(1897년 이후)의 대표자로 보고 있는데, 국내를 무대로 한 활동 기록은 시간의 기술로서 검토할 만한 가치가 있다.

이와 함께 국외 경험을 엮은 글도 등장했다. 이것도 역시 예전부터 있었지만, 러일전쟁 이후 양적 질적으로 눈에 띄게 늘어났다. 『모험세계冒險世界』나 『탐험세계探險世界』라는 잡지가 창간되어, 이러한 책들은 '팽창하는' 공간의식 속에서 '일본'의 외부로 나아가는 다양한 모험담과 탐험기록을 제공하였다. 예를 들면, 1909년에 간행된 나이토 마사키內藤昌樹의 『사막여행沙漠旅行』(本鄕書院)은 "야만지대를 원정하다"라는 부제가 붙어 있다. 러시아의 마레스니코프 군대의 소식이 끊기자, 나이토 마사키가 에스터 대좌의 지휘 하에 기술자로서 수색대에 가담했을 때의 이야기이다. 나이토는 스탠리가 리빙스턴을 찾아 "암흑대륙 아프리카의 내부로 전진"한 행위에 자신을 비유하면서 "무지하고 야만스러운 사지에 몸을 던진", '원정'의 모습을 엮어 내려간다. 그러나 나이토 마사키는 스스로를 "정통 일본인이지만 반 귀화한 러시아인"이라고 하면서 ("그러나 제국에 대한 충성심"은 늘 가지고 있다고 한다) 그는 마치 러시아인처럼 행동한다. 2년에 걸친 '야만의 땅'에서 13인의 대원 중 단 2명의 생존자만이 살아남았다는 이야기를 통해 나이토 마사키는 "러시아에는 그러한 땅(야만의 땅)이 있으나, 우리나라에는 없다"라는 메시지를 '소년 제군'에게 전달하고 싶었다고 말한다. 이 책에서 그는 여기저기에서 '야만한 민족', '원주민'과 조우하면서 스텝지역steppe을 전진하고 사막을 건너, 마침내 "아마도 그 야만의 정도가 세계 제일일 것"이라는 땅에까지 들어간다. 그는 "아아, 인간도리가 없는 말세의 세상이여! 문명국민 사이에서조차 일말의 신의도 없는 오늘날, 우리들은 아무렇지 않게 도둑질을 하는 야만인들에게서 오히려 아름답고 용감하며 존경할만한 도덕을 발견"했다고 쓰고 있다. '맹호'나 '이리 떼'와의 격투, 그러한 가운데 인질로 잡혀 "잔혹한 야만인들에게 참혹한 고문을 받고, 비참한 상태에 처했다"라는 엄청난 모험활극이 그려진다.

이미 도쿠토미 소호는 청일전쟁에 대해, 이 전쟁은 "유신 홍국의 업을 크게 이루는" 것이며 "일본제국 통일과 자위自衛의 길을 다하여, 밖으로 팽창할 것이다"라고 쓰고 있다(「청나라 정복의 진정한 의기」, 『고쿠민신문國民新聞』, 1894; 12월 5일에서 15일까지 10회 연재[12월 10일 제외]). 도쿠토미 소호가 청일전쟁에서 주창했던 '팽창'은 러일전쟁을 통해 더욱 확고해졌다. 지금까지 논했던 역사, 풍속, 사회주의의 시간의식은 국민국가의 시간이 되었으며, 동시에 팽창하는 시간은 제국의 시간이 되어 갔다. 이것은 제도적인 시간에 있어서도 마찬가지여서, 식민지의 획득과 동시에 현재와 같은 하나의 표준시(1895, 서부 표준시)가 제정되었다. 시간은 '국내'에서는 사회의 시간, 개인의 시간을 강화(가정, 도시)시켰고, 국가의 시간(학교, 군대, 축제일)을 만들어 냈는데, 동시에 그 '팽창'된 시간은 '국외'의 시간으로까지 연동되어갔다. 내부와 외부의 시간이 연결되어 마침내 제국의 시간이 완성된 것이다.

제1부 근대적 학지學知

'일본미술'이라는 제도*

사토 도신 佐藤道信**

1. 들어가면서

최근 들어, 그 의미를 가늠하기 어려워 고개를 갸웃하게 만들면서도 '일본미술'이라는 '제도'를 이해하는 데에 중요한 실마리가 될 만한 일들을 두어 가지 접하게 되었다. 그중 하나는 미술교육에 관한 것이다. 현재 일본에서는 출산율 감소나 주5일 근무제에 따른 교육개혁을 진행하고 있는데, 그로 인해 미술이나 음악수업이 사라져가고 있으며 따라서 그 존속의 위태로움을 우려하는 목소리도 높아지고 있다. 그런데 초

* 이 글은 허보윤이 번역했다.

** 1956년생. 근대 일본미술사 전공. 도쿄예술대학 교수. 저서로 『'일본미술' 탄생』(講談社, 1996), 『메이지 국가와 근대미술』(吉川弘文館, 1999), 『미술의 아이덴티티』(吉川弘文館, 2007) 등이 있다.

중등 교과과정에서 미술교육은 일본이나 한국, 중국 등지에서만 시행되고 있을 뿐, 구미에서는 오히려 일반적인 일이 아니라고 한다. 오페라의 본고장 이탈리아의 초중등 교과과정에 음악수업이 없다는 것도 매우 놀라운 사실이다. 음악, 미술 교과과정은 분명 서양의 제도를 본뜬 것일 터인데, 도대체 어찌 된 일일까? 일본의 초중등 미술교육은 원래 메이지기 식산흥업殖産興業에 이바지하기 위한 디자인교육에서 출발한 것이었다. 그러나 최근의 미술교육과정은 "생활하는데 필요한 능력"의 육성을 목적으로 삼는 등 예전과 크게 달라졌다. 이 글의 주제가 초중등 미술교육은 아니다. 하지만 이는 본래 서양으로부터 이식된 제도가 일본 내부의 상황과 목적에 맞게 치환되어, 서양의 제도와 동일선상에서 논의하기 어려운 것으로 전환되었음을 시사하고 있다.

두 번째는, 1958년에 야시로 유키오矢代行雄가 쓴 「서序—미술사와 미술」(『예술신조藝術新潮』 1958년 1월호)이라는 글이다.[1] 야시로 유키오는 초기에 이탈리아 미술을 연구했고, 후기에는 비교미술사적 관점에서 동서양의 미술을 폭넓게 논했던 미술사가로, 제2차 세계대전 이후에도 미술행정이나 국제교류사업에서 중요한 역할을 수행했다. 야시로 유키오는 「서—미술사와 미술」의 한 항목이었던 '일본 미술사 연구의 부족한 점'에서 "일본을 포함해서 미술에 관한 출판물이 많은 나라들 가운데, 일본만큼 위대한 미술가들의 전기나 평론이 출판되지 않는 나라는 드물다"고 했다. 야시로 유키오가 전달하려던 바는 문장 후반부의 내용이지만, 내가 고개를 갸웃한 지점은 오히려 전반부, 즉 "일본을 포함해서 미술에 관한 출판물이 많은 나라"라는 부분이다. '미술'에 관한 기구·제도·사업의 시행은 서양으로부터 대부분 이식된 것이기 때문에 의당 일본보다 서양에서 훨씬 더 왕성할 것이라는 생각이 일반적이다. 그러나 현재 시점에서 국립·공립·사립 미술관이나 박물관·전시회 · 전시도록 · 미술서적 · 화랑 등의 수를 국가별로 따져보면, 그 질과 규모의 문제는 별개로 하더라도, 수적으로 일본은 상당히 많은 편에 속한다. 일본은 세계에서 손꼽히는 미술 '소비대국'이다. 야시로 유키오의 글에 의하면 출판물의 경우에 이미 반세기 전에 그러한 위치에 도달해 있었다. 동서양 미술계에 매우 정통한 야시로 유키오의 말인 만큼 허튼 소리였을 리도 없다.

그런데 일본에서 왜 그렇게까지 미술이 번성한 것일까? 서양에서 미술이 가진 존재양식이나 사회적인 역할과는 다른, 일본만의 상황이나 역사적 경위가 원인으로 작용했던 것은 아닐까? 의외의 놀라움을 주었던 앞의 두 가지 사례는 새삼스레 그러한 질문에 당면하게 만들었다. 물론 일본의 특수성을 강조하는 것이 나의 목적은 아니다. 이 글은 근대기 일본에서 만들어진 '미술'이라는 제도를 서양의 그것과 비교 검증하려는 것이 아니라, 당시 일본의 상황에 따른 또 일본 스스로의 전망에 따른 국제전략으로서 미술을 이해하고, 나아가 세계적인 맥락 속에서 그 목적과 의미를 살펴보려는 것이다.

2. 발신發信하기 위한 제도

1989년에 출판된 『눈의 신전眼の神殿』에서 기타자와 노리아키北澤憲昭는 근대 일본미술을 서양의 '미술' 개념이 이식되어 '제도화'한 것으로 파악했다. 그에 따르면, 미술작품 제작뿐만 아니라 미술교육, 미술관 · 미술학교와 같은 기관, 그리고 '일본미술사'라는 역사관에 이르기까지

현재로 이어지는 많은 기구와 개념들이 근대 일본의 산물이며, 또한 근대 일본 정부가 주도한 '제도'로서 확립된 것이었다. 요컨대 '미술'은 국가제도로서 정비되고 진흥되었으며, 그러한 사실이 훗날 일본에서 미술이 '융성'하는 데에 강력한 기반 혹은 기본구조가 되었던 것이다.

그렇다면 왜 일본은 서양으로부터 '미술'이라는 제도를 들여왔던 것일까? 통상 그 이유는 서양문화의 영향이나 수용, 혹은 흡수(주체적 수용)와 같은 맥락에서 설명된다. 그러나 국가의 미술정책이라는 측면에서 보면, 그 목적은 실상 '수신受信'을 넘어서 서양을 향한 '발신發信'을 기도했던 것이다. '발신을 위한 수신'과 '제도의 정비', 이것이 이 글의 기본적 관점이라 할 수 있다. 이러한 전제는 서양의 식민지가 되는 것을 피하기 위해 국제 시스템에 이의를 달지 않고 적극적으로 참여했던 근대 일본의 경우에 '대외전략'이 국가정책의 기축이었다는 사실, 그리고 제도에 관한 최근의 연구 결과들에 따르면 미술도 그러한 대외전략과 밀접한 관계를 맺고 있었다는 사실에 근거한다.2) 부국론富國論의 일환으로 미술공예품을 수출하여 외화획득을 꾀하는 일에, 그리고 만국박람회 등에서 일본을 내보일 수 있는 문화전략으로서, 미술은 매우 중심적인 역할을 담당했다. 포괄적으로 보았을 때, 메이지기의 미술정책은 서양을 향한 발신 전략을 기축으로 국내 제도를 정비한 것이었다. 그러한 경향은 미술의 경우가 다른 예술 분야보다 훨씬 더 뚜렷했다.

서양을 향한 발신 전략을 기축으로 삼게 된 배경에는 19세기 후반 구미를 석권했던 열광적인 일본미술 유행, 바로 자포니즘Japonism이 있었다.[1] 우연히 발생한 이 행운의 열광을 일본은 최대한 이용했다. 크게 두

1 자포니즘은 19세기 후반 서구에서 매우 유행한 일본미술 열풍을 말한다. 1860년대부터 유럽 인상파 화가들이 일본 전통 목판화인 우키요에에 심취했고, 그 영향력이 아르누보와 큐비즘에까지 이르렀다. 서구적 원근법을 무시하고 사물을 평면적으로 표현하는 경

가지 전략을 구사했는데, 하나는 1880년대까지 중점적으로 수행된 '경제전략으로서의 공예품 수출'이었고, 다른 하나는 근대국가체제가 갖추어진 1890년대 이래 조약개정을 위해 '일등국'임을 입증하는 '문화전략으로서의 일본미술'이었다. 전자는 '부국'의 사명을 떠맡았고, 후자는 국가이데올로기를 짊어진 '국가의 정수'로서 미술을 서양에 내보였던 것이다. 자포니즘의 수요와 기호를 고려한 전자의 경우 공예를 중심으로 했던 반면, 후자는 서양미술의 장르체계에 걸맞은 회화, 조각을 중심으로 이른바 서양의 옷을 입은 '일본미술'을 보여주었다. 요컨대 전자는 외화획득이라는 실리를, 후자는 국위선양이라는 명분을, 각각 다르게 추구했지만 결국은 둘 다 서양에 내보이기 위한 것이었다. 각각의 목표가 달랐던 만큼 담당 행정부서도 달랐다. 이렇듯 다양한 경로로 미술의 진흥을 도모한 것이 결과적으로 일본 국내에서 미술 전체의 '융성'을 불러왔다고 할 수 있다.

다른 한편으로 그것들은 서양을 향해서 모름지기 '일본' 미술로 보여야만 했다. 자포니즘을 목표로 한 이상, '일본'적인 것은 '미술'적인 것과 마찬가지로 가장 중요한 그리고 필수적인 조건이었다. 그렇기 때문에 이식된 '미술'도 그냥 그대로의 서양풍 미술이 아니라, 서양의 '미술' 개념, 표현, 제도를 채용하여 만들어낸 '일본미술'이어야 했다. 따라서 화혼양재和魂洋才에 의한 근대화가 기실 서양화西洋化와 국수화國粹化의 동시달성을 노렸던 것처럼, '일본미술'도 마찬가지로 국제성과 고유성이 합쳐진 것이어야만 했다.[3] 당시의 일본화가 양풍을 지향하고, 서양화가 '일본의 양화'를 지향했던 것도 이 때문이었다.[4]

향, 그림의 주제를 가운데 위치시키는 전통적인 화면구성법에서 벗어나 자유로운 구성을 하거나 강렬한 색상을 사용하는 경향 등이 자포니즘에서 비롯된 양상들이었다.

일본미술이 국내보다 대외를 의식한 개념이라는 사실은 '일본미술'이라는 명칭 자체에서도 잘 드러난다. 원래 '일본'이라는 말은 대내적 호칭인 '야마토やまと'에 대응하는 대외적인 호칭으로 꾸준히 사용되던 것이었다. 게다가 '일본어'나 '일본사', '일본문학'에 대응하는 '국어', '국사', '국문학'이라는 국내용 용어가 있는 반면에, 일본미술에 대응하는 '국미술'이라는 말은 없다(굳이 꼽자면 국내용 표현인 '본방本邦미술'이라는 용어가 있지만). 일본화의 경우, 20세기 전반에 '국화國畵'라는 말이 간혹 병용되기도 했지만, 대세는 어디까지나 '일본화'라는 명칭이었다. '일본화'라는 말은 '서양화'에 대비되는 용어로서 1890년경에 만들어진 상대적 개념이었고,[5] '일본미술'이라는 말 역시 비슷한 무렵에 성립되었다. 이는 애초부터 자포니즘에 대한 자칭自稱으로 만들어진 용어이며, 이후에도 국내용이라기보다 대외용 용어로 꾸준히 사용되면서 관용적 개념어로 자리 잡았다. 실익의 측면에서도 일본미술품들은 언어번역의 필요 없이 시각적으로 '고유성'과 '국제성'을 직접 보여줄 수 있는 매체였으며, 또한 이동과 판매가 가능한 사물매체로서 대외 전략상 지극히 유용성이 높은 존재였다.

워렌 코헨Warren Cohen은 당시 국제관계에서 미술과 문화의 역할이 얼마나 중요했는지를 지적한 바 있다. 미국의 동아시아 외교사가인 코헨은, 저서 『미국이 보는 동아시아 미술アメリカが見た東アジア美術』(가와시마 카즈호川嶌一穂 역, 스카이도어スカイドア, 1999, 275~276면)[6]에서, "미술이 이문화異文化 사이를 이동할 때, 모든 행위에는 감춰진 정치적 의미"가 있고, "국제적인 박람회나 해외에서의 미술전시회도, 직접적인 정치를 통하지 않고 정치적 목적을 달성시키기 위한 강력한 수단"이라고 했다. 또한 친선이나 우호 혹은 또 다른 구체적인 목표의 달성을 위해 미술을 이용한다는 "게임의 법칙을 최초로 일본, 이어서 중국, 그리고 한국 등의 동아

시아 사람들이 깨달았다"고 썼다. 후술하겠지만 최근에 진행된 연구 결과들이, 근대 일본에서 미술이라는 대외 전략 상 미국의 존재가 지대했음을 밝혀내고 있는 상황에서, 코헨의 글은 미국 측이 본 일본의 전략분석이기에 매우 시사하는 바가 크다. 그의 지적대로 "최초로 일본"이 "게임의 법칙"을 깨달을 수 있었던 것은 바로 그 시기에 구미에서 자포니즘의 바람이 불었기 때문이었다.

그러나 자포니즘의 영향 때문이었다는 사실은 동시에 또 다른 중대한 의문을 불러일으킨다. 자포니즘이 사그라진 후, 서양을 향해 설정되었던 미술정책의 기축은 어떻게 변화되었을까 하는 의문이다. 자포니즘은 1910년경, 메이지기 말엽에 거의 종식되었다. 이러한 관점에서 이 시기의 미술계 동향을 살펴보면, 내국권업박람회가 1903년(메이지 36) 제5회를 마지막으로 종결되고, 그 대신에 1907년부터 미술전문의 관설전官設展(문부성미술전람회)이 개최되고, 1919년(다이쇼 8)에는 제국미술원이 설치되는 등, 관 주도의 미술체제가 오히려 그때부터 제2의 성숙기를 맞고 있었음을 알 수 있다. 한편으로 1910년은 일본이 청일(1894~1895) · 러일(1904~1905) 전쟁에서 승리한 후, 한일합병을 이룸으로써 대륙진출을 본격화하는 계기가 되었던 해이다. 이 시기에 일본에서는 '동양미술사'의 편찬 작업이 시작되었고, 이어 1920년대부터는 식민지판 관설미술전인 조선미술전람회(1922~1944)와 타이완미술전람회(1927~1936)가 개최되기 시작했다. 자포니즘의 종식과 함께 서양을 향했던 미술정책의 기축이 국내와 동양을 향하는 방향으로 크게 변화해갔음을 엿볼 수 있다.

이제까지 국제전략으로서의 '일본미술'이라는 관점에서 1870~1910년대의 동향을 포괄적으로 살펴보았다. 이제부터는 보다 구체적으로 들여다보자.

3. 19세기 후반의 미술정책

1) 부국론으로서의 미술진흥과 수출(식산흥업)

영토확장과 식민지 획득경쟁이 시작된 19세기 세계 속에서, 국력의 증강과 국가의 운명은 산업혁명의 성공과 공업화의 추진에 달려 있었다. 이는 서구의 식민지가 되는 것을 피하고 국가를 방위하는 입장에 있었던 후발국 일본의 경우도 마찬가지였다. 그래서 메이지 정부는 외국인을 고용하여 서양의 기술・제도를 직접 들여왔으며, 박람회 사업을 식산흥업의 중심에 두었다. 그것이 미술을 덮친 최초의 큰 파도였다.

메이지 정부가 참가한 최초의 만국박람회는 1873년(메이지 6)의 빈Wien 박람회였다. 국가의 명예를 걸고 50만 엔을 투자한 박람회 참가는 실패를 용인할 수 없는 것이었기 때문에, 일본 정부는 독일인 고트프리트 바게너Gottfried Wagener[2]를 고문으로 삼아 만전의 태세로 임했다. 그러나 전시할 만한 공업기술이 일본에 아직 존재하지 않았다. 그래서 일본미술 애호가였던 바게너는 서양인들이 꾸준히 관심을 보이던 미술공예품, 즉 기계제품이 아닌 수공제품 중에서 고도의 기교를 보여주는 것들을 전시의 중심으로 삼았다. 그의 계획은 훌륭하게 들어맞았다. 막부 말기의 무역개시 이래 서양에서 서서히 일기 시작한 자포니즘이 빈 박람회를 계기로 폭발적으로 고조되었다. 자포니즘을 목표로 미술과 식산흥업이 결합한 순간이었다. 이후 1880년대(메이지 10년대)까지는 식산흥업이

2 바게너(1831~1892)는 독일 출신으로 사업차 일본에 갔다가 메이지 정부에 고용되었다. 교토부립의학교(현 교토부립의과대학), 도쿄대학, 도쿄직공학교(현 도쿄공업대학)의 교수직을 역임했다. 또한 도자기와 유리 등의 제조업을 지도하기도 했다.

유일한 미술신흥정책으로 기능했다(정책 자체는 쇼와기 전전戰前[3]까지 존속되었다). 식산흥업으로서의 미술진흥에서 바게너가 행한 역할은, 후술할 문화전략으로서 미술정책에 페놀로사[4]가 행한 업적에 필적할 만한 것이었다. 이러한 사실은 서양을 향한 국가전략의 근본이 일찍부터 서양인의 시각을 도입해 구성된 것임을 보여준다.

수출을 전제로 한 미술진흥정책으로서 서양과 일본 간의 수급체제를 확립하고 수요와 공급(소비와 생산)을 맞추기 위한 방책이 마련되었다. 빈 만국박람회 참가시에 출품분류 명칭의 번역어로서 '미술'이라는 개념어가 만들어졌다는 사실(원어는 Kunstgewerbe, Bildende Kunst), 그리고 1877년(메이지 10)에 시작된 내국권업박람회의 출품분류가 바로 전년의 필라델피아 만국박람회를 본 딴 것이라는 사실은 이른바 국제적 기준의 도입을 의미하는 것이었다. 또한 박람회 사업이 만국박람회의 참가를 최우선에 두고, 그 국내판인 내국권업박람회(정부주최)와 지방박람회(부현주최)의 병행 개최로 이어졌던 것도 박람회가 2중 3중의 변환장치로 기능하면서 서양의 수요와 국내 생산공급지를 직결시키는 역할을 했던 것이라고 할 수 있다.

또한 정부는 수요를 반영한 공급(생산)의 효율화를 위해 정보의 수집/전달 체계와 무역시스템의 정비를 동시에 진행했다. 우선 정보체계에 있어서는, 정보수집과 시장조사를 위한 최적의 장소였던 만국박람회

3 전전戰前은 세계 제2차 대전의 이전을 의미하는 일본식 용어로, 통상 제2차 대전이 끝나는 1945년을 기점으로 그 이전을 지칭한다.

4 어네스트 프랜시스코 페놀로사Ernest Francisco Fenollosa(1853~1908)는 미국의 동양미술사가이자 철학자로, 1878년 일본에 가서 도쿄대학에서 철학을 가르쳤다. 일본미술에 깊은 관심을 가졌던 페놀로사는 제자 오카쿠라 텐신과 도쿄미술학교 설립을 위해 노력했다. 1890년에 미국으로 돌아간 페놀로사는 보스턴미술관의 동양부 책임자로서 일본미술을 미국에 소개했다.

에서 얻은 출품물건의 판매정보와 각지 영사관이 작성한 수출입품의 수량과 가격 보고서(1837~), 견본품의 해외시연 등에서 얻은 정보를 관보나 신문, 인쇄물 등을 통해, 각 부현청, 상공회의소, 제조업자들에게 전달했다. 메이지기 초반부터 정부가 주도했던 공예의장지도工藝意匠指導의 변천을, 1900년(메이지 33)에 농상무성이 품목별로 정리해서 간행한 『공예품의장의 연혁』을 보면 국가별・시기별로 면밀한 조사와 빈틈없는 지도가 행해졌음을 알 수 있다.

한편으로, 수출이라면 당연히 무역행위를 하는 것인데 일본은 이에 결정적으로 불리한 조건을 가지고 있었다. 막부 말기의 조약체결로 인하여 관세 자주권을 상실했기 때문이었다. 조약이 개정되어서 원하던 관세권을 회복한 것은 메이지기가 끝날 무렵에 다다라서였다. 게다가 외국인 거류지에서의 무역거래는 외국 상인이 압도적으로 우세했기 때문에 상황이 더욱 불리했다. 그래서 일본정부는 자국 상인의 무역회사를 육성하면서 외국에 직접 물품을 가져가는 직수출정책을 추진했다. 정부의 주선으로 1874년(메이지 7)에 설립된 기립공상회사起立工商會社는 미술공예품전문 수출회사였고, 그 외에도 1870년대 이래 도자기를 중심으로 한 수출회사가 각지에 설립되었다. 이러한 수출무역의 체제정비가 국내생산을 증진시켰고, 1880~1890년대에는 수출 총액의 약 10분의 1을 미술공예품이 차지하기에 이르렀다. 최근의 연구 결과, 일본미술의 최대 수출처가 자포니즘의 중심국이었던 프랑스가 아니라 의외로 남북전쟁 후에 생활향상붐(에스테틱 운동Aesthetic Movement[5])으로 장식품의 수요가 높았던 미국이었다는 사실이 밝혀졌다.[7)]

5 에스테틱 운동은 본래 영국에서 시작된 것으로 1868~1901년까지의 후기 빅토리아기에 성행했다. 문학・미술・장식미술・인테리어 등에 모두 영향을 끼쳤으며, 같은 시기 프랑스나 이탈리아의 데카당트나 상징주의와 마찬가지로 낭만주의적 속성을 가지고 있었다.

이러한 진흥과 수출의 중심이 되었던 것은 거듭 말했듯이 회화나 조각이 아닌 공예였다. 그것은 자포니즘의 수요와 기호에 따른 것이었기 때문에 일본이 의도적으로 보여주려고 한 일본 이미지라기보다는 구미에서 바라본 일본 이미지가 반영된 것이었고, 기본적으로 경제논리에 중점을 둔 미술진흥이었다. 서양에는 '일본미술'로서 내보이면서, 국내적으로는 식산흥업을 위한 '산업제품'으로서 진흥되고 수출되었던 것이다. 담당 부처도 내무성 안의 농상무성이었으니 식산흥업정책의 중심부처가 이를 담당했던 것이다. 이는 후에 문부성이 주도한 미술진흥 즉 회화와 조각을 중심으로 일관되게 '예술품'으로서 진흥한 것과 분명한 대조를 이룬다(여기에서 공예는 '미술공예'['미술'로서의 공예]). 공예에 오랫동안 '산업'적인 뉘앙스가 붙은 데에는 이러한 정부 정책이 크게 영향을 미친 것이었다. 또한 식산흥업으로서의 공예진흥은 각지의 재래 지역산업을 최대한으로 활용하기 위해 전국적인 범위에서 이루어졌다. 미술학교(문부성)를 거점으로 한 회화와 조각이 도쿄와 교토를 중심으로 이루어졌던 것과는 대조적이었다. 이로 인해 공예와 회화/조각 간에 지역색을 띠는 정도가 차이를 보이기 시작했다.

그런데 식산흥업의 담당부처는 크게 두 계통이 있었다. 하나는 앞서 언급한 민영 방식으로 재래산업의 육성을 지향한 내무성/농상무성의 노선이었고, 다른 하나는 관영 방식으로 서양의 기술을 직접 받아들이는 것을 지향했던 공부성工部省 노선이었다. 철도·광산·토목건설 등이 공부성 담당이었는데, 최초의 서양미술교육 전문학교이자 최초의 관립미술학교로 설립된 공부미술학교(1876)도 공부성 산하기관이었다. 그러나 주목해야 할 점은 자포니즘으로 내보였던 '일본미술'은 후자가 아닌 전자였다는 사실이다. 설립된 지 불과 7년 만인 1883년에 공부미술학교가 문을 닫은 배경에는 국수주의의 대두 외에, 이러한 부국론에 대한 유익성의 문제도 얽혀 있었다. 서양에서 일본의 양화洋畵는 팔리지 않았기 때문이었다. 양화 이외에도 서양인들이 중국회화와 구별하기 어려운 문인화, 혹은 그림을 이해하려면 역사, 문학 등의 지식이 필요한 고사인물화故事人物畵나 종교화 등도 식산흥업에서는 모두 냉대를 받았다. 팔리는 것을 전제했을 때, 이른바 '일본적'이면서 이해하기 쉬운 것이 중점적으로 진흥되었으니 기본적으로는 어디까지나 경제전략으로서 미술진흥과 수출이었던 것이다.

그러나 근대국가체제가 완성된 1890년을 전후로, '일본미술'을 둘러싼 움직임은 제2의 국면에 돌입한다.

2) 문화전략으로서 당대 미술의 진흥

1889년(메이지 22)의 대일본제국헌법 발포, 다음 해인 1890년의 제국의회 성립은 천황을 정점으로 한 근대국가체제의 완성이었고, 바로 이 시기에 도쿄미술학교 개교(1889), 제국박물관 개관(1890) 등, '미술의 제도화'도 완성되었다.[8] 이때의 특징은 국수주의 이데올로기가 기관설립의 근간이 되었다는 점이다. 황실물품御物 수집을 중심으로 한 제국박물관도 근대일본미술의 창출을 지향했던 도쿄미술학교도 이제는 국위선양의 역할을 담당할 뿐, 이미 수출과 외화획득은 주목적이 아니었다. 담당부처도 제국박물관은 궁내성, 도쿄미술학교는 문부성으로 식산흥업이 목적이던 시기의 부처와 달라졌다.

주목할 것은 근대국가체제의 확립과 함께 이 시기에 '일본'이라는 의식이 단숨에 고양되었다는 사실이다. 일본미술협회의 설립(1887)이나 '일본화' 개념의 성립과 마찬가지로, 국가의식에 기대고 있었던 근대적 개념으로서의 '일본미술'도 이제 자각적이면서 의지적으로 성립한다.[9] 이후 서양에 대해서는 부국론(경제전략)으로서 미술품 수출을 계속하는 한편으로, 국위선양을 위한 문화전략으로서 새로운 미술의 제시를 도모했다. 정확하게 표현하자면 문화전략이라기보다 오히려 외교전략의 일환이라고 하는 편이 옳을 것이다. 조약개정을 위한 외교교섭이 본격화된 것도, 또한 '탈아입구脫亞入歐'에 의한 '일등국' 만들기가 본격화된 것도 바로 이 시기부터였기 때문이다. 청일・러일전쟁이 그에 관한 군사적 전략이었다면, 새로운 '일본미술'의 제시는 분명 외교목적의 문화전략이었고, '일등국'으로 연출된 국가적 위상을 보여주고자 하는 행동이었던 것이다(치외법권철폐는 1899년, 관세자주권회복은 1911년에 이루어졌다).

그러한 목적을 위해 진흥해야 할 '일본미술'은 크게 두 가지로 설정되었다. 하나는 새로운 당대미술의 진흥, 다른 하나는 '일본미술사'의 구축이었다. 전자가 '일본미술'의 '현재'라면 후자는 '일본미술'의 '역사(과거)' 표상으로서, 명확한 역할구분이 되어 있었다. 담당부처도 전자는 문부성(미술교육), 후자는 궁내성과 내무성(고미술 보호)으로 달랐으나, 각기 다른 부처에 거점을 둔 상태에서 협력체제를 꾀했다. 이제 순서대로 자세히 살펴보자.

(1) '미술'로서의 '일본미술'

이전의 미술을 단순히 계승하는 것도 아니고 구미의 일본 이미지를 반전하려는 것도 아닌 상태에서, 근대 일본이 가져야 하는 국제성과 고유성이 국가차원의 '일본미술'이라는 이미지로 체현된 미술을 만들기 위해 설립된 것이 바로 도쿄미술학교였다(1887년 설립, 1889년 개교, 현 도쿄예술대학 미술학부). 설치된 학과는 회화과・조각과・미술공예과로 서양미술의 장르를 기본으로 당대 미술의 진흥이 이곳에서 본격화되었다. 다만 처음에는 회화과의 경우 일본화를, 조각과는 목조, 미술공예과는 조금彫金[6]을 근간으로 하는 일본 전통미술 계열로만 구성되어 있었다. 그렇게 구성된 직접적인 원인은 학교설립의 중심에 국수파였던 미국인 페놀로사와 오카쿠라 텐신岡倉天心이 있었기 때문이었다. 내셔널리즘(민족주의)과 '일본'의식이 고양되어가던 당시의 시대적 배경을 생각하면 쉽게 이해할 수 있다. 다만 외국인 페놀로사가 국수파의 대표였다는 사실은 무엇을 의미하는 것일까?

결론부터 말하자면 신시대의 국가와 미술을 결부시키는 일련의 체제를 구축하는 과정 속에서, 산업과 경제논리로서의 미술체제 구축을 바게너에게 배운 것과 마찬가지로 그 다음 무대였던 내셔널리즘과 이데올로기로서의 미술체제 구축도 서양인 페놀로사에게 배운 것이다. 다만 그것이 '야마토타마시和魂'와 연관된 문제였기 때문에, 페놀로사에게 배울 수 있는 것은 방법론('양재洋才')뿐이었고, 그 실천은 일본인 스스로가 행해야만 하는 일이었다. 페놀로사도 자신에 대한 기대와 한계를 잘 알고 있었다. 그래서 도쿄미술학교 개교 다음 해에 페놀로사는 일본을 떠나고 오카쿠라 텐신이 학교를 이어받아 새로운 미술체제를 실천했던 것이다. 도쿄대학 법학부에서 페놀로사에게 배운 오카쿠라 텐신이 졸업논문을 '국가론'으로 시작해서 '미술론'으로 이어갔다는 사실에서도 그들의 관점이 국가론으로서의 신미술 창출이었다는 것을 확인할 수 있다. 일본 정부의 입장에서 보면 페놀로사는, 서양인이 바라보는 '미술'의 관점에서 서양미술에 대한 '일본미술'의 우위성을 이야기해주는 얻기 어려운 인재였다. 페놀로사에게도 '일본미술' 체제구축

6 금속공예의 한 분야. 주로 금속에 정을 사용하여 문양이나 글씨를 새기는 기법을 다룬다.

작업에 지도자로 관여하는 것이 나름 의미가 있었는데, 자포니슴에 열광하는 유럽에 뒤처진 미국인이었던 자신이 새로운 '일본미술'을 보여줌으로써 유럽에 우위를 점할 수 있다는 야망을 가지고 있었기 때문이다. 그러나 그러한 야망은 결국 이루어지지 못했고, 페놀로사는 평생 그 좌절감에 시달렸다.

한편으로 국수주의의 전성기였던 1890년대에 오카쿠라 텐신 역시 국가 관료로서 전성기를 누렸다. 그러나 1898년 도쿄미술학교의 학내 분규로 그에게도 실각이라는 좌절이 기다리고 있었다. 사실 텐신의 실각에는 여러 가지 원인이 결부되어 있었다. 이후 1900년대에 들어서면서 미술계는 서양계와 일본계가 병존하는 시대로 이행했고, 1896년에 도쿄미술학교에 신설된 서양화과의 교수 구로다 세이키黒田清輝가 오카쿠라 텐신을 제치고 미술행정의 중심인물이 되었다. 막부시절 후쿠이福井번 무사의 아들로 태어난 오카쿠라 텐신과는 달리 구로다 세이키는 세도가 대단했던 사쓰마薩摩번의 명문가 출신이었다. 그저 화가이고 싶다는 소망을 허락하지 않는 정치의 바람이 구로다 세이키에게 불어왔다. 이러한 상황은 메이지기의 미술이 '미술'의 역사인 동시에 국가제도를 둘러싼 권력투쟁의 역사였던 것을 분명하게 보여준다.

이러한 서양파와 국수파의 관계를 양자의 공방으로 이해할 수도 있지만, 그것을 국가 전체계획의 이행이라는 측면에서 살펴보면 또 다른 해석이 가능하다. 크게 보면 양자는 1870년대의 서구화주의에서 1880~1890년대의 국수주의로, 그리고 1900년대의 병존기로 이행했다. 그러나 국수주의가 한창이던 시기가 다른 한편으로는 로쿠메이칸鹿鳴館의 시대였고, 또 도쿄미술학교와 같은 해에 설립된 도쿄음악학교는 오히려 처음부터 서양음악만으로 출발했다. 요컨대 대세의 흐름 가운데에서, 실제로는 각각 개별적인 대응이 취해졌던 것이다. 무엇을 선택할 지를 결정했던 것은 국가의 전체계획 속에서 국가에 대한 유익성이라는 현실론이었다. 그 점을 엿볼 수 있는 것이 바로 이토 히로부미伊藤博文의 움직임이다. 공부경工部卿으로서 공부미술학교의 설립을 상신했던 것도, 그와는 반대로 페놀로파 일파의 직접 담판을 받아들여 전통미술만으로 도쿄미술학교를 설립하는 것을 총리대신으로서 인가한 것도 모두 이토 히로부미였다. 게다가 도쿄미술학교에 서양화과가 설치된 시기의 총리대신도 바로 그였다(제2차 이토 히로부미 내각 시기였다). 이것은 이토 히로부미의 거듭된 '전향'을 의미하는 것이 아니다. 서양인가 일본인가의 문제보다 그 시기에 어떤 것이 필요한가를 국내외 상황에 따라 현실적으로 판단하고 선택했던 것이었다. 근대 국가가 국제성과 고유성을 모두 지향하는 이상, 그것을 위한 국내 체제정비 현실에서 서양파 대 국수파의 경쟁이 발생하더라도, 전체계획에서 본다면 그것은 어디까지나 단면적인 사건이었을 뿐이다. 국수편중에서 화양병존和洋竝存으로 이행한 시기를 그러한 관점에서 살펴보면, 국가 전체 대외전략 상의 변화는 과연 무엇이었을까?

그것을 잘 보여주는 것이 국수주의 전성기의 시카고 만국박람회(1893)와 화양병존기의 파리 만국박람회(1900)의 참가방침과 출품내용의 변화이다. 시카고 만국박람회는 구키 류이치九鬼隆一[7]에 의해 양화의 출품이 모두 거부되었던 것으로 유명한데, 동시에 주목할 것은 일본미술이 이 만국박람회에서 처음으로 미술관에 진열되었다는 사실이다. 그때까지 만국박람회에서 일본미술은 자포니즘으로 높은 평가를 받았음에도 모두 산업관에 전시되었다. 일본미술을 '산업품'이 아닌 '미술품'으로 전시하는 것이 이 시기의 과제였고, 시카고 만국박람회에서 그것

7 구키 류이치九鬼隆一(1852~1931)는 귀족(남작) 출신의 일본 관료. 문부소보文部少輔(현 문부성 사무차관), 제국박물관(현 국립박물관) 초대관장, 귀족원 의원 등을 역임. 미술 분야에 조예가 깊어 산다三田시에 산다박물관博物館을 창설하기도 했다.

이 실현되었던 것이다. 요컨대 '일본미술'을 '미술'로서 보여주는 것에 성공한 것이었다. 당시 양화의 출품거부는 '미술'의 문제라기보다는 오히려 '일본' 이미지 표상을 위한 수단을 선택하는 문제였다고 할 수 있다.

조금 옆길로 새는 이야기이기는 하나, 이 시기에 미국의 존재가 '일본미술'에 크게 보탬이 되었다는 사실에 주목해보자. 내국권업박람회(1877년 제1회)의 출품분류가 전년 필라델피아 만국박람회를 모방해 시작되었다는 점, 일본 미술품의 최대 수입국이 미국이었던 점, 시카고 만국박람회에서 일본미술이 처음으로 '미술'로 인정받은 점, 후에 러일전쟁이 한창이던 시기 오카쿠라 텐신이 일본을 옹호하는 연설을 했던 것도 세인트루이스 만국박람회(1904)였던 점 등, 미국이 요소요소마다 등장한다. '탈아입구'를 지향한 일본에게 서양의 신흥국 미국이 하나의 모델 혹은 '동지'적 존재였음을 엿볼 수 있다.

원래 이야기로 돌아가서, 시카고 만국박람회 때와는 달리 1900년의 파리 만국박람회에는 양화와 일본화가 같이 출품되었다. 화상畵商으로서 자포니즘에 커다란 영향을 준 하야시 타다마사林忠正[8]가 사무관장으로서 실무를 맡았다는 사실만으로도 자포니즘에 대한 전략이 새로운 단계에 돌입했음을 알 수 있다. 하야시 타다마사가 중점을 두었던 것은 일본화인가 서양화인가라는 '일본' 표상의 수단을 선택하는 것이 아니라, 순수미술과 응용미술을 구별해서 출품하는 것 요컨대 '일본미술'을 '미술'로서 보이도록 보다 단장해서 내보이는 것이었다. 그 점에서는 시카고 만국박람회와 같은 노선을 채택했던 것이다. 파리박람회에서

8 하야시 타다마사林忠正는 19세기 후반 파리에 일본미술품 상점을 내서, 프랑스를 비롯한 유럽의 자포니즘 확산에 일조하는 등, 일본미술의 소개에 노력한 인물이다.

달라진 점은 양화도 일본화도 모두 '일본'으로서 받아들여졌다는 사실이다. 국제성과 고유성을 함께 가져야 하는 '일본'의 표상매체로서 양화와 일본화는 각각의 역할을 얻게 된 것이었다. 또한 파리박람회에서는 '일본' 표상 이미지로서 미술이 표현하는 주제의 문제가 크게 부각되었는데, 특히 역사화의 문제가 그러했다.

(2) 이데올로기로서의 '역사화歷史畵'

1899년에 역사화에 대한 접근태도의 차이로 벌어진 '역사화 논쟁'은 '이데올로기로서의 역사화'를 상징하는 일이었다. 그러나 이미 국수주의가 대두하던 시기에서부터 역사화 자체에 대한 필요성이 강조되기 시작했다. 페놀로사의 강연 '일본역사화의 장래'(1885), 오카쿠라 텐신의 『나라의 명예國華』 발간사(1889), 그리고 근대국가체제가 완성된 1890년 도야마 마사카즈外山正一의 강연 '일본회화의 미래' 등이 역사화의 필요성을 설파한 대표적인 사례들이다.[10] 국수주의의 전성기였던 만큼 일본화와 서양화 사이에 갈등이 있었음에도 불구하고, 국민의식의 통합과 국체사상의 표상으로서 역사화의 필요성을 주장했던 위의 언설들은 역사화를 '회화' 전체의 문제로 거론했다. 그중에서도 도야마 마사카즈의 주장, 즉 앞으로 회화의 중심은 '사상화思想畵'가 되어야 한다는 주장이 그러한 분위기를 가장 잘 드러내고 있다. 일련의 논의에서 '회화'가 중심 장르로 부각되었던 까닭도 회화의 서사적 기능이 사상이나 이데올로기의 표현에 매우 적합했기 때문이었다. 또한 1890년대 이래 회화와 조각이 미술진흥정책의 중심이 되었던 이유도, 서양식 미술 장르체계를 이식한다는 목적과 더불어 역사화의 필요성이 강조되었기 때문이다. 1900년을 전후한 시점, 즉 일본화냐 서양화냐라는 택일구도가 사라진 시점에 역사화의 문제가 최전선에 부상했던 것이다.

근대 '일본'의 이데올로기를 서양에 내보이고자 했던 당시의 역사화는, 마찬가지로 '역사'라는 주제를 다루었던 중국이나 일본의 예전 고실화故實畵[9]와 다른 것이었다. 근대의 역사화는 일본신화를 다룬 신화화神話畵, 덴표天平시대[10]를 다룬 역사화, 그리고 '동양역사화'가 대표적이었다. 메이지 유신 이후 그때까지 역사화의 주요한 주제는, 와케노 키요마로和氣淸麻呂, 스가와라노 미치자네菅原道眞, 구스노키 마사시게楠正成 등, 주로 천황에게 충성을 다한 역사상 충신들이었다. 역사화의 주제로 충신을 선택했던 이유는 정치적으로 불안한 가운데 일단 천황숭배 사상을 널리 퍼뜨려 국민의식을 통합하고자 하는 데에 있었다.11) 그러한 점에서 볼 때, 충신이라는 주제는 대외용이라기보다 국내 상황을 강하게 의식한 것이었다. 또한 메이지 전반기에는《몽고침입도蒙古襲來圖》를 많이 그렸는데, 이 역시 대외진출용이라기보다는 외적外敵 배제와 국가방위 개념을 전달하여 국가의식을 통합하려했던 것으로, 국내를 향한 시선이 우선시되고 있었음을 잘 보여준다.

1890년대 중반부터 증가한 신화화는 신대神代에서부터 현재까지를 역사적으로 연결하여, 근대 천황제 확립과 함께 등장한 만세일계萬世一系의 논리를 시각화한 것이었다. 특히 자주 그려진 아마테라스오미카미天照大神,[11] 스사노오노미코토素盞嗚尊, 야마토타케루노미코토日本武尊 등은 건국신화의 신들로 그 이미지가 근대국가 건설과 중첩되었다. 자주 다뤄진 덴표시대도 천황이 지배하고 국제적으로 활약했던 고대 중

9 과거의 의식이나 법제 등을 그림으로 그려 놓은 것.

10 미술사상美術史上의 시대 구분의 하나. 덴표天平 연간을 중심으로 한 나라奈良 문화의 전성시대(729~749).

11 일본 신화의 해의 여신. 일본 황실의 조신祖神이며, 이세伊勢 신궁의 주신主神.

앙집권국가의 이미지를 재현한 것이었다. 요컨대 이러한 주제들은 천황을 중심축으로 하여 신대·고대·근대의 국가건설을 삼단논법의 형식으로 중첩시킨 역사 이미지였고, 국가통일에서부터 대외적 국위선양에 이르기까지 이데올로기적 성격이 매우 강한 주제였다고 할 수 있다.

다른 한편, 대외관계가 변화함에 따라 새로운 주제로 등장한 것이 바로 '동양역사'였다. 1894~95년 청일전쟁의 승리로 일본이 '동양의 맹주'라는 새로운 동양관과 자기의식이 생기기 시작했다. 따라서 일본은 아시아의 새로운 지도자로서 새로운 동양의 역사화를 창출하고자 했다. 1899년 첫 날, 『요미우리신문讀賣新聞』이 광고한 '동양역사 그림주제' 현상모집은 종래 화한和漢의 주제와는 다른, 역사적 사실의 재해석을 통한 새로운 그림주제의 창출을 겨냥한 것으로, 이른바 '졸아卒亞'의 역사화를 의도한 것이라고 할 수 있다.

그리고 다음 해인 1900년(메이지 33)의 파리 만국박람회는 그러한 역사화를 서양에 내보인 첫 대규모 행사였다. 과거 10년간의 작품 중에서 우수작을 선정하는 서양의 방식을 본 딴 국내대회에서 선발된 9점의 미술품 중에는 일본화 신파계를 중심으로 한 수 점의 역사화가 포함되어 있었다.[12] 그 9점의 회화는 1897년 국내의 여러 미술단체전에 출품된 것이었다. 그런데 실제로 1900년 파리박람회에 출품된 전체 작품리스트를 보면 대부분이 종래의 화조풍경이었으며 역사화는 아주 드물었다. 국내 미술단체전에서는 역사화가 이미 주역이 되었음에도 불구하고 해외전에서는 비중이 그다지 크지 않았던, 이러한 경향은 1904년 세인트루이스 만국박람회에서도, 1910년의 일영日英박람회에서도 크게 달라지지 않는다.[13] 그렇다면 역사화는 서양에 내보이기 위한 것이 아니었을 것이다. 아직 확증을 얻지는 못했지만, 그 근거로 다음과 같은 점을 들 수 있다.

우선 1898년의 도쿄미술학교 소동에 의한 오카쿠라 텐신의 실각으로 역사화의 거점이었던 일본화 신파(일본미술원, 1898년 창립)가 박람회 사업에서 멀어지게 되었다는 점이다.14) 원래 박람회 사업은 농상무성의 담당이었기 때문에, 이제 남은 분야는 자포니즘에 대응한 제1단계의 주역이었던 공예, 그리고 일본화 구파 · 양화 · 조각 부문이었다. 교토계의 일본화 구파 미술은 종래부터 화조풍경을 주요소재로 삼았고, 양화는 신파와 구파 모두 유학체험을 통해 서양의 사정을 숙지하고 있었기 때문인지 역사화를 출품하지 않는 분위기였다.

그리고 파리 만국박람회 준비 총책임자였던 하야시 타다마사 스스로도, 그림의 주제 문제보다는 '미술'로서의 질적인 격상을 최우선으로 삼고 있었다. '사상화'를 제창했던 도야마 마사카즈에 대해 격하게 반발했던 서양 유학파 모리 오가이森鷗外도 그림의 주제보다 기술성을 더 중시했다.15) 즉 서양체류 경험자들은 기술이나 미학에 입각한 '미술'로서의 질이 확보되지 않는다면, 그림의 주제가 무엇이든 작품으로서 치졸하거나 독선의 수준을 벗어나지 못한다고 생각했다.

결국 이데올로기 표상으로서의 역사화는 거의 대부분이 서양에 직접 제시되지 못한 채 불발로 끝을 맺었다. 구미의 일본미술품 수집가들은 마음에 들기만 하면 무명작가의 작품이라도 기꺼이 수집했으나, 역사화를 구입하는 경우는 거의 없었기 때문에 실제로 역사화가 만국박람회에 출품되었다 하더라도 높은 평가를 받지 못했을 가능성이 크다. 19세기부터 현재에 이르기까지 서양에서, 역사화를 비롯한 이데올로기적 성향이 강한 제2단계의 회화는 거의 주목받지 못하고 있는 실정이다. 국내에서 보면 국위선양의 회화였지만, 국외에서 보면 필시 독존과 독선의 회화였을 것이다(작품으로서의 질은 별개로 하고). 그러나 국내에서는 거꾸로 이러한 작품들이 '명작'의 지위를 얻었기 때문에, '근대일본미술사'에 대한 구미와 일본이 가지고 있는 이미지 사이에 커다란 격차가 생기게 되었다. 이를 재평가하기 위해서는 한쪽의 입장에서 옳고 그름을 규정하지 말아야 하며, 교류 과정에서 큰 차이가 발생한 이유와 경위를 역사적으로 검증하는 작업이 필요하다.

(3) 문화전략으로서의 '일본미술사'

다른 한편으로 '일본미술'의 '과거'(역사)로서 정부가 스스로 편찬한 것이 '일본미술사'였다.16) 최초의 관제 '일본미술사'인 『고본일본제국미술약사稿本日本帝國美術略史』가 국내보다 먼저 1900년 파리 만국박람회에 출품되었고, 두 번째 관제역사서인 『특별보호건축물과 국보첩特別保護建造物及國寶帖』 역시 1910년 일영박람회에서 첫 선을 보였다. 이렇듯 일본미술사는 분명 서양에 내보이기 위해 편찬된 것이었다. 세기의 전환기였던 1900년의 파리 만국박람회에서는 4,774점의 작품을 진열한 '불란서 고대예술 회고 박람회' 등, 다양한 기획 회고전이 열렸는데, 『고본일본제국미술약사』의 편찬 및 출품도 말하자면 그러한 기획에 부합하는 것이었다.17) 국위선양을 위해 '서양미술사'에 비견할만한 '대일본제국' '미술'의 역사를 내보이려 했던 것이니만큼, 그 속 내용은 국가 이데올로기였고 겉틀은 서양에서 이식된 '미술' 장르로 구축된 것이었으니, 바로 화혼양재의 산물이었다. '국보'의 지정기준에 의하면 선정 물품은 '미술'임과 동시에 '역사의 증거', 요컨대 역사를 담보하는 것이어야 했기 때문에, 크게 보면 이는 '미술'의 역사일 뿐만 아니라 미완의 관제 '일본사'였다. 즉, 일본의 역사를 '나라의 정수'인 미술을 통해 상징적으로 내보이려고 했던 것이다.

다만 이 '일본미술사'의 구축은 당대 미술품의 직접적인 수출 진흥과 비교했을 때, 다소 복잡한 경위를 가지고 있다. 왜냐하면 당시 시대배경에 폐불훼석廢佛毀釋[12]과 전통가치관의 붕괴로 인한, 메이지 초기 이래의 고미술품의 파괴와 해외유출이라는 상황이 있었고, 그 해외유출의 수요가 바로 자포니즘으로 발생했기 때문이었다. 그러나 직접 작품을 수출할 수 있었던 당대미술과 달리 고미술품은 유출이 금지되었기 때문에, '일본미술사'는 오직 이미지로써만 내보일 수 있었다. 앞서 언급한 관제미술사가 모두 언설과 사진으로 이루어진 책(미술전집)이었던 것도 바로 그러한 연유에서였다. 사실상, 실제 유물을 실어가 천 년 이상의 통사를 전시하는 것은 물량의 측면에서도 불가능한 일이었다.

또한 이러한 상황 하에서 '일본미술사'의 구축작업은 고미술 보호행정과도 밀접한 관계가 있었다. 파괴와 유출을 막기 위해, 우선 옛 신사・사찰古社寺 조사를 통해 물건의 소재정보를 수집, 관리하고, 물건의 제작연대, 진위, 가치의 판정을 통해 중요한 것을 선별하고, 그렇게 선별된 '작품'으로 '일본미술사'가 구성되었기 때문이다. 행정적인 측면에서 옛 신사・사찰 조사는 1870년대 말부터 시작되었고, 1888년(메이지 21)에는 궁내성에 설치된 임시전국보물조사국臨時全國寶物取調局이 기구화 되었으며, 1896년 설치된 옛 신사・사찰보존회古社寺保存會를 거쳐, 다음 해인 1897년(메이지 30)에 옛 신사・사찰보존법古社寺保存法(내무성)으로 법제화되었다. 옛 신사・사찰의 소장품이 보호의 중심이 되었던 이유는 메이지유신 후에 붕괴된 공가公家, 무가武家, 신사・사찰의 수집품 중에서 그것이 가장 대규모였고 또한 보존이 긴급했기 때문이었다. 보존

12 메이지 초기, 신도 국교화 정책에 따른 불교배척운동. 이로 인해 사찰, 불상 등이 다수 파괴되었다.

의 업무가 내무성 담당으로 귀결된 것은 옛 신사·사찰의 미술품 보호가 신사와 사찰이라는 기구의 보호를 수행했던 내무성의 종교행정 부서로 일원화되었기 때문이다(최종적으로는 옛 신사·사찰 외의 미술품에 이르기까지 지정대상이 확대된 1929년의 국보보존법에 의해 모두 문부성 담당이 되었다).

다만 이 고미술보호는 어디까지나 국내행정에 관계된 일이고 해외 유출의 방지가 그 목적이었기 때문에, 대對 서양 전략으로서는 오히려 손해였다. 그러므로 고미술에 관한 적극적인 대외전략으로서 선택된 것이 바로 언설과 사진을 통한 이미지 체계로서의 '일본미술사' 구축이었다. 언설화 작업은 오카쿠라 텐신이 도쿄미술학교에서 1890년(메이지 23)부터 행한 '일본미술사' 강의를 시작으로 다음 해인 1891년에 제국박물관의 편찬사업으로 이어졌다. 이 시기 오카쿠라 텐신은 도쿄미술학교 교장과 제국박물관 미술부 부장을 겸임하고 있었고, 박물관 총장은 텐신의 든든한 지원자였던 구키 류이치였다. 제국박물관은 궁내성 소관이었으며 오카쿠라 텐신과 구키 류이치를 주축으로 시작된 기관이었다. 옛 신사·사찰 조사를 위해 촬영된 막대한 양의 사진도 박물관에 수집되었다.[18] 파리 만국박람회에 출품된 『고본일본제국미술약사』는 임시전국보물조사국의 성과로서, 또한 일영박람회에 출품된 『특별보호건축물과 국보첩』은 앞의 책에 옛 신사·사찰보존회의 성과를 덧붙여 구축된 것이었다. 그리고 이 편찬사업을 통해 '미술사학'도 관제학문의 색채를 강하게 띤 학문으로서 자리를 잡았다.

그런데 박람회에 출품된 관제 '일본미술사'에 대한 서양의 평가는 과연 어떠했을까? 당시 이에 관한 서양의 보도들이 수집되어 있지 않기 때문에 정확하게 판단하기는 어렵다. 그러나 이상하게도 일본이 작성한 박람회 보고서에조차 서양 측 평가에 대해서는 아무런 언급이 없다. 호평을 받았다면 분명 언급이 있었을 것이다. 파리 만국박람회의 보고

서에 따르면[19] 『고본일본제국미술약사』는 1,000부가 인쇄되어 황족에게 6부, 각계 명사에게 200여 부, 그리고 구미 · 청국 등의 군주와 학자 · 미술가 · 박물관장 · 학교장 등에게 279부가 증정되었다고 한다. 분명한 외교의 목적을 가지고 있었기에, 외교전략으로서 '외교사령外交辭令' 이상의 실질적인 성과가 있었을 것이다. 그러나 그것은 일본미술에 대한 서양인들의 관심에 거의 영향을 주지 못했다. 두 책은 '서양미술사'를 본 딴 관제역사서에 걸맞게 종교미술과 과거 지배계급의 미술로 구성되었지만, 실제 일본미술에 대한 서양인들의 관심은 우키요에浮世畵, 공예품, 생활미술, 서민미술, 에도 이미지를 중심으로 이루어져 있었으며, 이는 그 이전에도 이후에도 기본적으로 거의 변하지 않았기 때문이다.

일본미술사의 편찬과 출품의 일차적 목적이 외교전략이었다면 먼저 확인했어야 하는 것이 외교적 성과인데, 그에 관해서는 좀처럼 자료를 찾기가 어렵다. 호평이든 악평이든 차후개선을 위해 정확하게 보고하던 당시의 태도를 생각하면, 박람회 보고서가 서구의 평가에 대해 아무런 언급도 하지 않은 것은 매우 부자연스러운 일이다. 시종일관 외교를 목적으로 했는데 그 결과를 평가하는 목소리가 전무했다는 것인가? 그렇다면 일본미술에 대한 서양인의 관념에 거의 영향을 주지 못했음이 분명하다.

결국 제2차로 추진된 '일본미술'의 대對 서양 전략은 '당대미술'의 측면에서도 '일본미술사'의 측면에서도 불발에 그치고 만 셈이다. 동시에 그것은 대對 서양 미술정책의 실패 혹은 막다른 벽을 의미하는 것이었다. 그러자 일본은 새로운 미술정책의 수립을 도모했고, 그 후 미술정책의 동향을 살펴보면 일본이 실제 의도했던 바를 짐작할 수 있다.

4. 20세기 초의 미술정책

이데올로기로서 '일본미술'의 제시가 잘 이루어지지 않았지만 자포니즘을 향한 식산흥업적 미술품 수출은 아직 호조였기 때문에, 대對 서양 전략의 주역은 일관되게 후자가 담당하였다. 다만 1900년의 파리 만국박람회에서 일본공예의 영향을 받은 아르누보 양식이 대성공을 거두면서 아르누보가 일본으로 역수입되었고 또 수출 공예품의 의장개량 필요성도 발생시켰다.

또한 1900년의 파리 만국박람회는, '미술'의 진흥책에 있어서도 중대한 전환점이 되었다. 새로운 세기를 맞이하는 기념비적인 박람회로서 프랑스가 총력을 기울인 만국박람회의 성공은 서양미술의 강대한 힘을 보여주었기 때문에, '미술'로서의 제시를 도모한 일본의 자신감을 한방에 날려 버렸다. 특히 양화계의 작가들은 메이지유신 이후 약 30년간 서양화西洋化가 진행되었음에도 불구하고 서양미술을 절대 따라잡을 수 없다는 좌절감을 가지고 귀국했다. 귀국 후, 아사이 츄淺井忠는 도쿄를 떠나 교토에서 아르누보풍의 작품을 제작하면서 간사이 미술원을 만들어 후진을 육성했고, 구로다 세이키 역시 작가활동보다 미술행정에 열중했으며, 구메 케이이치로久米桂一郎는 미술비평에 뜻을 두었다. 이들은 모두 자신의 세대에 한계를 느끼고 후진 육성에 희망을 걸었던 것이다.

이러한 상황에서 파리 만국박람회 이후 미술정책은 식산흥업적인 진흥과 '미술'로서의 진흥이라는 양방향으로 정비하여 재출발을 도모하였다. 전시회의 경우, 양자가 혼재했던 내국권업박람회가 1903년(메이지 36) 제5회를 끝으로 폐지되고, 1907년에 '미술' 전문의 관설전인 '문부성 미술전람회'(문부성), 1913년(다이쇼 2)에 식산흥업 전시인 '도안과 응용작품전람회'(농상무성)를 개설했다. 이 역시 양자를 분리, 특화하여 진흥하기 위한 것이었다.

이러한 진흥은 그때까지만 해도 자포니즘의 존재를 기본 전제로 한 시책이었다. 그런데 서두에서도 언급했듯이, 재정비 후 얼마 지나지 않아 자포니즘이 종식되어 버린다.[20] 이는 예기치 못한 일이었다. 게다가 1911년에는 조약이 개정되어 숙원이었던 관세권을 되찾았기 때문에 '일등국' 이미지를 연출하기위한 문화전략이 필요하다는 당면의 목표도 달성된 셈이었다. 그러므로 메이지 유신 이래, 대對 서양을 기축으로 삼아 온 일본의 미술정책은 근본적으로 방침을 전환해야한다는 압박을 받았을 것이다. 산업품으로서의 수출 진흥은 이후에도 거의 비슷한 노선으로 추진되었지만, '미술'의 진흥 쪽은 대對 서양으로부터, 대對 국내, 대對 동양으로 기조를 크게 변환한다. 방침전환을 명문화한 자료가 없기 때문에 성급한 결론일지도 모르겠으나, 이때부터 '일본미술'에 관한 국내외 이미지 구성은 대對 동양전략이라는 새로운 국면을 맞이하게 된다.

1) 대對 국내정책

문부성 미술전람회(1907, 통칭 문전文展, 일전日展의 전신)는 프랑스 유학파인 구로다 세이키와 사이온지 긴모치西園寺公望 수상에 의해 개설되었다. 1900년의 파리 만국박람회에서 도모된 '미술'이라는 차원으로의 진입과 난립한 미술단체전을 통합하는 관설전으로서, 프랑스의 살롱전을 본뜬 것이었다. 요컨대 대對 서양을 상정해서 이식한 새로운 제도였던 것이다. 그러나 개설 후에는 오히려 국내적으로 강한 구심력과 권위를 가진 관전으로서, 미술계의 중심 역할을 했다. 이로부터 '관전 작가'가 생겨났고 그들이 후에 도쿄와 교토 미술학교의 교원이 되었다. 1919년(다이쇼 8)에는 제국미술원(일본예술원의 전신)이 설치되어 '미술'의 관립체제가 보다 확고히 정비되었다. 다른 한편으로 강력한 권위와 권력에 도전하는 반反관전의 입장을 가진 새로운 재야단체들이 결성되었고, 이들은 신흥 '대중'층을 지지기반으로 삼아 융성했다(재흥일본미술원再興日本美術院, 이과회二科會, 국화창작협회國畵創作協會, 춘양회春陽會 등). 1910년대는 이러한 관전과 반관전이라는 기본구도 하에서 '미술' 전체가 국내적으로 크게 융성했고, 사회적으로도 널리 보급된 시기였다. 후에 제국미술원장이 된 구로다 세이키만은 일본과 프랑스의 살롱교환전을 기획하는 등, 끝까지 서양을 향한 '미술'의 제시를 의식했지만 현실에서는 '미술'의 내향화가 현저해진 시기라 할 수 있다.

그것을 상징하는 것이 '국화國畵' 개념의 출현과 메이지기의 '서양화西洋化'에 대비되는 다이쇼기의 '고유성' 창출 움직임이다. '국화國畵'라는 말은 1907년(메이지 40)에 결성된 국화옥성회國畵玉成會에서 유래한 것으로, 이후 국화창작협회(1918), 국화원國畵院(1935) 등의 단체명으로 사용되었으며 쇼와기 전전戰前까지 '일본화日本畵'라는 말과 병행되었다. '일본화'가 '서양화'와 대비되는 대對 서양적 상대개념이었던 것에 비해, '국화'는 '국사' '국문' '국어'와 같은 대對 국내 용어였다. 또한 1910년 무렵부터 린파琳派[13]나 야마토에大和繪[14]가 크게 부활하고 장식성이 강조되기 시작한

---

13 17~18세기 일본의 야마토에大和繪 전통에 중국의 수묵화 기법을 조화시켜 형성된 에도 시대의 독창적인 장식화파. 대표적인 작가인 다와라야 소타쓰와 오가타 고린의 이름을 따서 '소타쓰파', '고린파'라고도 부른다.

14 일본의 자연이나 사물에 적합하도록 발전시킨 회화 양식. 문학에서의 와카和歌처럼 일본의 전통적 형식으로 자리 잡음. 가마쿠라 시대에 만들어진 용어.

것, 와스지 데쓰로和辻哲郎의 『옛 사찰 순례古寺巡禮』(1919) 발간, 그리고 1910년대 후반부터 서양계 지식인에 의해 일본 '고유미'의 '재발견' 등이 뒤를 이은 것도[21] '미술'의 내향화, 혹은 '고유미'를 내세워 서양에 맞서고자 했던 이 시기의 새로운 전략을 잘 보여주는 사례이다.

다만 주목해야 할 것은 관립체제의 일부인 이러한 움직임이 정부의 직접적인 미술정책에 기인한 것이 아니라 국민이나 '개인'의 차원에서 행동으로 표현되었다는 점이다. 특히 1913년(다이쇼 2)에는 국민미술협회國民美術協會라는 국민의 자발적인 연대가 결성되기도 했다. 요컨대 메이지기 관 주도의 '미술' 제도화와는 다른, 개인이나 국민 스스로에 의한 '미술'의 양성이 이 시기에 추진되었던 것이다.

그러나 대對 서양의 관점에서 보면 이 시기에 오히려 '일본'에 대한 이미지 격차가 더 넓어졌다. 격차에 대한 조정이나 수정 과정 없이, 쇼와기에 돌입한 후에는 파시즘에 의한 '일본미술'의 대對 서양 전략이 시작되었다(1930년 로마 일본미술전, 1931년 베를린 일본화전 등). 개인을 배제한 관민일체와 거국일치에 의한 자존의 '일본미술'을 지향했던 파시즘기의 일본미술 정책은 메이지기와 다이쇼기에 축적된 것을 모두 동원했다.

2) 대對 동양정책

청일전쟁(1894~1895)에서 승리함에 따라 '동양의 맹주'가 되고(탈아脫亞, 졸아卒亞) 러일전쟁(1904~1905)의 승리로 '입구入歐'를 성취한 일본은 서구열강의 일각으로서 아시아 지배에 나서게 된다. 미술 분야에서 탈아입구라는 시대성이 드러난 것은, 당대 미술의 측면에서 '동양역사'라는 그림주제의 등장이었고, '과거의 지배'라는 측면에서 '동양미술사'의 편찬이었다.[22] 이는 '일본미술' 정비과정 중 제2단계 전략(당대미술과 미술사)과 거의 같은 양상이었다.

원래 오카쿠라 텐신의 '일본미술사'나 『고본일본제국미술약사』도 미술교류사적인 시점에서 서술되었기 때문에 실질적으로는 중국미술을 포함한 '동양미술사'에 가까웠다. 또한 『고본일본제국미술약사』에 실린 서문에서 구키 류이치는, 일본미술의 연원인 인도와 중국의 미술이 과거의 영광이 되어버렸기 때문에 유물이 많이 남아있는 일본이 '동양의 맹주'로서 '동양미술사'를 편찬할 수 있는 자료와 능력을 가지고 있으며, 동양미술사의 편찬은 곧 국위선양의 길이라고 주장했다. 이 구키 류이치의 글에 일본의 '동양미술사' 편찬 목적과 특징이 모두 집약되어 있다.

역사적으로 일본미술이 중국미술의 영향을 받았기 때문에 '일본미술사'를 구축하는 과정에 중국미술에 관한 언급을 피할 수 없었다. 그러나 일본미술이 중국미술을 답습한 결과라는 관점에서 구축된 '일본미술사'로는 국위선양을 할 수 없었다. 그 때문에 일찍이 1890년대에 도쿄미술학교에서 시작된 '일본미술사'와 '동양미술사' 강의에서 양자는 문명론적 그리고 비교교류사적인 관점에서 동등한 혹은 일체화된 것으로 설명되었다('동양미술사' 강의는 1892년 오카쿠라 텐신, 1894년 후쿠치 후쿠이치福地復一, 1900년부터 오무라 세이가이大村西崖가 담당했다). 그렇게 권력관계가 역전된 후에는 관제역사나 미술전집을 편찬하면서, 중국미술을 일본미술로 향하는 과정 혹은 전제로 집어넣기 위해, 일본국내 소장의 중국미술품을 중심으로 한 '동양미술사' 연구가 시작되었다. 나아가 1912년(다이쇼 원년) 청 왕조 붕괴 이후에 대량의 중국미술품이 일본으로 유입되면서, 또한 일본의 대륙진출이 본격화됨에 따라서 일본이 직접 '동양미술사'를 편찬하려는 성향이 강해졌으며, 특히 쇼와기에 그러한 경향이 두드러졌다.

여기에서 주목해야 할 점은 다른 나라의 미술사를 이야기하는 작업임에도 불구하고 그 동기가 일관되게 일본의 내셔널리즘이었다는 사실이다. 중국을 중심으로 한 화이華夷체제가 붕괴된 근대의 동아시아는 구심점을 잃어버린 시대였고 약육강식의 논리에 따라 지배되는 정치적 공백기였다. 일본은 이 시기에 일본의 이데올로기를 투사했던 것이다. 따라서 일본의 '동양미술사'는 일본 중심일 수밖에 없었고, 이는 국내외 이미지 격차를 발생시켰다. '미술사'가 근대의 산물이라면 동아시아의 여러 국가를 아우르는 '동양미술사'라는 것은 성립할 수 없다.

또한 당대 미술에 있어서도 1910년 한일합병 이후 1922년부터 관전의 식민지판인 조선미술전람회(1944년까지)가 개설되었고, 타이완에서도 마찬가지로 타이완미술전람회(1927~1936)가 개최되었다.

이 책의 해당 시기가 1920년까지이기 때문에 그 후의 동향은 언급하지 않겠다. 다만 자포니즘의 종식 이후 대對 서양의 미술정책이 대對 국내, 대對 동양으로 기축을 전환한 것이, 파시즘시기의 국내 체제와 대동아공영이라는 아시아 정책으로 그대로 옮아가는 준비과정이었음을 엿볼 수 있다.

문학사와 내셔널리티*

외설 · 일본인 · 문화방위론

나카야마 아키히코 中山昭彦**

1. 〈문학사〉[1]와 클리셰-'차이'의 〈문학사〉를 위하여

이 글은 메이지기의 〈문학사〉 편성이라는 문제들을, 근대 '예술'을 둘러싼 문학관과 국민성 그리고 대외표상이라는 일본의 내셔널리티에 관한 여러 양상과의 관계 속에서 해석해 보고자 한다. 여기서 근대를 중심으로 본다고 하더라도, 오와다 타케키大和田建樹[2]의 『메이지문학사明治文學

* 이 글은 엄미옥, 정성필이 번역했다.

** 1959년생, 가쿠슈인대학學習院大學 교수.

1 이 글에서는 구체적인 서명으로서의 각종 '문학사'와, 문학의 역사를 뜻하는 개념어로서의 '문학사'가 혼재되어 있으므로, 전자에 대해서는 『 』로, 후자는 〈 〉로 표기한다.

2 오와다 타케키大和田建樹(1857~1910) : 국문학자, 시인. 신체시의 창성기에 『시인의 봄詩人の春』 등 각종 산문집과 운문집을 창작하여 계몽적 역할을 수행하였다.

史』1)나 다카하시 단스이高橋淡水의 『시대문학사時代文學史』,2) 혹은 이와시로 준타로岩城準太郎의 『메이지문학사明治文學史』3) 등, 메이지기(1868~1911)에 단행본으로 간행된 〈근대문학사〉만을 주된 분석의 대상으로 하지는 않았다. 메이지 중기에 야마지 아이잔山路愛山4)이나 기타무라 도고쿠北村透谷[3] 등이 상당히 추상적인 〈근대문학사〉를 쓴 바 있고,5) 쓰보우치 쇼요坪內逍遙[4]가 쓴 『소설신수小說神髓』6) 또한 소설에 관한 역사 기술 형태의 시도를 내포하고 있다고 볼 수 있다.

이 밖에도 잡지 등에서 볼 수 있는 메이지기의 〈근대 문학사〉7)는 그 스스로가 속한 시대를 회고의 시선으로 바라보는 입장에서 쓰여졌는데, 이는 매우 흥미로운 문제들을 포함하고 있다. 하지만 그 대부분은 문학관의 정의나 작가와 사조의 흥망을 둘러싼 구체적인 역사 기술을 단지 근대로 분절된 시대에만 대응시킨 것에 불과하거나 고작해야 근세와 근대의 관계에 대해서만 규명하는 〈문학사〉였다. 이러한 〈문학사〉로는 일본의 내셔널리티에 관한 전반적인 양상을 충분히 알 수 없다. 그러나 '일본'과 〈문학사〉와의 관계를 규명할 수 있다는 이유로, 근대 이전 문학의 역사적인 전개에만 주목하는 〈일본문학사〉에만 관심을 갖는 것도 마찬가지로 위험한 일이다. 왜냐하면 이러한 입장은 '전통의 발명=만들어진 전통'8)이라는 측면을 너무 강조함에 따라, 근대 문학관의 입장에서 소급적으로 발견된 과거의 모든 요소들을 간과하기 때

---

3 기타무라 도고쿠北村透谷(1868~1894) : 메이지 시대의 평론가, 시인, 평화주의 운동가. 시마자키 도손島崎藤村과 잡지 『문학계文學界』 창간, 저서로는 『도코쿠전집透谷全集』 전3권이 있다.

4 쓰보우치 쇼요坪內逍遙(1859~1935) : 소설가, 극작가, 평론가, 와세다早稻田대학 교수 역임. 1885년 문학론 『소설신수小說神髓』, 소설 『당세서생기질當世書生氣質』을 발표, 문학 개량운동의 중심이 된다. 1891년 「와세다문학早稻田文學」을 창간, 후에 극문학 개량에 노력한다.

문이다.

따라서 여기서는 '근대와 그 이외 시대의 문학의 관계'를 언급한 〈일본문학사〉를 주된 대상으로 하고, 〈근대문학사〉에 대해서는 그것과 밀접하게 관련이 있는 요소를 지닌 것만을 다루기로 하겠다. 이에 덧붙여 『일본문학사日本文學史』로 알려진 것뿐만 아니라 『국문학사國文學史』나 『화문학사和文學史』라는 제목을 단 것까지를 포함하면 메이지기에 단행본으로 간행된 〈일본문학사〉는 필자의 수중에 있는 것만도 40권에 가깝다. 이 가운데 근대문학과의 관계를 언급한 것은 총 21권이다. 그것이 언급된 위치를 살펴보면, 먼저 권두의 '서언'이나 '총론', 혹은 권말의 '결어' 등에 한정하여 근대문학과의 관계를 언급한 것이 9권[9]이며, 나아가 이러한 부분 외에 다른 시대를 기술하는 가운데 부분적으로 다룬 것이 3권,[10] '근대'를 독립된 하나의 장으로 지정한 것이 9권이다.[11]

물론 이런 방식으로 분류한다고 해서 자의성을 모두 제거할 수는 없다. 때문에 근대 이전과 이후를 어떤 기준으로 구별하는가 하는 문제뿐만 아니라 이 시기에 이르기까지 애매하게 사용되는 문학개념 자체를 어떻게 다룰 것인가 하는 문제도 남아 있다. 게다가 '일본문학', '국문학', '화문학'이라는 범주의 차이를 무시하고 전부 〈일본문학사〉로 보는 것은 어떤 의미에서 폭력적인 조치라고도 할 수 있다.

그러나 지금부터 하고자 하는 시도는 이러한 개념을 엄밀하게 정의하기 위한 것이 아니며, 또한 반대로 그런 일은 애초에 불가능하다는 냉소적인 입장을 취하려는 것도 아니다. 오히려 이 글의 목표는 '문학'이나 〈일본문학사〉라는 말로 범주화됨에도 불구하고, 그 범주 안에서 도저히 공통점을 찾아낼 수 없는 지점, 즉 통약 불가능한 '차이'를 끌어내는 데 있다.

앞으로도 계속 설명하겠지만, 〈문학사〉라는 공간에서 종종 눈에 띄는 것은 얼핏 하나의 동일한 상투구, 즉 '클리셰'가 반복되는 것처럼 보이지만 그것이 사실은 은밀한 **횡령**橫領[5]을 일으키고 있다는 것이다. 그것은 그 의미를 살짝 바꾸는 것에 불과한 경우도 있지만, 때로는 어떤 〈문학사〉에서 다른 곳으로 인용된 '클리셰'가 거기에서 다양한 새로운 요소와 '절합節合'하여 원래의 것과는 공통점을 찾을 수 없을 정도로 과도하게 횡령되는 경우도 있다. 따라서 그러한 각각의 〈문학사〉는, 〈일본문학사〉든 〈근대문학사〉든 균질한 전체로서의 〈문학사〉로 인정하기 힘들다. 또한 이 글에서는 하나의 〈문학사〉 내에서조차 많은 **어긋남**齟齬이 생겨나는 과정을 분석했는데, 기존의 〈문학사〉 중에는 하나의 책으로서 가져야 할 통일성마저 확보하지 못하는 경우도 있었다.

그럼에도 불구하고 이 글에서는 동일한 클리셰가 단순 반복되고 나아가 그 주위에 거의 같은 요소들이 '절합'된 결과, 〈문학〉을 매우 유사한 역사적 전망 아래 표상할 수 있도록 하는 균질성 — '담론'이라고 부를만할 — 이 형성되는 과정 또한 주목할 것이다. 그러나 이는 어디까지나 잠정적인 균질성에 불과하므로 언제나 그렇다는 것은 아니다. 이 균질한 토대 또한 다른 요소와 '절합'되면 다시 과잉된 횡령이 되기 때문이다. 그리고 그러한 과잉 횡령이 일어나는 자장磁場 안에서는 〈문학사〉는커녕 일본도, 근대도, 그리고 그 내부에 존재하는 각각의 작가나 사조도 서로 공통점을 발견할 수 없다.

---

5 필자인 나카야마 아키히코는 이 글에서 '클리셰cliche'와 횡령이라는 단어를 사용하고 있다. '클리셰'는 사전적으로는 '흔히 쓰이는 상투어'라는 의미로, 여기서는 각종 다양한 '문학사' 책들에 종종 등장하는 상투적인 표현들을 지칭한다. 또한 이 글에서 횡령은 '문학사'에서 보이는 여러 가지 상투적인 표현, 즉 하나의 '클리셰'가 다른 '문학사'를 침범하여 의미를 빼앗는 것을 가리킨다. 따라서 여기서 횡령은 하나의 '클리셰'가 겉모습은 같지만 의미는 전혀 다른 단어와 만나, 그 고유의 의미와 범주를 빼앗고 동일화 · 상투구화 한다는 의미로 사용되었다.

이러한 의미에서 이 글은 거의 서로 베낀 것처럼 비슷한 문학관과 국민성을 논하고 있는 〈일본문학사〉를 복수複數의 요소로 미분화하여 살피고, 이를 통해 〈일본문학사〉를 '절합'과 횡령이 횡행하는 '차이'로 기술하려는 시도이다. 하지만 미분한다고 하더라도 이 글은 어디까지나 내셔널리티와 기본적인 문학관의 관계를 대상으로 하는 것이지 개별 작가나 구체적인 시대별 기술내용을 상세히 검토하려는 것이 아니다. 즉 내셔널리티와 문학관에 관련된 '클리셰'에 주목하여 미분화하고자 한다. 따라서 동일한 클리셰가 반복되는 것처럼 보인다고 하더라도 과잉된 횡령이 개입한다면 그것은 공통분모를 찾을 수 없는, 즉 통약 불가능한 이질성마저도 띨 수 있다. 이렇게 때로 아무런 공통분모를 찾을 수 없는데도 불구하고 여러 〈문학사〉 사이를 횡단하는 클리셰 운동을, 여기에서는 통저성通底性이라 부르도록 한다. 이 통저성은 균질적인 전체로서의 〈문학〉이나 〈문학사〉에 매개된 동질성과의 구별을 위한 장치이다.[12)]

하지만 이렇게 많은 장치를 둠으로써 오히려 〈문학사〉의 역사를 현재의 시각으로 일방적으로 해석하게 되지는 않을까? 이러한 장치는 〈문학〉이나 〈일본〉을 자명하게 만드는 많은 말들에 저항하기 위해서뿐만 아니라, 그 자명성을 "만들어진 전통"으로서 비판하는 논리마저도 일본의 틀 안으로 회수해버리는 자장에 대한 대항이기도 하다.[13)] 그러한 목적에 이 장치는 효과가 있을 것인가. 따라서 앞으로 행할 역사기술은 당연히 이러한 장치들이 적절한가, 부적절한가를 검토하는 장이 될 것이다.

2. 예술과 외설–'사실寫實'의 패러독스, '사실寫實'의 횡령

이 글은 메이지 23년(1890)부터 메이지 말년(1910)까지의 〈문학사〉를 분석대상으로 한다. 시나다 요시카즈品田悅一가 말했듯이, 이 시기를 다룸에 있어 문학사와 당시 학교제도의 관계를 간과할 수 없다.[14] 문학사 교육은 메이지 25년(1892) 심상尋常사범학교를 시작으로, 메이지 35년(1902)에 중학교와 고등여학교에까지 확대되었다. 중학교와 고등여학교의 문학사 교육이 메이지 44년(1911)에 잠시 폐지되기도 하지만, 아무튼 이 문학사 교육이 실시된 기간은 여기서 검토하는 각종 〈문학사〉들의 간행 시기와 거의 겹쳐진다. 또 당시에는 실제로 학교교육을 위해 많은 수의 〈문학사〉가 쓰여지기도 했다.

한편, 최초의 〈일본문학사〉라 할 수 있는 미카미 산지三上參次・다카즈 쿠와사부로高津鍬三郞의 『일본문학사日本文學史』[15]가 출판된 해는 시나다가 지적했듯이 『일본문학전서日本文學全書』와 『일본가학전집日本歌學全書』이 하쿠분칸博文館에서 간행되기 시작한 해이기도 하다. 그런 의미에서 〈문학사〉의 문제는 출판 자본이 고전문학을 어떻게 다루는가라는 문제와도 밀접히 관련되어 있다.

이렇듯 〈문학사〉와 출판 제도의 관련성도 매우 중요하지만, 이 글에서는 지면의 제약이 있기 때문에 그것과는 상대적으로 구별이 가능한 영역만을 분석한다. 말할 것도 없이 그 영역이란 〈문학사〉라는 표상의 무대이다.

그런데 〈문학사〉라는 표상을 문제화하기 위해서는 우선 이 시기 문학 개념의 변천을 간단히 검토해야 한다. 이 점에 대해서는 이미 많은 연구들이 있는데, 그 공통점을 정리하면 대략 다음과 같다. 즉 학문영역 일반이나 문장文章, 문자文字 등 다양한 의미를 포함하고 있었던 유교적인 용어 〈문학文學〉은 막부 말기부터 메이지 초기에 걸쳐 'literature'와 만나, 인문학=humanities이나 문장 일반, 나아가 미문美文=belles-lettres이라는 의미를 띠게 된다. 그리고 점차 그것이 미문 내지는 순문학이라는 예술적인 의미로 한정되었다.16)

이렇게 문학이 예술적인 의미로만 한정된 시기에 대해서는 여러 가지 견해가 있다. 가령 고보리 게이치로小堀桂一郎는 『소설신수』가 쓰여진 메이지 18년(1885)부터 메이지 22・23년(1889~1890)경에 그 경향을 볼 수 있다고 주장한다.17) 이에 대해 이소다 코이치磯田光一는 고보리 게이치로의 의견에 기본적으로는 동의하면서도 메이지 30년대에도 여전히 의미의 흔들림이 있었다고 한다.18) 또한 나쓰메 소세키夏目漱石가 소설을 쓰기 시작할 무렵에도 '문文'이라는 단위가 있었다고 하는 오카 쇼헤이大岡昇平의 지적이19) 있는 반면, 당시의 〈근대문학사〉를 폭넓게 살핀 와다 시게지로和田繁二郎는 인문학=문학이라는 관점의 종언을 메이지 39년(1906)의 다카하시 단스이高橋淡水가 쓴 『시대문학사時代文學史』로20) 보고 있다.21) 요컨대 이러한 견해 차이는 『소설신수』나 제국대학령[메이지 19년(1886)]에 따른 대학제도 개혁을 중시하느냐 아니냐에 달려 있다. 또한 1900년대에도 '문학'개념이 분명하지 않았다고 한 오카 쇼헤이의 주장과 와다 시게지로의 주장 사이에도 그 잔존하는 개념을 문장文章으로 보느냐 인문학人文學으로 보느냐의 차이가 있다. 그러나 〈문학사〉에 관한 한, 1900년대에도 문학의 개념이 흔들리고 있었다는 주장이 타당하며, 나아가 그때는 문장과 인문학이 함께 쓰였다고 할 수 있다.

실제로 메이지 25년(1892)에 오와다 다케키大和田健樹가 쓴 『화문학사和文學史』는 1758년까지의 '근세 제1기'를 '한문체漢文體 / 화문체和文體 / 속문체俗文體 / 조루리淨瑠璃[6] / 와카和歌[7] / 하이카이俳諧'[8]로 범주화하고,[22] 오늘날의 관점으로 말하자면 '문체의 종류'와 '문학 장르'를 거의 대등한 것으로 병치시키고 있다. 그리고 이렇게 문장을 장르와 병치시키는 범주화 양상은 메이지 35년(1902)에 오카이 신고岡井愼吾가 『신체일본문학사新体日本文學史』[23]에서 근세문학을 '하이카이하이쿠俳諧排句 / 각본脚本과 조루리淨瑠璃 / 의고문擬古文 / 화한혼화문和漢混和文 / 소설小說' 등으로 범주화했던 것 등을 비롯해, 1900년대에 쓰여진 많은 〈일본문학사〉에서도 동일하게 나타난다.

또한 미카미 산지・다카즈 구와사부로는 최초의 『일본문학사』를 썼는데, 그들은 "역사, 철학, 정치학 등과 같이 소위 이문학도 '문학文學'에 포함"된다고 말하면서 문학을 곧 인문학이라고 보는 관점을 표명하고 있다.[24] 나아가 시오이 우코塩井雨江와 다카하시 다쓰오高橋龍雄가 메이지 35년(1902)에 간행한 『신체일본문학사新体日本文學史』에서는 '메이지의 문학'이 가져온 '새로운 국면'으로서 '철학적, 역사학적, 과학적인 문학'이 탄생했다고 하면서[25] '문학'을 근대에만 해당하는 것으로 국한했다. 그리고 그것은 앞의 와다 시게지로가 지적한 『시대문학사』에서

---

6 무로마치 후기에 미나모토노 요시쓰네源義経의 어렸을 때 이름인 우시와카마루牛若丸와 조루리히메淨瑠璃姬와의 사랑을 다룬 『조루리모노가타리淨瑠璃物語』가 부채로 박자 맞추고 비파 연주와 함께 눈먼 법사 등의 변사에 의해 이야기되었다. 후에 언변의 말투나 태도가 일반화하여 조루리라고 불리게 되었다.

7 와카는 일본에서 옛날부터 내려온 정형의 노래이다. 중국에서 온 한시와 대조하여 일본 고유의 시를 이르는 말로, 단가短歌로 불리기도 한다. 주로 5・7・5・7・7의 5구절 31음의 형식으로 되어 있다.

8 하이카이俳諧란 '골계骨稽', 즉 '익살'이라는 뜻의 중국어에서 온 것으로 이 단어가 처음으로 쓰인 것은 시가집 『古今和歌集』이다. 하이카이가 문예 형식의 하나로 성립하기 시작한 것은 15세기에 들어서이다. 일본의 중세시대인 15세기 말 렌가連歌(5・7・5의 長句와 7・7의 短句를 2인 이상의 사람이 앞 구에 이어서 읊어 36수나 100수에서 끝내는 일본 전통시의 한 형태)중 정통이 아닌 것을 하이카이의 렌가, 즉 하이카이라고 했다.

는 오자키 유키오尾琦行雄[9] 등의 정치론까지 포함하는 〈근대문학사〉로 계승되기도 한다. 그러나 도쿠가와 미츠쿠니水戸光圀가 편찬한 『대일본사大日本史』의 항목에 〈문학사〉가 많이 보이고, 또 『해체신서解体新書』에서도 서양학의 계보를 찾아낼 수 있는 등, 인문학의 틀마저 넘어서는 기술들도 볼 수 있다.[26] 이로 미루어 보건대, 이 시기 문학사에서 문학=인문학이라는 관점은 반드시 근대의 문학에만 한정해서 사용된 것이 아니며, 인문학에 머무르지 않는 확장성마저 지니고 있었다.

문학=인문학이라는 관점은 또한 〈일본문학사〉와 〈근대문학사〉 양쪽에 문학이 무엇인가를 반영하는 장이라는 견해가 폭넓게 영향을 끼치고 있었던 것과도 관련된다. 문학은 '풍토'나 '정치·종교'의 영향을 받는 장[27]이라고 여겨지기도 했고, "인생의 거울"[28]이나 '사회의 반사경'[29] 등 스탕달식으로 비유되기도 했다. 혹은 "시세時勢의 반영", "인정人情의 거울"[30]이라고 자리매김 되기도 했고, 드물게는 "시대의 자식"[31]이라는 식으로 언급되기도 했다. 또 일본의 국민성을 문학과 관련지어 문학이 "국민성의 반영"임을 단언한 것도 있고,[32] 이 둘을 다소 애매한 반영 관계에 그치는 것으로 본 것도 있다.[33] 이런 것들이야말로 일종의 클리셰로서, 반영론을 되풀이하는 〈문학사〉 필자의 대부분이 역사서나 사상서와 같은 인문학 전반의 문헌을 〈문학사〉라는 이름 아래 모두 수렴시키는 것과 대응한다. 미문美文으로서의 문학만을 문제시 하는 것이 아니라 인문학을 모두 수용하는 문학이라면 거기에는 시대나 사회, 풍토나 국민성이 폭넓게 반영되어 있다고 보아도 전혀 이상하지 않을 것이다.

물론 모든 〈문학사〉가 미문학美文學의 예술성에 전혀 무관심했던 것은

9 오자키 유키오尾琦行雄(1858~1954) : 정당 정치가, 개진당 창립에 참가한다. 제1의회 이후 25회 연속으로 중의원 의석을 차지하고 그 사이에 제1차 호헌운동으로 활약했다.

아니다. 가령 미카미와 다카즈가 쓴 최초의 『일본문학사』[34)]에서 'fine art'를 의미하는 예술이나 미술이라는 단어 자체는 볼 수 없지만 '순문학純文學(pure literature)'에 대해서 "문학이란 어떤 문체를 가지고 사람의 사상, 감정, 상상을 정밀하게 표현하는 것"이라고 정의하고 있다.[35)] 이미 서술한 바와 같이 이 『일본문학사』에서는 인문학=문학이라는 문학개념을 제시하기도 했지만 묘사의 제재를 '사상·감정·상상'에 한정했다는 점에서 '순문학'과 '역사·철학·정치학 등과 같은 소위 이문학理文學'을 분명히 구별하고 있다는 것을 알 수 있다.

그럼에도 불구하고 여전히 인문학을 포함하고자 하는 이 〈문학사〉는 설령 '법률문'이라도 문법이나 미사여구 등 그 글을 쓰는 방식의 남다름을 느낄 수 있는 요소를 순문학의 요소라고 보았다. 즉, 정확성을 기준으로 '법률문'을 보는 법학상의 관점과는 달랐다. 거꾸로 말하면 이는 '순문학'의 평가 기준을 지정하고, 이에 일치하는 인문학의 문서를 포함한다는 논리이다. 그러나 일견 그럴듯해 보이는 이 논리는 어떤 방식으로 썼을 때에 '순문학'으로서의 '흥미'가 생길 수 있는지에 대해서는 언급하고 있지 않다. 따라서 『일본문학사』는 인문학=문학과는 차별화된 '순문학'의 개념을 도입함에 따라 오히려 어긋남이 더욱 커지고 있다. 왜냐하면 인문학과 구별되는 '순문학'이 '흥미'를 획득하게 되는 이유, 즉 '어떻게'가 빠져 있기 때문이다.

또한 이러한 어긋남은 하가 야이치芳賀實一[10]가 문학을 국민성과 접속시키고자 저술한 『국문학사십강國文學史十講』[36)]에서도 발견된다. 메이지 32년(1899)에 간행된 이 책은 문학을 'fine art'라는 의미에서 '미술'로

10 하가 야이치芳賀實一(1867~1927) : 국문학자, 도쿄제국대학 교수 역임. 전통적인 국학을 근대 문헌학으로서 다시 취해서 새로운 국문학의 길을 개척했다. 또한 국민정신의 진흥이란 입장에서 국어정책에 관여하기도 했다.

한정하는 한편, "국민의 사상 · 도덕 · 감정은 그 나라 문학(국문학)에 반영되어 있다"고 하는 '반영론'의 구도를 도입하여 국민성과의 접속을 꾀한다. 또한 미카미와 다카즈의 '순문학'과 마찬가지로 '미술'로서의 '문학'의 범위를 어디까지나 '사상 · 감정'이라는 내적 요소에 한정하였다. 그런 바탕 위에 "우리의 선조가 그 사상과 감정을 국어로 나타낸 것이 훌륭하게 미술품으로 완성되었다. 완성된 미문의 역사가 바로 '국문학의 역사'이다"라고 했다.

그러나 이 책에서도 국민성이 반영된 '사상과 감정'이 어떻게 '미술품'이 되는가는 명확하게 드러나지 않는다. 미술을 곧 문학이라고 보는 하가 야이치의 경우, 이미 인문학으로서의 문학과는 단절했다고 할 수 있다. 〈국문학사〉라는 제목 때문인지 그는 국민성의 반영이라는 구도를 취하고 있다. 그리고 이러한 반영론을 도입하려면 '미술=문학'이라는 생각과 차별화할 필요가 생기는데, 그것이 제대로 되지 않아 어긋남이 발생했다.

하지만 국민성이나 일본의 고유성을 〈문학사〉에 끌어들일 때 발생하는 것은 이러한 문제만이 아니다. 다시 한 번 미카미와 다카즈가 쓴 『일본문학사』[37]를 보면, 그가 세계문학의 보편원리를 언급하면서, 그러한 입장에서 국문학의 고유성을 정의하고자 했다는 것을 알 수 있다. 시나다 요시카즈品田悅一가 말한 메이지기의 '국민문학론'의 형성[38]에도 관련되는 이 정의는 경신충군敬神忠君이나 우미優美로 대표되는 '국민 고유의 특성'과, 지형 · 기후 · 산천의 풍경과 같은 '인간 주변의 모든 사물', 나아가 그때그때의 정치 · 종교 등의 영향을 의미하는 '시운時運'의 3요소로 성립된다. 이 세 가지 요소가 이폴리트 텐느Hippolyte Taine가 쓴 『영문학사』[39] 서문에 나오는 '인종 · 환경 · 시대'를 바꿔 말했을 뿐이라는 사실은 이미 히라오카 토시오平岡敏夫[40]나 스즈키 토미鈴木登美[41]가

지적한 바 있다. 이 세 가지 요소는 애매한 형태이기는 하지만 〈순문학〉의 주요소인 '사상・감정・상상'이 반영된 것이라고 볼 수 있다.

그러나 여기에서는 '시운時運'과 같이 변화가 극심한 요소가 '국민 고유의 특성'이라는 초역사적인 요소와 서로 어떻게 관련되는지도 보여주지 않을뿐더러, 이러한 어긋남이 있다는 것조차 깨닫지 못하고 있는 것처럼 보인다. 이폴리트 텐느는 『영문학사』에서 '인종'에 따른 '본원적인 정신경향'을 그 '인종'의 '보편적이고 영구적인 원인들'이라고 보고 있으며, 이것이 다른 가변적인 요소들의 기저에 자리 잡고 있다고 한다. 그러나 '인종'을 '국민 고유의 특성'으로 바꿔 읽은 미카미와 다카즈가 쓴 〈문학사〉는 이러한 불변성과 가변성이라는 이중 구조에 전혀 신경쓰지 않았다. 이런 무신경은 '국민성'이라는 말을 하나의 '클리셰'로 횡령해버린 〈문학사〉가 시대의 상대성을 깨닫게 될 때, 그 어긋남을 분명하게 드러낸다.

이를 가장 단적으로 보여주는 것이 오와다 타케키大和田建樹의 방대한 『일본대문학사日本大文學史』이다.[42] 메이지 25년(1892)에 간행된 『화문학사和文學史』[43]를 개정 증보하여 7년 뒤인 메이지 32년(1899)에 간행한 이 〈문학사〉는, 이폴리트 텐느가 말한 '인종'이라는 개념을 선조先祖와의 연속성으로 이해하고 있다. 선조에 대한 연속성은 '증조와 고조' 위까지 거슬러 올라가는데, '선조'와 "고리처럼 연결되어 있음은 의심할 여지가 없다"고 단언하며 국민의 연속성을 언급하고 있다. 그것은 '만세일계의 천황萬世一系の君'이라는 표현과 잘 어울리는 것이었다. 또한 이폴리트 텐느가 말한 '환경'에 대응하는 '일본의 산천'뿐만 아니라, 그 '반영'인 '시가와 문장歌文' 혹은 '고유하고 독립적인 국어'의 연속성까지도 보증하는 것이었다.

그러나 문학을 '사회의 반사경'이라고 비유한 오와다 타케키는, 다른 부분에서 문학이 "각각의 시대에 각각의 풍속이나 사상을 반영한다"는 상대주의적인 역사관을 드러내고 있다. 게다가 '헤이안平安시대의 문학'에 "남녀가 서로 연애하는 인정소설人情小說이 많다고 비난하는 것"을 비판하였다. 또 "어떤 지방은 해산물이 풍부하고 어떤 지방은 수공품이 많은 것"처럼 사물을 보는 시각은 다양하므로, "문학은 단지 외부 세계의 현상을 반영하는 것인데, 한쪽에만 치우치는 것을 꺼릴 필요는 없다"라고 하였다. 뿐만 아니라 세부적인 기술을 살펴보면, 연속적이어야 할 '고유하고 독립적인 국어'마저도 문장으로서는 종종 '사분오열四分五裂'된 상태 그대로 근대에 이르렀다고 하였다.

그리고는 이러한 선조와의 연속성이 상대주의적인 가변성에 대한 불변성으로 유지될 수 있는지 의심스러워했다. 하지만 실제로 어떻게 이 가변성을 선조와의 연속성과 연결시킬 수 있을지, 혹은 조정할 수 있을지에 대한 논의는 없다. 그런 점에서 『일본대문학사』는 불변 / 가변이라는 이중구조를 형성하고 있지 않다. 오히려 사회의 반영과 국민성의 반영이라는 두 개의 '반영론'이, 상대주의적 경향과 본질주의적 경향으로 갈라져 있다. 그리고 이러한 어긋남은 사토 마사노리佐藤正範의 〈문학사〉44)에서도 발견되며, 하가 야이치의 『국문학사십강』45)에도 보인다. 하가 야이치는 '우미優美'한 국민성과는 거리가 먼 부분도 종종 보이는 『겐지모노가타리源氏物語』[11]에 대해, 당시 '사회의 타락한 모습'을 "있는 그대로 묘사한 사실寫實 소설로 보는 수밖에 없다"라고 설명하고 있다. 또한 다케시마 하고로모武島羽衣의 〈문학사〉는 '권선징악'을 초월한 '미美로서의 문학'이라는 본질적인 규정과, 문학은 '시대의 자식'이라는 '반

11 헤이안平安 중기의 장편 모노가타리物語. 무라사키 시키부紫武部의 작품, 궁정생활을 중심으로 해서 헤이안 전・중기의 세상을 묘사했다.

영론'을 취하는 상대주의 역사관으로 분열되는 어긋남을 보여준다.[46)]

여하튼 이렇게 국민성이나 미문학美文學이라는 개념을 적극적으로 끌어들이고자 한 〈문학사〉는, 미문학이라는 개념 자체의 내부에 어긋남을 발생시킨다. 혹은 본질주의적으로 규정된 국민성과 미문학이 상대주의적인 시대나 사회 '반영론' 사이에 어긋남을 가져오는 일도 적지 않다. 그리고 이런 어긋남은 설령 문학을 시대와 사회의 반영론으로만 언급하고 있는 〈문학사〉라고 하더라도 그것이 서투르게 국민성이나 미문학이라는 클리셰를 횡령해버리는 경우에는 피하기 어렵다.

하지만 더욱 어려운 문제는 많은 〈문학사〉가 이미 포섭되어 있는 또 다른 클리셰에 주목할 때 선명하게 드러난다. 그것은 많은 문학사의 근세문학 부분에서, 특히 이하라 사이카쿠井原西鶴[12]에 대한 평가 부분에서 흔히 나타나는 '인정세태－외설'이라는 대구對句적 표현이다. 쓰보우치 쇼요의 『소설신수』에서 가져온 이러한 클리셰는, '비속'하지만 '인정풍속을 아는 데에는 가장 적절한 것'으로 여겨졌다.[47)] 또 "인정人情의 가장 깊은 비밀스러운 곳秘奧을 꿰뚫어보고 있음에도 불구하고 음란하다고 욕하는 것은 아니다"[48)]는 식으로 들리기도 한다. 혹은 '음란'하기는 하지만 '관찰'만은 '예리'[49)]하다는 식으로 '인정세태'라는 말을 약간 다르게 표현한 것도 있다. 이러한 표현상의 변형을 허용한다면, 이런 종류의 클리셰가 등장하는 〈일본문학사〉는 총 21권 중 10권[50)]에 이른다. 또한 여기에 '인정세태'만을 언급한 것 3권[51)]을 더한다면 쓰보우치 쇼요가 사용한 클리셰를 채용한 것은 전체의 6할이 넘는다. 결국 여

12 이하라 사이카쿠井原西鶴(1643~1693) : 에도 전기 우키요조시浮世草子 작가, 모노가타리의 전통을 깨고 성욕, 물욕에 지배되어 가는 인간성을 생생히 보여주었다. 작품으로 『호색일대남』을 비롯하여 『호색일대녀好色一代女』, 『호색오인녀好色五人女』, 단편집 『일본영대장日本永代藏』, 『사이카쿠제국담西鶴諸國譚』 등이 있다.

기서 확인할 수 있는 것은 『소설신수』의 영향력이 컸다는 점인데, 이러한 〈문학사〉에서의 클리셰들과 그 횡령은 오히려 『소설신수』52)에 어긋남을 초래하게 된다.

주지하듯이 쓰보우치 쇼요는 다키자와 바킨瀧澤馬琴[13] 등이 쓴 권선징악적인 소설을 비판하면서 "인정세태를 그려냄으로써 그 진수眞髓에 들어가는 것"이야말로 '소설'이 지녀야 할 모습임을 주장한다. 그리고 그것은 동시에 fine art인 '미술'에 가장 적합한 '소설'을 의미한다. 그렇지만 '미술'다운 것을 지향하는 것은 소설의 '목적'이 아니며, 가능한 한 '인정세태'를 그대로 잘 그려낸다면 '자연스럽게' 독자를 '고상하고 오묘한 상태妙想'에 이르도록 한다는 것이다. 특히 쓰보우치 쇼요가 중시했던 것은 '인정人情'의 '모방'이다. '정욕情欲'이라고도 불리는 이 '인정'에는 '기품이 고상한 사람'도 가지고 있는, 태도나 표정만으로는 감지하기 어려운 '비루한 감정劣情'도 포함된다. 그리고 그것은 종종 지적되듯이, '불가시한 심리의 가시화', 즉 '보기 힘든 것을 볼 수 있게 하는' 것을 소설 묘사의 근간으로 보는 『소설신수』의 입장에서는 훌륭한 묘사 대상이 된다.

그럼에도 쓰보우치 쇼요는 무슨 이유에서인지 "음란하고 야비한 것淫猥野鄙에 이르는(…중략…) 비루한 감정劣情을 그대로 그려내라는 것은 아니다"라고 말한다. 나아가 "소설은 미술이기 때문에 (…중략…) 음담패설을 혐오한다"고 덧붙인다. 그렇다면 소설은 '정욕情欲'이라는 보이지 않는 것을 보여주기 때문에 '미술'에 상응한다고 볼 수 있지만, 동시에 그것이 '미술'이기 때문에 '정욕'을 묘사해서는 안 된다고 말하는 것이 된

13 다키자와 바킨瀧澤馬琴(1767~1848) : 에도 후기의 게사쿠戲作 작가, 교쿠테이 바킨曲亭馬琴이라고도 한다. 권선징악을 표방하여 아속절충문으로 고칸合卷, 요미혼讀本을 속속 발표했다. 대표작으로는 『근세설미소년록近世說美少年錄』 등이 있다.

다. 이것이야말로 '미술'이 '정욕'의 묘사를 허용하는 동시에 금지한다는, 즉 '있는 그대로의 묘사寫實'가 가지는 역설이다. 그리고 이는 '외설'스럽지만 '인정세태를 그리고 있다'는 〈문학사〉의 클리셰를 명백하게 드러내는 어긋남이 아닐까. 확실히 앞서 언급한 클리셰를 이하라 사이카쿠에게 적용하는 한편, 『소설신수』를 언급하는 〈일본문학사〉53)도 있지만 그것은 '에도시대'의 천민계급이었던 '소설가'의 '기품을 높였다'는 의미에서일 뿐, 그 외에 『소설신수』를 언급한 다른 〈문학사〉에서도 『소설신수』에 대한 평가는 큰 차이를 보이지 않는다. 그렇다면 이러한 긍정적인 평가 아래, 단순한 클리셰로서 횡령한 것이, 그동안 눈에 띄지 않았던 이 어긋남을 공교롭게도 노출시켰다고 말할 수도 있을 것이다.

이러한 '정욕'을 어떻게 묘사할 것인가에 대해 심혈을 기울였던 『소설신수』에는 또 다른 문맥이 존재한다. 영미英美에서 건너온 수사학의 성과라는 동시대성에 힘입어 이 소설론을 해석한 가메이 히데오龜井秀雄는 『소설신수』에는 주인공의 성격에 일관성을 주어 배려하는 한편, 화자 역시도 잠재적인 일관성으로 간주하는 묘사법이 구상되어 있다고 본다. 그리고 그것이 지문地の文[14]과 작중인물들의 대화 사이에 만든 문체적인 차이와 어우러져 지문 / 대화, 화자 / 작중인물이라는 이분법을 형성하게 된다54)고 한다. 이러한 지적은 작품 속에 수선스럽게 개입해서 자신의 세계관을 피력하는 다키자와 바킨 스타일의 소설작법에서 탈피하여, 배후에 숨어 있는 작가와 작중인물을 분리하는 묘사법이 형성된 것으로 볼 수 있다. 이 같은 분리의 문제는 또한 『소설신수』에서의 "관찰자와 관찰되는 풍경의 분열"이라는 마에다 아이前田愛의 지

14 소설에서 묘사, 서술로 이뤄지는 등장인물의 대화를 제외한 부분 혹은 희곡에서 무대설명, 인물 동작, 표정, 음향효과나 조명 등을 지시한 대사 이외의 글을 말한다.

적[55])과도 호응한다. 결국 여기에는 작품세계와 작가(화자)간에 거리가 확보되는 셈이다.

이렇게 『소설신수』를 해석하는 여러 글을 참조하면, 소설에 의한 '인간세계의 비판'이라는 효과를 서술하면서, "정에 이끌려 도리를 벗어나, 편협하게 쓰인 것임에 분명한 글"을 읽더라도 "안목이 있는 사람"이라면 "정욕에서 벗어나 그를 알아챈다"고 한 쇼요의 말이 다른 의미를 지니게 될지도 모른다. 혹은 '정욕情欲의 천만무량千萬無量함을 알게 되는 것 또한 이 훈계의 일단'이라는 언급도 다른 의미로 해석될 수 있다. 즉 현실과 작품세계는 분리되어 있다는 것을 이해할 수 있는 '안목이 있는 사람'이라면, '비루한 감정劣情'까지는 아니더라도 아무튼 '정에 이끌려 도리를 벗어난' 이야기나 혹은 '정욕의 천만무량'한 상태를 아는 것까지도 또한 작중인물의 인생에 대한 비판으로서 허용될 것이다. 그리고 "모사에 주의를 기울인 소설에는 의도하지 않았다 하더라도 풍자의 방법을 통해 넌지시 사람을 교화하는 힘이 있다"는 소설이 갖는 비판과 교화기능에 관한 유명한 선언도 이러한 의미에서 파악해야 하지 않을까.

그렇다고 한다면, 이렇듯 작중인물에 대한 비판을 가능케 하는 거리는, 자연주의 문학의 외설스러움이 비판의 대상이 되는 메이지 40년대에 시마무라 호게쓰나 하세가와 덴케이長谷川天溪[15]가 취한 구도 — 설령 작품 안에서는 외설스러운 세계가 전개되더라도 작가는 그것과 거리를 두고 동조도 비판도 하지 않는 '무념무상'[56])의 태도로 임한다는 것 — 로 횡령되었다고 볼 수 있다. 말하자면 '정욕'을 인생에 대한 비판이나 그에 따른 교화의 대상으로 볼 수 있도록 하는 작품세계 / 작가(화자) 사이의 거리가,

15 하세가와 덴케이長谷川天溪(1876~1940) : 평론가, 잡지 『太陽』을 편집. 자연주의 문학의 대표적 평론가로 「문예관」, 「자연주의」 등이 있다.

가치판단을 멈춤에 따라, 외설적인 요소를 포함하는 작중 세계로부터 작가가 멀리 떨어진 거리로 횡령된다. 이러한 쇼요의 거리는, 때로는 '우아한 말투雅言'나 '상스러운 말투俗言'라는 문체의 채택을 포함하여 서술방식이나 묘사법에 대한 상당히 치밀한 이론화와 결부되어 있다. 그리고 그 거리는 묘사를 문제시하면서도 어떤 것도 거부하지 않고, 무엇에도 동요하지 않는 심경이나 태도의 문제로서 횡령되기도 하는 것이다.

다시 『소설신수』로 논점을 되돌리면, 쓰보우치 쇼요에 의한 묘사법의 이론화는 '소설'이라는 한정적인 언표에만 해당하는 것이지만 어떻게 묘사해야 그것을 미술이라 할 수 있는가를 제시한다는 점에서 미카미 산지와 다카쓰 구와사부로, 혹은 하가 야이치가 쓴 〈문학사〉에서는 언급되지 않았던 미술화의 방법[57]을 보여주었다고도 할 수 있다. 그런 의미에서, 내가 〈문학사〉의 이러한 어긋남을 발견한 것은 어디까지나 『소설신수』의 입장에서 바라본 시각이었다고 할 수 있다. 그러나 그런 이유로 『소설신수』를 뛰어나다고 평가하는 것은 결코 아니다. 오히려 주목해야 할 것은 '인정세태－외설'이라는 클리셰를 횡령하는 〈문학사〉가 묘사법의 문제를 전혀 고려하지 않은 점이다.

그렇게 보면 '인정풍속을 아는 데에 가장 적절한 방법'이라는 하기노 요시유키萩野由之의 〈문학사〉에 나타난 횡령의 방식은[58] 어떻게 묘사하는가를 문제 삼지 않고 이하라 사이가쿠의 작품을 그 시대의 소박한 반영이라고 간주하는 것이었다. 상대주의자인 하가 야이치는 『겐지모노가타리』 속에 있는 '우미優美'라고 하기 힘든 면들을 '사회의 타락'이 반영된 것으로 보았다. 그리고 그는 "이하라 사이가쿠는 무라사키 시키부紫式部와 마찬가지로 타락한 사회를 사실적으로 그렸다"라는 문맥에서도 알 수 있듯이, '외설이지만 사실寫實적'이라는 클리셰를 사용했다.[59] '음란'하지만 '관찰은 예리'하다고 이하라 사이가쿠를 평가하는 우쓰미 히로조内海弘藏는 문학이 '시대의 정신'을 전달하는 것이라는 상대주의적인 '반영론'의 입장에서, 닌죠본人情本[16]이 '천박하고 외설스러운卑猥' 것은 "당시의 사회 풍조"라고 한다.60) 게다가 오카이 신고岡井愼吾 또한 이하라 사이가쿠에 대해서는 "오로지 세태인정을 그린다"는 클리셰 밖에 사용하지 않으면서도 '화류계의 모습을 묘사한다'는 이유로, '샤레본洒落本'을 '외설'이라고 단정한다.61)

하지만 이런 맥락에서 보자면, '인정세태'를 묘사했음에도 불구하고 '외설'인 것이 아니라, '인정세태'를 묘사하기 때문에 바로 '외설'이 된다. 다시 말하면 '반영론'의 입장과 '절합'됨에 따라 '인정세태'의 묘사는 단순히 시대나 사회의 반영에 지나지 않는다는 지점으로 횡령되는 것이다. 또는, 인문학이라는 틀을 가진 역사기술과 '절합'되었기 때문에 '인정세태'의 묘사가 풍속적인 사료나 사상의 역사적 한 부분으로, 혹은 사회적인 풍조를 관찰하는 재료로 쉽게 횡령되기도 한다. 거기에는 또한 불변성과 가변성 사이에서 생겨난 어긋남이 있으며, 그런 이유로 〈문학사〉는 상대주의적인 사관이 폭주하는 상황과 '절합'하여 주저 없이 '외설스러운 시대에는 외설스러운 문학이 등장한다'고 기술되는 것이다. 그리고 그때 발생하는 사실과의 단층은 '인정세태－외설'이라는 클리셰의 통저성에 있어 격렬한 횡령을 초래한다.

물론 여기에는 단순한 모사模寫=반영론이라고는 말하기 어려운 면을 지닌 『소설신수』의 가능성은 앞서 언급한 사실의 패러독스 또한 소거되며, '인정세태'를 묘사하기 때문에 비로소 '외설'이 된다는 순접관계가 생성된다. 거꾸로 말하면, 외설을 사실의 패러독스로부터 아무런

16 19세기 초부터 메이지 초년대까지 성행했던 에도江戶 시민의 연애생활을 그린 풍속소설을 말한다.

근거 없이 절단시켜버린 쓰보우치 쇼요의 논리가 갖는 어긋남에는, 아이러니하게도 외설스러운 시대나 사회를 묘사하기 때문에 바로 문학이 외설화된다는 근거가 부여된다. 그것은 또한 쓰보우치 쇼요가 소설은 무엇인가라는 본질주의로의 편향을 드러낼 때 외설뿐만 아니라 시대나 사회와의 관계도 충분히 고려하지 않았다는 사실을 보여준다. 그러나 그것을 상대주의적인 '반영론'으로 덧칠해 버린다면 문학은 시대나 사회와 거리를 두고 그것들을 비판하는 기능을 잃어버릴 것이다. 그러한 의미에서, 여기서 발생하는 과격한 횡령이 만들어낸 '단층'은 문학이 시대와 사회, 그리고 국민성을 다루면서도 그것들 사이의 어긋남을 음미하는 투쟁과 대화의 공간으로 변모하는 것, 다시 말해 작가나 독자가 작품세계로부터 멀어지는 게 아니라 그들이 맞물려 상호비평을 만들어내는 다성적인 공간으로 변모하는 것을 '역사적'으로 봉쇄하고 있다. 그리고 이것은 가치판단을 멈춤으로써 작중세계와 거리를 두는 자연주의의 문학론과 〈문학사〉의 반영론 사이에도 적용할 수 있다.

대략 언급하자면, 외설스런 시대와 사회에는 외설스런 문학이 등장한다는 〈문학사〉의 상대주의적인 '반영론'은 이를테면 1900년대에 여학생의 타락문제가 부상하여,[62] 그중에서도 여학생의 연애를 묘사한 고스기 텐가이小杉天外의 『마풍연풍魔風戀風』이 제국도서관에서 열람 금지도서로 지정된 것과 무관하지 않다. 또한 그것은 문학을 지망하는 여학교 출신의 여성을 향한 성욕을 대담하게 고백하는 『이불蒲団』이 발표된 무렵에, 특히 교육현장에서 자연주의 문학의 해악론이 팽배해지는 것과도 연결된다. 다시 말해 문학이 '해악'으로 문제화되는 구조 중 하나는 그것이 현실의 경험과 혼동된다는 것,[63] 즉 외설스러운 사회현상을 그대로 반영한다는 이유에서이다.

자연주의 문학의 옹호자들은 작가가 작품세계와 거리를 두고 가치

판단을 보류한다는 사실을 중점적으로 주장한다. 하지만 이 글에서는 그것이 '반영론'이나 문단의 신성불가침화라는 통설로 수렴되지 않는 정치적 교섭을 불러일으켰던 과정에 대해서는 다루지 않겠다.[64] 오히려 문제는 앞에 서술한 상황이 '반영론'을 비대화시킨 결과 〈문학사〉가 여학생이 타락한 시대에는 단지 그런 타락한 문학을 긍정하는 수밖에 없는가 하는 물음에 직면하게 되었다는 사실이다. 〈문학사〉의 상당수가 교과서로 사용되었지만 그것이 교실에서 실제로 어떤 방식으로 활용되었는지는 확실히 알 수는 없다. 그러나 이러한 여학생의 타락과 문학의 관계가 문제가 되는 시대에 이하라 사이가쿠가 외설의 시대를 외설로 묘사했다고 가르쳤다면, 〈문학사〉의 교육적 가치뿐만 아니라 문학사를 쓰는 것 자체의 의의를 되물을 수밖에 없다. 이는 사토 마사노리佐藤正範나 이가라시 치카라五十嵐力의 저작 등[65] 1910년대에 쓰여진 〈문학사〉에 문학의 예술성을 강조한 부분이 두드러지게 많다는 사실과도 관계가 있다. 여하튼 〈문학사〉는 그 지점에서 새로운 문제에 맞닥뜨리게 된다. 요컨대 외설스러운 시대를 긍정하는 것으로 반전되는 듯이 보이는 상황에 따라 상대주의적인 '반영론'이 횡령에 노출될 때에, 〈문학사〉는 그에 어떻게 대처하는가의 문제가 남게 되는 것이다.

3. 〈문학사〉와 애매한 권력—융합론 · 동화론 · 일본특수론

〈문학사〉는 그 대다수가 교과서로 사용되었지만, 외설스러운 현 상황을 반영론으로서 긍정할 수밖에 없었다. 이에 따라 문학사는 동일한 교육의 장에서 일어난 소설해독론小說害毒論에 어떠한 대응도 할 수 없는 것처럼 보였고, 메이지 40년대에 이르러서도 이러한 문제에 직접 대응하려는 기미를 보이지 않았다. 〈일본문학사〉 중 유일하게 자연주의를 옹호한 이가라시 치카라의 〈문학사〉도, 자신의 경험에 입각해 외설까지도 포함하는 미추美醜 양면을 묘사하는 것이 중요하다는 '반영론'으로서의 예술만 언급했을 뿐,66) 앞서 우리가 횡령이라고 파악했던 '반영론'에 대해 비판하지는 않았다. 물론 시오이 마사오와 다카하시 다쓰오의 문학사처럼 메이지 30년대에 문학의 윤리성을 말하며 다키자와 바킨의 권선징악을 긍정하는 것도 있었다. 하지만 그럴 때에도 이하라 사이카쿠에 대해서는 앞에서 말한 '반영론'적 클리셰를 적용시키고 있다.67)

그렇다면 〈문학사〉는 이러한 문제들에 완전히 무방비 상태였을까? 이때 다시 국민성에 관한 논의가 일어났는데, 이 논의에 들어가기 전에 우선 국민성과 밀접히 관련된 또 하나의 문제를 언급할 필요가 있다. 그것은 〈문학사〉가 여러 외국과의 관계를 어떻게 기술했는가 하는 문제이다.

〈문학사〉의 기술에 관한 문제들을 떠올려 보면 금세 알 수 있듯이, 한자와 불교의 유입부터 구미문학의 영향에 이르기까지, 〈문학사〉의 기술에는 항상 외국과의 관계를 어떻게 정립할 것인가 하는 문제가 따라다녔다. 물론 단순히 한자의 유입 같은 사실을 상고上古시대 이전의 사건으로서 '객관적'으로 기술하는 것도 가능하다. 하지만 메이지기에 쓰여진 〈일본문학사〉의 대부분은 그렇게 기술하는데 그치지 않는다. 그 시기의 〈문학사〉들은 각 책의 서언이나 총론에서, 혹은 각 시대별 구체적인 기술 속에서 종종 여러 가지 외국과의 관계를 말하는 메타담론을 드러내고 있다. 대외 표상을 포함한 이러한 메타담론들 중에서 가장 많은 것은 바로 '융합론'이다.

실제로, 중등학과교수법연구회에서 편찬한 〈문학사〉68)는 상고 및 혼돈시대장에서 한자 유입 이전에 '신대문자神代文字'[17]가 있었다고 말하면서도, 총론에서는 "한학이야말로 우리 국문학을 탄생시킨 모태라고 불러야 마땅하다"라고 말한다. "도쿠가와 시대" 장에서도 "한문학자가 화한혼화문和漢混和文을 많이 발표한 것에 대한 반동으로, 국학자는 고대국문학을 부흥시켰다"고 말하면서, "후에는 양자가 서로 융화했다"고 덧붙이고 있다. 심지어 책의 결론에서는 '서양문학'과의 '혼합과 융해'가 강조된다. 즉 이 〈문학사〉는 '신대문자'에 관한 어긋남은 있지만, 일본문학의 특징은 여러 외국과 융화하는 것이라는 점을 보여준다. 또한 화한혼용문和漢混淆文이 한학과 국학의 화해의 징표가 된 것은, 이 융합과 화해가 '문文=문장文章의 학문'이라는 틀 속에 위치하고 있기 때문임을 알 수 있다.

이렇듯 '융합론'은 국학, 한학, 양학이 "서로 어우러져 이 메이지시대 신문학의 아름다움을 보여준다"69)는 방식으로 언급되기도 하고, 혹은 '한문학'과 '불교문학'은 배척하면서도 '서양의 문학'에 대해서는 "서양 외국문학의 장단점을 취사선택하여 우리나라의 고유한 사상과 서로 조화시켜 (…중략…) 한 덩어리가 되었다"고 언급되기도 한다.70) 아니면 단순히 "중국사상과 인도사상의 영향"이라고 다소 애매하게 표상된 것71)도 있는 한편, "난삽한 한문, 낯설은 국문和文"을 지양하고, "화한和漢 두 문文의 조화, 불교사상의 영향" 등, '문文=문장과 사상의 조화'라고 결부시킨 것도 있다.72) 이렇게 다소 애매하게 영향을 미친 것까지 포함한

17 한문 유입 이전의 일본의 문자. 히후미日文, 아나이치天名地鎭, 아히루 문자阿比留文字 등을 일컫는다.

다면 전체 21권 중 10권이 융합론을 취하고 있다고 할 수 있다.73)

이렇듯 '융합론'은 '조화'나 '융화'처럼 유사성을 갖는 클리셰를 서로 횡령할 뿐, 그 이상의 구체적인 지형도를 보여주지는 않는다. 그러나 바로 이러한 애매함에서 어떤 어긋남이 개입할 여지가 생긴다. 예를 들어, '서구화주의 시대'[18]에 『일본인종개량론日本人種改良論』을 저술한 다카하시 요시오高橋義雄[19]는 일본인 개조 방법의 하나로 백인과 황인종의 잡혼을 주장했다.74) 이에 대해 가토 히로유키加藤弘之[20]는 반론을 펼치면서, "잡혼을 계속하여 결과적으로 일본인의 피가 거의 사라지게 되면 어떻게 할 것인가"라고 묻는데, 이러한 질문들 사이에서 생겨나는 것이 바로 이 어긋남이다.75)

확실히 이러한 '융합론' 중에는 앞서 언급했던 중등학과교수법연구회의 〈문학사〉처럼 세계의 어떤 나라에도 '국민고유의 특징'이 있다고 단정하면서 일본의 국민성에 근거한 문학을 '장렬壯烈'하고 '우미優美'하다고 평가한 것도 있다. 여기에는 '우미'의 시각에서 '산수가 수려'한 '국토'와의 관계를 서술하고 있는데, '장렬'과 '우미'라는 두 가지의 극단적인 국민성을 말하는 부분에서는 시가 시게타카志賀重昂가 쓴 『일본풍경론日本風景論』76)의 잔영을 엿볼 수 있다. 그는 일본의 '일본풍경이 전 지구에서 가장 독특한 이유'를 '소쇄함瀟灑', '아름다움美', '웅장함跌宕'의 세 요소로 정리했다. 이 풍경론에서는 '소쇄함'이 '귀뚜라미 소리'

---

18 메이지 초기, 우수한 서양인과 같이 행동해야 한다는 열등감에 의해 정치, 경제, 문화 등의 서구화가 진행되었던 일련의 시기를 가리키는 말.

19 다카하시 요시오高橋義雄(1861~1937) : 후쿠자와 유키치의 제자. 서양인과의 잡혼雜婚으로 인종 자체를 개량할 것을 제창. 열등인종이 우등인종과 잡혼하면 열등인종에게 좋은 결과를 가져온다는 입장에서 일본인과 서양인의 잡혼을 장려했다.

20 가토 히로유키加藤弘之(1836~1916) : 1890년 도쿄제국대학東京帝國大學의 총장과 귀족원 의원으로 선출. 『국체신론國體新論』(1874), 『인권신론人權新論』(1882) 등을 통해 유럽의 근대사상을 일본에 소개하였다.

와 '스마須磨[21]의 오래된 역' 등으로 대표되는 반면, '웅장함'은 '기암절벽'과 '후지산의 높은 봉우리'같은 준엄하고 웅대한 풍경으로 상징된다. 그리고 '아름다움'은 소쇄함과 웅장함의 양면을 보여준다는 점에서 양극화되어 있다. 이 양극화는 메이지 28년(1895)에 이 세 가지 요소를 제시하며 출간된 개정판에서 찾을 수 있다. 앞서 언급한 중등학과교수법연구회의 〈문학사〉는 이로부터 2년 후인 1897년에 출판된 것이다. 시가 시게타카는 『일본풍경론』 이전에 '서양학문'의 "장점은 취하고 단점은 보완 한다"고 했던 '절충론'을 비판하고, '일본국토'에 대한 '동화'로 국수주의의 정점을 보여주었다.77) 그는 이 풍경론에서는 "세계에서 가장 독특한" 일본고유의 풍경만을 옹호하고 동화를 주장했던 흔적조차 보이지 않는다. 이런 의미에서 국민의 고유성을 보여주는 그의 작업은 횡령하기에 아주 좋은 대상이다.

시가 시게타카와 관련된 내용을 좀 더 살펴보자. 도미야마 이치로富山一郎가 지적하는 것처럼, 메이지기의 인류학은 인종으로서는 열성이란 낙인이 찍힌 일본인을 환경・수양・위생의 면에서 개량하고자 했다.78) 따라서 시가 시게타카를 비롯한 세이쿄샤政教社[22]의 사상도 환경론(개량론)적인 색채가 강하다.79) 이러한 인류학과 세이쿄샤의 문제는, 넓게 보면 앞서 분석했던 〈문학사〉에서 이폴리트 텐느가 쓴 '인종'의 개념을 미카미와 다카르가 "국민고유의 특성"으로 바꿔 읽었던 것이나,80) 나아가 오와다 타케키가 그것을 기원이 애매한 선조로부터의 연속성으로 바꿔 읽었던 것과도 상통한다.81) 말하자면 이러한 연관성은 인종이

21 현재 효고현兵庫縣 고베시神戸市 서쪽에 위치한 지역. 스마역은 1888년 11월부터 고베선의 한 역으로 개통되었으며, 주변 해안의 모래사장과 소나무가 아름답기로 유명하다.

22 이노우에 엔료井上圓了, 시가 시게타카志賀重昻 등이 창립한 국수주의적 사상・문화단체. 기관지 『일본인』 등을 통해 일본의 전통과 사상을 강조했다.

라는 개념을 피함으로써 일본인이 열성이라는 낙인으로부터 빠져나올 수 있을 뿐만 아니라 고유성도 획득할 수 있음을 보여주고 있다.

그럼에도 불구하고 앞의 중등학과교수법연구회의 〈문학사〉는 "일본문학은 한학, 불교 및 세상 흥망의 영향을 받아 다양한 변천과 진보를 거쳤다"고 주장했다. 그러나 이러한 논리는 일본문학의 성질을 아무리 '장렬'이나 '우미'와 같은 일본의 국민성에 근거해 파악한다 해도 끊임없이 다른 나라 문화・문학과의 잡혼을 거듭한다면 일본의 문화・문학의 피는 계속 옅어져 갈 뿐이라는 사실을 보여주고 있을 뿐이었다. 인종 문제는 회피할 수 있다 해도 '장렬'과 '우미'라는 특징은 외국문학과의 융합을 통해 다양하게 바뀔 수밖에 없기 때문이다. 이런 〈문학사〉는 이러한 점에서 〈일본문학사〉이면서도, 일본의 문화나 문학의 소멸을 '진보'로 파악하여 이를 장려하는 아이러니, 즉 어긋남을 일으켰다. 게다가 이것은 융합하는 상대가 늘어날 때마다 국민성과 문학도 변한다는 의미에서 상대주의 역사관과도 결부되었다.

오구마 에이지小熊英二가 말한 것처럼, 이러한 문제점을 포함한 〈문학사〉가 대량으로 쓰여진 시기는 일본이 식민지를 가지기 시작했던 시기이며, 이는 또한 일본인이 혼합 민족이라는 설이 많이 언급되던 시기였다.[82] 이 시기에 '융합론'에 근거한 〈문학사〉가 많은 것도 어떤 의미에서는 〈문학사〉가 혼합민족설과 '절합'한 결과라고 말할 수 있다. 이 혼합민족설은 언제든지 피를 나눈 타국에 대한 침략까지 정당화하는 논리로 반전 가능한 것이었으며, 오히려 제국주의적인 잡혼을 장려하는 측면도 있었다.

그러나 설령 그렇다 할지라도 애당초 제국주의란 어디까지나 자국을 확장하는 것이지, 타국과의 잡혼=융합으로 자국을 소멸시키는 것은 아니었다. 문화제국주의의 한 축을 담당하는 〈문학사〉에 있어서도 이는 결코 예외가 아니었으며, 제어장치를 결여한 '융합론'에는 이러한 점에서 어긋남이 있다. 포스트식민주의적인 상황에서 글을 쓰고 있기 때문에 내가 이렇게 말하는 것은 아니다. 시가 시게타카는 이미 메이지 21년(1888)이라는 시점에서 절충론을 비판하고 동화론을 취하고 있었다.83) 또한 메이지 32년(1899)에 간행된 오와다 타케키의 『일본대문학사』도 "새로 오신 손님(구미문학)을 환영하지만, 결코 주객이 전도되어서는 안 된다"는 동화론을 이야기하고 있다.84) 이후 동화론을 이어받아 메이지 40년대에도 "외국에서 수입한 문물의 자국화"85)와 "우리 국민 고유의 동화력"86)을 언급하는 두 권의 〈문학사〉가 출판되었다. 이들은 '동화'를 언급함으로써 '일본 고유의 어떤 것', 즉 외국과 융합해도 흔들리지 않는 원리를 확보하였다.

그런데 오와다 타케키의 경우에는 선조로부터의 연속성이 상대주의적 역사관과 어긋남을 초래하고 있다. "고유하고 독립적인 국어"라고 했던 불변의 원리도 문장에서 '사분오열'의 역사를 반복하였으며, "만세일계의 천황"도 이것이 어떻게 불변의 고유성을 보장하는지가 불명확한 채로 남아 있었다. 이런 '동화론'을 횡령한 메이지 40년대의 두 가지 〈문학사〉들도 사정은 거의 같았다. 이들은 도키에다 모토키時枝誠記[23]

23 도키에다 모토키時枝誠記(1900~1967)는 언어에 '시詞'와 '지辭'라는 한 쌍의 통사론적 범주를 도입했다. 통상적으로 '시'는 어간이며, '지'는 통사, 형용사, 조동사 등 어미변화를 하는 접미사이므로, '시'와 '지'는 명사류와 비명사류로 대략 나눠볼 수 있으나, 단순히 이를 이러한 형태론적인 말의 대립으로 한정하여 분류할 수는 없다. 도키에다는 이 '시詞'와 '지辭'라는 한 쌍의 개념을 그릇과 그 내용물, 다시 말해 말을 통합하는 통사론적인 규칙(그릇)과 통사론적인 규칙에 의해 통합되는 말(내용물)로 구별하려고 했으며 '시詞'에 해당하는 용언(조사, 조동사 등)의 체계가 굳건하다면 '지辭'에 해당하는 개별 체언(명사, 대명사 등)은 외래어를 도입하더라도 일본어의 체계에는 문제가 없을 것이라고 생각했다. 외래어 도입에 있어서 일본어의 층위를 '시詞'와 '지辭'의 계층으로 나누어 파악했다고 할 수 있으며 이는 언어과정설의 '상자구조'라고 불린다. '시詞'와 '지辭'는 한국어 발음으로는 모두 '사'이지만, 여기에서는 두 단어의 의미 차이를 명확히 하기 위하여 일본어 음에 따라 표기했다.

시대에 이르러 등장한 가변(명사) / 불변(조사)의 이중구조를 아직 모르고 있었다. 이후 야나부 아키라柳父章는 이를 자신의 '카세트이론'[24]에서 도키에다 모토키의 '시詞'와 '지辭'이론을 응용하여 다음과 같이 정리했다. "시詞에 해당하는 조사 · 조동사가 불변의 원리가 되고, 지辭의 층위(특히 명사)에는 얼마든지 외래어를 끼워 넣을 수 있다."87)

이미 메이지 32년(1899)에 하가 야이치芳賀矢一도88) 야나부 아키라와 비슷한 생각을 했던 것 같다. "건국 수천 년의 장구함에 한 번도 외국의 침략을 받았던 적"이 없이 "만세일계의 천자를 받든다"며, 황통의 연속성을 말한 하가 야이치는 "천고불변의 국어"를 언급하며, 그 "천고불변의 국어"는 '칠착어漆着語(현대어로는 교착어膠着語)'라고 하면서 일본어의 언어학적 특징을 말하고 있다. 나아가 "단어에는 모음이 많고 다수의 테니오와てにおは[25]가 붙어 있다"며 '지辭'의 문제에 대해서까지 언급한다. "테니오와"는 "원래 의미가 없는 말"이지만, 그것이 "아름답고 우아한 느낌이 들게 한다"는 것이다.

미카미와 다카즈가 쓴 최초의 〈문학사〉에서 드러나는 '우미'한 국민성, 혹은 시가 시게타카 풍경론의 일면을 횡령하여 언어의 특질과 '절합'하는 이러한 시도는, 그것이 헤이안平安시대의 '여성 문학'에 어울린다고 지적된 이후 반전된다. 여성화한 국어로 쓰여진 문학은 "가냘프고 약해 (…중략…) 구슬프다"고 부정적으로 평가되었던 것이다. 이것은 스즈키 토미鈴木登美의 말처럼, 여성문학에 대한 양가적인 감정이 드러

24 카세트는 불어로 상자를 의미한다. 야나부 아키라는 '카세트 효과'를, "무엇을 의미하는지는 잘 몰라도 무언가 중요한 의미가 담겨 있을 것으로 생각하게 한다"는 의미에서 '보석상자 효과'라고 명명하고 있다(야나부 아키라柳父章, 서혜영 역, 『번역어 성립사정』, 일빛, 2003 참조).

25 일본어에서 한문을 훈독하기 위해 보충하거나, 읽기 위해 쓰이는 조사 · 조동사 · 접미사 등의 총칭.

난 것일 뿐이라고도 할 수 있다.[89)]

그러나 이 사건에서 중요한 것은 의미 없는 '테니오와'에 '우미'나 '구슬프다' 등, 여러 가지로 해석가능한 감각적인 표어를 부여했던 하가 야이치의 교활함이다. 그는 야나부 아키라와 같이 명확한 불변의 원리는 만들지 못했지만, 오와다 다케키와 같이 문文을 세밀하게 분류한 나머지 어긋남을 초래하는 파국으로 빠지지는 않았다. 하가 야이치는 이 〈문학사〉에서 '테니오와'를 결여한 한문의 역사를 주도면밀하게 배제했다. 더불어 '테니오와'도 '우미'도 '구슬픔'도 의미를 명료하게 단정 짓지 않았다. 그러므로 그것들은 '우미'와 대조되는 '웅장함'이라는 축만 배제한다면, '천고불변의 국어'와도, '만세일계의 천황'과도 느슨히 대응할 수 있었다. 원리가 애매하면 애매할수록, 어긋남은 드러나지 않는다. 이렇듯 파탄이나 모순을 알아차리지 못하게 하는 은밀하고 느슨한 애매함……. 그러나 그러한 느슨한 애매함이야말로 미카미 산지·다카스 구와사부로나 오와다 타케키가 이루지 못했던 불변성의 형성을 가능하게 하는 것이었다. 또한 문화의 피를 한 없이 옅어지게 하는 잡혼을 회피하는 길이기도 했다.

실제로 이렇게 불변의 원리가 된 '천고불변의 국어'와 '만세일계의 천황'이 문학을 뒷받침하는 한, 에도시대의 문학이나 그 시대의 타락성을 말하는 하가 야이치는 그것은 불변의 원리를 뒤흔들지 않는 가변항可變項으로서 허용된다. 이러한 점에서 다른 문학사와 마찬가지로 상대주의적 '반영론'의 폭주를 막을 수 없을 것처럼 보였던 이 〈문학사〉는, 실제로는 이것에 대한 방어막을 은밀히 준비하고 있었다고 말할 수 있다. 더욱이 '인종'을 애매하게 만들었다는 점에서 이것은 시가 시게타카나 인류학적 지식이 의도하지 않았던 횡령이었으며, 문화적인 동화원리의 거점을 보여주고 있다는 점에서는 가변과 불변의 어긋남을 해소했다고도 할 수 있다. 이는 '융합론'이나 '동화론'을 취한 다른 〈문학사〉에서 클리셰를 횡령하고, 이를 '칠착어'나 '테니오와', '우미'나 '구슬픔'과 같은 별개의 장치와 '절합'함으로써 가능한 것이었다. 물론 이것은 하가 야이치가 '동서문명의 조화'라는 클리셰를 사용했기 때문인데, 그것은 타문화를 동화시키는 원리를 숨긴 '조화'라는 점에서 이 〈문학사〉자체는 문화제국주의라는 큰 맥락과 '절합'되고 있다.

『국문학사 십강國文學史 十講』은 발매 후 4년간 5쇄가 발간되었고, 다시 증보와 개정을 거듭했다. 그러므로 앞에서 말한 여러 가지 면에서 『국문학사 십강』은 다른 요소나 다른 책과 횡령관계에 있으면서도, 쉽게 어긋남을 초래하지 않는 '애매한 권력'을 행사하는 책이다. 그리고 이것은 불변의 원리로 상대주의를 끌어안고 있다는 점에서, 메이지 40년대에 일어난 외설과 관련한 상대주의적인 '반영론'의 폭주를 미리 방비하는 것이기도 했다. 거기에는 쓰보우치 쇼요坪内逍遙나 자연주의자들이 작품 안과 현실세계 사이에 구축했던 거리가 과잉으로 횡령되어 있으며, 위기인지도 모르면서 회피하는 애매함으로 변모해 있다. 다시 말하자면, 국민성으로부터 미문학美文學을 차별화할 충분한 거리를 확보하지 못했던 이 〈문학사〉는 오히려 국민성 내부에 본질주의적인 원리를 만들어냄으로써 상대주의적 '반영론'과의 거리두기를 시도했던 것이다.

하지만 이렇게 애매한 권력을 행사하는 〈문학사〉는 사실 메이지 40년대에도 출현한 바 있었다. 이제까지 언급하지 않았던 이 〈문학사〉는 바로 후지오카 사쿠타로藤岡作太郎의 『국문학사 강화國文學史 講話』이다.[90] 이 책은 "국민이 우미하고 온화한 특성을 가지게 된 것은 바로 자연의 감화를 받은바"라고 하면서, '우미'의 클리셰를 횡령함과 동시에 환경론적인 담론과의 뿌리 깊은 관계를 보여준다. 이러한 자연환경과의 관계는 후지오카 사쿠타로가 이보다 앞서 저술한 『국문학 전사國文學 全史』에도 나타나고 있다.[91] 이 책은 헤이안시대의 문학을 훗날의 기준에 따라 "사치스러움, 가벼움과 아름다움" 등으로 단정 짓는 것을 비판하면서, "평자 자신이 헤이안 시대의 한 사람이 되어서" 그 시대를 묘사해야 한다는 상대주의적인 태도를 보여준다. 이는 확실히 스즈키 토미가 말한 것처럼 여성문학에 대한 평가를 긍정적으로 바꾸는 것이었다.[92] 하지만 그는 곧바로 헤이안 시대로부터 귀환하여 "자연의 권위에 복종하고" 있는 그 시대의 사람들을 단지 "성욕에 따라서 행동한다"고 비판하고 있다. 말하자면 이 〈문학사〉에서는 확실히 "자연의 권위에 대한 복종"이 헤이안 시대와 문학을 설명하는 원리가 되고 있다.

그런데 3년 후 발간된 『국문학사 강화』에서 후지오카 사쿠타로는 '자연'에 대해 어쩔 수 없이 굴복하는 게 아니라 자발적으로 승복하는 것이 '국민의 특성'이라고 말한다. '자연'에 대한 태도를 뒤집고, 더욱이 이를 '국민의 특성'을 구성하는 것으로 승격시켰던 것이다. 그는 나아가 '인종' 문제를 회피하면서도 일본인에게는 "선천적으로 자연을 사랑하는 특성"이 있다며 '선천성'을 거론하고 있다. 그러한 맥락에서 그는 "중국문학의 감화"에 따른 변화 역시도 이미 잠재된 것이 '계발'되어 드러난 것에 불과하다고 말한다. 말할 것도 없이 여기서도 하가 야이치의 '우미'와 마찬가지로, '자연'이나 자연에 대한 '자발적인 승복'이 애매한 채 방치되고 있다고 할 수 있다. 게다가 그것은 인종론에서 횡령된 '선천성'과 '절합'됨으로써 외국문학과 동화되더라도 결정적으로 침식되지는 않는 불변의 원리, 즉 불가촉不可觸의 원리가 되었다.

후지오카 사쿠타로는 한편으로 '만고불멸의 황통'을 강조함과 동시에 "일본 사회는 하나의 커다란 가족"이라며 천황은 부모, 신민은 자식이라는 가족국가관[93]을 끌어내고 그것을 선조와의 연속성과 결부 짓는다. 그렇지만, 천황과 신민의 관계를 나타내는 '가족제'와 '군주제' 중 "어느 것이 먼저 사회에 나왔는지"에 대해서는 어디까지나 "사회학의 영역"이라고 말할 뿐 언급하지 않는다. 만약 가족제가 먼저라면 많은 신민=가족 간의 항쟁이나 정권교체로 천황이 왕좌에 앉았다는 것이 되어 천손강림설이 붕괴될 뿐만 아니라, '만고불멸의 황통'도 말할 수 없기 때문이다.

그러나 이 『국문학사 강화』는 이렇듯 기원을 애매하게 만드는 태도를 취하지만 하가 야이치의 『국문학사 십강』이 갖추지 못했던 장치를 갖추고 있다. 그것은 바로 이 '불멸의 황통'이 '일본인의 단결력'의 증거가 된다는 것과, 이 '단결력이야말로 만국에 유례가 없는 것'이라는 것이다. 또한 이는 세계의 여러 나라들이 "한 나라가 흥하면 한 나라가 망한다"고 하듯 흥망을 반복하는 가운데, "오직 우리나라日本만이 상하上下 삼천 년"이라며 '불멸의 황통'을 강조한다. 말하자면 비교라는 방식을 사용함으로써 오히려 일본은 아예 비교 상대를 뛰어 넘고 있다는 것을 강조하고, 그러한 '비교 불가능'의 장소에 '불멸의 황통'을 뒷받침하는 '일본인의 단결력'을 끌어들이는 것이다. 결국 애매함 속에서 부유하는 '자연에 대한 자발적인 승복'의 원리는 그보다 훨씬 더 깊은 곳에 다른 나라와의 비교마저도 허용하지 않는 순수한 장소가 보장되어 있음을 의미하는 것이었다. 더욱이 그곳에는 무너질 수도 있는 '황통'이 아니라 오히려 이 '황통'을 매개로 한 '일본인의 단결력'이라는 무너지지 않는 애매함이 자리 잡고 있다.

니시다 기타로西田幾多郎가 서문을 쓴 이 『국문학사 강화』는, 동화라는 불변의 원리를 획득하는 지점에서 다시 세계 유일의 일본을 내세우는 '특수론'으로 이행한다. 하지만 이것으로 후지오카 사쿠타로의 문학사가 고립되는 일은 없다. 그것은 이러한 논리가 이 〈문학사〉에 석 달 정도 앞서 출판된 일본인론의 횡령으로 만들어졌기 때문이며, 게다가 그 일본인론이란 바로 하가 야이치가 제기한 것이었기 때문이다.

『국민성 십론國民性 十論』[94]이라고 알려져 있는 이 하가 야이치의 책 역시 '서양 여러 나라의 제왕'이나 '중국의 천자'를 비교항으로서 거론한다. 다른 나라의 제왕이나 천자는 "국민들 사이에서 나오기 때문에" 끊임없이 왕좌가 교체되는 반면, '만세일계'의 황통은 '세계유일'일 뿐만 아니라 "일본국민의 황실에 대한 생각은 동서고금에 유례가 전혀 없다"는 것이다. 즉 황통보다는 '황실에 대한 생각'을 비교 불가능한 근본적인 것으로 만들고 있다. 또 가족국가관이나 선조와의 연속성도 언급하고 있는데, "황실은 특별한 것"이고, "하늘이시며, 웃어른이시며, 신이시다"라며 장소로도, 지위로도, 신성으로도 닿을 수 없다고 정의하여 신민과의 혼합을 피하고 있다. 이는 후지오카 사쿠타로의 그것과는 또 다른 애매화의 움직임이었다. 그러나 이 일본인론 또한 "한 민족의 문화"는 "반드시 다른 민족의 문화와 융합되고, 혼합되는 것을 피할 수 없다"라는 전제에서 쓰여졌기 때문에 '융합론'이나 '동화론'을 부정하는 것은 결코 아니었다.

하가 야이치는 일찍이 이러한 애매한 동화원리를 보여주는 〈문학사〉를 썼고, 따라서 후지오카 사쿠타로보다 먼저 '일본특수론'에 도달했다. 미카미 산지나 오와다 타케키를 비롯하여 국민성을 말하는 〈문학사〉[95]들이 어떤 국민에게나 그 나름의 고유성이 있다는 일반원리를 말하는 데 반해, 하가 야이치는 그 일반원리를 뒷받침하는 비교의 틀에서 벗어남으로써 비교 불가능한 특수성에 이른 것이다. 또한 이 〈문학사〉는 시오이 마사오 등과 마찬가지로, 일본 · 서양 · 중국의 문화를 융합한 일본문학이야말로 "세계에서 유일하다"는[96] '융합론'의 비교 불가능까지도 클리셰화하고 있다. 하지만 그 클리셰에는 문화적 잡혼으로 인해 고유성을 상실하지는 않도록 하는 견제장치가 들어 있었다. 상대주의적 '반영론'을 채택함에 따라 외설의 폭주를 멈추게 한 것도 이 애매한 특수성이 초래한 가변항과의 거리였다. 그것은 후지오카 사쿠타로의 『국문학 전사』와 『국문학사 강화』 사이의 비약, 혹은 하가 야이치가 『국민성 십론』에서 '일본인의 담백한 성욕'을 '국민의 본질'로 간주한 데서 볼 수 있는 거리였다. 그리고 이 두 가지 모두에 은밀히 작동하고 있는 것이 바로 '애매한 권력'이었다.

그러나 이 글의 목적은 모든 '차이'를 삼켜버린 '공허한 중심'을 언급했던 롤랑 바르트의 테제[97]를 거론하며, '차이의 유희'라는 1980년대 소비사회모델의 기원을 다시 더듬는 것이 아니다. 또한 비교를 거부하는 일본 특수론의 역사적 형성을 부각하려는 것도 아니다. 문제는 이 특수론도 '융합론'—'동화론'의 하나이며, 오히려 이것이 어긋남이 드러나는 것을 막고 있다는 점이다.

실제로 하가 야이치와 후지오카 사쿠타로가 그러한 특수론을 언급하기 시작한 메이지 40년대 초반은 조선합병을 위한 준비가 진행되던 시기였다. 또한 그 시기는 하가 야이치가 『국민성 십론』에서 언급하고 있는 것처럼, 러일전쟁 후 불어 닥친 황화론이 노동문제와 결합해, 미국 서해안을 중심으로 일본인 노동자의 배척과 이민 제한이 행해지던 시기이기도 하다.[98] 그리고 그 시기에 하가 야이치도, 후지오카 사쿠타로도, 결코 문화의 동화나 융합을 거부하지는 않았다. 오히려 비교 불가능한 어떤 장소, 즉 불가촉의 근원적 장소만 보장된다면 동화가 일어나든 융합이 일어나든 상관없다는 것이 그들의 입장이었다.

이것은 혼합민족설에 기반을 둔 제국주의적 침략(예를 들어, 실현되지는 않았지만 다이쇼기 식민지 조선과의 내선잡혼론)[99]이 피를 옅게 하는 것을 피한다는 의미에서도, 문화적 잡혼이 일본인의 아이덴티티를 붕괴시키는 것을 막는다는 의미에서도 문화·문학의 차원에서 방어막을 만들자는 '문화방위론'이었다. 실제 조선합병으로 인해 새롭게 증가한 '국민'과의 경계를 보여주기 위해서도, 혹은 하가 야이치의 『국민성 십론』에서 보이는 것처럼 '다른 동아인東亞人'과 하나로 묶여 노동과 군사 침략에 의한 '황화黃禍' 따위의 말을 듣지 않기 위해서도 특수한 방어막를 세울 필요가 있었다. 그리고 그 방어막의 바깥에 '융합'을 배치하면 근본은 침식되지 않는 '동화론'을 만들 수 있다. 만일 이것이 인종 차원에서 지켜질 수 없다면 인류학이나 세이쿄샤의 환경론環境論을 횡령하면서 '애매한 권력'과 '절합'해, 근원적인 불가촉의 환경으로서의 '문화'와 '문학'을 만들면 되었다.

제국대학 국문학과 선배였던 하가 야이치는 '황화론'을 절호의 기회로 횡령하였고, 후배였던 후지오카 사쿠타로는 의도적이지 않았다고 하더라도 결과적으로는 하가와 함께 제국주의 시대에 상응하는 '문화방위론'을 만들어 내었다. 그들 콤비가 만들어낸 이 불가촉의 논리는 외설의 폭주에 대응해서도 은밀한 '문화방위론'으로 기능하였다. 이것은 하가 야이치의 『국민성 십론』에서 더욱 구체적으로 드러난다. 일본인은 "단념할 때는 깨끗하게 단념하고, 순수하며, 산뜻한 성격"이고, "손재주가 좋아 하코니와箱庭[26] 같이 작은 것을 특히 좋아하며", "결코 호전적이지 않아 방어에만 전념한다", "황화에 가담하지 않는다"는 것이다. 이후 이와 흡사한 일본인론이 수도 없이 등장했고, 많은 일본인들은 자기도 모르는 사이에 이를 내면화했다. 그렇다면 일본인은 제2의 제국주의시대라고 불리는 세계화 시대에 과연 이 '문화방위론'으로서의 '동화론'을 불식시킬 수 있을 것인가?

〈문학사〉에서 표상의 무대는 바로 이러한 지점에 도달한다. 그러나

26 상자에 만든 모형정원으로, 일본인들이 취미로 하는 미니어처의 대명사.

이 어긋남을 철저하게 거부하려 했던 애매한 '문화방위론'은 결코 어긋남의 유혹에서 완전히 벗어나 있지 못하다. 이 글에서 하가 야이치나 후지오카 사쿠타로 이 외의 〈문학사〉를 무시하지 않았던 것은 그들의 〈문학사〉들에서 볼 수 있는 어긋남이 하가 야이치나 후지오카 사쿠타로가 애매하게 만들어 버린 것을 보여주고 있고, 하나의 클리셰가 여러 〈문학사〉를 횡단하면서 어떻게 이어지고 있는가 하는 통저성을 보여주고 있기 때문이다. 클리셰의 통저성은 횡령과 절합으로 그 공통분모를 찾을 수 없게 되더라도 그것이 어떻게 사라졌는가를 보여준다. 그럼으로써 통저성은 불가촉의 장소에서조차 애매하게 만드는 것으로는 완전히 감추지 못한 어긋남이 빠져나갈 구멍을 만들어 어긋남을 다시 횡령의 장으로 끌어낸다. 그런 의미에서 이러한 통저성은 하가 야이치가 일본인의 '근본적인 국민성'의 하나로 언급했던 '손재주'가 같은 시기 미국 서해안에서 일본인 노동자를 배척하는 데 사용된 하나의 근거로 횡령된 것[100]과도 호응하고 있다.

제2부 **상징과 규범**

내셔널 심볼*

오사 시즈에 長志珠繪**

1. 들어가면서

'내셔널 심볼'이라는 제목에서 독자들은 무엇을 연상할까. 예를 들어 1999년 국기국가법國旗國歌法[1] 제정에 관한 담론이나, 2001년 여름 동아

* 이 글은 김연숙, 윤광옥이 번역했다.

** 리츠메이칸대학 대학원 문학연구과 박사. 일본근대사(사상사, 가족사) 전공. 현재 고베시 외국어대학 교수. 저서에 『근대일본과 국어 내셔널리즘』이 있고, 주요 논문으로는 「국어 이데올로기의 형성과 근대 천황제 국가」, 「근대 일본의 형성과 독일―언어학의 '수용'」, 「국가國歌와 국어―근대 일본의 정치문화」 등이 있다.

1 '히노마루日章旗'와 〈기미가요君が代〉를 일본의 국기와 국가로 규정한 법률안. 제2차 세계대전 패전 이후 히노마루 게양과 국가國歌가 공식적으로 금지되었지만, 1947년 이후 관습적으로 사용되었다. 이를 근거로 1999년 일본 중의원에서 '국기국가법'을 발안, 통과시키고, 같은 해 8월 9일 일본 참의원에서 확정되었다. 이에 따라 교육현장에서 기미가요 등을 국가로 제창할 수 있는 법적근거가 마련되었다. 이 법안은 단지 한 나라의 국기와 국가를

시아 국제문제를 일으켰던, 소위 '새로운 역사교과서를 만드는 모임'[2] 에서 펴낸 중등 『역사』나 『공민公民』 과목의 교과서를 아는 독자라면 당연히 "깃발을 꺼내라Show the flag"[3]는 문구를 떠올릴 것이다. 특히 2001년 9월 11일 이후의 언론에서 '국기'가 보여주는 상징적인 기능에 주목할 필요가 있다.[1)] 그러나 19세기 후반부터 20세기, 근대 일본의 국가형성과 제국의 형성이 교차하던 역사적 지점에서 '내셔널 심볼'을 논하는 이 글은 이전과는 다른 방식으로 대상을 분석하고자 한다.[2)] 내가 말하고자 하는 바는, 국가적인 규범을 실체화해서 그것으로 그 대상의 과거를 소급하는 방식이 '기원의 망각'이라는 사실이다. 나아가 모든 심볼이 문화적 장치이자, 근대 국민국가 간의 상호 정보로서 전파된다고 이해하려 한다. 이는 심볼의 상호 관계성, 경합 가능성이나 흔적에 주목한다는 의미다. '전통의 창조'라는 매력적인 설명도, 본고가 다루는 시기와 대상에 있어서는 사후적으로 이름 붙여진 것에 지나지 않는다. '문명'이나 '개화'를 표방하면서 정치적으로 '창출'되는 심볼은 학습을 통한 성과를 안팎으로 보여줄 필요가 있었다.

규정하는 것을 넘어서, 제국주의를 상징하는 '히노마루', 천황의 치세를 축하하는 노래이자 2차 세계대전에서 군가로 널리 쓰였던 〈기미가요〉를 공식적으로 인정했다는 의미가 있다. 따라서 '국기국가법'은 제국주의의 부활, 군국주의의 허용이라는 비판을 받기도 한다.

2 '새로운 역사 교과서를 만드는 모임新しい歴史教科書をつくる會'은 일본 역사에 대한 새로운 관점을 전파하기 위해 1997년에 결성된 일본의 우익 단체이다. 이 모임은 후소사扶桑社를 통해 개정판 새로운 역사 교과서를 출판하였는데, "난징 대학살"을 "난징 사건南京事件"이라고 바꾸어 부르고, "위안부慰安婦"라는 용어를 계속 사용하는 등, 일본제국의 군국주의적인 역사를 옹호하거나, 삭제·축소하는 태도 때문에 한국과 중국 등으로부터 많은 비판을 받고 있다.

3 미국의 시인 에드거 A. 게스트Edgar A. Guest(1881~1959)의 시 제목. 한편 9·11테러 직후 아프가니스탄 전쟁 때 리처드 아미티지 미국 국무부 부장관이 일본에게 자위대 함정 파견을 요청하면서 "쇼 더 플래그Show the flag" 즉 어느 편인지 태도를 분명히 하라는 뜻으로 사용해서 유명해졌다. 이후 일본 고이즈미 내각은 정치권과 여론의 반대에도 불구하고 결국 특별법을 제정하며, 자위대를 파견했다.

한편 '근대의 발명'은 어떤 회로를 거쳐 '전통'이나 '유구한 역사'라는 굳은 믿음을 동반하게 되었을까, 어떤 방법으로 내셔널리즘에 의미를 부여하게 된 것일까. 혹은 정치적인 발명이 사람들에게 강권적인지의 여부도 검토할 필요가 있다. '잊지 않고, 계속 기억한다'는 전쟁의 기억 전달방식과 내셔널리즘의 공동환상에서 동일한 구조를 찾아냈던 후지와라 키이치藤原歸一는 심볼이나 역사경험이 내셔널리즘에 의미를 부여하고 지탱하지만, 그와 동시에 심볼이나 경험을 반드시 의도한 대로 이용할 수 있는 것은 아니라고 지적한다.[3]

이 글의 과제는 이런 역할을 담당해온 것이 무엇인지를 모색하는 시도이고 동시에 그 흔적이나 상호관계를 따라가 보는 것이다.

2. 문명의 심볼

1) 국장國章

내셔널리즘의 역사성을 강조하는 에릭 홉스봄Eric Hobsbawm은 네이션nation을 정의할 때, 어떤 심볼이나 사상이 기준이 되는지 주목한다. 예를 들어 19세기 후반부터 제1차대전 후 내셔널리즘의 변용기에는, 언뜻 보기에 자명한 '에스니시티ethnicity'나 '언어' 등이 기준이 되었다. 또 "볼 수 없는 것을 보이게 하는 방법"으로서 기旗의 상징성이 발휘되는 때는 내셔널리즘의 절정기와 다소 차이가 있다.[4] 홉스봄에 따르면 내셔널리즘은 '국경논쟁, 선거 / 국민투표, 언어적 요구'와 같은 내부적인 정치시스템의 정비나 '국민' 참가를 우선적인 주제로 다룬다고 한다. 이러한 논의는 매우 시사적이다. 즉 추상도가 높은 아이콘icon이 심볼로 기능하기 위해서는 공감을 불러일으키기 위한 자장磁場이 있어야 하며, 그 위에서 심볼을 받아들이는 측, 즉 메시지를 읽는 독자와의 상호보완적인 관계가 구축될 필요가 있기 때문이다.

문명국의 기준을 급속하게 도입하고자 했던 근대 일본은 내셔널 심볼을 어떻게 정의했고, 그것을 통해서 어떤 지역적 특징을 각인했던 것일까. 앞으로 이 글에서는 『태정류전太政類典』이나 『공문록公文錄』과 같은 막부 말 메이지유신기 신정부의 1차 사료를 검토할 것이다. 여기에서 관심을 두는 대상은 훗날 내셔널 심볼이라고 여겨지는 여러 가지 주제를 포함한 문서들이며, 그 어휘가 처음 등장했을 때 무엇이 초점이 되었는지를 살펴보고자 한다. 내셔널리즘적인 경향은 여러 가지 장치가 결여된 초기에 집중되어 있고, 정치시스템이 정비되기 전에 이루어졌다. 홉스봄이 서술한 것처럼 역사적 단계를 뛰어넘는 세세한 부분에서 도입・수입된 논의나 기술은 선진적이면서도 동시에 추상적이다.

우선 '국장國章'에 관한 일련의 과정을 살펴보자. 태정관이 작성한 문서에 '국장'이 주제로 등장한 것은 1873년(메이지 6) 3월이다. 『공문록』・『태정류전』에 모두 기재되어 있지만, 『태정류전』 수록 문서에 의하면 3월 10일부로 사법성은 태정관에, 영국과 프랑스의 신문들에 국장을 게재해야 한다는 의견을 제시한다.[5] 이는 포고布告와 그 외 일반 화제話題를 구별할 필요가 있고, 각국 영사관에서 국장에 관한 문의가 있다는 현실적인 이유 때문이다. 그 외에 영국과 프랑스 신문에서는 이미 자국의 국장을 사용하고 있었기 때문에 "국장이 없을 때에는 만인의 신뢰를 얻기 어렵다"[6]는 이유를 내세우며, 국장 후보로 '국화문장'의 도안을 덧붙이고 있다. 결국 국장이 없으면 '만인萬人'의 신뢰를 얻을 수 없다는 것이다. 이런 의견에 대해서 3월 14일 태정관 좌원左院에서는 "국화문장은 황실 문장의 하나로, 국장이라는 이름을 붙이기 어렵다"고 했다. 이처럼 국화문장을 국장으로 여기는 것을 부정하는 의견도 나왔기 때문에, 태정관은 3월 28일부로 "별지別紙에 있는 일장日章 모형을 사용한다"[7]고 결론 내린다.

이 과정에서 '국장國章'이 신문지면 이외에서는 어떤 기능을 담당하는지, 혹은 애초에 국장이 필요한 것인지에 대한 논의는 행해지지 않았다. 그들은 무엇을 국장으로 삼을 것인가, 그 구체적인 선택에만 집중했다. '일장日章'도 '국화문장'도 치수를 기입하지 않는 등 규격을 검토하지 않았다. 문명의 이념에 충실하고자 하는 이런 논의는 외부 세계로부터 심볼로 인정받을 수 있는지 하는 것만을 과도하게 의식한 것으로, 결국 '국장國章'과 '황실 문장'은 다른 것이라는 원칙적인 의견으로 마무리되었다. '국장'과 '황실 문장'의 구별 짓기는 '황실 문장'도 같은 시기에 제도화 과정을 거쳤다는 사실을 감안하면 보다 분명해진다.

2) 국장國章 / 국장菊章

이런 과정에 앞서 1868년(메이지 원년) 3월, "황실 국화문장과 문자文字를 함부로 사용하지 말 것"(태정관 포고 195호)이라는 포고가 나오면서, 국화문장은 천황의 문장紋章으로 공표되었다. 식물을 소재로 한 심볼에서도 마찬가지로 이런 의미화과정이 나타났다. 예를 들어 소메이요시노(왕벚나무)라는 개량 벚꽃은 에도 후기의 산물이고,[8] 거기에서 전통을 찾아내는 심성은 근대적 산물이다.[9] 이에 비해 '국화'의 의장意匠은 번藩의 가문 문장은 물론, 도기陶器나 등롱 이외에 상표로서도 많이 사용되고 있었던 사회적 전통에서 친근한 심볼이었다. 그러나 국화문장의 제도화는 천황의 상징이라는 배타적인 독점 과정이고, 특히 메이지 40년대 이후에는 경찰권력에 의한 감시와 검열의 시스템이 구축되었다.[10] 국화문장이 '황실 문장'으로서 특권화되는 과정은 그것을 심볼로 다루면서 독점하는 담당자가 선별되는 과정이다.

여기에서는 주로 『태정류전太政類典』을 중심으로, 태정관 포고 후 '국화문장'을 둘러싼 일련의 움직임을 살펴보고자 한다. 보신전쟁戊辰戰爭이 한창이던 1868년 11월에는 "세이슈勢州에서 야마타 약방을 하고 있는 사에키 리쿠오쿠佐伯陸奥 다이죠大掾 가문에서 국화문장을 사용하는 것을 금함", 다음 달에도 "도쿄 부의 상가협회가 김 포장지에 국화문장으로 혼동될 만한 문장을 붙이는 것을 금함", 1869년 9월에는 "가와라번香春藩 지사 쓰노 세쓰조津野拙三 외 3명이 쓰고 있는 국화문장의 사용허가를 중지함"[11] 등 사용자들이 주장하는 '문장紋章의 유래由緖'에 관계없이, 지금껏 사용해왔던 국화모양의 가문 문장이나 상표를 금지하고 그 사용을 정지시킨다.

특히 황실 이외에 국화문장의 사용을 금지했던 1871년 7월의 고시는 그 영향력이 커서, 이때부터 국화문장의 사용범위가 정해진다. 교토부가 대장성에 보낸 문서에는 과거에 황실이 절과 신사에 기부했던 국화문장이 붙은 여러 가지 물품의 처리를 묻는 내용이 있다.[12] 포고는 사용자를 제한하고 특화하는 것인데, 교토부의 문서는 종래의 사용법과 새 사용법을 물음으로써 법령의 원칙을 드러낸다.[13] 예를 들어, 국화문장을 '가문 문장'의 범주로 이해할 경우, 그 사용자의 범위를 어떻게 볼 것인가. '황실' 이외에는 국화문장 사용금지라는 해석에 대해서 교토부 문서는, 이제까지는 황실에서부터 가신家臣·거래상에 이르기까지 국화문장을 붙인 등롱을 "제멋대로 사용하는 구습舊習"이 있었는데, 가신

등이 사용하면 안되는 것인지, 즉 "황실의 신분에 속하는 사람" 이외에는 사용하면 안되는 것인지를 묻고 있다.[14] 만약 국화문장을 '가문'의 문장으로 제한한다면, 그 가문에 속하는 사람들의 범위에 대한 합의가 필요할 것이다. 하지만 교토부 지사의 문서에 대해서 대장성 측의 회답은 "황실가의 문장은 그 가문에 속하는 휘호徽号를 따르는 가신・종자從者 등이 주로 상용"[15]하는 것으로 사용범위를 황실로 제한하면서도 '가家'의 범위에 '가신・종자'를 추가해서 해석하고 있다.

또 1872년(메이지 5) 7월 9일, 「사찰 기부품 및 신전神殿 제기祭器 등에 있는 국화문장의 처분」이라는 제목의 문건들에서는 교토부 문서의 회답이 첨부되어 있다. 교토부는 "엄중한 분부의 취지로써 부내에 있는 모든 신사와 절, 그 외 황실의 문장이 붙은 물품은 모두 제거한다"고 설명했다. 그럼에도 불구하고 판단을 내리기 어려운 것이 많아서 다음과 같은 질문이 나왔다.

> 옛날에는 황실문장에 관한 제도도 없었던 바, 당대부터 국화와 오동을 황실문장으로 정했는데, **오동은 금하지 않고 국화만 엄금하는 것은 특별한 이유가 있을 터**, 필부들까지도 이해할 만한 준비가 되어야 합니다(강조는 오사 시즈에, 이하 동일함).

오동나무나 국화는 둘 다 문장紋章으로 많이 사용해온 것인데, 국화만 문제 삼는 특별한 '이유'는 무엇일까. 제도 도입기에 국화문장의 특권화는 자명한 사실이 아니었기 때문에 이와 비슷한 문서가 시마네島根현에서도 나왔다.[16] 그러나 정부가 현실에서 행했던 '국화문장' 사용법이 반드시 '일개 가문의 문장', 천황 '가家'의 문장에 한정되었던 것은 아니다. 왜냐하면 정부는 '국화문장'의 사용자나 사용례를 관리하면서도 관립학교 등 '개화開化'를 상징하는 건축물에 대해서는 '국화문장'의 사용을 허가했기 때문이다.17) 또 한편 부현청府縣廳의 '국화문장' 사용허가서에서는 "서양풍을 모방한 석조 혹은 도옥[4]방식으로 지은 건축18)"이라는 허가기준을 내세우기도 했다. '국화문장'을 사용하는 주체는 모색 중이었지만, 그 이미지는 '서양풍의 모방'이어야만 했던 것이다.

국가 문장의 경우, 결국 메이지 정부는 국화문장을 천황가家의 '문장' 즉 개화의 심볼로 만드는 가운데, '국가문장'의 의미를 확정하라는 요구를 받고 있었던 것이다. 국가와 천황을 둘러싼 심볼이 그때까지 일치했던 것은 아니다. 심볼을 둘러싼 논의는 사회 내부에서 생겨난 문제를 해결하는 것이라기보다는 국제사회의 요청이나 상호 호환성이라는 19세기 국민국가의 특징적인 요인에서 시작되었다고 볼 수 있다. 이념이나 개념과 관계없이 새로운 앎知을 계몽하는 측도 그것을 받아들이는 측도 무엇을 심볼로 할 것인가, 그 심볼의 소유자나 사용자, 운용을 둘러싸고 면밀하게 검토했지만, 거기에는 애초에 총괄적인 제도로서의 기능은 결여되어 있었다. 물론 이런 특징들은 다른 심볼도 마찬가지이다.

3) 국기

이 글의 출발지점인 1870년(메이지 3)은 대부분 내셔널 심볼로 표상되는 국기류에 대해서, 3건의 법령이 제출되었던 때이다. 이 법령들은 음력 정월에 우편상선규칙郵便商船規則으로 '국기의 사용 용례'를 규정한 것(A),

4 방화를 위해 외벽을 흙이나 회반죽으로 두껍게 칠한 집.

음력 5월, 육군이 사용한 '국기장國旗章' 규정(B), 같은 해 음력 10월, 해군이 사용한 여러 기장旗章 중 하나를 정했던 '국기장國旗章' 규정(C)이고, 이는 전부 태정관 포고이다. A・C는 선박, B・C는 군대의례라는 공통점이 있는데, 게양시간・방법・치수 등 실무적인 정보를 주로 담고 있다.[19] 그중에서도 A는 일반 상선을 대상으로 주로 '국기'의 기능을 설명한다. A는 국기 게양이나 강하降下시간 등에서 '만국공법'을 따랐고, 다른 군함과 마주쳤을 때에는 해적선으로 오해받지 않기 위해서, 혹은 기본 예법을 따르기 위해서 기를 올리고 내리는 '의례' 등의 계몽에 힘썼다. 나중에 서술하겠지만, 해상의 표식에 덧붙여 외국선함과 의례가 필요했던 것은 해군이었다. 함선에서 '기旗'는 승선자의 계급에 따라 달라지지만, 항만 내에서는 다른 나라의 귀빈에 대한 의식ceremony 교환이 필요했기 때문이다.

하지만 이들은 A '국기御國旗', B '국기장國旗章', C '국기장國旗章'으로 비슷한 용어이지만, 각각 이름과 형태는 상이하다. 똑같이 해상표식의 기능을 하는 A・C는 둘 다 포고령에서 사용하는 용어이고, '국기(장)'를 '일장日章'으로 하지만 치수 등의 규정은 똑같지 않다. 또 A에는 색상의 지정이 없고, 그와 달리 '흰 천에 붉은해白布紅日章'라는 C는 '기'의 규정을 가지고 있다. 그래서 A는 해군이 필요로 하는 '황실기', '국기', '함수기艦首旗' 등등 여러 기장을 규정하는데, 이때 '함수기艦首旗'는 '국기'와 동일하다.[20]

또한 '기'는 천황이 승선할 때 사용했지만, 귀갑龜甲무늬 비단의 앞면에 금빛 해, 뒷면에는 은빛 달을 사용했고, 국화문장도 없었고, '천황기'라고 칭해지지도 않았다. 한편 육군기인 B '국기장'은 소위 군기・욱일기旭日旗이다. 포고에서 '국기'라는 명칭이 같더라도 사용하는 주체에 따라 기의 의장을 달리했다. 물론 이 당시의 욱일기를 패전 이전의 대일본제국 해군의 심볼・이미지라고 한다면 잘못이다. 나아가 A・C가 규정한 일장기의 양식은 통일되지 않았고, 오래도록 관심을 두지도 않았다.[21] 역할분담도 아니었고, 통일된 기획이 결여되어 있었다고 봐야한다. 성문화된 '국기'에 대한 포고가 매우 이른 시기에 있었지만, 그것이 상징기호로 정비되지 못했다는 점은 주목할 만한 특징이다.

그러나 다양한 명칭으로 불렸다고 해도, 이것들은 모두 가로로 긴 깃발형태이고, 게양방식에서도 국화문장의 경우처럼 특정한 의미가 있는 규제가 점점 늘어났다. 예를 들어 해군용 기장 C는 다음 해 실시 범위를 즉시 개정하는데, 이때 국기=일장기는 사용을 장려하는 경우도 있었고, 제한하는 경우도 있었다. 이 차이는 선박의 양식에서 비롯되었다. 일장기 사용을 장려했던 '서양형 선박'에 비해 '일본형 선박'은 크기와 관민官民을 불문하고, 모두 일장기 사용을 금지했다.[22] 이 포고를 받아들였던 대장성은 각 항의 세관에 부속된 일본형 소형 선박에 게양지침을 내놓았다. 이는 "히노마루는 완전히 금지"하고 "길이가 긴 붉은 기장旗章", 즉 노보리[5]형태의 기를 '히노마루'에 대치시켜서 그 대용으로 쓴다는 지침이었다.[23] 국화문장과 마찬가지로 '문명' 이념을 따라서 관리와 통제가 가해졌던 '일장기'는 노보리 형태인 지, 가로로 긴 깃발인 지에 따라 분명하게 의도적으로 구별되었던 것이다. 그렇다면 개화의 심볼로서 일장기=국기게양은 사회를 향해서 강권적으로 시행되었던 것일까.

5 노보리幟 : 위아래로 긴 직사각형 모양의 일본 특유의 기旗의 한 종류로, 긴 장대에 윗부분을 대로 고정시켜서 기를 단다. 센고쿠 시대, 무장과 병사들이 적과 아군을 구별하기 위해서 노보리를 많이 이용하였다고 한다.

3. 심볼의 수용과 그 일탈

1) 국기게양 청원

태정관은 1872년(메이지 5) 11월에는 개항지가 있는 여러 현청에, 다음 해인 1873년 3월에는 재판소에 국기게양을 통고했다. 이후 몇 년간의 움직임을 살펴보면, '국기' 게양에 대한 필요성이 늘어났다는 사실을 알 수 있다. 태정관 통고에 대한 반응은 신속하게 나타났고, 지방장관 중에 그것을 따르는 사람도 생겨났다. 1872년 12월 개항지가 없었던 나라奈良현에서는 현청이나 관저의 기장旗章 건립을 원해서 다음과 같은 문서를 대장성으로 보냈다.

> 현재 문명개화의 즈음에 이르러 인재를 선발할 때, 일신개화日新開化의 정령政令을 알려주기 위해, 현청에 국기장御旗章을 세우고 현령 참사參事의 관저에도 사사로이 기장을 함께 세우는데, 이 건에 대해서 여쭈어보겠습니다.[24]

대장성의 회답은 법령이 정비될 때까지 기다리라는 것이었다. 이는 국기게양 금지를 뜻하는 것이지만, 같은 시기에 비슷한 문서가 많아지면서 정부는 국기게양에 대해 적극적으로 고려하게 된다. 1872년 양력 1월 1일, 태양력의 개력改曆을 축하한다는 이유로 나온, 도쿄부에 대한 '일장기 게양허가'는 유명하다. 『메이지천황기明治天皇紀』에 따르면, 그 당시 관청뿐만 아니라 '인민'에게도 일장기 게양을 촉구했다.[25] 나아가 다음 해, 도쿄부 및 니이바리新治 · 사이타마埼玉 · 니가타新潟 등의 각 현은 새롭게 만들어진 진무천황제神武天皇祭에서 '일장기게양'을 신청, 허가받았다.[26] 천장절, 기원절을 비롯해서, 국가가 신설한 축제일이라는 시공간에서, 깃발은 정부의 개화성開化性의 상징으로 사용된 것이다.

'일장기' 게양 신청서와 정부의 허가라는 과정은 1877년에 이르러 방침이 전환된다. 그러나 이 사이에 지방장관을 통해 보낸 청원·상신上申과 검토의안의 다수가 최종제출지인 태정관 측에 남아있다. 무엇보다도 태양력이라는 새로운 제도를 도입함으로써 사람들의 생활리듬을 획일화하고, 주로 천황과 관련된 '축제일'의 시공간과 의례의 의미가 널리 알려져 정착되는 것은 러일전쟁 이후이다.[27] 그러므로 축일祝日이든 일장기이든, 수용하는 측의 '국민'으로서의 일체성이나 공동성을 이 시기에 찾아보려는 시도는 성급한 판단이다. 이 점을 고려한다면 수용의 정도나 담당자보다 오히려 '문서'의 내용이 중요하다. 정치적으로 창조된 심볼의 의미가 상호과정을 통해서 모색되는 한편, 장치로서의 이념이 손쉽게 바뀌어가는 모습을 볼 수 있기 때문이다.

예를 들어 도쿄부에서 시작되었던 1872·1873년의 '일장기게양' 신청을, 내셔널 심볼을 규범으로서 확립하려는 시선으로 세밀히 살펴본다면 매우 흥미롭다. 1872년 도쿄부에서 일장기 게양을 신청한 세 사람은 실제로 구체적인 이권利權과 관련된 '노보리幟 제조자'이다. 그들은 신청서에 분명히 '노보리'라고 썼고, '일장기'와 동시에 '국화문장을 찍은 노보리'의 게양도 신청했다.[28] 또 니가타新潟현 문서에는 낮에는 일장기, 밤에는 일장日章 등롱을 밝히겠다는 제안이 쓰여있다.[29] 국화노보리와 일장 등롱에 관해서는 허가가 나지 않았다. 그 외 니이바리新治현 문서에는 너비 3척, 길이 2척의 '국기 모형' 그림이 그려져 있고, "이 그림은 평민이 사용하는 것이고, 관원의 것은 크기가 더 크다"[30]고 나와 있다. 애초부터 사용자에 따라 기旗의 규격을 달리하려는 의도인 것이다. 여기에서 기旗는 사용자의 신분이나 관민의 차이를 가시화하는 기호의 역할을 했다.

도대체 '국기'는 어떻게 사용할 것인가. 이 고민은 국기게양 청원서를 처리하는 정부도 마찬가지였다. 예를 들어 1875년 지바千葉현 문서에는 무격사無格社[6]의 의례 및 촌민 일가一家의 의식儀式에 사용하기 위해 국기게양을 허가해달라는 요청이 등장한다. 이에 대해 『태정류전太政類典』의 문서는 "인민일가人民一家의 의식儀式에 국기를 게양하는 것을 허락한다"[31]고 쓰여 있다. 그러나 첨부된 법제국의 의견을 보면 각국의 예를 조사했지만 정식규칙은 없다. "오직 공사公私의 분별을 명확하게 하기 위해서 늘 집밖에 게양"한다는 원칙만 있고 그 외 다른 것은 없다.[32] 그렇다면 관청이나 신사가 아니라 '인민 일가'도 '국기게양'을 허락받을 수 있었을까. 와타라이度會현에서도 그와 비슷한 문서를 제출했는데, 허가받지 못했던 '결제서' 서류도 찾아볼 수 있다. 금지하는 법규는 없었지만, "현・향・촌・사社・예例・제祭 혹은 서민 일신상의 축하할 일에도 국기를 상용해야하는 이유는 없다"[33]라는 문서를 보면 게양을 허가할 '이유'도 없다고 했으니 불허한 것이다. 구미 여러 나라의 사례나 법규와 비교해보면, 그 지역 사람들의 반응은 경계선을 세부적으로 재정의하도록 촉구했던 것이다. 일본으로 도입된 이러한 이문화異文化는 사람들의 능동성을 기대했으며, 수많은 청원과정에서 드러나듯이 지속적으로 재검토되었다.

물론 에르빈 폰 바엘츠Erwin von Baelz가 자신의 일기에서 "경찰이 강제적으로 집집마다 국기를 걸게 했다"[34]고 관찰했던 것처럼 새로운 정치적 문화의 '수용' 과정은 항상 폭력과 표리관계에 있다. 도대체 국기게양을 원했던 사람들은 누구인가. 아직 '국민'이 형성 중인 단계에서는, 관

6 법적으로 인정되지 않은 신사.

찰자의 위치에 따라 똑같은 풍경도 다르게 보인다. 『요미우리신문讀賣新聞』의 기고란에는 '개화'를 환영하는 관찰자의 시선으로 쓴 글이 있다. 거기서는 히노마루의 바탕이 흰색으로 정해져 있는데도 "자색이나 미색 바탕"(1875.1.10)으로 한다거나, 천장절을 경축하기는커녕 "빨간 동그라미 축제라고 험담을 하는"(1875.11.27)[35] 세태를 비판했다.

그러나 '국기'를 둘러싸고 사람들을 지속적으로 계몽하고, 일일이 주지시키고, 정착시킬 필요가 있다고 여겼던 것일까? 1876년 정부는 개항지가 있는 부현府縣 이외의 '국기 게양'에 대해서는 경비를 지불하지 않는다고 하고, 다음 해인 1877년에는 "부현청 세관 등도 게양이 불충분"하다고 했다.[36] 명확한 방침전환이다.

각 부현에서는 즉시 문서를 제출했지만, 그 가운데 흥미진진한 것은 효고兵庫현 문서다.[37] 개항지와 고베神戸항이 있는 효고현 지사의 문의는 다섯 건에 이르고, 조약체결국의 군주・대통령, 주재 공사 등의 사망에서부터 외국 군주의 탄생일, 미국건국기념일 등에 대해 어떻게 해야 할 지 상세하게 알고 싶어 했다고 한다. 효고현 문서에 대한 외무성의 의견은 명쾌하다. 현縣 차원에서는, 외교상의 "복잡한 예식"이나 "번잡한 의례"를 철저하게 지키는 것이 불가능하니 국기 사용 자체가 잘못이고, 따라서 철폐해야만 한다는 것이다. 외교뿐만 아니라 "국내에서 여러 관청이 평상시 국기를 게양하는 것은 있어서는 안 되는" 일이다. 외무성에서는 영토 내에 국기게양의 필요성을 인정하지 않는다.

이들을 검토한 법제국의 총정리안은 다음과 같다. "국내 부현청에서 평일 국기를 게양하는 의식은 메이지 유신 후의 관습으로, 외국에서는 일상적인 예규가 아니다"라면서, '개화'의 '앎知'이 확대해석 되어 쓰이고 있다고 지적한다. 또한 평일에 게양하는 경우는 이에 대한 법령이 필요하다고 덧붙인다. 원래 국제기준의 게양방법은 "항내 정박한 국내외 군함에서 교환의 예를 갖추는 것이 일반적인 친교"이며, "부현청 등에서 게양의 의례를 교환하는 예규를 견주어 보건대 (…중략…) 필시 평소의 게양도 국가 체제와 관계있는 의례가 아니므로" 평상시 국기게양은 필요 없고, 결론적으로 "앞으로 국기게양은 일반적으로 정지한다"[38]는 것이다.

"메이지 유신 후의 관습"이라는 새로운 이문화의 도입은 그 모델이 되는 "외국의 (…중략…) 예규"를 따르는 한에서만 일탈적으로 사용되었다. 하지만 이 시기의 이와 같은 특이한 사례에 가치를 부여하기는 어렵다. 한편 국기게양에 의한 '국가 체제'는 "항내 정박한 국내외 군함에서 교환 의례" 즉 해군 군대의례로 충분히 표명되었다.

선박 특히 함선은 각각 소속된 국적을 드러내는 '국기'를 게양하고 있었지만, 그 '국기'에는 아직까지는 이데올로기적인 유효성이 보이지 않았다. 앞서 메이지 시대에서는 국기와 관련된 '충성', '경례'에 대한 논의가 공론으로 일어나지는 않았다. '국기'는 부와 신분을 초월해, 서로 알지 못하는 사람들을 '국민'으로 호명하는 공동의 공간이나 체험을 상징하는 아이콘이다. 그러나 메이지 시대의 '국기'는 기호로서의 통일성이나 게양 조건에서도, 또한 민심 통합의 기능이라는 적극적인 의미에서도 내셔널 심볼로서 기대되었던 것은 아니었다.

2) 군악

'문명'은 이념인 동시에 물질적인 기반을 가지고 있다. 내셔널적인 뭔가에 흔히 겹쳐지는 여러 심볼도 또한, '근대성'과 동시에 수입되었던 기술과 앎이라는 제한이나 제약에 유의해야 할 것이다. 나카무라 리헤이中村理平는 음악사에서 "현재 일본 양악의 기원은 식부성式部省 궁중

악사의 양악학습원을 거쳐 육해군 군악대까지 거슬러 올라가야하는 것은 분명하다"39)고 서술한다. 이런 특징은 선행연구가 축적되어 있는 '국가國歌'와 그를 떠받쳤던 19세기의 음악=양악이라는 기술技術의 큰 흐름에서 단적으로 드러난다.

고대鼓隊[7]나 고적대의 시초는 막부 말기의 폐번치현廢藩置縣[8] 과정에서 각 번 단위로 수용했던 것에서부터 찾아볼 수 있다.40) 그러나 메이지 이후, 군악은 '양악'이라는 측면에서 의식적으로 수용되었고, 그에 따른 훈련도 직수입되었다. 주로 취타악의 기술을 전달받으면서, 군악은 국빈 영접용 반주곡이나 군함에서 예식곡, 궁중 외교용의 반주음악의 역할을 담당했다.

1871년(메이지 4) 병무성에 설치된 해사괘海事掛는 요코하마橫浜에 체류하는 영국육군의 군악대장으로써 사쓰마薩摩[9]밴드를 지도했던 아일랜드 출신의 영국인 로버트 펜튼Robert W. Fenton을 거액을 주고 고용하는 등, 재빨리 군악대를 직수입하려 했다. 초대初代 기미가요의 작곡가로 주로 언급되는 로버트 펜튼은 10월에 고용되는데, 그 이전에 이미 사쓰마번 출신의 가와무라 스미요시川村純義 병부 소보少輔[10]를 중심으로 한 악대 준비에 관여했고, 런던으로부터 취주악기 일습을 구입했다.41) 1872년 9월에는 해군악대 모집이 있었고, 1875년 10월에는 군악대 규칙도 정해져 체제가 정비되었다.42) 19세기의 서양식 군대, 특히 해군은 취주악을 중심으로 한 연주기법의 습득을 정규 커리큘럼에 짜넣는 단계에 이르렀다. 이런 배경을 두고 쓰카하라 야스코塚原康子는 신호나팔에 연원을

7 북과 같은 타악기를 여러 명이서 치는 것.
8 1871년(메이지 4)에 번藩을 폐하고, 지방행정을 부현府縣으로 통일한 개혁.
9 일본의 옛 지명, 현재의 가고시마현의 서부 지방.
10 각 성의 하급 차관.

둔 군악대가 남북전쟁 이후 급속하게 의례곡의 훈련을 중시하면서, 음악전문가 집단양성으로 변화하는 과도기였다고 파악한다. 해군의 로버트 펜튼, 육군의 나팔수 다그롱Gustave Charles Desire Dagron 등 초기에 일본으로 건너온 군악교사들은 국빈을 영접하기 위한 의례곡·예식곡에 관한 훈련을 우선시했다.[43)]

1871년(메이지 4) 11월 13일, 메이지 천황이 요코스카横須賀 조선소로 행차했을 때, 천황선御召艦 '류죠龍驤'가 전후좌우로 10대의 함선을 거느리고 항해하는 모습은 다음과 같이 기록되어 있다.

> 천황선이 산쵸三町를 통과할 때, 각 함대의 사관과 수병들을 정렬시키고, 수졸을 돛대에 오르게 하고, 노공대위老功大尉가 예식의 영을 내릴 때, 모자를 벗어 경축하는 '호하이奉拜' 삼창을 올리고 (…중략…) 천황께서 갑판에 오르시는 순간, 금죽기錦竹旗를 큰 돛대에 게양하고, 수병들을 정렬시킨다. 해병사관 도쿠타德田 아무개가 이를 지휘하였고, 발검봉총拔劍捧銃의 예를 행할 때, 악사는 천황을 영접하는 음악을 연주하고, 이어서 쓰케마로祐麿가 축포의 예를 연주한다.[44)]

아직 '반자이萬歲'는 발명되지 않아[11] '호하이奉拜' 삼창이 행해졌고,[45)] 함선에 오르는 '순간'에 "천황을 영접하는 음악"이 연주되었다. 인용문에 나오는 금기錦旗='국기御國旗'가 바로 천황용의 기인 것일까. 이 글을 통해 우리는, 해군이 함선 상에서 의례장치로 천황용의 반주伴奏, 깃발flag, 축성祝聲을 필요로 했다는 것을 알 수 있다.

11 만세萬歲라는 말은 원래부터 있었지만, 그것을 '반자이'라고 한 것은 메이지 시대부터이다. 원래 '반제이' 혹은 '만자이'라고 읽던 것을 1889년 2월 11일 제국헌법이 발표된 날부터 '반자이'라고 부르기 시작했다. 제국헌법 공포公布분위기를 고조시키기 위해서 특별히 반자이 삼창이 고안된 것이다.

여기에서 "천황을 영접하는 음악"이 구체적으로 무엇인지, 군주에 대해 연주했던 곡을 '국가國歌'라고 파악해야하는지를 논의할 수는 없다.[46] 다만 19세기의 '국가國歌'의 최대 요건이 취주악으로 연주할 수 있는 형식을 갖추고 있는 점, 기술적으로는 음의 화음 조정을 필요로 했다는 점을 지적해두고 싶다. 펜튼, 다그롱에 뒤이어 해군군악대, 육군군악대를 지도했던 사람은, 정규 음악교육을 받았던 독일인 프란츠 폰 에케르트Franz von Eckert와 프랑스인 샤를르 에드와르 가브리엘 르루Charles Edouard Gabriel Leroux였다. 작곡・편곡능력을 갖춘 그들이 군악교육에서 중요하게 취급했던 음악이론은 음향학, 즉 화성의 작용이었다.[47]

훈련을 거듭한 군악대의 양악연주는 로쿠메이칸鹿鳴館시대의 궁정외교에서도, 동일한 군악교사에게 양악기술을 전수받은 식부성式部省 악사들에 의해 자주 공연되었다. 당시 외국인교사들은 많은 견문록을 남겼고, 이문화로서 일본을 기록해나갔는데, 군악대 연주는 보편적인 '문명' 학습의 성과로 칭찬하는 것 중 하나다. 1885년 천장절 즈음에 열렸던 로쿠메이칸의 무도회는 해군 대위 피에르 로티Pierre Loti가 쓴 「에도의 무도회江戸の舞踏會」를 통해 유명해졌는데, 이것은 로쿠메이칸을 신랄하게 비판한 것으로 잘 알려져 있다. 로티의 관찰기는, 들어온 지 얼마 안 된 서양 의상을 잘 차려입은 귀부인들이 '일본어로 말하는' 것에 대한 위화감도 묘사하고 있다. 그에 따르면 "한편으로는 프랑스인, 또 한편으로는 독일인이라는 두 그룹의 **완전한 오케스트라**(강조—오사 시즈에)" 연주라고 기록하고 있다.[48]

하지만 외국인 교사들이 위화감을 느끼지 않을 정도로 의례곡을 연주할 능력이 되는지, 의례공간을 연출할 수 있는지가 양악으로서의 '군악'에 기대했던 기능의 전부였을까.[49] 구미 유람사절단의 보고집인 『구미회람실기米歐回覽實記』(1878)에는 '양악'에 대한 내용이 여기저기에서 많이 나타난다. 특히 창가음악이 '민심교화人心教化'에 끼치는 영향은 계몽지식인들이 한결같이 기대했던 점이었다. 간다 다카히라神田孝平는 화성이 결여된 "일본의 음악"을 한탄하고, 그 때문에 "듣는 사람을 크게 감동시키지 못한다"고 비판한다. 사람들을 "감동"시키고, "대중들과 함께 하기" 위해서는 "음율의 악은 구미 여러 나라를 본보기로 하라"[50]고 결론짓고 있다.

그러나 '직수입'되었던 양악 기술은 여전히 과제로 남아있었다. 펜튼이 귀국한 지 2년 후인 1879년, 해군중위 이토 쓰케마로伊東祐麿는 해군대신 가와무라 쓰미요시川村駐義 앞으로 "악보 제정 외에 충직한 뜻을 담은 헌정"이라는 제목의 문서를 보냈다. 그 가운데에 군악의 현황에 대해서 흥미로운 지적이 있다.

> 군악대 및 고대鼓隊는 우리나라 해군을 창설할 때 해외 각국의 제도를 참작해서 점점 정교해졌다. 지금에 이르러서 군악대 및 고대鼓隊도 날이 갈수록 숙달 정도가 발달했다. 그런데 그 악보는 군악대가 천황예식을 제외하고 그 나머지는 모두 영국해군의 방식을 사용하고 있고, 장군 등에 대한 예식에서도 영국식이며, 군악대는 선원이 아닌 사람으로 구성되어 있다. 천황예식의 악보는 무엇이든지 외국의 것. 천황예식의 악보를 사용한다.[51]

겨우 수준이 높아진 "군악대 및 고대鼓隊"는 천황예식을 제외하고 악보, 즉 대부분 레퍼토리가 없고, "영국해군의 예식"을 그대로 답습할 뿐 응용을 하지 못했다. 사료는 계속해서, 천장절에 각국 함선과 의례를 교환할 때 등에서도 상대가 천황예식으로서 기미가요를 연주하자, 그 답례로 "영국왕을 축하하는 악보"를 연주할 수밖에 없었다고 쓰고 있다. 직수입된 고도의 의례음악 기술은 그 응용도 단편적이었다.

하지만 의례음악이 아니라 근대 군대가 '국민'을 만드는 기능으로 기대했던 신체의 변혁, 특히 농민병의 보폭·보행방식의 변경에서부터 신체의 규율화[52]에 군악이 어떤 역할을 담당했던 것일까. 군악을 하는 것에도 너무나 당연히 신체 개조가 필요했다. 가쓰 카이슈勝海舟는 나팔수의 양성은 반년이 걸리는, 육체적 부담이 큰일이라고 쓰고 있는데,[53] 이렇듯 군악대의 훈련은 문명국의 병사다운 신체 개량을 전제한 것이었다. 해군보다 늦게 군악대를 도입했던 육군은 다그롱에 뒤이어 1884년 9월에 프랑스인 샤를르 르루를 맞이해서, 군대 행진에 사용할 수 있는 군악 작곡과 습득을 꾀했다.[54] 나카무라 리헤이는 샤를르 르루가 프랑스 육군에 보낸 문서「르루·리포트」를 발견하는데, 이에 따르면 르루는 일본에 도착하기 전에는 알지 못했던 "15개의 속보곡速足曲 및 분열행진곡分列行進曲"이 레퍼토리에 덧붙여졌다고 보고하고 있다.[55] 이를 통해 정렬하는 의례연주의 습득에 덧붙여 행진음악의 훈련이 의식되었던 것을 알 수 있다. '수입'된 '앎'은 의례 공간의 형성 이후에 이루어졌다. 여기에서는 성인 남자의 전부를 '병사兵'로 주조하는 훈련을 상정하고, 전쟁터에서 배양된 기술을 도입했던 것이다.

국기와 군주에 대한 의례곡은 이미 함선에서 사용하는 것으로 갖추어졌다. 프랑스 혁명 때, 루제 드 릴Claude-Joseph Rouget de Lisle이 작곡했던 〈라 마르세예즈〉가 "20개의 연대에 필적한다"고 평가받는 것처럼[56] 병사들이 부르는 노래인 '군악'은 그들의 사기를 고양시켜서 하나의 집단으로 만들어갈 것이라고 기대되었다. 사람들의 신체와 그 움직임을 계측 가능한 것으로 획일화·규율화 하는데 도움이 되는 행진곡은 병사들의 참가와 가창으로 그 공동성을 실현하는 것이다. 불려지는 것이 과제였던 '국가國歌'는 문부성에 의해서 검토가 시작된다. 집단이 부른다—이 점에 눈을 돌렸던 국가國歌는 이념과의 간극을 도출하는 것일까.

4. 내셔널 심볼의 모색

1) 국가國歌 제정안-기억해야하는 전쟁

문부성은 창가의 작사 작곡을 계속 해왔던 음악취조소取調所[12]에 명령해, 1882년부터 그 다음 해에 걸쳐 '국가國歌 제정안'을 작성 · 검토했다. 이것들은 '메이지 송明治頌'이라고 이름 붙여졌지만, 결국 공표되지는 못하고 끝나버렸다.57) "천황을 영접하는 음악"인 〈기미가요〉의 새로운 악보, 즉 지금의 기미가요는 프란츠 에케르트Franz Eckert가 화성을 만들어 해군예식으로 이미 사용되고 있었다.58) 이 시기에 이런 시도는 정부의 통일된 기획이 없었기 때문이었다.

'군악'과 국가國歌의 근본적인 차이점은 두 가지이다. 하나는 국가國歌란 무엇인가를 둘러싼 규범이 비로소 통합적으로 논해졌다는 사실이다. 다른 하나는 천황찬가라는 형식도 '송頌'으로서, 국가國歌의 한 형태라는 선택사항으로 다루고 있다는 것이다. 문부성 안은 학무국장 등 문부관료에 의해 검토되었다. 그러나 국가國歌 이념과 직접 결부되어 있다는 이유 때문에 그들의 검토는 가사에 한정한 것이었다. 이는 전문적인 훈련을 받았던 기술자 집단의 양성이나 기술이 필요한 연주곡이 아니라, 일반 사람들이 가창한다는 점을 가장 중요하게 여겼던 최초의 시도였다. 국기國旗나 국장國章 / 국화문장菊章에서는 논해지지 않았던 내셔널 심볼에 대한 논의가, 메이지기 일본에서 국가國歌를 주제로 모색되었던 것이다.

12 일본 최초의 근대적 음악교육기관으로 만들어진 '음악취조계'(1879)가 '음악취조소'로 바뀌고, 이후 1887년에는 도쿄 예술대학 음악학부로 바뀐다.

1882년 11월, 문부대신 후쿠오카 다카치카福岡孝弟는 음악취조괘取調掛에 영을 내려, '국가國歌 선정'을 기획, 3월에 6편, 4월에 8편(〈신기神器〉, 〈국기國旗〉, 〈해뜨는 곳日出處〉, 〈야마토 다케루노미고토日本武尊〉, 〈몽고군 침입蒙古來〉, 〈존왕애국尊王愛國〉, 〈진구황후神功皇后〉, 〈도요토미 히데요시豊臣秀吉〉)을 올렸다.[59] 이때 주요한 논점은 국가國歌란 무엇인가를 둘러싼 논의와 함께 가사들을 검토하는 것이었다.

우선 국가國歌란 무엇인가를 둘러싸고서는, 구미의 역사에 나타난 것처럼 "겨우 한 수, 한 곡이 민심의 향배를 결정"하는 영향력을 주목하고 있다. 앞에서 언급한 간다 다카히라神田孝平와 관련된 관점은 여기에서부터 차차 등장한다. 국가國歌 제정안 검토 후에 정리되었던 「메이지 송 선정 건明治頌選定の事」[60]에서는 영・프・독・미・네덜란드・오스트리아 등의 국가國歌의 내용과 유래를 참조하고 있다. 특히 〈라 마르세예즈〉에 대한 서술이 아주 상세하게 나타나는 것으로 보아, 항상 이런 점을 분명히 의식하고 있었다고 판단된다. 하지만 널리 알려진 것처럼 나폴레옹 제정 하에서는 〈라 마르세예즈〉가 금지되어 있었고, "그 강개격렬함으로써 정신을 고무하는 효과가 커지는 것은 그 해害가 심하다" "〈라 마르세예즈〉가 자국同國 및 구주 여러 나라의 국정을 전복시키는 데 일조했다고 해도 과장이 아니다"[61]는 염려를 드러내지만, "정신을 고무하는 강대"한 효과를 부정하는 것은 결단코 아니다. 전문 학무장專門學務長(하마오 아라타浜尾新)은 "서양인의 이야기"의 번역도 참고하면서, 제출되었던 국가國歌 제정안이 "다소 기력이 불충분하게" 보이는 것이 결점이라고 지적한다. 그의 의견은 "민심을 깊이 감화시키고, 오래도록 존왕애국의 정情을 함양하려는 데에 기력이 결핍되어서는 안된다"는 이유 때문에 나온 것이다.[62] 결국 '국가國歌'는 민심을 고무하기 위해서 정감을 작동시키고, 공유하기 위한 매개체로 자리매김 되어 있다. 8편중 2편에 합창부분을 넣어서 반복해 부르기 위한 문구를 써 둔 것은 이러한 '국가國歌'의 위치에 들어맞는 형식을 모색하는 것이다.

하지만, 사람들이 어떤 대상에 대해서 정감을 일으킬 수 있다고 생각하고 있었던 것일까. 구체적인 소재와 관련된 논의는 해석의 범위가 넓다. 특히 논쟁을 불러일으켰던 것은 '존왕'과 '애국'의 두 가지 개념이었다. 물론 구미의 여러 사례에서 찾아볼 수 있는 것처럼 국가國歌의 요건으로 군주찬가가 절대적인 지표는 아니다. 또한 '애국'의 소재는 장래 국가의 비전을 구가하는 것이 아니라 과거의 전쟁을 시종일관 드러낸다. 〈해뜨는 곳日出處〉과 〈야마토 다케루노미고토日本武尊〉는 '나라의 적인 에미시',[13] '동쪽 지방의 에미시들을 완전히 평정'했던, 내부의 적을 정복하는 이야기이고, 대외전쟁은 〈진구황후神功皇后〉, 〈도요토미 히데요시豊臣秀吉〉, 〈몽고군 침입蒙古來〉의 세 가지 노래 가사의 소재가 되었다. 〈몽고군 침입蒙古來〉은 "우리 대장부의 검이야말로 나라를 지키는 보배"이며, "그 에미시를 절멸시켜서 오직 세 사람만 돌아가게" 했다는 승리의 전쟁이야기로 재구성해내고 있다.63) 여기에서는 전쟁의 기억을 '국민'의 이야기로써 공유하려는 19세기 국가國歌 모델을 따랐던 시도를 보여주고 있는 것이다.

그렇지만 노래로 만들어진 '전쟁'이야기는 "듣는 사람을 크게 감동"하게 만든다는 목적에 들어맞는 것이었을까. 각각의 가사는 '적'에 맞선 영웅찬가이기는 하지만, 진부한 전쟁이야기일 뿐 병사들의 이야기는 아니다. 노래하는 사람에게 '전쟁'이 생생한 감정으로 환기되기 위해서는 아주 세밀한 장치가 필요했다.64) 하마오 아라타浜尾新는 이런 점

13 에미시蝦夷는 일본인(야마토 민족)이 도호쿠 지방 및 홋카이도 지역에 살고 있는 토착민(이민족)들을 구별하면서 부른 말이다. 시대에 따라 에조, 에미시, 에비스라고도 읽고, 그 지칭범위도 다른데, 일반적으로 중세 이후에는 특히 아이누족을 일컫는 말이 되었다.

을 비판하면서 '옛 인물의 칭송'이라는 소재에 회의적인 입장을 취했다. "당대 군주의 큰 덕을 찬양하는 것 외에 한 사람의 사적을 칭송할 때는 감정을 불러일으킬 여지가 적다"65)는 것이다.

'적'의 내용도 문제다. 내전을 다룬 두 개의 노래는 폐기되었다. 대외전쟁을 노래했던 세 곡은 〈몽고군 침입蒙古來〉만이 남아있지만, 제목은 〈방해防海〉로 크게 바뀌었다. 특히 고대에 한반도와의 전쟁을 승리로 이끌었던 군신軍神의 이야기인 〈진구황후神功皇后〉[14]의 수정과 폐기는 대외전쟁의 상징적인 역할을 고려할 때 아주 흥미롭다. 이후 진구황후를 둘러싼 표상은 무인상武人像으로 알려지기 때문이다. 국가國歌제정안의 작사자 중 한 사람인 요다 갓카이依田學海는 '남자아이의 축제날男の子の節句'[15]을 축하하기 위해 무장을 한 진구황후의 인형을 구입했다.66) 이는 청일전쟁 때 출전 병사를 위해 기원했던 에마繪馬[16]봉납의 모티프가 되었고,67) 특히 신문발행 부수가 급속히 늘어났던, 청일전쟁의 절

14 진구 황후神功皇后는 오우진 천황應神天皇의 어머니로 201~269년간 섭정을 한 인물로 알려져 있다. 일본 서기에 따르면, 진구황후는 오우진 천황을 임신한 채로 한반도에 출병하여 삼한을 정벌(200년)했다고 기록되어 있다. 전쟁 중에는 배에 돌을 대어 아이의 출산을 늦추었고, 일본에 돌아가 치쿠시에서 오우진 천황을 출산했다고 한다. 일본의 경우 제2차 세계대전 이전에는 진구황후를 실제 인물로 여기고 받들었으나, 세계대전 이후 현재는 역사적 사실성은 부정하고, 신화적인 인물로 간주하고 있다.

15 단고노 셋쿠端午の節句라고도 부르는데, 단오절에 남자아이가 건강하게 자라는 것을 비는 연중행사이다. 집 밖에 남자아이의 입신출세를 바라는 뜻으로 코이노보리鯉のぼり(종이나 천으로 잉어모양을 만들어 기처럼 장대에 높이 다는 것)를 세운다. 또 실내에는 갑옷/투구, 무사 차림의 인형을 장식으로 놓아, 갑옷과 투구가 전투에서 몸을 지켜주듯이, 살아가면서 좋지 못한 일에 휩싸이지 않고 취직이나 결혼 등 모든 일이 잘 되어서 행복한 인생이 되길 기원한다. 지역에 따라서는 창포탕에 목욕하기도 하고, 카시와모찌柏餅(팥소를 넣은 찰떡을 떡갈나무 잎으로 싼 것)나 치마키粽(대나무 잎으로 말아서 찐 떡)를 먹는 풍습이 있다.

16 에마繪馬는 신사나 사찰에 소원을 빌 때 봉납하는, 그림이 그려져 있는 나무판이다. 신사나 사찰의 판매대에서 말이나 다른 그림이 그려진 오각형의 작은 나무판이 가장 많이 팔리는 에마다. 그림이 그려진 면의 여백이나 뒷면에 소원의 내용, 소원을 비는 사람의 이름 등을 써서, 에마대에 걸어놓는다.

정기인 1895년 1월 3일에는 신문 〈신랑화新浪華〉의 부록에도 진구황후가 등장했다(「神功皇后御征韓新羅王降伏之圖」). 그러나 특권신분의 인물이 굉장한 힘을 보여주는 이야기가 다양한 습속이나 신앙으로 퍼져나갔다는 것도 널리 알려져 있는 사실이다. 진구황후상은 대외전쟁에 공적을 쌓은 유능함과 동시에 임산부의 몸으로 출정해서 개선 후 출산했다는 귀결이 안산신앙安産信仰·복대신앙腹帶信仰의 대상으로도 여겨졌기 때문이다. 가공의 인물인 진구황후는 여성병사와 출산하는 신체를 함께 갖춘 이미지상을 널리 알린 것으로, 근대 국민국가가 구축하고자 한 성차性差의 경계를 위태롭게 한다. 이용하기 쉬운 소재는 아니었을 것이다.[68]

심볼 형성은 이념을 근거로 서로 알지 못하는 사람들의 공감을 끌어내려는 시도였다. 그러나 구체적인 검토단계에서 그 핵심이 되어야 할 체험과 장치가 없다는 것만 드러낸 채 끝나버렸고, 잊혀져 갔다. 문부성의 국가國歌선정안이 이후 창가교육으로 대체되고, 학교를 매개로 천황찬가에 의한 국가國家의례의 시공간을 구축해간 경향은 잘 알려져 있다. 그렇다면 국가國歌제정안이 주목했던 또 하나의 원칙, '존왕' 즉 '당대 군주의 큰 덕을 칭송하는' 것은 사람들을 결집시키는 심볼이 될 수 있었을까.

2) 심볼로서의 천황상

1990년대 '메이지 천황' 연구는, '문명국'을 기준으로 한 학습 결과로 신체 동작과 복장의 변혁, 표상기술에 이르기까지 천황의 이미지가 급속히 "창조"되었다는 것을 밝혔다. 다키 코지多木浩二는[69] 천황의 1873

년 사진과 널리 알려진 1888년 사진의 도상학적인 변천과 그 '정치성'에 주목한다. 그에 따르면 국가國歌제정안과 동시대의 '존왕'은 '당대의 군주'상으로서 상징화되었고, 그 이미지전략이 확실하게 전환하는 과정을 겪었다는 것이다. 이제 이 글에서는 정부내부의 사료를 통해 '시각의 정치학'으로서는 불충분한 시도라고 여겨졌던 〈메이지 6년 어진영御眞影〉에 대해서 살펴보고자 한다.

개화・영합・통제라는 형식은 이런 예에서도 마찬가지이다. 『메이지천황기』에는 1873년 10월, '새로 제정된 군복'을 입은 천황을 촬영하고, '각 부현에 그 어진聖影을 하사'[70]하도록 지시했다는 기록이 있다. 이후 『태정류전』에는 "여러 현에서 관원 및 인민을 성스러운 어진영에 배례하도록 하는 것"[71]을 비롯해서, 주임관奏任官, 부현청 외 임기가 끝난 외국인 교사・기술자들까지 '어진 배례 청원御寫眞拜戴願'을 했다는 사실이 남아있다. 특이한 사실임에도 불구하고 '국기게양'처럼 개방적인 태도를 취하지 않고, 처음부터 관리했다는 점이 지금까지의 사례와는 다르다. 허가신청의 형식과 수속은 청원 시점에서부터 제약을 받았고, 게다가 관리의 등급을 이유로 허가하지 않은 예도 있었다. 제한과 관리 시스템은 '하사'된 '어진'의 소유자나 그것이 걸려있는 공간을 개화의 상징, 지위의 상징으로 의미 지웠을 것이다. 지적했던 것처럼, 일반사회에 유포되는 천황사진에 대해서는 "센소지淺草寺 내 셋카도雪花堂에서 어진 판매를 금지한다", "가나가와神奈川현 어진 판매금지 논의에 따른 문서 왕래", "아사쿠사淺草의 임대점借店(…중략…) 어진 밀매密賣에 따른 도쿄부의 지시안"[72] 등 판매는 '밀매'로 간주되었고, 통제와 방침이 협의되었다.

〈표 1〉

年	천황天皇	황후皇后	황태후皇太后
73	大 2(11/9), 大 10(11/15), 大 19(11/16), 大 6(11/17), 大 66(11/24), 大 50(12/14)	大 10(11/15), 大 18(11/16), 大 7(11/17), 大 64(11/24), 大 50(12/14)	
74	大 10(3/21), 中 300(3/22), 大 100(5/7), 大 30(5/31), 中 200(6/22), 中 150(7/10), 大 15・中 300(9/7), 大 15(10/13), 中 300(10/15), 大 30(11/9)	大 15(3/21), 中 300(3/22), 中 200(6/22), 中 150(7/10), 中 300(9/7), 中 300(10/15)	大 18・中 100(3/20), 大 22(3/21)
75	中 300(1/15), 大 20(2/17), 中 200(3/28), 中 150(4/13), 大 30(7/2), 中 50(7/22), 中 250(9/18), 中 50(11/8), 大 (11/25)	中 300(1/15), 大 20(2/17), 中 200(3/28), 中 150(4/13), 大 30(7/2), 中 50(7/22), 中 250(9/18), 中 50(11/8), 大 (11/25)	中 15(8/28), 大 10(12/7)
76	大 30(2/2), 中 75(3/27), 大 10(5/19), 中 45(6/23), 中 500(12/18)	大 30(2/2), 中 75(3/27), 中 30(5/19), 中 45(6/23), 大 10・中30(10/4), 中 500(12/18)	大 23(9/12)
77	大 10・中 50(3/2), 中 84(3/8)	大 10・中 50(3/2), 中 84(3/8)	大 2・中 5(3/2)
78	大 15(1/25), 中 100(3/9), 中 85(4/16), 中 50(6/3), 中 10(9/28), 中 130(11/30), 大 5(12/6)	大 15(1/25), 中 100(3/9), 中 85(4/16), 中 50(6/3), 中 10(9/28), 中 130(11/30), 大 5(12/6)	中 10(9/28), 大 3(12/6)
79	大 5(1/22), 中 360(3/25), 大 10(4/29), 大 5(5/20), 大 8(8/16), 大 8(11/14)	大 5(1/22), 中 360(3/25), 大 10(4/29), 大 5(5/20), 大 8(8/16), 大 8(11/14)	大 5(4/21), 大 3(11/14)
80	大 10(3/10), 大 5(4/19), 大 5(8/26)	大 10(3/10), 大 5(4/19), 大 5(8/26)	大 3(8/26)
81	大 3(1/25), 大 5(2/10), 大 3(8/16), 大 3(12/17)	大 3(1/6), 大 5(2/10), 大 3(8/16), 大 3(12/17)	大 3(2/10), 大 3(8/16), 大 3(12/17)
82	大 3(3/1), 大 5(5/18), 大 5(9/15), 大 5(12/18)	大 3(3/1), 中 10(4/6), 大 5(5/18), 大 5(9/15), 大 5(12/18)	中 10(4/6)
83	大 5(1/26), 大 5(3/23), 大 5(10/12), 大 5(12/6)	大 5(1/26), 大 (3/23), 大 5(10/12), 大 5(12/6)	大 3(1/26), 大 3(12/6), 大 2(12/8)

年	천황天皇	황후皇后	황태후皇太后
84	大 5(4/23), 大 5(10/13)	大 5(4/23), 大 5(10/13)	
85	大 5(1/29), 大 5(8/19)	大 5(1/29), 大 5(8/19)	
86	大 10(5/31), 大 10(9/16)	大 10(5/31), 大 10(9/16)	
87	大 10(3/18), 大 10(7/13), 大 11(9/29), 大 4(11/30), 大 14(12/16), 大 15(12/22)	大 10(3/18), 大 10(7/13), 大 7(10/22), 大 6(11/30), 大 14(12/16), 大 15(12/22)	大 10(3/18), 大 7(5/6), 大 5(11/16), 大 3(12/22)
88	大 11(2/10), 大 57(4/13), 大 17(5/8), 大 5(6/7), 大 17(6/29), 大 22(8/15), 大 65(12/11)	大 12(2/10), 大 57(4/13), 大 17(5/8), 大 5(6/7), 小 15(6/29), 小・中 23(8/15), 大 65(12/11)	大 5(10/8)
89	大 15(2/8), 中 15(2/27), 中 10(4/6), 大 3(10/22)	中 5(1/10), 大 15(2/8), 中 4(2/13), 中 10(2/27), 中 8(4/6)	中 5(1/10), 中 4(2/13), 中 5(2/27)

* 大, 中은 크기, ( ) 안은 하사된 날짜. 『어진 일건 통달첩御寫眞一件通達帳』(메이지 6~22년)을 근거로 작성

〈표 1〉은 궁내청 조도과調度課가 '하사'와 그 매수枚數를 기록했던 장부책 『어진 일건 통달첩御寫眞一件通達帖(메이지 6~22년)』[73]에 나온 어진 하사 매수를 표로 만든 것이다. 상당수가 신청・하사되었던 것을 알 수 있지만, '하사'의 대상이 되었던 사진은 천황・황태후・황후 세 사람이다. 물론 천황사진이 압도적으로 많지만, 1876년 이후의 기록은 '하사'된 곳을 써 두고 있는데, 날짜나 매수의 상관관계부터 천황・황후의 사진을 쌍으로 한 부부상을 요청했던 경향도 지적해 두고 있다. 다른 한편, '어순행巡幸에 따른 준비'(메이지 9년 5월 19일, 10월 4일), '교토행재소용京都行在所用'(메이지 10년 3월 2일), '화족華族 일동, 하사분(500매)'(메이지 9년 12월 18일), '외국 귀빈용'(메이지 18년 4월 29일) 등 처음부터 배포가 예정된 것도 있었다. 그러나 신청자로 이름을 올린 사람들은 관직에 있는 참사參事・의관議官, 사법관계자들을 비롯해서 외국공사나 일본의 해외영사관, 공사관, 육・해군의 군인장교들까지 다양했다. 또한 1888・1889년의 공식사진이 나왔던 즈

음에는 심상사범학교尋常師範學校·고등중학교 등 중등고등교육기관과 군함(1887.7.13, 다카치에함高千穗艦; 1889.2.27, 아타고함愛宕艦; 1889.10.22, 다카오함高雄艦)의 신청이 눈에 띈다.74) 다키 코지多木浩二가 밝혔듯이, 구 '어진'은 위엄을 계산하지 않은 포즈나 육체적 연령을 그대로 반영한 것 등으로 보아 결코 완성된 도상은 아니다. 그러나 특권적으로 '하사'했던 시스템이 천황이미지에 부여했던 의미에 대해서는 아직 해석의 여지가 남아 있다.

그림 1

예를 들어 천황 '사진'에 대해 살펴보자면, 심볼로서의 일탈은 눈에 띄지 않는다. 이런 점에서도 관리가 철저하게 행해졌던 것일까. '하사' 대상에서 제외된 사람들이 소유할 수 있는 상像으로, 다음의 예를 보자. 〈그림 1〉(狐芳畵,《憲法發布明治天皇御姿헌법발포 메이지천황 어자》,『國會準備新報국회준비신보』18호 부록, 1889.2.10), 〈그림 2〉(《明治天皇메이지천황》,『大阪公論오사카 공론』335호 부록, 1890.2.11)는 신문부록에 남아있는 메이지 천황상75)이다. 니시키에[17]도 포함해서 공식적인 천황사진을 '하사'받는 대상으로부터 제외된 사람들에게 메이지 천황상을 제공하는 미디어는 독자가 제한적이긴 했지만, 분명히 존재했다. 과도기에 나타난 〈그림 1〉과 〈그림 2〉는 공

17 다색多色 목판화기법으로 만들어진 일본 풍속화.

그림 2

식 천황사진 그 자체의 변화를 반영해서, 〈그림 1〉에는 프랑스 군 양식의 대원수의 옷차림이고, 〈그림 2〉에는 프로이센 양식으로 군복 체계가 크게 바뀌었다는 것도 확인할 수 있다. 하지만 어진을 게재한 필자나 매체에서 '헌법발포'를 강조했던 메시지는 명확하다. 군복의 변화 외에도 구도가 다른 〈그림 1〉은 나폴레옹 모자를 쓴 메이지 천황에게 헌법을 쥐게 했고, 완성판 '어진영'의 모사인 〈그림 2〉는 프로이센 양식의 샤코모자[18]대신에 '제국헌법'을 글씨까지 보이게 해서 배치했다. "2월 11일"이라는 날짜에 천황상을 독자에게 제공했던 두 개의 신문부록은 오리지널 공식사진의 복사라는 수법을 사용했지만, 반대로 천황 그 자체보다도 구도상의 소도구인 '헌법'을 강렬하게 부각시키려는 것은 아니었을까.

마찬가지로 헌법발포 전후 '존왕'의 위치를 보자면, 아직까지는 여러 심볼과 경합관계를 분명히 드러낸다고는 할 수 없다. 내가 아는 한, 1장에서 다루었던 국장國章의 논의가 정부사료에서 보이는 예는 1888년 9월의 일이다. 이보다 앞선 예로 1873년의 논의 과정에 근거를 둔 내각기록은 다음과 같다. 사법성에 대해서, 국장國章은 "무릇 국화문장으로서

18 shako : 깃털 장식이 달린 원통형의 군모.

일장을 게재하는 것은 보기 어렵다"[76]고 하는데, 현재에도 일장을 사용하고 있는지를 조회하고 있다. '국장菊章'의 위치변화를 알 수 있는 것이다. 그러나 사법성 총무국 서기관 이이다 후미히코飯田文彦의 회답은 국장國章게재를 요구하는 청원은 없고, 선례에 따라 '일장'을 '국장國章'으로 사용하라고 했다. 하지만 국화문장은 천황의 심볼로써 제도화되고, 1889년 해군기장조례에 따라 소위 천황기는 금색국화문장이라는 등식이 완성된다.[77] 국화문장을 사랑하는 목소리는, 앞서 언급한 로티를 비롯해서 여러 외국인 교사들의 글에 자주 나타났고, 궁내성 고문인 외국인 교사 오트마 폰 몰Ottmar von Mohl의 눈에는 다음과 같이 비춰졌다.

> 1868년까지 계속되었던 일본의 중세 봉건시대 이후, 갑옷과 투구, 가정이나 신사의 가구집기, 한마디로 말하자면 적당해 보이는 온갖 장소에 문장紋章을 붙이는 풍습이 확대되었다. 그러므로 황실이 국기와는 별도로 자신의 기旗의 제정을 원했던 것은 당연하다. (…중략…) 또한 이 기회에 일본의 화가, 예술가의 취향이 훌륭하다는 점을 인정하지 않을 수 없다. 왜냐하면 그들의 디자인은 참으로 훌륭하기 때문이다. 황실의 기旗에 문장을 드러낼 때, 모범으로 삼은 것은 독일황제의 기와 프로이센 왕과 왕비의 기旗다.[78]

몰Mohl은 프로이센의 군주기가 일본 황실의 문장에 영향을 주었다고 단언하지만, 1885년(메이지 18) 황실의 '국화관람연회觀菊會御宴'에 초대된 로티는 국화문장에서 "프랑스 군기軍旗위에 그려진 백합"을 연상한다.[79] 결국 메이지 천황의 공식사진이 도상으로써 완성되어가는 그즈음의 '존왕'과 '애국'의 관계에 대해서는 세부적인 심볼 형태를 둘러싸고 아직도 논의될 여지가 남아 있는 셈이다.

다만 청일전쟁 후 1900년 '국화문장'과 유사한 여러 의장들의 '남용'

은 행정집행법위반이 되고, 단속 대상이 된다.[80] 나아가 1891년 소학교 축일과 대제일의 양식규정에 따라서 학교는 국가신도의 의례와 축제일을 연결시키고, '국민'을 조직하는 체제의 계기가 되고, '천황 송영가'는 의례곡으로서 절대적인 위치를 차지했다.[81] 다만 '어진영'이 지방의 소학교나 분교에까지 널리 '하사'된 것은 1930년대 경이고, 그 밖에도 아이들이 노래할 수 있는 여러 장치는 갖추어지지 않았다.[82] 그러나 청일전쟁 기간 동안, 특히 전쟁보도에 따라 미디어의 발행부수가 비약적으로 늘어나고, 사진이라는 획기적인 기술이 지면에 반영되었다. 이런 점에서도 신문부록은 《대원수 천황의 전장 시찰大元帥天皇の戰場視察》(『도쿄니치니치신문』, 1895.1.1 부록) 등 정월이나 천장절처럼 국가가 의미를 부여했던 '시간'에 천황상 사진을 등장시켰다. 이는 제한적으로만 쓰였던 공식사진의 역할을 대체했을 가능성이 있다. 다만 그것은 군복을 입은 천황상에 국한되지 않았다. 마지막으로 이런 점을 거론해보자.

3) 군주와 그 일족一族의 표상

홉스봄은 내셔널리즘을 거론한 글에서 "영국왕실은 국민적 일체성의 의식意識과 관련 있는, 공적이면서도 가정적인 우상으로 진화"하고, "그것은 근대 매스미디어가 없었다면 불가능"[83]했을 것이라고 지적한다. 공식적인 천황사진의 경우, 러일전쟁 중 미디어를 통해 재구성되어, 1905년 1월 1일 『오사카 마이니치신문大阪每日新聞』 부록에 《고귀한 천황일족의 초상高貴御一族御肖像》이 게재되었다. 천황상은 부계직계가족의 형태로 구성되어 있다. 각각의 공식사진은 부부상이었는데, 한 쌍으로 '하사'된 '어진御寫眞'은 두 명의 황손을 중심으로 한 구도로 재구성되었고,

황후 사진만 옆모습이었다.84) 그렇다면 이 시기에 날짜를 붙이기 시작한 것에 대해서는 어떻게 생각해야 할까. 러일전쟁 후반부는 바야흐로 '국민'임을 공유하기 위해 세부 장치가 충실해져 가는 시기였다. 천황이 의미하는 공 / 사 영역과 젠더의 동요를 훌륭하게 논했던 기타하라 메구미北原惠는 정월 신문에 등장한 천황 일가의 상을 연대기적으로 고찰하고 있다. 메구미는 아이를 가운데에 두고 찍은 천황가족사진이 설날 게재물로 정착하는 시기를 1930년대 후반, 전쟁시대로 본다. 또 그는 천황일가사진의 첫 등장이 러일전쟁 중이라는 사실도 주목한다.85) 과도기였다는 사실에 주목하는 이 글의 입장에서 본다면, 러일전쟁의 절정기에 전황을 급변시킨 뤼순旅順의 러시아군 '함락' 소식이 지면에 반영되지 않았다는 점은 중요하다. 이를테면 전쟁보도의 방향이 정해지지 않은 가운데, 이런 '가족상一族象'이 태양력 신년호에 게재되기 시작한다(태양력은 아직 정착되지 않았다). 이것은 그때까지도 관리되고, 제한되었던 '어진御眞影'을 재구성해서 성장 변화하는 아이들의 정보를 덧붙이려는 '시도'였다. 그리고 사진을 관리하는 측에 남겨져 있는 사료를 통해, 이런 '시도'는 전쟁보도를 담당했던 미디어 측이 요청한 것이었다는 사실을 알 수 있다.

그것은 가족상을 구성하려는 것이 아니라, 천황의 손자인 황손의 사진을 미디어가 요청한다는 형식으로 나타났다. 1890년 4월 이후부터 기재되기 시작한 『동궁직어사진록東宮職御寫眞錄』86)에는 이러한 증거가 남아있다. 그 내용은 주로 황태자・황태자비 '어진御眞影'의 하사 청원과 이에 대한 회답이다.87) 『오사카 마이니치신문大阪每日新聞』 설날 부록으로 《고귀한 천황 일족의 초상高貴御一族御肖像》이 게재되었고, 그 다음 해에 정월 사진으로 쓰기 위해서 황손사진을 빌려 달라는 요청이 있었다. 처음으로 빌려달라고 청원한 곳은 하쿠분칸博文館88)이었다. 하쿠분칸은 『청일전쟁기록日淸戰爭實記』에서 사진동판을 사용해서, 전사한 장교의 초상사진을 실었다. 이를 통해 전쟁보도의 새로운 독자를 확보한다. 또 러일전쟁 개전 직후인 1904년 4월 이후 『러일전쟁사진화보日露戰爭寫眞畵報』를 간행한다. 1905년 12월 동궁직東宮職 앞으로 보낸 청원은, 같은 해에 태어난 '데루노미야光宮'(후에 다카마쓰노미야高松宮)의 어진을 『유년화보幼年畵報』 정월호에 게재하기 위해 빌려달라는 내용으로, 사주社主인 오하시 요타로大橋陽太郞의 이름으로 제출되었다. 또 이듬해인 1906년 11월에는 청일전쟁 후 새롭게 나타난 『잡지소년雜誌少年』 신년호 게재용으로 세 황손인 미치노미야迪宮·아츠노미야淳宮·데루노미야光宮에 대한 「어진차용청원御寫眞拜借願」(동궁직 주사 앞東宮職主事宛)이 등장했다.[89] '사진'이 신문지면에 사용가능하게 되었던 것은 러일전쟁 후의 일이다. 그러나 천황가 자손이 영유아 단계에서 니시키에錦繪가 아닌 상태로, 신문지면에 처음 등장한 것은 메이지천황의 황손 세대에 이르러서였다.[90] 앞의 사료에서는 천황과 황후의 사진통제가 황태자와 황태자비에까지 가해졌다는 사실을 알 수 있는데, 미디어가 착안한 것은 성장 변화하는 황손사진을 '정월'호에 게재하는 것이었다.

후지와라 키이치藤原歸一는 "국민이라는 자각을 요구하는 사람들이 사회에 존재한다"는 전제로, 내셔널리즘을 "자유주의나 사회주의보다 항상 지지자가 많은 이데올로기"라고 한다.[91] 이 글이 다루는 시기는 일본의 성인남자가 '국민'이라는 자각을 요구하는 한편 그러한 정체성을 강제하는 장치가 정비되는 때였다. 그리고 역사적 지점에서 요구되었던 심볼은 고도의 추상성이 있거나 다양한 해석의 여지가 있거나, 독자가 전제된, 구체적인 천황상이었다. 미디어는 가족상까지 만들어 보여주었다. 물론 심볼은 육체적 연령을 멈출 필요가 있었을 것이다. 공식 사진의 고정화와 관리라는 시스템은 그러한 정치적 역할을 자각했던 결과로 여겨지지만, 그 상징적 의미는 육체적인 죽음에 의해서 완성된다.

모치즈키 고타로望月小太郎는 메이지천황이 죽은 다음 해인 1913년에 『세계 속의 메이지천황世界に於ける明治天皇』을 출판했다. 이 책은 메이지천황의 위독에서부터 임종, 대상大喪에 관한 세계 여러 나라의 보도 상황을 번역・편찬한 것이다. 초판과 동시에 영어판이 출판되었고, 1922년에는 『메이지대제와 우리 국민성明治大帝と我國民性』이라는 제목의 선집選集이 나왔고, 1927년에는 초판개정판이 간행되었다. 이 개정판을 제일 먼저 논한 쓰루미 슌스케鶴見俊輔는 메이지 유신론과 메이지 천황론을 소재로 비서구권의 메이지 천황상에 주목한다.[92] 그러나 그 구성은 압도적으로 영국과 프랑스 중심이고, 28장의 전체 882면에 달하는 초판에는 영국, 프랑스, 독일 순으로 28개의 나라와 지역에서 발행된 신문이나 잡지 기사가 수집・번역되어 있다. 같은 책 중 140면 가까이를 할애한 영국은, 동맹국임을 강조해서 메이지천황에 대한 찬미를 되풀이하고, 천황을 "야만미명의 지위에서 벗어나 근대문명에 가장 충실한 상태로 향상"[93]된 주체로 간주하며 일본론을 전개한다. 프랑스 잡지인 『르 꼬레스뽄단Le Correspondant』은 8월 25일자에서 다음과 같이 일본 천황상을 분석했다. "천황의 주요 역할은 국가 원수라는 것, 국민 생활 및 **국가적 감정을 불러일으키는 상징**이며, 실로 천황은 이를 완벽하게 드러냈다."[94](강조—오사 시즈에) 프랑스 잡지에서 메이지천황은 기호記號로 변화했다. 모치즈키 고타로는 청나라의 대외인식에는 여러 차례 '역주'를 넣어 이의를 제기하고 있다. 그러나 영국・프랑스・독일의 신문들을 대량으로 번역함으로써 '문명국'의 기준에 맞추는 방식을 보여준다. 이를 통해 모치즈키 고타로는 메이지 천황과 메이지 일본의 '성공' 이야기를 재구성한 것이다. 이 글은 메이지 초기, 공문서나 법령에 나타난 내셔널 심볼의 동요動搖를 예로 들었는데, 『세계 속의 메이지천황』에서

도 역시 메이지 천황이라는 내셔널 심볼을 발견할 수 있었다. 생존 당시부터 균질한 이미지를 지닌 인물로 재구성된 '천황' 상의 이야기에는 국가인가 천황인가의 선택여부가 포함되어 있지 않았다.

5. 마치면서

러일전쟁 개전 후인 1904년 9월 3일, 『오사카 아사히신문大阪朝日新聞』의 '텐세이진고天聲人語'에서는 "요양遼陽도 마침내 요양療養이 아니게 되었다"라고 전승무드를 부채질했다. 이어서 당국자의 목소리로 "제등행렬提灯行列에서 기미가요를 연주하는 일이 많아지겠지만, 황실을 경하하는 경우 외에는 함부로 연주하면 안 된다는 사실 정도는 국민된 마음으로 주의하기 바란다"라는 말을 소개하고, "나는 황실의 노래를 국가의 노래라고 생각하고 있다"라고 끝맺는다.95) 민심을 고무시키는 노래, '국악國樂'이나 '국민가國民歌' 즉 국가國歌의 이념 형태와 그 부재를 지적한 의견은 마쓰오카 코손松岡荒村과 우치무라 간조內村鑑三의 기미가요 비판이든 천황을 찬미하는 문맥이든 양쪽에서 모두 나타난다. 그것들은 러일전쟁 즈음 신문・잡지에 그때까지 등장하고 있었지만, 국가國歌의 내용을 모색하는 폭은 급속히 좁혀져서 예전에 있어왔던 동요나 선택여부는 사라져 버렸다. 메이지천황 죽음 직전에 투서한 "국가國歌는 평화적인가 전투적인가"96)라는 글에서는 고유문화를 칭찬하였고, 그 맥락에서 이미 있어왔던 '문명'국의 국가國歌 이념은 후퇴했다. 거기에는 지금 현실에 기능하고 있는 천황 찬가를 절대화하기 위한 논리가 분명한 형태로 드러나기 시작했다. 홋카이도北海道, 오키나와沖繩를 비롯해서 이미 '식민지'에서는 강권적으로 실천되고 있었던 일원적인 내셔널 심볼과 이것을 둘러싼 담론은 다음 단계로 접어들었다. 극히 '근대'적으로 '발명'되었던 심볼을 '전통'으로 해석하기 위한 다양한 정보와 장치가 요구되었던 것이다.

일본 근대 종교개념의 형성*

이소마에 준이치 磯前順一**

1. 시작하며

'종교'라는 말은 원래 불경佛經을 한문으로 옮기면서 생겼는데, 오늘날 우리가 말하는 의미의 종교는 서양의 'religion'에서 유래했다. 그러니까 religion의 번역어인 종교는 그다지 오래된 것이 아니다. 즉 종교는 에도막부 말기 일본이 개국하고 서양 문명세계 안으로 편입되는 과정에서 일본 사회 안에 정착하게 된 근대적인 인식 체계의 소산이다. 이 글에서는 religion이라는 말이 '종교'로서 일본에 정착하게 되기까지의

* 이 글은 남효진이 번역했다.

** 1961년생. 일본사, 고고학 전공. 국제일본문화연구센터 조교수. 저서로 『상실과 노스탤지어』(2007), 『근대 일본의 종교담론과 그 계보』(2003)가 있다.

과정, 즉 에도막부 말기부터 메이지 말기까지 일본에서 종교를 보는 시각이 어떻게 변화했는가를 살펴보고자 한다.

이 글에서는 이처럼 말을 둘러싼 문제가 결코 표상으로서의 낱말이 변화하는 차원에 그치지 않는다는 것을 확인한다. 요컨대 종교라는 말이 출현한 역사를 논하는 것은 그 말이 품고 있는 인식의 틀 자체의 변용, 즉 종교에 대한 인식의 성립 과정을 다루는 것을 의미한다. 미셸 푸코Michel Foucault의 말을 빌리자면, 새로운 언표의 출현은 "대상들의 출현의 체계, 언표 행위적 양태들의 나타남과 분배된 개념들의 자리 잡음과 분산, 전략적 선택들의 전개"1)를 가져온다. 즉 우리의 인식체계 자체에 근본적 변화가 일어났음을 뜻한다.

서양 종교학에서는 이미 religion 개념을 인식체계의 문제로 보고 재검토하고 있다. 요컨대 religion이라는 말이 내포하는 유럽중심주의 — 식민지주의나 오리엔탈리즘과의 결부 — 나 프로테스탄티즘에 뿌리를 둔 근대 합리주의적 가치관을 비판하고, religion 개념을 크게 수정하거나 아예 말 자체를 폐기해야한다는 논의를 전개하고 있다. 이 같은 움직임에 힘입어 서양에서 유래한 religion 개념이 다른 지역에 어떤 영향을 끼쳤는가에 대해서도 남아프리카나 인도를 대상으로 다루기 시작했다. 그리고 일본에서도 이런 문제를 근대화라는 역사의 맥락 속에서 다루려는 시도가 나타나고 있다.2)

최근 일본에서 일어나고 있는 이런 움직임은 단순히 서양의 연구를 모방하는 것이라기보다는, 일본 사회의 내부 문제와 더 밀접한 관련이 있다. 특히 옴진리교 사건은 일본의 종교 연구에 큰 영향을 미쳤다. 세상을 떠들썩하게 한 종교를 둘러싼 신앙의 자유와 사회성 문제는 컬트[1]

---

1 cult는 '숭배, 예배'를 뜻하는 라틴어 cultus에서 파생되었다. 원래는 의례, 제사 같은 종교

라고 하는 반사회적인 종교 교단의 문제뿐만 아니라, 이전부터 논의되어 온 야스쿠니 신사를 둘러싼 종교와 국가의 관계, 나아가서는 일본인에게 애당초 종교에 대한 관념이 존재했는가하는 문제에까지 닿아있다. 그 결과 우리는 일본인에게 있어 종교란 무엇인지, 일본 사회는 종교를 어떻게 자리매김 해왔는지를 다시금 되돌아보게 되었다.[3)]

그런 의미에서 종교 개념에 관한 고찰은 근대 일본에서 우리가 종교라고 부르는 인식체계, 즉 지금은 자명해진 우리 자신의 종교에 대한 시각을 재검토하는 시도이기도 하다. 그런데 그것을 단순한 개념상의 문제로만 봐서는 안 된다. 현재에 이르기까지 종교를 둘러싼 정치・사회 제도의 형성 과정도 살펴보면서, 이 시도가 서양의 연구를 모방하는 데 그치거나 일본 국내 상황에만 관점이 매몰되지 않도록 주의해야 한다. 이를 위해 일본이 서양의 근대로 편입되지 않을 수 없었던 상황을 고려하면서, 서양에서 유래한 religion으로 대표되는 종교 개념들이 근대 일본의 종교 상황을 어떻게 범세계적인 서양의 구조 속으로 편입시켰고, 또 일본 사회는 그것을 어떻게 수용하고 분절화 했는지, 서양의 근대와 일본 사회의 상호관계를 잘 살펴보지 않으면 안 된다.

이 글은 종교라는 언표의 정착과정을 네 시기 — 종교라는 번역어가 확립되는 시기, 종교라는 말이 서양문명을 체현하던 시기, 종교가 비합리적・사적 영역으로 한정되게 된 시기, 종교 개념이 정착하는 완성단계로 종교학이 출현한 시기 — 로 구분하고, 그 변천을 통해 근대 일본 사회에서 종교를 둘러싼 여러 담론이 출현하고 배치되어 간 모습을 역동적으로 파악하고자 한다.

적 활동을 뜻한다. 1990년대 이후 미국에서 반사회적인 종교집단을 의미하는 말로 사용되기 시작했다. 유럽에서 컬트는 단순히 종교의 분파를 의미하며, 반사회적 종교집단은 'sect'라고 한다. 일반적으로 이단, 사교집단을 뜻한다.

2. 종교라는 번역어가 확립되기까지

일본에서 종교 개념의 확립은 에도막부 말기의 개국을 계기로 일본이 자본주의와 제국주의를 근간으로 하는 서양 세계 안으로 편입되면서 나타난 현상 중 하나이다. 당시 국제법을 의미하던 만국공법萬國公法[2]에는 국가의 주권은 서로 존중해야하고 침범할 수 없다고 되어있다. 그렇지만 그것은 어디까지나 서양 국가들에게만 해당되는 것이었다. 유럽식 관념에 따르면, 지구상의 모든 영역은 '문명국', '야만국', '미개국'으로 분류된다.

우선 서양 국가들로 구성된 문명국은 국가 주권이 인정되고 정치적 자립이 상호 존중된다. 반면 미개국은 주권자가 없는 미개척 영역으로 간주되어 문명국에 의한 식민지화의 대상이 된다. 또 양자의 중간에 위치한 야만국은 문명화가 덜 된 땅으로 여겨져 주권은 제한적인 형태로만 인정되며, 문명국의 관리 아래 놓이게 된다.[4] 이 같은 분류 기준에 따라, 일본은 중국이나 터키와 함께 제한된 형태로만 주권을 인정받는 야만국으로 간주되었다. 그 결과 1858년(안세이 5)의 미일수호통상조약을 비롯해 일본이 서구 국가들과 맺은 일련의 통상조약은 모두 불평등 조약이었다. 즉 비문명국은 자본주의 경제를 이해하지 못하여 그 원활한 진행과 발전을 방해할 우려가 있으므로, 서양 중심의 입장에서 일본

2 중국에서 활동하던 미국인 선교사 윌리엄 마틴William A. P. Martin은 미국 법학자인 헨리 휘튼Henry Wheaton이 쓴 국제법 저서 『*Elements of international law*』를 한역漢譯하여 1864년 『만국공법』이라는 제목으로 북경에서 출판했다. 이 책은 동아시아에 근대국제법을 보급시키는 데 큰 영향을 미쳤다. 또, '만국공법'은 당시 'International law'의 번역어로 사용되기도 했다.

의 관세자주권을 인정하지 않고 영사재판권으로 자본주의의 상업행위를 보호한다는 것이다.

이런 조약 체결은 경제적인 불이익을 당할 뿐만 아니라, 아편전쟁 후 중국이 쇠락한 것처럼 국가 독립을 잃고 식민지가 되는 상황으로 이어질 수도 있었다.[5] 그런 위험을 극복하기 위해서는 하루빨리 야만국의 범주에서 벗어나 서양 국가들과 대등한 문명국으로 인정받아야만 했다. 이런 불평등 조약들을 이어받은 메이지 정부가 그 개정을 위해 문명국이 갖추어야 할 체재를 정비하고자 한 것은 너무나 당연하다. 이렇게 야만국으로부터 문명국으로 이행하려는 시도를 상징하는 것이 이른바 문명개화이다. 따라서 문명개화는 표층적인 문화 수입에 그치지 않고 정치적인 성격을 띨 수밖에 없었다.

그런데 문명국으로 승인받기 위해서는 우선 헌법을 비롯한 서양의 사법제도를 갖출 필요가 있었다. 이것은 상업 활동에 종사하는 서양인의 안전을 보장한다는 것을 의미한다. 또 그와 동시에 서양의 문화양식이나 가치체계도 폭넓게 익히지 않으면 안 되었다. 그 같은 중요한 문화항목 중 하나가 바로 기독교의 수용이었다. 일본에서 religion 개념이 확립되는 과정은 서양 세계와의 접촉에서 비롯되었기 때문에 기독교 수용을 중심으로 전개되어갔다. 그런데 그 배경에는 서양 자본주의의 글로벌화에 따르는 정치역학이 작동하고 있었음을 간과해서는 안 된다.

religion은 1858년(안세이 5) 미일수호통상조약에서 처음 일본어로 번역되었다. 제8조에 다음과 같은 신앙의 자유에 관한 규정들이 있다.[6]

> ① 일본에 있는 미국인이 자기 나라의 종법宗法을 행하는 예배당을 거류지 안에 두는 데 지장을 주지 말 것. 또 그 건물을 파괴하지 말 것이며, 미국인이 종법을 행하는 것을 방해하지 말 것.

② 미국인은 일본인의 신사・사찰을 훼손하지 말 것. 또 일본 신불神佛의 예배를 방해하고 신체불상神体佛像을 절대 훼손하지 말 것.

여기서 두 가지를 확인할 수 있다. 하나는 이 시기에는 religion이 아직 '종교'가 아닌, '종법宗法'이나 '종지宗旨' 같은 근세적인 말로 번역되었다는 것. 또 하나는 여기서 보장된 것은 국가 차원의 신앙의 자유이지, 개인 차원은 아니라는 것이다. 당시 일본 국내에서 기독교는 여전히 금지된 상태였지만, 서구 국가들이 일본 정부에게 방침을 전환하도록 직접적으로 강하게 밀어붙이지는 않았다. 그것은 내정은 서로 간섭하지 않기로 했기 때문이다.

이후 religion의 번역어는 오직 서양 국가들과 외교 조약을 체결할 경우에만 사용되었다.7) 즉 그 번역어는 국내의 종교 상황과는 원래 아무런 관계가 없는 말로, 일본 사회가 외국과 접촉하는 경우에만 필요한 말이었던 것이다.8) 그런 까닭에 서양 세계와 일본의 종교 관념을 엄밀하게 따져보지도 않았으며, 기독교를 핵심으로 하는 religion과 종지宗旨로 대표되는 일본의 개념이 어떻게 대응하는가 하는 논의도 일어나지 않았다. 당시의 정부 관리나 지식인에게 religion과 그 번역어의 공통점은 대충 '신불의 예배'라는 정도로 어렴풋하게 이해되었다.

그 후 외교문서에서는 religion의 번역어가 대체로 '종지'로 통일되어간 반면, 당시의 계몽적인 지식인들은 다양한 번역어를 내놓았다. 예를 들면, 후쿠자와 유키치의 '종문宗門'・'신교信教', 나카무라 케이우中村敬宇의 '신도神道'・'법교法教', 니시 아마네西周의 '교법教法'・'종지宗旨'・'교문教門', 니지마 조新島襄의 '성도聖道' 등이 있다.9) '종교宗教'라는 번역어도 그 중 하나로 등장했는데, 초기에 사용된 예로는 1868년(메이지 1)에 있었던 기독교금지령에 대한 미국 공사의 항의서, 1869년에 북부독일연방과 체결한 통상조약 등이 있다.10) 그렇지만 그때는 아직 '종법'이나 '종지'로 바꾸어 쓸 수 있는 비슷한 말에 불과했으며, 지금처럼 고유한 의미를 가진 것은 아니었다. 엄밀하게 따지면 '종교'로 통일되기 이전, religion의 번역어에는 '종지'처럼 의례practice적인 의미 — 비언어적인 관습행위 — 를 강하게 띤 것과 '교법'처럼 믿음belief — 개념화된 신념체계 — 을 중심으로 한 것, 두 계통이 존재했다.11)

의례 계통에 해당하는 '종지'나 '종문'은 기본적으로 조동종曹洞宗이나 정토진종淨土眞宗 같은 불교의 각 종파에 대한 개별적인 귀속관계를 나타내는 말이었다. 그것은 근세에 절을 매개로 했던 막부의 인신지배제도인 데라우케제도寺請制[3]와 일체화된 것이다. 지역에 연고를 둔 교단조직인 단카제도檀家制度를 기반으로 장례의식의 집행을 허가받은 불교종파만 종지로 인정받았다. 따라서 기본적으로 장례의식과 관계가 없는 신도神道나 유교는 종지의 범주에 들지 않았다. 당시 금지되었던 기독교는 불교식의 장례의식을 거부하는 '사邪종문', '야소耶蘇 종문'이라 해서, 종지의 일탈된 형태로 상정되었다.12) 어찌됐든 문제가 된 것은 장례의식의 시행자로서의 종파였고, 믿음과 관련된 교의의 차이는 전혀 논의 되지 않았다.

religion의 번역어 중에서 신념과 밀접한 관계를 가진 것은 '교법教法'과 '성도聖道'였다. 이 말들은 근세의 종교제도와 결부된 종문이나 종지

3 단카제도라고도 한다. 17세기에 에도막부가 기독교를 단속하기위해 실시한 제도. 모든 인민을 단카檀家로 절에 등록하게 함으로써 기독교 신자가 생기지 못하도록 단속했다. 등록증이 없으면 취직, 여행, 결혼 등이 허용되지 않았다. 이후 모든 집에는 불단이 놓여지고, 법요에는 소속된 절의 승려를 부르는 것이 관습이 되었다. 이것은 절에게 인민을 파악하도록 하는 것으로, 절이 막부 통치체제의 일익을 담당했음을 보여준다. 단카제도는 절의 경제적 기반이며, 기독교 금지령이 풀린 후에도 계속해서 일본 사회제도의 일부를 이루었다. 지금도 대부분의 사람은 절에 등록되어 있고, 죽으면 소속된 절에서 장례를 치르는 것을 당연하게 여기고 있다.

와 달리, 불교나 유교에서 진정한 가르침을 의미하는 교의나 사상과 관련이 있었다.13) 근세에도 교의를 둘러싼 논쟁이 불교와 유교 혹은 일본 국학 사이에서 일어났었다. 그렇지만 그런 논의는 어디까지나 지식인 사이에서만 일어났으며, 일반인들과 관련된 의례적인 종지로서의 불교와는 차원이 달랐다.14) 그런 이유에서인지, '교법'이나 '성도' 같은 말은 정부의 행정문서에는 거의 보이지 않고 주로 지식인의 저술 속에 등장한다. 그리고 "언어로는 나타낼 수 없는 궁극의 진리와 그것을 인간에게 전하기 위한 가르침"을 뜻하는, 불경에 나오는 '종교' 또한 이런 신념과 관련된 범주에 속하는 말이었다.15)

이처럼 에도막부 말기에서 메이지 초기까지 religion의 번역어는 의례와 관련된 종지·종문과, 신념과 관련된 교법·성도·종교, 두 계통이 존재했다. 그런데 인구에 널리 회자된 것은 근세의 종교제도와 결부된 전자 쪽이었다. 후자는 어디까지나 불경과 교의에 밝은 지식인층에게 한정된 어휘였다. '종교'도 그 예외가 아니어서 이노우에 테쓰지로井上哲次郎[4]가 지적한 바와 같이, "메이지유신 전에는 별로 사용되지 않았다."16) religion의 번역어가 최종적으로 '종교'로 통일된 것은 소수파였던 신념 계통의 '종교'가 그때까지 우세하던 종지·종문의 의례 계통을 제치는 역전현상이 일어났음을 보여준다.

'종교'가 religion의 번역어로 굳어진 것은 1880년대로 보인다.17) 1881년(메이지 14)에 간행된 번역어집 『철학자휘哲學字彙』[5]에 '종교'라는 말이 오를 무렵에는 이미 꽤 일반화되어 있었다. 이 번역어가 '종교'로 완전

4 이노우에 테쓰지로井上哲次郎(1856~1944) : 일본 메이지시대 철학자. 우치무라칸조 불경 사건에서 기독교를 맹렬히 비난하는 등 종교에 대한 국가의 우위를 강력하게 주장하면서, 메이지정부의 이데올로그로 활약하였다.

5 윌리엄 플레밍William Flaming의 『Vocabulary of Philosophy』를 일본어로 번역한 철학·사상사전. 이노우에 테쓰지로가 감수하였으며, 1881년에 초판이 나왔다.

히 굳어진 직접적인 계기는 1873년(메이지 6)의 기독교금지령 철회이다.18) 기독교 금지가 철회된 구체적인 원인은 나가사키 우라카미浦上촌에서 있었던 기독교도 처형이나 이와쿠라岩倉구미사절단과 관계가 있다. 하지만 이토 히로부미伊藤博文가 "기독교금지령으로 인해 외국인에게 신앙의 자유를 저해하는 야만국으로 간주되어 대등한 권리를 허용받지 못하므로 그 금지령을 철회했다"19)고 회고하였듯이, 최종적으로는 예의 문명국・미개국・야만국이라는 국가 주권을 둘러싼 외교적인 판단이 크게 작용하였다.

일본 국내에서 기독교가 용인된 것을 계기로 일본 사회 내부에서도 국내의 종교 정책과 관련하여 번역어에 대한 논의가 이루어지게 되었다. 그때까지는 외교, 즉 외국과 교섭하거나 담판하는 경우에만 번역어가 언급되었다. 그러다가 논의에 참여하는 사람들이 religion을 항상 일정한 말로 사용할 필요가 생기면서 번역어가 하나로 정해지게 되었다.

이런 논의는 주로 『메이로쿠잡지明六雜誌』[6]에서 전개되었는데, 종교라는 번역어를 가장 먼저 사용한 사람도 이 잡지의 동인이었다. 금지령이 철회된 다음 해인 1874년(메이지 7)에 모리 아리노리森有禮가 맨 처음 「종교」라는 제목으로 『메이로쿠잡지』에 논문을 발표하였다. 후쿠자와 유키치도 『문명론의 개략文明論之槪略』(1875)에서 종교라는 말을 본격적으로 쓰기 시작했다.20) 당시의 주요한 논제 중 하나는 일본의 기존 종교들과 기독교의 관계였다. 서양에서 들어온 religion 개념의 핵심이 되는 기독교는 신념체계의 발달이 두드러졌다. 특히 일본에 전도된 기독교 가운데 주류인 프로테스탄트는 의례적 요소를 배제하는 엄격한 신

6 메이로쿠사明六社의 기관지. 1874년 4월 2일 창간, 1875년 11월 14일 폐간. 전 43호. 근대 일본의 학술종합잡지의 선구로, 문명개화시기의 일본에 큰 영향을 끼쳤다.

념중심주의를 채택했다.[21] 이는 의례를 중심으로 한 일본의 근세적인 종지의 개념과는 부합하지 않았다. 이와 같은 기독교에 대한 인상이 religion이라는 말의 배후에 존재하고 있었기 때문에 그 번역어가 최종적으로 신념계통인 '종교'로 통일되었을 것으로 본다. 이로써 메이지 초기 종교에 대한 이해가 지식인들 사이에서 기독교의 용인을 계기로 의례 중심에서 교의 중심으로 이행되었음을 알 수 있다.

그때까지도 religion에 관한 문제는 여전히 정부의 관료나 계몽사상가처럼 서양문화를 접할 기회를 가진 극히 일부 엘리트층에 머물러 있었다. 당시 사람들 대부분은 기독교를 접할 기회도 없었고 종교라는 말도 몰랐다.

> '종교'는 전쟁 전 농촌 사람들에게 그다지 친근하게 사용되던 말은 아니었다. 우리가 현재 '종교'라는 말로 표현하고 있는 것들은 종지라든가, 신심信心이라든가, 혹은 신앙이라든가 하는 종류의 말로 일컬어졌다.[22]

위에서 오스미 카즈오大隅和雄[7]가 지적한 '신앙', '신심'이라는 말 역시 불교에서 나온 말이다. 그렇지만 근세에는 불교뿐만 아니라 민중종교나 민간신앙까지 포함하는 의미로 쓰였다.[23] 오스미 카즈오는 이것을 종지와 함께 열거하였지만, 사회제도와 결부된 종지・종문은 명확하게 구별되어 데라우케제도의 범위 안에서만 사용되었다. 신앙이나 신심이 광범위한 신앙 행위를 포괄적으로 말하는데 비해 종지나 종교는 적용 범위가 한정된 말이었다. 이런 신심・신앙이 religion의 번역어

7 오스미 카즈오大隅和雄(1932~) : 일본의 역사학자, 일본 중세사상사 전공. 저서로 『일본의 문화를 다시 읽는다』(吉川弘文館, 1998), 『중세 역사와 문학 사이』(吉川弘文館, 1993) 등이 있다.

로 전혀 고려되지 않은 것은 religion이란 말이 이른바 민간신앙과는 동떨어진 영역에서, 즉 민중세계와는 유리된 개념으로 일본 사회에 받아들여졌음을 보여준다.

3. 서양문명으로서의 종교

religion의 번역어로 '종교'가 채택되자, 그때까지 종교가 갖고 있던 의미에도 변화가 일어났다. 고이즈미 타카시小泉仰[8]는 다음과 같이 말했다.

> 불교 세계에서 사용되던 '종宗'과 '교敎', 그리고 '종교'라는 말은 모두 어디까지나 불교의 교지이며 종지이지, 다른 종교를 가리킨 것은 아니었다. 따라서 불교 용어인 '종교'에는 기독교, 유태교, 이슬람교 등 각종 종교들을 포함하는 의미, 이른바 제도로서의 종교라는 의미는 담겨 있지 않았다.[24]

보다 정확하게 말하면 근세에 쓰이던 종교라는 말은 불교 내 '종파의 가르침'을 의미하는 것에 지나지 않았다.[25] 여러 종교들 간의 관계는커녕 불교라는 통일된 의식조차 결여되어있었는데, religion을 번역하는 과정에서 여러 종교를 포함하는 것으로 의미가 확대되었다. 에도시대에는 불교가 데라우케제도를 통해 제도적으로 종교를 독점했었는데,

8 고이즈미 타카시小泉仰(1927~) : 일본의 교육자, 문학자. 저술로 「후쿠자와 유키치의 종교관」, 「나카무라 케이우와 기독교」 등이 있다.

메이지 정부가 취한 기독교 용인과 신불분리령[9] 같은 정책으로 종교제도상 불교의 독점 상태가 무너지고, 신도·불교·기독교가 경합하게 되었기 때문이다.

그 무렵, 그때까지 통일된 의식이 없었던 불교나 신도의 여러 파가 불교나 신도라는 자신의 정체성을 분명하게 자각하게 되었다. 원래 '불교'라는 말 자체가 근세 이후 종파별로 독립된 상태를 극복하는 와중에 나타난 것이다.[26] 신도 역시 신불분리령을 비롯해 메이지 정부가 펼친 신도국교화정책의 영향으로 불교와 혼합되어있던 상태에서 분리되어 국체 이데올로기로서 독립성을 실제로 갖게 되었다.

새롭게 성립된 '종교' 개념이 종교들을 포섭해가는 과정에서, 윤리규범이나 일신교적인 인격신 등 신념에 중점을 둔 기독교가 교의적인 면에서 압도적인 우위를 차지하였다.[27] 고자키 히로미치小崎弘道[10]는 기독교계 잡지인 『리쿠고잡지六合雜誌』의 발간을 맞아, "우리는 일찍부터 기독교를 공부하여 그 진리를 깊이 새기고(…중략…) 그 문명의 정신을 굳게 믿는다"[28]고 했다. 이 말은 서양문명과 결부된 기독교의 우위성을 단적으로 보여준다. 기독교가 서양문명의 체현으로 간주되자, 다른 종교들도 자기 종교가 기독교 못지않게 명확한 교의체계를 갖고 있으며 문명화에 유용하다는 것을 앞 다투어 주장하게 되었다. 한편 그 가치관에 맞지 않는 것은 '음사淫祠·사교邪教'라고 배척당하게 되었다.

종교가 신의 행위·죽음에 대한 문제·교조教祖 등과 관련하여 이해되는 한편, 현세구복적인 신앙은 심한 비판을 받았다. 실제로 불교 각파

9 1868년 3월 메이지정부가 취한 종교정책 중 하나. 신불습합神佛習合을 부정하고 신도를 불교로부터 독립시켰다.

10 고자키 히로미치小崎弘道(1856~1936) : 일본 메이지·다이쇼기의 기독교 지도자. 러일전쟁 때는 『리쿠고잡지』를 통해 주전론을 주장하며 군대 위문단을 파견하기도 함.

는 장례의식 불교라고 불릴 정도로 의례 중심이었던 기존 방식에서 벗어나고자 노력했다. 이를 위해 기독교를 모방한 교의화·철학화가 일어나고, 신란親鸞[11]이나 니치렌日蓮[12] 같은 각 종파의 교조가 윤리적인 인격자로 부각되었다. 한편 1872년(메이지 5)에는 기도 수행을 주로 하는 슈겐종修驗宗[13]이 폐지되는 등, 현세구복적인 주술 행위는 불교에서도 배척당하였다.29)

이와 같은 억압은 1873년에 있었던 무당·무녀·굿 금지령 같은 정책을 통해 민간신앙이나 민중종교에 대해서도 강력하게 진행되었다.30) 기독교를 중심으로 한 신념에 바탕을 둔 '종교'관이 형성되는 한편, 근세에 신심信心이나 신앙이라 불리던 서민의 종교 생활 중 일부는 음사·사교로 폄하되었다. 그 과정에서 의례적인 것은 확실하게 신념의 하위에 놓이게 되고, 그 일부는 반문명적인 것으로 사회에서 배척당하였다.

이와 같은 종교관이 성립된 배경에는 서구 국가들의 압력이라는 대외적인 동기가 크게 작용했다. 그렇지만 그와 동시에 수용하는 측에 프로테스탄트적인 윤리 종교와 상통하는 유교 소양이 당시의 지식인층을 중심으로 이미 존재하고 있었던 것 역시 간과할 수 없다.31) 음사·사교라는 발상도 근세 유학에서 이미 나타났던 것이다.32) 당시 일본에서는 종교와 윤리가 어휘적으로는 아직 명확하게 구별되지 않았다. 일반적으로 근세 이후의 유학이나 국학의 소양을 바탕으로 양자를 모두

11 신란親鸞(1173~1263) : 일본 가마쿠라시대 초기의 승려로, 정토진종의 개조.

12 니치렌日蓮(1222~1282) : 일본 니치렌종의 개조로 묘법연화경을 기본 경전으로 하는 독자적인 법화불교를 확립했다.

13 슈겐도修驗道는 일본 나라시대에 옛날부터 내려오는 산악신앙과 신도, 불교, 도교, 음양도 등이 융합해서 성립된 일본 특유의 종교. 헤이안 시대에 번성했으며, 진언종 같은 밀교와 관계가 깊어 불교의 일파로 간주되기도 한다. 슈겐도 안에는 여러 슈겐종이 있어서 ××슈겐종, ○○슈겐종 등으로 불린다.

'교教'로 이해했다. 예를 들어 니시 아마네는 '교教'와 '정政'을 구별하면서, "교는 내면에 존재하는 마음의 도리를 가리키는 것"이라고 규정했는데, 이는 '교'라고 하는 범주 안에서 종교와 윤리를 구별하지 않았음을 잘 보여준다.33)

일본 정부가 1872년(메이지 5)부터 취한 교부성教部省[14] 정책에서도 이와 같은 '교'의 미분화를 볼 수 있다. 교부성은 기독교에 대항하여 국민에게 천황제 이데올로기를 보급하던 기관으로, 교도직에 임명된 사람이 국민의 교화와 함께 장례의식을 독점하였다.34) 그때 선포된 '본교本教', '대교大教'라 불리던 가르침 역시 계몽사상가의 경우와 마찬가지로 종교부터 윤리까지 다 포함하고 있었다. 가령, 이 가르침들의 구체적 항목을 보여주는 '십일겸제十一兼題'는 "신덕황은神德皇恩의 말씀, 인혼불사人魂不死의 말씀, 천신조화의 말씀, 현유분계顯幽分界의 말씀, 애국의 말씀, 신제神祭의 말씀, 진혼의 말씀, 군신의 말씀, 부자의 말씀, 부부의 말씀, 오하라에大祓[15]의 말씀"으로,35) 신이나 사후 문제와 함께 정치 질서와 가정 내 도덕을 열거하고 있다. 그것을 설교하는 교도직에는 신도·불교나 민중종교 등의 종교인뿐만 아니라 종교와 관련 없는 고단시講談師나 라쿠고카落語家 같은 만담가까지도 들어있었다. 교부성 정책뿐만 아니라 그에 앞서 행한 신도국교화 정책에서도 '교'나 '대교'란 오늘날 말하는 종교가 아니라 이처럼 분화되지 않은 가르침을 가리키는 것이었다.

종교와 윤리 사이에는 기본적으로 신적인 존재의 유무라는 분명한 외견상의 차이가 있다. 그렇지만 신을 마음에 내재하는 하늘天로 이해

14 메이지 초기 태정관제도 아래서 종교 통제에 의한 국민교화를 목적으로 설치한 중앙 관청조직. 1872년 설치되어 1877년 폐지되었다.

15 일본 교토의 주작문 앞 광장에서 6월과 12월 말일에 사람들의 죄와 부정을 씻어버리기 위해 행하던 종교의식.

하는 유교 관념에서는 양자의 경계가 그다지 분명치 않다.[36] 종교와 윤리를 아직 분화되지 않은 관계 안의 양극으로 인식하였던 것이다. 이런 인식은 서양 사상의 수용을 주장한 후쿠자와 유키치를 비롯한 계몽사상가든, 전통적인 일본 국학파 지식인이든 마찬가지였다. 메이지 초기에는 여전히 유학을 주류로 하는 근세적 소양이 숨 쉬고 있었다.

이처럼 1877년(메이지 10) 무렵에는 '종교' 개념은 국체 이데올로기든 계몽적 지식인의 인식이든, 모두 윤리와 종교가 일체화된 근세적인 '교'에 대한 담론의 일부였다. 그런 상태에서 종교인들은 종교야말로 문명의 진정한 원동력이라고 보았으며, 비종교인들은 종교를 윤리로 합리화해야 한다고 생각했다.

종교가 윤리와 완전히 분리된 것은 메이지 10년대에 교부성 정책이 붕괴되고 일본 나름대로 정교분리를 확립해간 다음 단계에서였다. 1877년(메이지 10)에 교부성이 폐지되었고, 1884년(메이지 17)에는 교도직이 폐지되었다.

그 과정에서 정부, 계몽사상가, 종교인에게 공통된 것은 어느 종교가 일본의 국민 통합에 가장 유용하냐는 관점이었다. 예를 들어 고자키 히로미치는 "구미 국가들의 현재 상황을 보면 기독교가 가장 번성한 나라가 인문도 가장 발달했고, 학술도 발전했으며, 국권도 확립되어 있고, 애국심도 깊고, 부자父子 사이도 제일 화목하다"[37]고, 기독교가 국가, 사회질서, 학문과 결부되어 있음을 강조하였다. 여기에는 기독교로 대표되는 종교의 현세비판적인 성격이 미묘하게 작용하고 있다. 공격의 화살이 민간신앙이나 낡은 관습과 폐단으로 향하면, 종교는 문명개화를 밀고 나가는 계몽적인 힘으로 평가받는다. 그러나 현세비판적인 교의가 국가 권력 및 그 상징인 천황제로 향해질 가능성이 조금이라도 보이면, 그 종교는 일본에서 배척당하게 된다. 종교는 근대 국가와 사회 형성에 기여하는 정도에 따라 평가받았다. 이에 대해 야스마루 요시오安丸良夫는 다음과 같이 지적하였다.

> 전체적으로 보면 그 과정은 국가가 민중의 생활과 의식 내부에 깊이 개입하여 근대 일본의 국가 과제에 맞춰 유용하고 가치 있는 것과 무용・유해하고 무가치한 것을 나누고, 명확하게 그 사이에 선을 긋는 것이었다. 그 선의 저편에 있는 것은 구습, 누습陋習, 미신, 우매라고 하며, 그것들 전체를 부정적인 것으로 간주하였다.38)

이 과정에서 메이지 초기 폐불훼석[16]을 당했던 불교는 세속에 초연한 성격을 급속히 바꾸어 내셔널리즘 및 서양적 가치규범과의 연결을 강화했다. 그 단적인 예가 히가시혼간지東本願寺가 1876년(메이지 9)에 난조 분유南條文雄[17]를 영국으로 유학 보내 산스크리트 학자인 막스 뮐러Max Müller 밑에서 공부하게 한 것이다. 한편, 곤코교金光教나 덴리교天理教 같은 민중종교도 탈주술화를 꾀함과 동시에 국가 권력에 대한 비판을 점차 삼가게 된다.39)

이런 움직임 속에서 이른바 민중이 보여준 대응을 일률적으로 묶는 것은 불가능하다. 여기서는 히로타 마사키[18]의 방식에 맞춰, 당시의 민중을 '호농상층豪農商層'과 '저변민중底邊民衆'의 두 층으로 나누어 보았다.40) 일반적으로 지역의 지도자인 호농상층은 국가가 진행하는 문명

---

16 일본 메이지 정부의 신불분리령(1868)과 대교선포大教宣布(1870)를 계기로 일어난 불교배척운동. 불법을 폐하고 석가의 가르침을 버리는 것을 뜻한다. 신도국교화 정책에 따른 것으로 당시 수많은 사찰과 불상이 파괴되었다.

17 난조 분유南條文雄(1849~1927) : 일본의 저명한 산스크리트학자. 히가시혼간지의 승려로 1873년 영국에 유학하여 막스 뮐러에게 산스크리트학을 공부했다.

18 히로타 마사키ひろたまさき(1934~) : 일본의 역사연구가. 오사카대학 명예교수. 저서로는 『후쿠자와유키치』(1976), 『문명개화와 민중의식』(1980), 『차별의 시선－근대 일본의 의식구조』(1998), 『근대 일본을 말한다－후쿠자와 유키치와 민중과 차별』(2001)이 있다.

개화의 이데올로그로서 적극적으로 자신의 주체 재편을 행하고, 나아가 민간신앙을 억압하는 쪽으로 돌아섰다. 히로타 마사키의 말처럼, 그 반대편에 있는 '저변민중'층에게 "그들의 세계와는 완전히 이질적이고 적대적인 '문명개화'라는 그야말로 어마어마한 세계가 등장하여 압도적인 힘으로 그들을 덮쳤다."41)

4. 비합리적·사적 영역으로서의 종교

이처럼 미분화된 상태로 서양문명과 일체를 이룬 종교의 개념에 새로운 변화를 가져온 것은 1870년대 후반에 일어난 과학과 종교의 대립 및 1890년대 초반에 있었던 국가와 종교의 대립이었다. 과학과 종교의 대립은 진화론이 전해지면서 일어났다. 진화론은 1877년(메이지 10) 에드워드 모스Edward S. Morse[19]가 도쿄제국대학에서 한 강의를 통해 일본에 본격적으로 소개되기 시작했다. 당시의 상황에 대해 기독교도인 역사가 야마지 아이잔山路愛山[20]은 다음과 같이 말했다.

당시 야소교도에게 이론적으로 정면 도전한 것은 소위 영국의 경험주의파였

19 에드워드 모스Edward S. Morse(1838~1925) : 메이지 초기 도쿄제국대학에서 생물학을 강의하며, 일본에 진화론을 최초로 소개하였다. 또 그가 한 도쿄 오오모리패총大森貝塚의 발견은 일본에서 과학적 고고학의 첫걸음이라 할 수 있다.

20 야마지 아이잔山路愛山(1865~1917) : 일본 메이지・다이쇼 시대 평론가, 역사가. 사상・문학과 정치를 동일시하였으며, 행동을 유발하지 못하는 사상은 무익한 것으로 간주하였다. 기독교도였던 그가 종교상 본보기로 삼은 것은 크롬웰이다.

다. 이들이 이미 오래 전부터 세력을 키워오던 도쿄대학에서 일거에 활동을 개시하며, 진화론과 불가지론을 고취하였다. 이것은 사상계에 새로운 움직임을 불러일으켰고, 덧붙여 야소교도들에게는 적이 나타났다고 느끼게 만들었다. 1881년 이후 대학이 일본 사상계에 기여한 활동이 두 가지 있다면, 하나는 에드워드 모스 박사의 진화론이고, 또 하나는 가토 히로유키加藤弘之[21]의 인권부정설이다.42)

자연계를 논하는 다윈주의와 스펜서의 사회진화론이 거의 동시에 일본에 전해졌다는 점은 매우 중요하다. 야마지 아이잔이 말한 가토 히로유키의 인권부정설이란 사회진화론을 가리킨다. 좁은 의미에서의 진화론인 다윈주의는 인간과 동물의 연속성을 말하며, 신이 인간을 만들었다는 성경의 창조설을 부정하였다. 사회진화론에 따르면, 모든 종교는 조상 숭배에서 파생되었다. 따라서 기독교가 계시종교로 다른 종교와 동떨어진 것이라는 주장을 비판하고, 인간계도 자연계와 마찬가지로 우승열패優勝劣敗의 법칙에 의해 지배를 받으며, 신의 자비에 힘입은 만인이 평등한 세계는 존재하지 않는다고 했다.43)

경험주의 과학의 논리에 따르면, 기독교의 계시적인 교설은 성립할 수 없다. 과학적 합리성이 문명의 증거로 간주되고, 기독교는 그 대극에 있는 비합리적인 것으로 여겨졌다.44) 이미 진화론이 널리 퍼진 서구에서는 기독교의 지위가 하락하고 있었고, 일본에서도 기독교를 더 이상 서양문명의 체현으로 여기지 않게 되었다. 그리고 서양문명을 종교와 분리된 자연과학의 합리성에 중점을 두어 파악하였다. 그 결과, "도덕은 오로지 현세의 인간사만, 종교는 내세의 일만 말하게 되었다."45) 일

---

21 가토 히로유키加藤弘之(1836~1916) : 일본의 정치학자. 초기에는 계몽사상의 경향이 강했으나, 뒤로 가면서 사회진화론의 입장을 취했다. 말년에는 유물론자였다. 도쿄제국대학 제2대 총장을 역임했다.

반적으로 기독교를 비롯해 종교는 현세뿐만 아니라 내세에도 관여한다는 점에서 윤리와 분명하게 구별되었다. 종교는 비합리적인 것으로 여겨져, 합리적인 윤리의 하위에 놓이게 되었다.

이와 같은 변화에 대해 종교인 측에서는 두 가지 움직임이 나타났다.[46] 하나는 당시의 지적 흐름에 맞춰 종교를 합리적으로 파악하려는 움직임으로, 종교의 본질을 윤리 혹은 철학적 교리에 있는 것으로 보았다. 그 대표적인 예가 1885년(메이지 18) 무렵 일본 기독교계에 등장한 자유신학파이다. 자유신학은 성서나 교의를 신의 분명한 계시로 보는 정통파의 견해를 비판하고, 합리적이며 자유로운 해석인 고등비평을 설파했다. 다른 하나는 종교가 비합리적이라는 것을 인정하면서도, 합리성으로는 종교를 평가할 수 없다는 복음주의의 입장이다. 자유신학이 나오기 전인 1883년(메이지 16)에는 전국 각지의 교회에서 부흥회라는 신앙 회귀 움직임까지 일어났다. 이는 이 시기에 이르러 기독교를 종래의 주지적인 형태가 아닌 내적 체험으로 파악하려고 한 낭만주의적 인식이기도 하다.

진화론과의 대립을 계기로 일본 기독교는 합리적 성격과 계시적 성격을 계속 양립하기가 힘들어졌다. 자유신학처럼 계시적 성격을 버리고 윤리화하든지, 복음주의처럼 계시적 성격을 지키기 위해 합리성을 희생하든지, 둘 중 하나를 선택해야만 했다. 그 가운데 시대적 합리성과 결부된 자유신학의 교설은 논리에 치우친 경향이 있어서 일반 신자들과 는 유리된 협소한 것이었다. 한편 복음주의는 신자 대부분의 지지를 받았지만 사회에서 지적 정당성을 획득할 수는 없었다. 일찍이 일본에 유입된 기독교는 서양문명과 일체화되어 종교 개념의 핵심이 되면서, 민간 토착신앙을 억압하였다. 그런데 이번엔 기독교가 서양의 합리성과 괴리되면서, 몽매하다고 지탄을 받게 되었다.

기독교 이외의 종교에도 같은 움직임이 나타났다. 불교에서는 도쿄 제국대학에서 철학을 연구한 이노우에 엔료井上圓了[22]가 합리성의 기준을 역으로 이용해, 불교가 오히려 기독교보다 더 서양 철학에 합치한다고 주장했다. 그런데 기독교 이외 다른 종교에서 합리성과 결부된 움직임은 있었어도, 스스로를 비합리적 존재로 규정하는 복음주의와 같은 움직임은 거의 없었다. 그것은 기독교가 서양 세계의 일부로서 같은 서양의 합리주의적 담론에 대항할 수 있는 자부와 전통을 갖고 있음에 반해, 일본의 토착 종교에 불과한 다른 종교들은 서양적 합리성에 의지하는 것 외에 사회 안에서 스스로를 정당화하고 기독교에 대항할 수단이 없었기 때문이다.

어느 쪽 입장을 취하든, 진화론은 종교적 담론 안에 깊이 침투해갔다. 종교인이건 비종교인이건 간에 종교를 합리적으로 파악하는 경우에는 일반적으로 자연종교에서 문명종교로, 나아가 종교에서 윤리로라는 진화 단계가 상정되었다.[47] 반면, 복음주의는 계시종교인 기독교가 다른 자연종교와 단절된 존재이긴 하지만, 자연도태 논리를 도입하여 기독교야말로 종교 경쟁의 승자라고 말하였다.[48]

또 하나의 대립축인 국가와 종교의 충돌은 소위 우치무라칸조불경內村鑑三不敬 사건을 통해 표면화되었다. 이전부터 우려되었던 종교의 현실 비판적 성격이 국가 이념과 충돌한 것이다. 교부성 정책을 포기한 일본 정부는 1889년(메이지 22)에 대일본제국헌법을, 그 다음 해에 교육칙어를 발포함으로써, 그때까지 '교敎'로 함께 묶여있던 것을 개인적 자유의 재

22 이노우에 엔료井上圓了(1858~1919) : 일본의 불교 철학자, 교육가. 일본의 근대화를 위해 앎의 기초가 되는 철학을 공부하는 것이 중요하다고 여겨 철학 교육에 힘을 쏟았다. 1887년 도요東洋대학의 전신인 철학관을 설립하였다. 미신을 타파하는 입장에서 요괴연구에도 힘을 쏟아 '요괴박사'라고도 불렸으며, 『요괴학강의』 등의 저술도 남겼다.

량에 맡기는 '종교'라는 사적 영역과 국가 의무로 부여되는 '도덕'이라는 공적 영역으로 새로이 양분했다. 제국헌법 제28조에는 다음과 같이 명기하였다.

> 일본 신민은 질서와 안녕을 해치지 않고 신민으로서의 의무를 지키는 한도 내에서, 신앙의 자유를 갖는다.

이것은 과학과 종교의 대립이 가져온 윤리와 종교의 분리를 사회제도적으로 공公과 사私, 두 영역으로 가른 것이다. 이로써 일본적 정교政教분리에 바탕을 둔 국민교화의 기본 틀이 성립되었다. 1889년(메이지 22)의 헌법 제정부터 1894년(메이지 27)의 청일전쟁에 걸쳐 국민의식이 양성되었다는 지적이 있는데,[49] 거의 같은 시기에 정교분리도 확립되었다. 윤리와 종교가 뒤섞여있던 전통적인 '교教'의 관념이 분화되면서, 일본사회도 서양적인 국민국가의 형성을 향해 본격적으로 움직이기 시작했던 것이다.

종교 영역의 분리는 근대 서양에서 계몽사상과 밀접한 관련을 가지며 일어났으며, 처음부터 범세계적으로 존재하던 보편적인 것은 아니다. 정교분리제도가 유럽에서는 18세기 후반부터 나타나기 시작했는데,[50] 일본에서는 개국을 계기로 서양세계로 편입되어가는 과정 속에 약 1세기정도 늦게 채택되었다. 모렌디지크Arie L. Molendijk에 따르면, 종교영역의 독립은 근대 국민국가의 성립에 따르는 정교분리와 표리일체를 이루며, 종교가 개인의 내적 영역으로 간주되는 시기와 일치한다.[51]

이런 움직임 속에서 종교 개념의 내용도 바뀌게 된다. 애당초 종교라는 말은 기독교 용인이나 신불분리를 계기로 개별 종교의 대항관계를 논하는 장으로 설정되었다. 그런데 이 시기에 이르러 개별 종교의 병립을 단순히 기술하는 현상現象의 차원을 벗어나 그것들을 포섭하는 장 자체가 가진 고유한 본질을 뜻하는 추상성을 갖춘 개념, 즉 sui generis 'religion'으로 바뀌기 시작한다.[52] 이노우에 엔료는 1893년(메이지 26) 『비교종교학』에서 이것을 단적으로 이렇게 말했다.

> 종교를 이루는 본심, 즉 무한한 종교심이 인류 고유의 것임은 앞서 말한 바와 같다. 단 야만인은 매우 열등하기 때문에 그 위치에서 발달해 간신히 고등한 영역에 이른다 할지라도, 그것은 단지 외형상의 것에 불과하다. 내면에서 따져보면, 간신히 고등에 달할 정도의 요인은 하등한 외형 안에 이미 들어 있었다.[53]

비교종교학이란 여러 종교의 차이를 밝히는 것이 아니라 그 공통성을 종교라는 고유한 영역이 가진 보편성으로 추출하는 작업이었다. 그때 접합제 역할을 한 것이 진화론이었다. 이에 따라 개개의 종교는 서로의 차이를 넘어 연속적인 진화 단계에 제각기 놓이게 되고, 진화를 관통하는 공통성을 상정하는 것이 가능해진다.[54]

이런 움직임은 정부나 학계 같은 세속 사회뿐만 아니라 신앙 세계에서도 자기 종교를 넘어선 종교간 대화라는 형태로 나타났다. 예를 들어 국제적으로는 1893년의 시카고 만국종교회의 참가, 국내에서는 1896년(메이지 29)의 종교인 간담회 개최 등이 있었다.[55] 기독교를 비롯해 불교, 신도 등이 모인 이런 회의들의 개최 목적 중 하나는 당시 널리 퍼지고 있던 유물론에 대한 대항이었다. 거기서도 '비교종교학'이 활발하게 논의되고 종교 영역의 보편성이 강조되었다.

그런데 종교 영역은 사회제도적으로 어디까지나 도덕 영역의 하위에 놓일 수밖에 없었다. 그것을 분명하게 확인시켜준 것이 우치무라칸조불경內村鑑三不敬사건이었다. 이 사건은 1891년 도쿄 제1중학교의 촉탁

교사인 우치무라 칸조가 교육칙어의 봉대奉戴·봉독식奉讀式에서 기독교 신앙을 이유로 교육칙어에 대한 경례를 거부한 것이 발단이 되었다.[56)] 이 사건은 결국 국가가 무엇보다도 우선한다는 칙어체제를 알리는 계기가 되었다. 신앙의 자유를 보장하는 헌법 28조도 "질서와 안녕을 해치지 않고 신민으로서의 의무를 지키는 한도 내에서"라는 전반부에 중점을 둔, '종교에 대한 관용'에 지나지 않는다는 것을 분명하게 보여주었다.

종교의 현실 비판 중 하나인 국가권력에 대한 비판은 일본 사회에서 바로 이때부터 명맥이 끊겼다. 1884년(메이지 17)에 이미 교도직을 대신하여 관장제管長制[23]가 시행되고 있었다. 종교 단체의 공적 활동은 내무성의 허가를 받아야만 이루어질 수 있었으며, 각 교단은 자진해서 국가 이데올로기에 맞추어야 했다. 이와 같은 상황에서 당시 어느 종교든지 국가의 존재를 근본적으로 대상화對象化하는 시각을 갖는 것은 불가능했다. 국가를 체현하는 천황제의 근거가 현인신現人神이라는 종교에 바탕을 둔 이상, 당연히 국가의 존립 기반 자체가 정교분리의 이념에 저촉된다. 그러나 어떤 교단도 자신의 신앙의 자유를 주장하는 데 머물렀을 뿐, 천황제 자체가 품고 있는 근본적인 모순을 비판하는 데까지는 이르지 못했다. 시민사회가 아직 발달하지 않았던 일본에서 민주적 공동성共同性을 국가와 대치하는 형태로 상정하기란 힘들었으며, 사회에 대한 귀속감이 오로지 국가로 회수되어 버렸기 때문이다.[57)]

이와 같이 1870년대 후반부터 1890년대에 걸쳐 종교는 한편으로 과

23 관장은 일본 불교나 신도 종파의 최고 책임자를 뜻한다. 메이지 정부는 1872년 불교에 대해 1종1관장제一宗一管長制를 제정하여 교단을 통제하는 수단으로 삼았다. 이에 대한 대응으로 불교 각파에서는 이합집산이 반복되었다. 1884년 교도직을 폐지하고 사찰주지임면권 등의 권한을 관장에게 위임하면서 관장제가 성립되었다. 종전 후 폐지되었다.

학과, 다른 한편으로는 국가와 대립하였다. 국가와 과학이 결부된 공적 영역이 합리적으로 형성되고, 그것을 체현하는 도덕은 도쿄제국대학 등에서 근대적 학문에 의해 천명되었다. 반면 종교는 공적 영역으로부터 축출되어 사적이고 비과학적인 영역으로 밀려났다. 이 분할선을 전제로 하여 천황제와 관련된 이데올로기는 도덕의 영역에 속하게 되었고, 천황가의 선조를 모시는 신사신도神社神道 또한 도덕으로 비종교화되었다. 1882년(메이지 15)에 이미 신관이 장례의식에 관여하는 것이 금지되었다. 미야치 마사토宮地正人는 그 무렵의 동향을 다음과 같이 정리했다.

> 정부는 신관에게 개개인의 사후死後 구제문제에서 손을 떼게 하고 국민적 습속이라는 이유로 신도 제사에 전념하도록 함으로써, 일반인으로부터 신도가 종교라는 이유로 비판받는 것을 회피하는 구실로 삼았다. 그 후 신사 숭배는 종교에 속하지 않는다는 것이 정부의 공식 견해였다.[58)]

1882년(메이지 15)부터 제국헌법이 발포되는 1889년(메이지 22)에 걸쳐 신사비종교론神社非宗教論에 입각한, 소위 국가신도 체제의 기본적인 틀이 정비되었다.[59)] 이에 호응하듯이 그 무렵에 '신도', '불교', '기독교' 등 오늘날 익숙해진 명칭들이 정착된다. 그전까지 신도는 '신교'로, 불교는 '불도'나 '불법'으로 흔히 불렸으며, 호칭이 고정되어 있지 않았다. 그러던 것을 불교나 기독교처럼 종교의 범주에 속하는 것은 어미를 종교처럼 '교教'로 맞추고, 도덕에 속하는 것은 신도처럼 '도道'라는 말로 고정시켰다. 애당초 도덕이라는 말 자체가 서양적 개념인 윤리에 대해 교육칙어로 대표되는 천황제를 중심으로 한 일본의 특수성을 강조한 것이다. 여기에서도 일본의 공적 영역이 국가 권력의 그림자로 덮이는 것을 엿볼 수 있다.

신사비종교론은 천황제와 밀접하게 연관된 신도가 기독교나 불교 같은 종교들과 경합관계에 빠지는 것을 막기 위해 등장했다. 정부는 신도가 신념 면에서 약한 점을 보충하기 위해 신도국교화 시기부터 교부성 시기에 걸쳐 교의의 체계화를 꾀했으나, 그 창출과 통일에 실패했다. 그래서 정부는 신념 중심적인 종교의 개념이 신도의 의례적인 성질에 합치하지 않음을 거꾸로 이용하여 신사신도神社神道를 아예 서양적인 종교 개념의 범위 밖에 두고자했다. 일본에서 불교가 그랬던 것처럼, 아시아 대부분 지역에서 일반적으로 토착 종교는 스스로 서양적인 종교로 재편하지 못하면 미신·사교로 억압받아야만 했다. 그러나 일본에서는 새롭게 생겨난 윤리와 종교의 분리에 힘입어 의례적인 신사신도를 비종교적인 공공도덕으로 꾸며, 국민에게 개인의 종교 신념에 관계없이 신도를 신봉하도록 의무화했다.

5. 종교학 담론의 출현

그러나 1890년대에 확립된 종교에 대한 이해를 종교인들이 쉽게 받아들인 것은 아니었다. '도덕·제사와 종교를 분리할 수 있는가', '종교는 과학과 조화를 이룰 수 없는가'라는 논의가 종종 일어났다. 특히 전자의 물음은 국가가 펼친 신사정책의 근간과 관련된 중요한 정치문제이기도 했다. 그 주된 비판은 신사신도가 황실의 선조에 대한 도덕적 '숭배'를 강조한다고 해도 그 제신을 모두 인간으로 되돌리기 어려우

며, 대신 조상 숭배로 인정하더라도 인간이 영혼으로 제사를 받는 이상 명백한 종교적 행위라는 것이다.60)

당연히 신사 숭배의 위헌성을 둘러싼 논의가 전개되고, 나아가서는 그 기준이 되는 종교란 도대체 무엇이냐는 종교 개념의 본질에 관한 문제가 부상되었다. 이때 종교 개념은 그때까지 사회에서 묵인되던 '사전적 정의lexical definition'에서 의도적으로 논의된 '개량적 정의precising definition'로 옮겨갔다.61) 그 역할을 담당하기 위해 등장한 것이 종교에 관한 학문, 즉 종교학이다.

일본 종교학의 창시자는 도쿄제국대학의 아네사키 마사하루姉崎正治[24]다. 도쿄제국대학 철학과의 이노우에 테쓰지로와 라파엘 쾨베르Raphael von Koeber[25] 밑에서 공부한 아네사키 마사하루는 1898년(메이지 31)에 도쿄제국대학에서 '종교학 서론'을 강의하고, 독일 유학을 거쳐 1905년(메이지 38) 도쿄제국대학에 종교학 강좌가 창설되었을 때 조교수로 취임하여, 일본에 종교학을 이식하는 데 앞장섰다. 일본은 정교분리를 유럽보다 100년 이상 늦게 도입하였지만, 종교학 강좌는 거의 비슷한 시기에 개설되었다.62) 일본 사회는 1858년(안세이 5)에 개국하면서 서구의 종교 문화와 제도를 받아들이기 시작하여 기독교 용인과 정교분리를 거쳐 1905년(메이지 38) 대학에 종교학 강좌가 창설되기까지 약 50년이라는 짧은 기간 동안, 형식면에서는 서구 국가들을 거의 따라잡았다. 물론 그것을 촉진한 것은 불평등조약의 개정이라는 정치적 과제였다. 그 같은 근본적인 동인이 없었다면 이처럼 극적인 변화는 일어나지 못했을 것이다.

---

24 아네사키 마사하루姉崎正治(1873~1949) : 일본의 평론가, 종교학자.

25 라파엘 쾨베르Raphael von Koeber(1848~1923) : 독일 철학자, 음악가. 21년간 도쿄제국대학에 재직하며 서양철학, 독일문학, 고전어학을 강의했고, 도쿄음악학교에서 피아노를 가르쳤다.

아네사키 마사하루로 대표되는 종교학은 종교를 인간이 본질적으로 갖추고 있는 것으로 생각한다는 점에서 종교인과 동일한 입장을 취하지만, 복음주의 같은 계시종교와는 입장을 달리한다. 종교를 기본적으로 '도덕규범'[63]으로 파악한다는 점에서는, 그전 시기에 등장한 자유신학이나 이노우에 엔료의 불교론으로부터 종교를 합리적으로 해석하는 흐름을 이어받았다. 종교학은 자유신학으로부터 성서의 역사적 사실과 전설적인 맹신을 방법적으로 엄격하게 구별하는 '고등비평'이라는 성서의 역사 비판을 계승했다.[64]

그러나 자유신학이 기독교의 입장을 전제로 한데 반해, 종교학은 여러 종교의 틀을 넘어서 종교의 본질을 우선시 한다는 점에서 완전히 달랐다. 그때 중요한 역할을 한 것이 신과의 관계를 "보편적으로 사람의 마음 밑바닥에 깃들어 있는 동기"로 재파악하는 종교심리학적 방법이다. 개인의 '종교 의식'을 기준으로 함으로써, 여러 종교나 종파들을 그 차이에 상관없이 똑같이 유사한 종교 현상의 발로로 이해하였다.[65] 일본 종교학 선언이라 할 수 있는 『종교학개론』(1900)에서 아네사키 마사하루는 종교학 및 종교 개념을 다음과 같이 정의하였다.

> 종교학이란, 보편적으로 사람의 마음 밑바닥에 깃들어 있는 동기動機에서 비롯되어 인간 생활에 나타나는 각종 사실로서 종교 현상을 연구하는 학문이다. 즉 종교란 단순히 1종1파를 일컫는 게 아니다. 모든 종교를 똑같이 인류 역사상의 사실로서, 인간정신의 산물로서 그 과정을 포괄하는 개념으로 파악해야 한다.[66]

개인의 종교 의식에 있어서, 종교학은 이전 시기의 이노우에 엔료나 기시모토 노부타岸本能武太 등의 비교종교학과는 명확하게 구별된다. 아네사키 마사하루가 "이 방법으로 얻을 수 있는 종교에 대한 가장 보편적인 정의는 '종교란 신을 숭배하는 것'"67)이라고 간파했듯이, 비교종교학은 어떤 종교든 신에 대한 외재적인 관념을 전제로 한 데 지나지 않았다. 아네사키 마사하루는 특히 막스 뮐러[26]를 비판했다. 종교를 '역사적 발달' 속에서 파악하려 했던 아네사키 마사하루는 종교의 기원을 찾는 막스 뮐러의 방법이 "인간 정신생활의 발달 논리"를 경시했다고 여겼다.68)

아네사키 마사하루의 '종교학'이 명확한 체계를 갖춘 것은 1898년(메이지 31) 무렵이다.69) 일본 종교학은 그가 『종교학 개론』을 출판한 1900년을 고비로 확립되었다. 1898년에 도쿄제국대학에서 아네사키 마사하루의 종교학 강의가 있었고, 1905년(메이지 38) 도쿄제국대학에 종교학 강좌가 개설되었다. 그 후 제국대학만 열거하자면, 1906년에는 교토제국대학에, 1922년(다이쇼 11)에는 도호쿠제국대학에, 1925년에는 규슈제국대학에, 1927년(쇼와 2)에는 경성제국대학에 종교학 강좌가 연이어 개설되었다. 그리고 1930년에는 전국 규모의 일본종교학회가 결성되기에 이르렀다.70)

이처럼 종교학이 일본의 지식 사회 안에서 순조롭게 전개되었다고 해서 종교학의 견해가 사회를 완전히 석권한 것은 아니었다. 1920년대 후반에 이르러서도 종교학은 "'종교학이란 무엇인가'라는 물음에 대해 확실한 정의조차 내리지 못하는 양상"을 보였다.71)

종교와 도덕 사이의 선긋기를 비롯해 공적 담론인 정교분리에 만족할 수 없었기 때문에 수적으로는 소수파이긴 하나 종교학의 담론이 등

26 막스 뮐러Max Müller(1823~1900) : 독일의 철학자, 동양학자. 영국 옥스퍼드대학 교수로, 인도-게르만어 비교언어학, 비교종교학, 비교신화학의 과학적 방법론을 확립하였다. 소설 『독일인의 사랑』으로 유명하며, 저서로 『종교의 기원과 생성』, 『고대 산스크리트문학가』 등이 있다.

장했던 것이다. 그 움직임은 종교학뿐만 아니라 신도학神道學이라는 보다 복고적인 형태로도 나타났다. 신도학은 신도를 본위로 하는 입장에서 신사를 도덕의 영역에 한정하는 신사비종교론의 부자연스러움을 극복하고자 하는 담론이다. 그 경우 신도는 구성 요소로 도덕뿐만 아니라 종교 영역까지 함께 포함하게 되어, 종교냐 도덕이냐 하는 이분법을 초월한 개념으로 제시되었다.72)

종교학은 종교인의 입장에서 신도神道를 종교의 일부로 간주해야 한다고 하고, 신도학은 종교의 영역 자체가 신도의 일부가 된다고 한 점에서 양자는 서로 양립할 수 없는 관계였다. 그러나 양쪽 모두 국민도덕론식의 신사비종교론은 자연스럽지 못하며, 종교적인 요소를 고려한 논의가 필요하다는 점에서는 인식을 함께 했다. 그런 점에서 종교학이나 신도학 같은 담론의 출현은, 신도론을 포함하여 일본적인 정교분리가 만들어낸 부자연스러움을 보완하기 위해 도덕 영역뿐만 아니라 종교 영역까지 포함한 공적 담론이 요구되는 시대가 되었음을 뜻한다.

종교학이 기반으로 하는 개인의 종교 의식은 완전히 고립된 개인을 가리키는 것이 아니다. 종교 의식은 개개인의 마음에 보편적으로 존재하는 것으로 간주되지만, 종교학에서 말하는 개인은 어디까지나 국민국가의 일원이었다. 그 점에 대해, 아네사키 마사하루는 "종교의 이상적인 신앙에 의거하여 국가의 역사에 대해 깊은 의미를 발견함으로써 국가의 이상을 높이고 깨끗하게 하는 것이 종교의 본분"73)이라고 말했다. 이 같은 '국가와 종교의 부합'에 대한 관점은 훗날 아네사키 마사하루가 기독교, 불교, 교파신도教派神道[27]의 여러 단체들을 결집한 3교회동

27 패전 전 일본 정부로부터 공인받은 신도계 교단 13파를 가리킨다. 1882년 정부포고령에 따라 국가신도와 분리·차별 정책이 시행되었다. 정부는 1908년 13개 교파로 정리하였는데, 이 중 영향력이 큰 것이 덴리교와 곤코교이다.

三教會同에서 내무성에 협력하는 구체적인 형태로 나타났다.[74] 특정 종교로부터의 분리 및 그에 따른 국민의식의 확립이라는 점에서, 종교학은 이노우에 테쓰지로 등의 국체도덕론國体道德論과 같은 지배층의 입장에 선 국민통치론의 흐름을 이어갔다고 할 수 있다.

종교학은 종교를 합리적으로 해석하는 시각을 자유신학이나 국민도덕론과 공유하였다. 그러면서 자유신학으로부터는 종교를 합리적으로 이해하는 시각을, 국체도덕론으로부터는 교단의 틀을 넘어선 국민의식의 확립을 꾀하는 시각을 계승하여, 그 양자를 융합시키려했다. 그것은 종교를 국가나 과학과 양립할 수 없는 것으로 보는 국민도덕론이나 신사비종교론 같은 체제 측의 견해에 대해 종교적인 것을 온존시키면서 그 대립을 조정하려는 시도이기도 했다.

종교학은 국민도덕론과 같은 합리주의적 입장을 전제로 하면서도, 종교에는 합리성이나 도덕으로 설명할 수 없는 고유성이 있다고 한 점에서는 내면세계를 모색하던 당시의 낭만주의 사조와 맞아떨어졌다.[75] 아네사키 마사하루는 "종교적인 욕구의 근본은 유한을 초월해 무한으로 나아가는 것"[76]인데, 국민도덕론은 "종교라는 현세를 초월한 천직을 현세의 도덕에 항복시킨 것"[77]이라고 비판하였다. 종교학은 계시종교와 도덕지상주의 양쪽 모두에 불만을 느끼던 지식인들의 종교적 욕구를 충족시킬 가능성을 보여주었다. 한편, 국민도덕론이 벽에 부딪쳐 고민하고 있던 정부에게도 3교회동처럼 종교 영역은 민심을 파악하는 새로운 수단으로 비치기 시작했다.

요컨대 종교학의 담론은 내면적인 갈망을 느끼고 있는 사람들에게 특정한 교단에 속하지 않은 개개인의 내면에도 종교의식이 자리 잡고 있다고 주장했다. 또 국민 통합을 꾀하는 국가에게는 종교를 통해 민심을 장악할 수 있음을 보여주었다. 즉, 종교학은 개인과 국가 쌍방의 욕구를 만족시키면서 양자를 결부시키는 담론을 제공하고자 했다. 이와 같은 종교학 담론은 국민도덕론보다 더 내면화된 형태로 국가 아이덴티티를 개인에게 침투시키는 방법도 알려주었다.

패전 이전의 일본사회가 천황주권을 기본 이념으로 한 이상, 이 같은 국가지향성은 종교학의 담론이 국가주의로 옮겨갈 가능성을 내포하고 있었다. 그것은 아네사키 마사하루가 "황운을 보호하고 도우며, 국민도덕의 진흥을 더욱 더 꾀할 것"을 주창하며 내무성이 주최한 3교회동에 적극 참여하고, 1911년(메이지 44)의 남북조정윤론南北朝正閏論[28]에서 남조론자로서 국체호지國體護持에 대해 열변을 토한 것에서도78) 여실히 드러난다. 일본에서 종교가 현실비판 능력이 부족한 것은 그 밑바닥에 국가에 대한 우직한 지향성이 깔려있기 때문이다. 아네사키 마사하루의 종교학은 합리적 해석으로 종교를 세속사회에 맞추려는 목적을 갖고 있었기 때문에 사회・국가와 종교의 사이에서 긴장 관계를 찾기가 종교인 이상으로 어려웠다.

한편 비합리성을 떠맡은 종교인 쪽에서 보면, 종교학 담론은 합리성을 취한다는 점에서 종교 세계와 괴리되어 있었고 그 기준에 맞지 않는 것은 몽매한 것으로 보는 억압적인 것이었다. 개인의식의 차원에서 종교 현상을 대등하게 파악하려는 시각은 그때까지 미신으로 배척당하던 민간신앙까지 종교의 범주 안으로 포섭하였다. 그렇지만 그것이 모

28 메이지기 역사학계는 1903・1909년 소학교 국정교과서를 개정하면서 남북조시대에 관한 실증적 연구를 바탕으로 남북조를 양립한 것으로 기술하였다. 그런데 이것이 1910년 교사용 교과서 개정에서 문제되기 시작하여, 같은 해에 있었던 고토쿠 슈스이 등의 대역사건을 거치며 문제가 크게 확대되었다. 이것을 계기로 제국의회에서는 남북조 어느 쪽 황통이 정통인지를 둘러싸고 정치논쟁까지 벌어졌다. 최종적으로는 메이지천황이 『대일본사』의 기술을 근거로 3종의 신기를 갖고 있었던 남조를 정통으로 인정하고, 남북조시대를 '요시노시대'라 부르게 되었다. 지금은 '남북조시대'로 바뀌었다.

든 종교에 대한 대등한 평가를 의미하는 것은 아니었다.

분명 종교학은 국민도덕론의 합리지상주의와는 달리 비합리적인 것도 인정하였다. 그렇지만 여기서 말하는 비합리성이란 철학에서 말하는 초월성이나 무한성으로, 어디까지나 개념화된 신념의 범주에 들어가는 것이었다. 여전히 의례적인 것은 종교학에서도 미신으로 취급받았다. 결국 민중종교나 민간신앙은 종교라는 범주에 받아들여지긴 했으나, 그 내부에서 극복되어야할 '병든 상태'로 자리매김 되었다.

이 같은 담론 공간 안에서 민중종교나 민간신앙은 시대적 합리성 아래 재편성되어갔으며, 그 흐름을 따라가지 못하는 것은 미신이나 사교라고 억압당했다. 그런데 민중이라는 존재도 결코 균질한 것은 아니었으며, 그 내부에서 계층 분화가 한층 더 진행되었다. 빈농들은 호농들처럼 통속도덕[29]이라 일컬어지는 민중사상을 형성하는 것조차 불가능한 상태에 놓여있었다.[79] 그들이 민속의 세계로 복권하기까지는 1910년대 야나기타 쿠니오柳田國男의 등장을 기다려야했다. 그러나 거기에서 그려진 모습 또한 어디까지나 지식인에 의한 서양적 개념화라는 대리표상을 거친 것으로, 그들의 일상세계와는 동떨어졌다.[80]

이와 같이 이전 시기까지는 종교를 외부에서 부정하는데 머물렀던 합리성이 종교학 담론에서는 종교 세계의 내부까지 샅샅이 들추어내어 종교의 본질을 이성적 개념으로 정의하고, 그 가치 기준에 맞춰 종교들을 평가하였다. 종교 담론의 영역 전체를 규정할 힘을 예전엔 기독교가 쥐고 있었으나, 이젠 학문적 이성이 그 힘을 가지게 되었다.

29 일본에서 검약・정직・효행・근면 등 일상생활에 밀착된 도덕을 일컫는 말.

6. 결론

1858년(안세이 5)의 미일수호통상조약에서 일본은 불평등조약을 강요당했다. 그 후 1894년(메이지 27)의 영일통상항해조약에서 치외법권을 철폐하고, 1911년(메이지 44)의 미일통상항해조약에서 관세자주권을 회복함으로써, 일본은 드디어 반세기만에 국가주권을 확립하는데 성공하였다. 그것은 종교학의 종교개념이 확립되는 과정과 거의 병행하였다. 정치・문화가 함께 일본이 서양적 주체와 대등하게 다시 재편되었음을 보여준다.

물론 서양의 충격에 대한 일본 사회의 대응이 일원적인 것은 아니었다. 이 글에서 보았듯이 개국과 함께 서양 세계로부터 유입된 religion이라는 말은 지식인과 지배층에게 수용되어, 신념과 의례, 합리와 비합리, 개별 종교 단위를 가리키는 경우와 국민 의식 전체를 가리키는 경우 등, 몇몇 층으로 나뉘고 구조화되면서 일본 사회 안으로 침투했다.

하나의 말은 단순히 하나로 통일된 의미를 표상하는 것이 아니라, 그 내부에 복잡한 균열을 껴안고 있다. 그 말은 일종의 공통된 이해를 전제로 하면서도 다양한 계층과 집단에 의해 해석되고, 그 해석이 다른 각각의 담론들이나 제도와의 관계 속에서 사회적인 지위를 부여받는다. 그리고 몇몇 층으로 나누어진 각 세계는 각각의 담론이 갖는 고유한 원리에 의해 지배를 받기 때문에, 그에 속한 것은 그 내부에서 스스로 만족하고 외부 세계와의 차이를 별로 자각하지 못한다. 그러나 전체 구조에서 보면, 결국 국민국가나 과학적 합리성이라는 서양적 가치관을 정점으로 한 상하관계 속에 놓여있다.

이런 역학 구조 속에서 종교학이 제시한 종교 개념은 개국과 함께 유입된 religion이 문명・야만・미개라는 정치적인 틀 아래, 청일・러일전쟁 이후 급속하게 확립되던 일본적인 국민국가 형성 과정의 맥락 안에서 수용된 하나의 도달점이다. 그것은 국민국가와 과학적 합리성을 결부시킴으로써, 정교분리 이후 비합리적인 것으로 여겨졌던 종교의 영역을 독자성을 유지시키면서 근대 사회 안에 재정립하고자 한 시도였으며, 서양적 외양 때문에 수많은 종교 현상을 규정하는 영향력을 가질 수 있었다. 오늘날 일본이 갖고 있는 종교 개념의 원형도 이 단계에서 거의 만들어졌다.

국가주권 및 서양적 주체를 확립한 일본은 메이지 말기부터 아시아 진출을 본격적으로 추진하여, 조선을 비롯한 식민지에 대해 억압적인 종교 정책을 일본 외부로 전개하였다.[81] 일찍이 서양의 신념중심주의로 인해 억압받은 일본 사회가 이번에는 스스로 신념의 주체가 되어 아시아 여러 지역의 의례적인 신앙을 억압하였다.[82] 여기에서 개국 후 약 50년이라는 시간 속에서 타자를 억압하는 서양적 주체로 스스로를 재편했던 소위 일본 근대화의 어두운 측면을 볼 수 있다. 서양 국가들과 일본 사이에 설정되었던 '문명'과 '야만'이라는 차별은 일본 국내에 다양한 정치・문화적 균열을 초래했을 뿐만 아니라 일본과 아시아 국가들 사이에도 그 차별을 전이시켰던 것이다.*

* 이 글을 쓰면서 나가무라 마코토永村眞, 하야시 마코토林淳의 도움을 받았다. 지면을 통해 감사의 마음을 전한다.

제3부 미디어의 근대

'토론하는 공중公衆'의 등장*

대중적 공론장으로서의 소신문小新聞 미디어

히라타 유미 平田由美**

1. 시작하며

1884년(메이지 17) 9월 6일 『요미우리讀賣 신문』 논설의 「요미우리 잡담雜譚」란에, 《세계가 좁아진 증거世界の縮まって証》라는 제목으로 후슌교후富春漁父라는 사람의 글이 실렸다. 다소 길게 실린 이 글을 시작으로 나의 문제의식과 논점을 밝히고자 한다.

---

* 이 글은 강현정과 최성연이 번역했다. 이 글에서는 신문이름과 신문에 마련된 세부꼭지, 신문에 실린 글의 제목을 구별하기 위해 신문이름은 『 』, 세부란欄은 「 」, 글 제목은 《 》로 표기하였다.

** 오사카외국어대학 외국어학부를 졸업하고, 교토대학에서 문학박사학위를 받았다. 현재 오사카대학 문학연구과 교수이며 전공은 일본 근대문학 · 문학연구사 · 젠더연구이다.

근래 각국과의 왕래가 활발하다. 물론 육대주 중 아시아 주에 속하는 일본, 중국, 인도는 그 크기가 벼룩의 간만 하지만, 다른 오대주를 생각해 보면 매우 광활하므로 세계가 대단히 넓다는 느낌이 들어야 하는데, 옛날의 중국이나 인도보다 더 좁아졌다고 느끼니 이상하다. 나는 다음과 같은 예를 들어 설명해 보겠다. 옛날에는 불과 삼백 리 거리 밖에 안 되는 나가사키長崎에 무슨 일이 생겨도 에도江戸에서는 소뿔에 모기가 앉은 것만큼도 알지 못하거나 혀를 한번 끌끌 차고 말았다. 그러나 지금은 청불사건清佛戰爭[1]의 결렬에 관해 중산층뿐 아니라, 하층 사회 사람들까지 걱정한다. 쿠마熊와 하치八[2]가 길에서 만나면 곧 이런 대화가 이어진다. "어이 쿠마, 지금 난징南京과 프랑스의 전쟁이 막 시작되었다는데, 싸움이 좀처럼 끝나지 않는 분위기라나" 하치 왈 "끝나지 않는 분위기든 뭐든, 듣자하니 꽤 엄청난 싸움인 듯하니, 불경기가 계속될 것 같아 걱정이야" (…중략…) 옛날에는 교토京都나 오사카大阪에서 벌어지는 일에도 남의 나라 일처럼 신경 안 쓰던 사람들이 겨우 십육 칠 년 사이에 매일매일 나라밖 전쟁 상황에 주목하여 그것을 논한다. 이뿐만이 아니다. 여기에 여러 감상을 불러일으켜 마치 머리 위에 적이 습격해 온 듯 생각하고 "아무튼 이웃이 아무 탈 없이 끝나도록"이라고까지 걱정해 주고 있으니, 온 세계가 좁아지고 있다는 증거가 아니고 무엇이겠는가.[1)]

인도 된장[3]도 먹어봐야 매운지 알 터인데 인도에 다녀온 덴지쿠 토쿠베天竺德兵衛[4]도 아닌 쿠마와 하치는 어떻게 6대주의 광활함을 알고 있었

1 1884~1885년 청국과 프랑스가 베트남 지배권을 둘러싸고 벌인 전쟁.

2 라쿠고에서 서민을 대변하여 등장하는 콤비. 이제는 서민의 대명사처럼 쓰인다(일본어로 쿠마는 곰, 하치는 숫자 8이라는 뜻임).

3 다키자와 바킨瀧澤馬琴은 고증수필 『연석잡지燕石雜志』에서 일종의 말장난으로 매운 것을 넣은 된장을 '인도 된장'이라고 했다. 너무 맵다라는 일본어 "가라 스기루辛すぎる"라는 발음과 당나라를 지난다는 일본어 "가라 스기루唐すぎる"의 발음이 같은데서 비롯. 당나라를 지나면 인도가 위치하고 있기 때문에 인도 된장이라고 한 것이다.

4 인도행의 선두주자.

을까. 혹시 그들이, 그 해 구區의 43%, 군郡의 33%의 취학률을 넘은 취학 연령 아동의 아버지였을까?2) 그렇다면 집에 있는 얼마 안 되는 책 중, 대륙별로 색이 칠해진 세계지도兩半球圖를 표지로 실은 오카마쓰 오코쿠岡松甕谷의 『지리촬요地理撮要』(1881) 같은 교과서를 가지고 있었을 수도 있다. 아니면 후쿠자와 유키치福澤諭吉의 『세계 쿠니즈쿠시世界國盡』(1869)[5] 표지에 실린 세계지도를 봤을지도 모른다. 혹은 이 베스트셀러를 그대로 베껴 구사조시草双紙[6]의 형식으로 나온 가나가키 로분仮名垣魯文의 『세계의 도시와 길世界都路』(1872)을 책방에서 빌린 손님이었을 가능성도 있다.

그런 정보가 사람들의 세계관을 변화시켜 공간이 축소되었다는 인식을 갖게 했다면, 그 공간에서 일어나는 일들과 그들이 결합하는 관계의 모습도 변화할 수밖에 없다. 『요미우리』는 이 논설이 나오기 2개월 전 「요미우리 잡담」란의 논설에서 청불 사건에 대해 "결코 강 건너 불 보듯 방심할 수만은 없는 것(은서야사銀西野史, 《청불사건》, 1884.7.25)"이라며 독자의 주의를 환기시켰다. 그리고 그 직후부터 제1면에 「외국전보」란을 개설하고, 각국의 전보를 동원하여 사건의 추이를 거의 실시간으로 보도했다. 그런 보도에 대한 독자의 높은 관심은 「독자 투고寄書欄」란에 잘 나타나있다.

세계 지도의 특정 영역에 자신들을 위치시키고 나라 안팎에서 일어나는 여러 가지 사건을 동시간으로 경험하는 감각을 '중산층' 이상의 상류 인사는 물론, 쿠마나 하치 같은 '하층 사회의 서민'들까지 가지고 있었다. 이것을 가능하게 한 것은 바로 신문이라는 새로운 미디어였다.

---

5 옛 일본의 66지방의 지명을 노래하며 외기 좋게 열거한 것으로 서당의 교과서로도 쓰였고, 습자 교본으로도 쓰였음. 세계 쿠니즈쿠시는, 이런 방식으로 세계의 나라 이름을 열거한 것으로 추측해볼 수 있다.

6 에도시대 때, 통속적인 삽화가 있는 대중소설의 총칭.

그중에서도 독자 투고란은 다양한 신분의 잡다한 사람들이 만나 반발과 공감, 비판과 찬성 등 상반되는 의견을 주고받으면서 형성되는 독자 공동체의 공간이었다. 이에 관해 단골 투고가인 어떤 독자는 "갑은 나가사키 사람, 을은 하코다테函館 사람, 병은 도쿄東京, 정은 오사카 등 서로 동떨어진 지방에 사는 사람이다. 어떤 신분인지, 이름이 뭔지 전혀 모르지만 지면 위에서는 마치 오래 기른 강아지를 대하듯 함부로 대한다. 그러나 종종 서로 칭찬도 하는 등 기묘한 재미가 있다"[3]고 쓰기도 했다.

이러한 언어공간을 '정통적인 권력에 의한 커뮤니케이션 생산'과 '대중을 충성, 수요, 시스템의 명령에 복종시키려는 미디어 권력의 조작'이라는 두 과정이 교차하는 지점으로 보고, 이를 하버마스Jürgen Habermas의 '정치적 공론장' 개념을 따라 하나의 '공론장'이라고 가정하자.[4] 하버마스는 시민 사회 공론장의 성립을 논하면서 행정당국이 명령을 내리거나 지령을 공시할 때 신문을 이용했기 때문에 역사상 처음으로 공권력의 수용자가 '공중'이 되었다고 주장했다.[5] 분명 근대 일본에서도 포고나 명령을 알리는 일을 맡은 것은 신문 미디어였다.[6] 그러나 독자의 대다수는 '공중'의 중심적 지위를 점하고 있던 '부르주아'층이 아닌 '하층 민중'이었다. 그래서 그 잡다한 대중의 공론장은 '복종'이 아니라 오히려 '동의'가 만들어질 수 있는 장이 되었다고 생각한다.[7]

지배 권력은 각종 제도나 정책을 통해 '국민=신민'이라는 주체로 사람들을 파악하려 했으나, 그 힘이 강압적일수록 대중의 객체성은 강화되었다. 그런 수동적인 존재로부터 지배 권력이 끌어낼 수 있는 것은 마지못해 하는 복종이거나, 면종복배面從腹背일 수밖에 없다. 그래서 '국민'의 형성은 전혀 가망이 없어 보였다. 『학제서문學制につき被仰出書』(1872)에는 "사람들 스스로 자신의 몸을 세워 그 생산을 다스리고, 업적을 주

창함으로써 그 생을 추구하는 것은, (…중략…) 학문이 아니라면 불가능하다"고 나와 있다. 그러나 그런 이념과 달리, 학교제도가 정치적인 해방이나 자율은커녕 오히려 막대한 경제적 부담만 강화했기 때문에 그에 대한 집요한 반대 투쟁들이 곳곳에서 일어났다. 그럼에도 불구하고 결국 학교 제도가 수용되었던 경위는 단순히 강권적 정책의 실효만으로는 설명되지 않는다.[8)]

그런 의미에서 이 글은 '민중의 정치의식' 양태를 분석하여 근대 국민국가 형성을 설명한 마키하라 노리오牧原憲夫의 문제의식을 공유한다. 그는 학교나 군대처럼 '정규' 경로에 의한 교화만으로 민중이 국민이 되었다고 생각하지 않았다.[9)] 이 글 역시 '비정규' 경로의 하나로 '소신문小新聞'이라고 불리는 대중 미디어를 통해, 그 언설 공간에서 어떻게 사람들의 '동의'가 형성되어 갔는가를 검토하고자 한다.

정치적 공론장을 둘러싸고 지금까지 논의되어 온 것은 일반적으로 엘리트 미디어인 대신문大新聞이고, 논설 역시 각각의 당파성이나 '국권 대 민권'이라는 정치적인 대립 혹은 항쟁이 주요한 관심사였다. 그러나 '공중'을 지배나 교화의 대상이 아닌 국민화의 주체로 파악하고 '동의'라는 행위의 관점에서 보면, 일부 엘리트를 독자로 하는 대신문이 아니라 잡다하고 혼성적인 사람들을 독자로 하는 소신문이, 논의와 교섭을 통한 공공성을 만들어내는 장으로 논의될 수 있다.

부르주아나 엘리트와는 달리 '처음부터 독서하는 공중'[10)]이 아니었던 다수의 독자가 신문을 읽게 된 것은 어떤 의미를 가지며 그것을 통해 그들은 스스로를 어떤 사회적 존재로 인식했을까. 자기정체성이 '자신이 어느 공동체의 일원인지, 어느 커뮤니케이션의 참가자인지를 인식하기 위한 수단'으로서만 존재한다면,[11)] 독자는 어떻게 커뮤니케이션의 장으로 형성되는 미디어에서 공동체 구성원으로서의 자격을 획득할 수 있었을까. 그리고 그때 창출된 공론장 속에서 '하층 사회'와 '중산층'의 독자는 어떤 관계를 맺고 있었을까.

2. 신문 개화新聞開化－'영리함怜悧'의 영역으로

방자邦字로 쓰인 최초의 일간지 『요코하마 마이니치신문横浜毎日新聞』이 나온 지 불과 약 4년 뒤인 1874년(메이지 7) 11월, 『요미우리신문讀賣新聞』이 창간되었다. 매호 1장 2면을 표준 면수로 하는 『요미우리』는 신문 전체에 후리가나振り仮名[7]를 표기하였다. "하루 인쇄량이 겨우 백이삼십 장"(「사고社告」, 『요미우리』, 1878.3.20)에서 출발한 이 신문은 창간한 지 2년 남짓한 기간에 하루에 1만 4천 부를 판매하기에 이르고, 1877년에는 『도쿄 에이리東京繪入』, 『가나요미かなよみ』를 포함하여 이른바 3대 소신문의 발행부수가 연간 천만 부를 돌파했다. 이는 소위 지식인을 대상으로 한 4대 대신문인 『도쿄니치니치東京日日』, 『쵸야朝野』, 『유빙호치郵便報知』, 『아케보노曙』의 총 부수 800만을 훨씬 능가하는 것이었다.[12)]

이렇게 소신문의 대중적 수용을 가능하게 한 것은 이미 19세기 초, 연간 거의 '십만 부 혹은 그 이상의 구사조시가 발행되어 있었고, 그 몇 배에 달할' 정도의[13)] 성숙한 독자층이 형성되어 있었기 때문이다. 이렇게 볼 때 근대 독자의 공간은 18세기 이래 일관되게 확대되어 온 대중적 공론장의 연장선상에 있다고 할 수 있다. 특히 간세이寬政 시기(1789~1800)이래,

7 한자 옆에 음독으로 달린 히라가나.

여성으로 대표되는 보다 낮은 수준의 식자층으로 독서습관이 확대되고 구사조시가 에도 기념품으로 상징될 만큼 광범위하게 유통되었던 상황[14]은 근대에 이르러 비약적으로 독자층이 확대될 수 있는 비옥한 토양이 되었다.

그러나 인구의 대다수가 농민층이었다는 것을 생각하면 이런 확장은 협소한데다 지역적으로도 편차가 컸다. 무엇보다 봉건적 신분 제도의 구조 때문에 커뮤니케이션 공간의 확대는 한정적일 수밖에 없었다. 정치 · 경제적 이해에서 보다 자유로운 사람들이 모이는 문예 서클, 예능 동호회, 예능 클럽 등의 신분을 초월한 공동체가 시민생활 속에 형성되어 있었지만[15] 그것은 하이쿠俳句 모임이나, 차茶 모임, 향을 피우는 모임 등 특수하고 폐쇄된 공간에서만 성립되었다. 현실적인 신분 제도에 대항하는 사회관계는 비일상적으로밖에 출현하지 않았다. 이렇게 제한적이고 폐쇄적인 커뮤니케이션 공간이 보다 열린 공론장으로 확장된 것은 근대 혁명을 거치지 않고는 이루어질 수 없었다.

메이지 유신을 어떤 성격으로 규정하든 그것이 '개인의 자유와 권리를 매개로 사람들의 능동성과 활력을 동원하여 근대 민족국가를 형성한다는 논리'[16]를 국가 형성의 기본 원리로 삼았다는 것은 주지의 사실이다. "관官에서 민民에 이르기까지 각자 그 뜻을 이루어 마음이 나태해지지 않도록 할 것"(5개조 서문)이나 "화족華族 · 사족士族 · 농農 · 공工 · 상商부터 부녀자에 이르기까지 일반 백성은 반드시 집집마다 배우지 못한 사람이 없도록 한다"는 이념은 이 '전대미문의 혁명'이 지닌 보편적 문명을 추구하는 성격 — 야스마루 요시오安丸良夫[8]의 말을 인용하면 '문명사적 배경' — 에 의해 탄생한 것이었다.

8 일본 역사학자. 일본 근세와 근대, 종교사상사 전문.

1875년 4월 14일, 5개조 서문에 기초하여 '입헌정부 수립 조칙'이 발포되었다. 그때까지 격일로 간행되었던 『요미우리』는 이틀 후에 그 전문을 게재하고, 나아가 "이제부터 차차 정사政事도 변하고, 나라의 위세도 더욱 드러나니 진정한 개화가 이루어졌다"는 견해를 피력하였다(「포고」와 「신문」, 4.16). 그러나 독자의 반응은 느렸다. 그 다음주 「이야기說話」란에 "아무리 봐도 도무지 알 수 없는 잠꼬대 같은 소리를 한다고 생각해서 아예 보지도 않은 사람이 무척 많습니다"라는 글이 실리자 『요미우리』는 지면의 1/4을 할애하여 이 '반가운 조칙'의 취지를 해설하였다(4.20).

즉각 독자의 반응이 나타나지는 않았지만 수개월에 걸쳐 몇 개의 투고가 나타났다. 6월 8일에 "하찮은 우민愚民인 우리까지 나랏일에 마음껏 관여하고 의견을 낸다는 것은 실로 매우 감사할 일이 아니겠는가"라는 투고에 이어 12일에는 '평야의 백성씨', '의리씨', '신짱과 귀짱' 등 정치소설에 등장하는 우의적寓意的 인물들이 마치 짧은 재담을 하는 듯한 투고도 게재되었다. 그러나 이 투고의 말미에 "다소 이해하기 어렵기 때문에 여러분의 판단에 맡깁니다"라는 코멘트가 달려있을 뿐 우의의 해석은 빠져있었다.

정치적인 관심이나 비유를 이해하는 독자의 능력을 예측하기 어렵다는 신문사의 이러한 태도는 이 시기 독자층의 다양성을 반영하고 있다고 할 수 있다. 그러나 조칙의 해설은 "여러분, 나라를 위해 할 수 있는 것을 생각하기에 앞서 부탁드리건대, 어리석음에서 벗어나십시오. 그것이 첫째요, 거기서부터 점차 영리해 지도록 노력하는 것이 순서입니다"라고 말을 끝맺었다. 이는 대신문과 달리 '정론政論'을 싣지 않는 소신문이 대상으로 삼은 독자가 어디까지나 '하찮은 우민'으로서의 자기 인식을 가진 사람들이었음을 보여준다.

"당사의 신문은 여자나 아이들도 읽게 하여 세간의 일을 말하게 하고, 덧붙여 점차 개화를 알게 하는 것"(「알림稟告」, 1875.1.14)이라는 사고社告를 이 해설에 중첩시켜 보면, 신문사가 '여자나 아이들'로 표상하고 있는 '우민'을 '영리怜俐'의 영역으로 끌어들여 '개화'의 열매를 맺게 하고 궁극적으로 '나라를 위한' 존재인 국민에 이르는 과정이 다름 아닌 신문에 의해 제시된다고 자부하고 있었던 것이다.

이렇게 계몽적인 지면이 구체적으로 비판한 '어리석은 일'은 놀라울 정도로 여러 갈래에 걸쳐져 있었다. 점이나 주술이 미신적 행위로서 물리쳐야 할 것임은 물론이고, 염불을 외거나 특정한 날에 제사를 지내는 등의 신앙적 풍습부터 절기나 음력 26일 밤 반달에 절하는 연중행사까지 '구습'으로 비판받아 조소의 대상이 되었다. 건국기념일이나 천황 탄생 기념일 등의 황실 제의를 '국민 축제일'로 정한 태정관 포고[9]는 "연중 제사일과 축제일 등의 휴일"(1873)에서 5절구[10]를 부정하여 일상생활을 여러 가지 차원으로 질서 지었다. 그러한 대다수 관습의 파기는 국가가 노린 시간의 지배와 일원적인 관리를 받아들이는 것, 즉 '국민의 시간'으로 살아가는 것을 의미했다.

신문은 "예전 신상제[11] 때 깃발도 달지 않고, 지금의 축일은 조정 축일이니까 일반 서민이 신경 쓸 이유가 없다며 신문도 안 읽는 사람이 예사로 있지만"(「신문新聞」, 1875.11.24)이라고 보도했다. 이에 따르면 신문은 국가에 의한 시간의 지배를 보다 광범위한 사람들에게 미치게 하는 매체로 기능하는 동시에, 신문을 읽는 것이 개화의 수단이라는 일종의 자기 목

9 1868년(메이지 1)부터 1885년 내각제 성립까지 최고 관청(태정관)에서 공포한 법령의 형식.

10 1년 중의 다섯 명절. 人日(인일, 인날), 上巳(삼짇날), 端午(단오), 七夕(칠석), 重陽(중양절).

11 11월 23일에 행하는 궁중행사. 천황이 햇곡식을 천지의 여러 신에게 바치고, 친히 먹기도 하는 궁중의 제사. 지금은 '근로감사의 날'로서 국민 축일로 되어 있음.

적적 운동을 전개한 것이다. 이어지는 잡보雜報에서는 '여자나 아이들'과 마찬가지로 '신문 개화'의 대상이 된 사람들이 명시되었다.

당사의 신문을 리쿠젠陸前의 센다이仙台, 고쿠후國府까지 뿌려 전국을 개화시키고 싶다고 말한 사람들이 있습니다. 그래서 요즘 도쿄에서 신문팔이步行た者라고 불리는 사람들이 내려가 매일 신문을 팔고 있다고 합니다. 도쿄에서 가인歌讀이 왔다고 해서 남녀노소 할 것 없이 그를 줄줄이 따라다녀 길이 너무 붐빕니다. 개중에는 마술이나 마법을 사용하는 가인도 있다는 등 이런저런 말들이 많지만 이제야 조금씩 개화되고 있는 것 같습니다.

—「신문」, 1875.12.17

잡보나 투고에서 빈번하게 등장하는 "도쿄 등에서는 이런 야만적인 풍경은 없겠지만"이라는 상투적인 문구를 통해 '중심'에서 '주변'으로 향하는 '문명 / 야만'이라는 시선을 볼 수 있다. 한편 그것을 바로 그 '벽촌'의 주민도 공유하고 있다는 것이 다음과 같은 투고에서 드러난다.

나는 도카이도東海道[12]의 후지에다藤枝[13]에 살고 있는 사람입니다. 매번 귀사의 신문을 사보고 있습니다만, 실로 개명한 천황님 덕분에 이 벽촌에 살아도 나랏일을 알게 되니 이렇게 좋을 수가 없습니다. 그런데 시골에서는 이상하게도 도쿄에서 신문을 가져와서 보는 것을 매우 사치스러운 것처럼 말합니다.

—「투고」, 1875.8.4

신문은 아직 개화되지 않은 벽촌의 '우민'에게도 균등하게 미쳐야 하

12 옛날 7도의 하나. 현재의 긴키近畿, 추부中部, 간토關東 지방의 태평양 연안 지역.
13 시즈오카현靜岡縣 중부의 시市. 목공업, 화학 공업이 발달.

는 '개화'된 세상의 혜택이었기 때문에 그것을 읽는 것이 곧 개화라는 언설을 받아들이고, 투고자 자신을 '우민'으로부터 선별=제외하고 있는 것이다. "후리가나 신문을 보는 사람 중에서도 정기적으로 보는 사람은 상등上等, 전혀 보지 않는 사람은 하등下等, 우리처럼 가끔(돈이나 시간이 있을 때) 하나씩 사서 즐겨 보는 것이 중등中等이라고 생각합니다"(「투고」, 1877.10.1)라고 말하고 있다. 이처럼 신문은 그것을 읽는 사람과 읽지 않는 사람을 구분하고, 나아가 읽는 사람들 안에서도 등급을 나누면서 독자 공동체를 형성했다.

옛 폐단과 구습에 대한 비판이 지면상에 집요하게 반복되어 나타난 것, 그리고 음력에 따른 행사가 현재에 이르기까지 각지에 보존되어 있는 것을 보면 사람들의 시간감각이나 풍습, 습관 등 생활 실태를 무시한 일방적인 문명개화 정책이 당시 적지 않은 어려움에 직면했음은 분명하다. 그럼에도 불구하고 교도적이고 훈계적이며 때에 따라서는 차별적, 폭력적으로까지[17] 강요된 '신문 개화'가 다수의 사람들에게 받아들여진 것은, 그것이 사람들의 요구는 아니더라도 그들이 생활하는데 필요한 일면을 가지고 있었기 때문이다.

3. 신문 학문新聞學問-신문으로 배우는 읽기와 쓰기

'하찮은 우민'들까지 신문을 수용할 수 있었던 가장 큰 힘은 어려운 한자어에 후리가나를 붙여 구어를 구사한 지면의 면모였다. 『요미우리』의 창간호(1874.11.2)에서 제일 먼저 눈에 들어오는 것도 그 첫머리인

'포고'란에 게재된 글의 면모이다.

> ぎゃうかうぎゃうけい　せつ　れいしき　ぎ　は　　おのおのよくしってゐるはづ　ところ　なほおとほり
> 行幸行啓の節、祀式ノ儀者 (…中略…) 一般熟知之筈ニ候處、猶通御ノ
> ときけいれい　しつ　ものたまには　これある　や　あひきこえはなはだ　ぎ　ぜんでうかふこく　おもむきたした　いた
> 際敬祀ヲ失シ御者往々有之哉ニ相聞甚ザル儀ニ付前條公布ノ趣下々ニ至
> までああね　わきまえ　やうとりはからふ　このむねあひたツし
> ル迄普ク通徹御様取計ベク此旨相達御事[14]

행행행계 때 예식의 의무가 있는 사람 (…중략…) 일반적으로 모두 숙지하고 있어야 하는 것인데도 행차 때 경례 실수를 하는 사람들이 있다. 그래서 다시는 그런 일이 일어나지 않도록 이전에 공포한 취지를 한 번 더 알리고 제대로 조처할 수 있도록 전달.

이러한 기사의 모양새뿐 아니라 다음과 같은 포고의 해석이 함께 게재되어서 독자의 주목을 받았다.

행행행계라는 것은 천황님과 황후 등이 행차하시는 일입니다. 행차시의 예의를 매번 공포했음에도 불구하고 잘 이해하지 못하는 사람들이 있어서 종종 실수를 범하기 때문에 예전에 공포한 것을 지키라는 포고입니다. 행차 때에는 길가로 비켜서야 합니다. 모자를 쓴 사람은 모자를 벗고 자리에 선 채로 머리를 숙여 경의를 표합니다. 또 말이나 인력거에 탄 사람은 내려서 공손하게 예를 표합니다.

『요미우리』가 표방한 이런 '일상적인 속담평화俗談平話'[15] 형식은 닛

14 한자로 쓰여 있으나 후리가나가 모두 달려있다. 이 후리가나는 속담평화俗談平話를 구사한 것이다. '속담평화'는 주 16 참조.

슈샤日就社의 초대 사장인 고야스 다카시子安峻 이전부터 '숙원 사업'이었다고 한다.[18] 그러나 고야스 다카시가 본격적으로 신문 경영의 표면에 나선 것은 1877년 외무성 퇴직 이후의 일로, 창간호에서는 그의 이름이 한번 나왔을 뿐이다.[19] 그러므로 '속담평화'에 의한 지면을 만든 사람은 창간호부터의 편집인이자 「신문」란부터 「이야기」란까지 종횡무진으로 붓을 휘두른 스즈키다 마사오鈴木田正雄이고, 그가 고야스 다카시의 뜻을 받아들였다고 볼 수 있다. 어쨌든 이러한 지면 제작 방침은 회사가 예상했던 것 이상으로 다수의 호응을 얻었으며 『요미우리』 이후에 나타난 많은 소신문들이 이런 형식을 모방하였다.

그리고 이러한 형식은 신문에 의한 개화와 구습의 일소가 '서민'측에 선 사람들에 의한 감화라는 인식을 독자에게 가져다주었다. 이것은 '종잡을 수 없는 말'로 '포고'를 내리는 '정부' 즉, '관료'라는 높은 곳에서 '민심'을 부리는 대상으로 삼아 강권적으로 하달하는 명령과는 다르게 인식되었다.

지난번에 열린 경시청에서는 사람들의 보호를 강화하기 위한 경범죄의 죄목을 정했다. 그리고 이것을 집집마다 포고하고, 각 분청分廳 앞 칠판에도 잘 보이도록 적어 놓았기 때문에 누구나 알고 있을 것이다. 그러나 우리 같은 직인이나 날품팔이들은 '알몸'이나 '소변' 정도의 단어만 알 뿐 딱딱한 글자[16]는 모르기 때문에 누구 하나 이 포고의 내용을 제대로 이해하는 이가 없다. 모든 신문들이 순사의 수첩에 경범죄를 범한 사람이 몇 백 명씩 적혀 있다고 떠들어 대지만 그 사람들은 분명 포고를 제대로 이해하지 못한 사람들임에 틀림없다. 그러므로 누구나 이해

15 한자에 후리가나를 달되, 한자와 음이 맞지 않더라도 뜻이 같은 일상어를 히라가나로 표기함.

16 한자를 말함.

할 수 있도록 아주 쉽게 써서 오늘 다시 한 번 공포해 주기를 부탁한다.

— 교바시京橋 동쪽에 사는 미장이 ○○

메이지 신정부는 정치・경제・외교 등 국가 시스템의 근간부터 시민생활의 세부에 이르는 규율까지 엄청나게 많은 것들을 정비해야 했다. "각종 신기한 법령 조례法令識告가 비처럼 싸라기눈처럼 매달 매일 쉴 새 없이 쏟아져"[20] 사람들을 포위했다. 그중에서도 이런 저런 생활습관을 경범죄라는 명목으로 단속하는 '경범죄 조례'에 대한 것이 위 투고에 나타나 있다. 『요미우리』 창간호에는 "도쿄에서 소변을 보거나 허벅지를 드러내고 다니는 등의 규칙 위반으로 9백 15명, 그 벌금이 총 99엔 56전 2리 5모에 육박"하는 사태를 낳았다고 기록되어 있다.[21]

예전에는 '천황의 축일'에 깃발을 달지 않으면 기껏해야 '못 배운' 하층민이라는 신문의 비난을 받는 것이 고작이었다(「투고」, 1876.7.10). 하지만 이제는 최고 『요미우리』 6개월 구독료와 맞먹는 금액인 1엔 50전의 벌금을 물거나 구류라는 실질적인 손해가 따른다. 직업이 날품팔이라면 그 피해는 막대할 것이다. "닛슈샤님, 부탁건대 경범죄라든가 개정율령이라든가 하는 것들을 쉽게 알 수 있도록 매일 조금씩 써 주세요"(「투고」, 1875.9.8)라는 독자의 소리는 그런 상황 속에서 생겨난 비명 같은 간청인 것이다.

그러나 그들의 요구가 단지 '빗발처럼 쏟아지는 법령이나 조례'를 쉽게 알려달라는 것뿐이었다면 그것이 꼭 신문일 필요는 없었다. 왜냐하면 그림으로 되어있는 『경범죄 조례도해違式詿違條例圖解』(1877)나 『경범죄 도해違式詿違圖解』(1877)가 이미 발행되어 있었기 때문이다. 이것들은 '어렵고 딱딱한 글자', 즉 한자를 읽지 못하는 사람에게 그림을 통해 그 내용을 해설하는 풍속화나 인쇄물이다.[22] 그렇다면 독자가 소신문에 요구하고 있던 것은 무엇이었을까. 이는 신문에 실린 수많은 투고를 통해 알 수 있다.

신문을 읽으면 보다 빨리 학문을 익힐 수 있습니다. 신문을 볼 정도의 사람이라면 최소한 '아무 쓸모없는 사람'이라는 말은 듣지 않습니다. 서양의 많은 나라에서는 사람들이 신문으로 학문을 한다고 합니다. 그러므로 신문을 읽는다는 것은 어찌되었든 세상을 위한 것임에 틀림없는 것 같습니다.

—「투고」, 1875.11.9

독자 육성 프로그램에서 '신문 개화'가 제1순위였다고 한다면, 그 다음 단계는 '신문 학문'이었다. 물론 학문을 하자고 한 것은 '우민'과 '영리'의 경계선을 방황하고 있던 사람들이다. 그 구체적인 내용은 다음과 같다.

학문이란 것이 꼭 『대학』이나 『논어』를 읽는 것만은 아닙니다. 누구나 태어날 때부터 글을 아는 것은 아니므로, **'배움'**을 통해 (…중략…) 모르는 것을 끝없이 물어서 익히는 것도 학문입니다. 무엇을 하든지 글을 읽지도 못하는 문맹은 되지 맙시다.

—「투고」, 1875.11.5(강조는 원문)

또 신문사에 항의하는 독자의 불만 중 대부분이 후리가나를 틀리게 붙인 것과 인쇄의 질이 나쁘다는 것에 집중됐다. 이것은 '학문'이 신문을 통해 한자 읽기를 배우는 것에서 시작된 것임을 보여준다.

스즈키다 마사오 대장, 형님은 훌륭해요. 사람들이 무서워하는 도라노몬虎の門

에 살면서 세상 구석구석 모르는 것이 없고 부녀자와 아이들에게 지혜를 주는 '속담평화'의 원조. 최근에 당신 흉내를 내어 큰 형님들도 글 쓰는 품새를 속담평화로 고쳐 쓰고 있습니다. 이것은 우리 같은 무학문맹에게 더할 나위 없이 좋은 일이기 때문에 당신을 존경합니다. 그러나 한 가지 말씀드리고 싶은 것이 있습니다. 종종 배달이 늦고 도둑맞는 일이 반복되는데 이는 정말 곤란합니다.

—「투고」, 1875.12.7

독자는 매일매일 생산되는 대량의 한자어에 압도당했다. 그것들을 습득하여 '알아들을 수 없는 포고'가 초래하는 재앙에서 자신들을 지키기 위해, '신문 학문'은 현재의 생활에서 꼭 필요한 것이었다. 그리고 나아가 미래의 입신출세 — "재주가 있고 학문까지 가능하다면, 어떤 높은 관원도 될 수 있다"(「투고」, 1875.12.4) — 를 향한 첫걸음이었다. 이것은 소신문이 '부녀동몽婦女童蒙'이라는 단어로 표상되는 낮은 지식의 사람들의 계몽에 주력하면서도 그들이 읽을 수 있는 문자인 히라가나만으로 전 지면을 구성하지 않은 명백한 이유였다.

그런 의미에서 『요미우리』 창간 해에 『마이니치 히라가나 신문まいにち ひらがな しんぶん』(1873.11~1874.5)이 폐간의 압박을 받은 것은 시사적이라 할 수 있다. 『마이니치 히라가나 신문』은 한자 폐지론을 주장한 마에지마 히소카前島密가 그 실천의 일환으로 발간한 신문이었다. 그는 사람들이 "보통 일반의 교육"을 통해 교화되어야 한다고 생각했다. 그러나 "아주 사소한 성명의 표기법, 편지 쓰는 법, 취직할 때 알아야 할 문장을 외우기만 하면" 되는 "하등한 자"들에게 "중국 문자의 해독" 따위는 중요하지 않았다.[23] '하층 민중'에게 한자(한어)는 유교 이데올로기로서의 한학이나 그 대항 이데올로기로서의 한학 혹은, 국민 교화의 효율성을 구하는 정책 엘리트의 언설과도 무관했다. 그들은 단지 최대한 빨리, 최

대한 많은 한자를 손에 넣는 것이 가장 중요한 과제였고 그것은 생활에 꼭 필요한 것이었다.

마에지마 히소카가 주장한 한자 폐지론은 "하등한 자"의 식자 교육을 위해서라고 하지만 엘리트와 비엘리트 사이에 단절적인 경계선을 긋는 것이었다. 그러나 이 경계선은 소신문 독자들이 '신문 학문'을 통해 초월할 수 있었다. 『마이니치 히라가나 신문』을 비롯해 『도쿄 가나가키 신문東京仮名書新聞』(1873.1~2), 『이로하 신문四十八字新聞誌』(1873.1~4) 등 각종 히라가나로 쓰인 신문들이 극히 단명했던 상황은 독자의 요구가 '가나로 쓰인 신문'이 아니라 '가나가 붙어있는 신문'이었다는 증거였다.24)

그러나 주의해야 할 것은 문자언어로 지면에 표기된 것임에도 불구하고 '속담평화'라는 그 형식이 문어체, 다시 말해 '정통적인 문장'으로 인정되지 않았다는 점이다.25) 앞의 투고에 보이는 루비[17]나, 투고는 '글을 말하듯' 써 달라는 사고社告에서도 볼 수 있듯이 그것은 '말하기'로 개변된 '글', 속담평화를 우선으로 한 표기 형태에 지나지 않는다. '속담평화'라는 것은 낮은 식자능력을 가진 독자를 위한 편의적인 형식으로 '글'이 될 수 없는 무언가에 붙여진 명칭이었고, 독자의 능력 향상에 따라 결국은 폐기될 잠정적인 것으로 선택되었다.

소신문은 선구자인 『요미우리』를 '형'으로 하는 형제관계 속에서 스스로를 위치 지었고, 또한 '큰 형'이라고 할 수 있는 '어른 신문大人新聞'인 대신문에 대해 스스로를 '자녀 신문'이라고 칭했다. 따라서 독자의 공동체 역시 그것을 읽는 사람 전체의 가족적 질서 안에서 표상되었다.26) 이때의 대소大小 관계는 서열을 의미하는 것일 뿐 적대적인 것으로는 상정되지 않았다. 소신문 독자가 '성장'을 통해 언젠가는 '어른'의

17 한자 옆에 히라가나를 단 것, 후리가나.

무리에 들어간다는 전제는 독자에게도 공유되었다. 후에 신문을 둘러싼 여러 가지 변화가 지면을 통해 나타나는데 "신문의 수준이 높아지는 것은 바꿔 말하면 독자의 학문이 높아지는 것"이라는 등 신문과 독자를 일체시한 투고가 그러한 예이다. 이것은 마치 "이로하[18]를 익힌 꼬마가 나가시라[19]를 끝내면 편지문 단계로 넘어간다"는 식으로, 어린 아이가 글자를 습득하는 단계적 진보로 논해진다(「투고」, 『요미우리』, 1882.12.12). 이처럼 독자의 '성장'은 무엇보다 우선 읽고 쓸 줄 아는 능력에 의해 측정되었던 것이다.27)

4. 지폭의 확장과 리터러시literacy

창간 2개월 후 『요미우리』의 사고는 투고된 글에 대해, 그 논지는 바르지만 '글'이 지나치게 고상하여 "아이들에게는 조금 어려우리라고 여겨지기 때문에" 잘 받아 두었다가 "조금 더 고려해 본 뒤 게재할 예정"이라고 알렸다(「알림」, 1875.1.14). 또 6개월 후에 "당사의 신문은 속담 평화를 사용하기 때문에 다음 기회에 쉽고 명료한 글로 답변하겠습니다"(「사고」, 1875.8.3)라는 투고자 앞으로 보내는 사고도 실렸다. 위의 두 사례로 볼 때 닛슈샤는 투고를 포함한 기사의 스타일을 의도적으로 컨

18 이로하 47자의 가나를 이르는 말로 알파벳의 ABC, 한글의 가나다에 해당한다. 이로하 문자는 히라가나 47자를 한 자씩만 넣어서 읊은 이로하 노래로 많이 불렸다.

19 미나모토[源], 타이라[平], 후지[藤], 타치바나[橘] 등 유명한 성씨의 첫 글자를 늘어 놓은 것으로 옛날 읽기 / 쓰기의 교재로 삼았음.

트롤하고 독자가 이를 의식하게 함으로써 게재 가능한 문장을 미리 정해 두고 있던 것처럼 보인다.28)

이 해의 투고란에는 "이 신문쟁이들아, 잘 들어라. 네 놈의 신문은 매일 똑같은 광고뿐이라 금세 싫증이 나고 짜증스럽다. (…중략…) 신문으로 돈 버는 놈들이, 투고에 관해서는 통보 하나 달랑 띄워놓고 뒤통수를 치는구나! 이 뻔뻔한 놈들"이라는 욕설과 불만이 가득 찬 투고가 실렸다(「투고」, 1875.5.14). 여기에 대해 회사 측은 "이 투고를 여러 번 보니 조금씩 이해할 수 있었습니다. 말씀하신 것처럼 요즘 광고가 많아서 여러분께 죄송스럽습니다"라고 대응했으나, 이때까지는 아직 투고자에 대한 모멸이 보이지 않았다.

그러나 1년 몇 개월 후 "신문사 놈들은 뭐하는 녀석들인가! 약삭빠르게 제사는 아사쿠사淺草에서 지내고 세상일은 후지사마富士樣 탓으로 돌리는 주제에 마쓰리 제등祭り提燈 받침이 어떻다는 둥 말하다니, 우리를 뭘로 보는 거야! (…중략…) 이제부터 투덜대지도 말고 억지로 미안하다고도 하지 마라, 이놈들아"라는 투고가 실렸을 때 회사 측의 태도는 확 바뀌었다. 이 투고에 대한 회사의 대응은 다음과 같다.

> 여러분, 이 투고에 가나를 붙이는 일은 정말 힘들었습니다. 얼마나 대단한 분인지 모르겠지만 글 쓴 모양새를 보니 배꼽 쥐게 웃기는 대머리 아저씨라도 섞여 계시는 모양입니다. 한심한 작자들 아닙니까? 청맹과니는 지팡이라도 짚고 산에 오르는데 이 작자들은 장님보다 더 앞길이 캄캄해 보입니다. 달린 방울 두 쪽이 한심하네요.
>
> —「투고」, 1876.8.26

두 투고 사이에는 1876년 1월에 시행된 지폭의 확장과 지면의 증가라는 물리적인 변화가 있었다. 따라서 연간 총 발행 부수가 435만여 부,

대략적인 일일 발행 부수가 1만 4천 부를 넘는 증대가 수반되었다.[29] 물론 후리가나를 단 신문의 효용이 높아졌다고 해도, 불과 1년 사이에 독자의 리터러시가 급상승했을 리는 없다. 그러므로 이 투고에 대한 경멸이 '신문 학문'의 성과를 얻지 못한 현실의 투고자를 향해 발산된 초조함이나 비판의 의미를 지닌 것은 아니었다. 오히려 두 투고에 대한 태도 차이는 구독자의 증가에 따라 신문사에 의해 다수파 독자로 상정된 사람들의 리터러시가 상대적으로 상승했다는 사실을 반영하는 것이다. 저식자底識者에 대한 신문사 측의 모멸적 태도는 독자층의 변화에 대응하기 위해 리터러시의 기준이 변경되었음을 독자에게 알리는 것이었다. '여러분'이라고 호명된 독자는 신문사의 기준을 받아들이고 능력 차이에 기반한 구분, 즉 더 못 배운 사람에 대한 경멸과 오만을 공유할 것을 요청받았다.

물론 모든 독자가 동일하지는 않았다. 점차 눈에 띄기 시작한 '진부하지 않으면서 화려하고 아름다운 문장, 혹은 자신감이 넘치는 격조 있고 우아한 글이 자주 보이는' 지면이 있었던 한편, "후리가나가 달린 소신문은 (귀사의 자랑인) 속담평화를 사용해야 한다"고 주장하는 수구파 독자도 여전히 건재했다(「투고」, 1878.7.28). 그러나 새롭게 제시된 리터러시의 수준이 규범으로 받아들여지면서 지면의 스타일은 이 투고자의 희망과는 반대 방향으로 변모해 갔다. "가나 신문에 투고할 때, 조금이라도 한어漢語를 가미하지 않으면 엉터리 투고가로 경멸 받는 융통성 없는 한자어 세상"(「투고」, 1880.11.20)이 도래하고 있었다. 『요미우리』 창간 이래 단골 투고자였던 미나미 신지南新二는 그 변화를 재빨리 간파해서 다음과 같이 기술하고 있다.

일례로 4~5년 전의 투고를 보자. '실례하겠습니다'로 시작하여 '안녕히 계십

시오'로 말을 마치는 것은 세상 사람이 다 아는 바였다. 그러나 오늘날의 투고는 가나와 한문을 뒤섞어 사용해서 사람들에게 어려움을 안겨준다. 그래서 그것을 보는 사람은 마치 연기 속에서 헤매는 듯한 느낌을 받는다. 하지만 신문을 보는 사람이 점점 무식한 소리를 하지 않게 되고, 날로 독자가 많아지는 것은 부녀동몽의 진보가 신문지상에 드러나는 것이라 할 수 있다. 이는 신문이 세상에 유익하다는 점을 증명하는 것이다.

—「투고」, 1880.1.6

변화가 현저해진 것은 1881년 1월, 두 번째로 신문 지폭을 확장한 이후였다.30) 지폭을 확장한 것은 직접적으로는 정부의 포고를 게재하는 것이 의무화되었기 때문이지만, "투고자 여러분이 보내주신 소중한 문장을 제대로 다 싣지 못하는 점을 유감스럽게 생각하여"(「사고」, 1880.12.29)라는 사고社告에서 볼 수 있듯이, 투고 증가로 인한 압력이 무시할 수 없을 정도로 높아졌기 때문이기도 하다. 지폭의 확장 전후로 부수는 증가한 것이 아니라 반대로 감소했다.31) 그러므로 투고의 증가는 독자수의 증가가 아니라 투고 수의 변화, 즉 독자 중 투고자의 증가를 뜻하는 것으로 반영해야 한다.

2, 3년 전까지 잘 안 팔리던 한서漢書가 예약 출판에 의해 속속 복간됨과 동시에, 자전字引이 부활하는 상황이 도래하자,32) 허울 좋은 신사紳士들이 구사하는 '의미가 틀린 한어',33) 상업 문서에 사용되던 '기상천외한 한어'34)를 비난한 다수의 투고에서 우려가 표명되었다. 한 투고자는 서투른 서생이 머리를 짜내 '대유석학大儒碩學'이 심심풀이 장난으로 썼을 법한 '신문의 투고'를 흉내 내어 적은 '평성平聲과 측성仄聲이 맞지 않는 시詩와 단락이 없는 글', '테て, 니に, 오を, 와は[20]가 틀린 와카和歌, 한어漢語와 유사한 발구發句'를 조롱했다. 하지만 그 자신도 스스로를 '바보 중

의 하나'로 부르며 자조할 만큼, 투고문에는 '대유석학'에 필적할 만한 견식이나 교양이 점점 더 요구되기 시작했다.35) "당신 글을 보니 별 생각 없이 '그리하여然り而して'라는 말을 썼던데, 그것은 중국인唐人이나 한학자漢學者가 사용하는 '그러나然而'와 의미가 크게 다른 것이다"[21]라는 투고처럼,36) 투고자에게는 한자의 뜻과 올바른 사용법은 물론 그 근거가 되는 정전正典 텍스트에 관한 지식이나 한학적 교양까지 요구되었다.

1881년 지폭의 확장과 함께 크게 변화한 것은 창간호부터 붙어 있던 후리가나를 『요미우리신문』의 제호題號에서 삭제했다는 것이다. 창간 이래 '속담평화'가 사용된 지면을 실천하는 데 큰 노력을 쏟았던 초대 편집장 스즈키다 마사오는 이미 1880년 5월에 회사를 떠났다. 그가 1880년 말 창간한 『스즈키다 신문鈴木田新聞』이 불과 1년 만에 폐간된 것은37) 예전 『요미우리』의 편집 이념이 더 이상 독자의 지지를 얻지 못하게 되었음을 보여준다.

1884년 1월, 불경기로 인해 다른 신문들이 차례로 구독료를 낮출 때 『요미우리』는 가격 인하 대신 세 번째 지폭 확장을 실시했다.38) 이에 맞춰 1879년에 개설되었지만 비정기적으로만 게재되던 「요미우리 잡담」란을 상설화하는 적극적인 지면 개혁이 단행되었다. 이러한 조치가 대중적 공론장인 신문과 독자와의 관계에서 무엇을 의미하는 것이었는지는 이후에 서술하고, 먼저 이 개혁이 언어 공간으로서의 지면에 어떠한 변모를 가져왔는지 살펴보자.

같은 해 6월, 리터러시를 둘러싼 담론의 변화와 언어 인식의 새로운 전개를 보여주는 투고가 오고 갔다. 계기가 된 것은, 매일 아침이면 신

---

20 일본의 조사에 해당하는 글자들.
21 일본어에서 접속사 '然り而して'는 '그리고, 그리하여'의 의미지만 중국어에서 '然而'은 '그러나'의 의미로 쓰인다.

문사 앞에 걸리는 신문을 읽으러 간다는 사람에게서 온 투고였다. 이 글은 신문사 앞에 모여 선 채로 신문을 읽는 사람들의 다수가 "신문의 지면에 눈을 들이민 채 읽는" 것을 의아하게 여겨 그 이유를 살펴보니, "천성적으로 근시이기도 하지만 딱딱한 한자는 읽지 않고, 7호 문자로 작게 쓰인 가나傍訓를 간신히 읽고 있기" 때문이었다고 말한다. 그는 관찰 결과를 통해 "한 글자도 못 읽는 사람을 눈 뜬 장님明き盲이라고 한다면, 가나만 알고 한자는 모르는 사람을 **눈 뜬 근시**明き近眼라고 부를 수 있다"며 조롱했다(春の屋花友, 「투고」, 《눈 뜬 근시 이야기》, 1884.6.1[강조는 원문]). 이 투고에 대해 "눈 뜬 근시가 어디가 어쨌다고 이놈아. 우리를 위해 붙어 있는 가나가 아니더냐"라는 투의 강한 반론은 실리지 않았다. 전문이 히라가나로 쓰인 반박 투고가 있기는 했지만 결코 '눈 뜬 근시'라고 비웃음 당한 사람들을 대표한다고 말할 수는 없는 것이었다.

> 귀사의 신문을 오랫동안 매일 읽다 보면 우리나라 글자를 읽으면서 나중에는 한자도 점차 읽을 수 있게 됩니다. 그러므로 따로 배우지 않아도 조금씩 가나도 알게 되고, 한자도 이해하게 됩니다. 다만 멀리 있는 것에 눈을 두어 발 밑에 있는 것, 이미 얻은 바를 잊어서는 안 되겠지요.
>
> —스즈키 우메すずきうめ, 「투고」, 《멀리 서서 신문을 보는 사람에게 답한다》, 1884.6.22

『요미우리』는 전년도 7월에 가나 문자 운동 단체가 합동으로 열린 '가나 협회仮名の會'의 회합 자리에서 있었던 회장 '아리스가와有栖川 삼품친왕三品親王의 축사'나 '요시하라吉原 부회장의 답사' 등을 제1면에 실었다(「신문」, 1883.10.10~11). 그 전후로 투고란에는 가나 옹호론자가 쓴 회합의 목적에 관한 투고나 가나 사용에 동의한다는 의견을 밝히는 글이 실렸다.39) 요시하라의 호우칸[22]이라고 불리던 열렬한 투고자, 킨쓰우 샤야스라琴通舍康樂가 가나로 적힌 화문체和文体 투고(「투고」, 1883.12.11)를 쓰는 상황이 해를 넘겨 지속되었다.

'킨쓰우 샤야스라'의 투고가 협회의 주장을 어느 정도 이해하고 있었는지는 의문이지만, 대부분은 실제로 가나 문자 운동에 관여하던 인물들에 의해 작성된 듯하다. 그 투고들은 '가나협회의 회원에게 가나 표기법과 가나문 쓰는 방법을 배운'[40] 사람이 '후리가나로 신문을 읽는 사람'에게 가나 협회의 목적을 설명하면서,[41] 대신문에 게재된 반反 가나 문자론에 대한 논쟁을 도발하는 방식을 취했다.[42]

가나 문자 운동에 찬성하든 반대하든, 투고란에 등장하는 문자 논쟁이 '눈 뜬 근시'라고 불리는 사람들의 리터러시나 언어관과 무관했다는 점은 분명하다. 《일본의 문학》이라는 제목이 붙은 투고는 "언어는 인간 정신人心의 진보에 따라 변천하는 것이며, 단지 언어를 글 쓰는 데 사용하는 것으로만 여긴다면 결국 오늘날 사람들이 『고지키古事記』를 읽는 것도 불편해진다"고 말한다. 또한 "가나만으로 글을 쓰면 문법을 숙지해야 하는 어려움이 따르고, 사쓰마薩摩와 아이즈會津 지방의 언어 차이처럼 국내 사투리의 불편함을 없애야 한다는 난제가 있기 때문에 차라리 한어에 친숙해지도록 장려함으로써 '혼용문'이 널리 퍼지도록 하고 이를 통해 '일본의 문학'을 일으켜 세워야한다"고 주장했다.[43]

읽고 쓴다는 행위와 그 결과는 '어렵고 딱딱한 글자'를 읽지 못하는 '직인職人과 일용직 노동자'들의 현재 생활 문제, 그들의 자기 방어나 자기실현에 관한 논의를 담지 않게 되었다. 투고란에는 '사쓰마 사람, 아이즈 사람' 혹은 '교토, 오사카 사람'을 모두 포함한 '우리나라'의 과거와 미래에 관련된 문제가 실렸던 것이다.

22 술자리에 나가 손님의 비위를 맞추고 흥을 돋우는 것을 업으로 하는 남자.

5. '국가의 양민良民'이라는 독자 공동체

"귀사의 신문을 사러 갔던 사람이 (…중략…) 이번 요미우리는 웃기는 기사가 적기 때문에 재미가 없다고 했습니다. 또 그와 함께 갔던 다른 사람은 필치가 너무 저속하고 문장이 엉터리라서 볼 마음이 없다고 말하며 돌아왔습니다. 그러나 사람의 마음이 같지 않음은 얼굴이 다른 것과 마찬가지겠지요"(「투고」, 1876.3.31)라고 서술했다. 이처럼 처음부터 소신문 독자들의 관심은 식자능력이나 언어관과 마찬가지로 상당히 다양했다. '부녀동몽'의 계몽이 이루어지기 전에는 표면화되지 않았던 독자 간의 차이가 낮은 리터러시에 대한 노골적인 무시의 형태로 드러났다. 또한 독자층의 확대는 투고란에서 주도권 다툼을 야기했으며 독자 공동체를 변용시켰다.

창간 3개월째인 1875년 1월 『요미우리』에서는 '붉은 히노마루赤い日の丸'라는 용어를 둘러싸고 '이중 수식어'인가, '관형어'인가 하는 논의가 발생했다.[23] "말꼬투리를 잡거나 사소한 것일지라도 이에 대한 붓의 전쟁은 언제나 대환영입니다"라는 기자의 코멘트에 의해 사건은 "붓의 전쟁"이라고 불리기에 이르렀다.44) 다음 해 〈도쿄 삽화〉에서는 '競ふ다투다'의 '경競'자에 '아라소あらそ'라는 후리가나를 붙인 투서를 계기로 '경競'과 '쟁爭'의 자의字義를 둘러싼 투고들이 논란거리가 되었다.[24] 그러나 이 일도 최종적으로는 "후리가나 신문은 원래 속담평화를 사용하는

23 히노마루는 원래 '붉다'는 의미를 함축하고 있는데, 여기에 '붉은'이라는 수식어를 더하는 것이 불필요하다는 주장.

24 'あらそう'의 한자는 '쟁爭'을 쓰는데, '경競'이라는 한자의 후리가나를 'あらそ'로 잘못 썼기 때문에 논란이 발생한 것. 모두 '다투다'라는 뜻이다.

데 (…중략…) 속어를 섞어 쓰는 신문에서 이렇게 고상한 논의를 펴는 것은 중요하지 않습니다"라는 제삼자의 개입에 의해 결말지어졌다.45)

이것은 '무학문맹'인 독자의 계몽을 우선으로 하던 소신문의 독자 공동체가 대신문의 독자 공동체에 대해 배타적이면서, 그 내부에서는 '하층 민중'으로서의 일체감을 유지하기 위해 독자들 사이의 차이가 표면화되는 것을 억제하려고 했음을 보여준다. 이 시기 소신문에는 "선생이 보내신 글에 동의합니다"라는 말로 시작하는 투고들이 많았는데, 이는 이 공간에서의 커뮤니케이션이 비판과 토론이 아니라 공감이나 찬동에 의해 이루어졌음을 보여준다.

> 신문은 세상 사람들을 개화로 나아가게 하는 좋은 도구입니다. 귀천貴賤을 가리지도 않고, 사람들의 잘못도 짚어주고, 이치에도 맞고, 세상에 아첨하지도 않습니다. 게다가 우리 같은 바보가 말하는 것도 투고란에 실어주시니 이 얼마나 송구스러운 일입니까.
>
> —「투고」, 1875.3.27

"실례합니다. 저는 귀사에 처음으로 글을 보냅니다. 여러분 모두와 투고의 동료가 되기를 바랍니다"(「투고」, 1876.4.21), 또는 "모이신 여러분의 귀를 잠시 빌리고자 합니다. 들어주신다면 감사하겠습니다"(「투고」, 1876.2.17)라는 말에서 알 수 있듯이, 투고 행위는 신문 지상에 모인 독자들의 커뮤니티에 들어가는 것이었다. 앞의 투고에 나타난 것처럼 여기에서는 신분의 높고 낮음이나 현명함과 우매함을 묻지 않는다. 오히려 이 커뮤니티에서는 '식자층'에 속하는 이가 드러나지 않는 경향이 있었다. '무학문맹'이던 자신이 신문을 통해 "치유되는 체험"을 겪었다고 말하는 투고자가 자주 있었던 것에서 알 수 있듯이, 이 공동체에 들어가

기 위한 가장 유리한 방법은 스스로를 '신문 개화'의 대상으로 설정하는 것이었다. 커뮤니티에 참여하기 위해서는 '바보에게 처방되는 약'인 '신문즉효지新聞卽効紙'(「투고」, 1876.1.1)[25]의 효능에 대한 동의가 필요했으며, 약의 효과를 선전하는 투고를 쓰는 것이 구성원의 자격을 부여받는 유일한 조건이었다.46)

투고란에 참여하는 것은 리터러시 중 '쓰기' 능력을 전제하고 있었으며, 후리가나에 의지해 간신히 신문을 읽을 수 있는 독자는 여기에서 배제되었다. 그러나 기자나 투고자들이 그들의 식자능력을 표준으로 상정하고 있었기 때문에 이 배제의 구조는 표면화되지 않았다. 그렇지만 보다 높은 리터러시를 지닌 독자가 투고란의 다수파가 되면서 상황은 지면의 형태와 함께 서서히, 그러나 선명하게 변모해갔다.

분수령이 되었던 시기는 두 번째 지폭 확장이 행해진 1881년이다. 간신히 무마되어 가던 "붓의 전쟁"은 1870년대 막바지 무렵부터 산발적으로 일어났고, 1880년대에 들어서면서 보다 현저해졌다. 1881년 5월 이후 확대된 투고란에서 벌어진 논전論戰은 총 6건으로 제3자의 투고를 포함하여 약 30통에 이른다. 여기에는 후에 수많은 논쟁에서 이름을 떨친 오가이 모리 린타로鷗外森林太郎가 세상에 처음으로 발표한 글도 포함되어 있다(모리 린타로森林太郎, 《가와즈 킨세河津金線에게 묻는다》, 1881.9.17).

다음의 투고는 독자 공동체로 기능하던 투고란의 변화에 당황스러워 하는 일반 투고자의 곤혹스러움을 잘 보여준다.

> 나처럼 못 배운 놈이 잘 모르는 것을 물어보자, 갑자기 투고 한 통이 공격해서 당황해 하고 있었다. 그때 아무 관계없는 사람이 별안간 가세하여 내 편을 든다.

---

25 신문을 당시 치료에 쓰였던 '약을 바른 종이卽効紙'에 비유한 말장난.

(…중략…) 이렇게 되자 상대편에 가세한 제3자가 원고 측을 강하게 공격하고, 이에 대해 원고 측 제3자는 피고 측 제3자에게 답변서를 제출한다. 결국 이 사건에 대한 최선책인 지상紙上 재판이 벌어지자 수많은 원고와 피고가 나타나서 본래의 논쟁은 엉망이 되고 만다. 지엽적인 부분이 커져 버려서 모처럼 큰 맘 먹고 질문한 사람조차 결국 흐지부지.

— 재야인鹿山人, 「투고」, 《신문지상에 파수꾼을 두다》, 1881.7.14

투고란은 검도 시합이나 법정 투쟁을 방불케 하는 전장戰場으로 변모해서 무학자가 배움을 청하기 위해 마음 편하게 들어가는 '일자무식 동지들'이라는 공동체의 성격을 잃었다. 이 투고가 실리기 두 달 쯤 전에 "요즘은 투고에 말장난이 너무 많다. 그러니 앞으로 황국을 위한 일대 논의를 일으켜 전국을 포복抱腹이 아닌, 감복시키기를 바란다"라는 내용의 투고가 게재되었다. 즉 투고란이 언어유희의 장에서 정치적 담론 형성의 장으로 변화해야 한다고 주장하는 것이다(「투고」, 1881.5.8). 독자 육성의 프로그램이 최종적으로 '나라를 위한 과업'이 되었고, 투고자도 "국회가 개설될 때까지 바보를 영리하게 만드는 것은 여러분의 역할이다"(「투고」, 1882.6.10)라는 가르침을 받았다.

이처럼 신문과 독자의 관계 변화가 메이지 14년의 정변을 둘러싼 일련의 정치사건에 의해 초래되었다는 점은 1870년대 이래 단골 투고가였던 '가와이 로세이세츠可愛樓晴雪'의 다음 투고에서도 잘 드러난다.

신문에 대소의 구별이 있지만 그 목적은 하나이다. 여론을 표출하여 민심이 무엇인지를 알리는 것이다. 신문에 드러난 민심은 개척사開拓使 관유물官有物 불하[26]를 부정한 행위로 간주하고, 지구가 도는 것처럼 쉬지 않는 국회를 개설해야 한다고 말한다. (…중략…) 앞으로 9년간은,[27] 시간을 귀중히 여겨 일분일초도 헛

되게 쓰지 말아야 한다. 지식을 넓히고 재능과 기예를 연마하는 데 더욱 더 힘을 쏟아서 천황 폐하의 은덕을 맞이하는 그 날 신민으로서의 본분을 다한다면 그것이 실로 국가의 양민이다. 우리는 이러한 양민이 되기를 원한다. (…중략…) 부디 속된 말을 교정해 주기를 귀사 신문에 부탁한다.

―「투고」, 《10월 13일자 신문을 읽다》, 1881.10.19

소신문 역시 '국가의 양민'을 만들기 위한 언론 기관으로 여겨졌다. 개척사 불하 문제 이후 정치 정세가 순차적으로 신문에 보도되었는데, 이 이슈에 관해 가장 뜨겁게 달아올랐던 지면은, 사태에 대한 신문사의 정치적 태도를 표명하는 잡담란이 아니라 오히려 투고란이었다. 이후 조선의 임오군란[28]과 조약 개정 문제가 지면에 보도될 때마다 "우리 일본 신민(1882.8.13)"이, "우리 제국이 대면한 상황(같은 해 9.27)"을 걱정하는 수많은 투고가 게재되었으며 논설 또한 여기에 호응했다. 신문은 먼저 여론을 환기하고 그것을 표명하는 정치적 공론장으로 기능하기 시작했던 것이다.

"우리 제국" 안팎에서 일어나는 사건들에 대한 다양한 논의는 언어 공간인 지면에 참여하는 것이 발화 수행performative이라는 점에서 '우리', '일본', '신민'이라는 주체를 형성한다. 사태에 대해 '무엇을' 주장하는가가 아니라, 주장을 한다는 사실 자체가 주체를 만들어 내는 행위인 것이다. 신문 미디어는 토론이라는 행위를 통해 '국민'이라는 주체를 창출하는 공론장이 되었던 것이다.

26 관영 홋카이도 개척사의 시설을 민간에 매각했던 것으로, 이때 발생했던 비리에 대해 반대 여론이 들끓었다.

27 투고 시점에서 예정된 의회帝國議會 개설(1890)까지의 9년을 의미.

28 1882년 조선에서 발생한 신식 군대 양성과 군제 개혁에 불만을 품은 구제 군인들의 반란.

닛슈샤의 객원이었던 나루시마 류호쿠成島柳北는 『요미우리』가 "새해 들어 독자적인 지폭 확장으로 예상 밖의 대신문이 되었다(濹上漁史, 「요미우리 잡담」, 《지폭 확장을 축하한다》, 1884.1.10)고 말했다. 이렇듯 『요미우리』의 세 번째 지폭 확장이 독자의 정치의식과 함께 그들의 '중산층' 의식을 고무하면서 공론장을 확대했으리라는 점을 쉽게 추측할 수 있다. 투고란에는 '하층 민중'을 위한 신문으로 칭송받고 있던 『요미우리』를 "모든 중산층 사회의 학술적 안목을 키워주는 탁월한 신문, 나아가 중산층 사회뿐만 아니라 상층 사회에도 이로운 바가 적지 않은 신문, 결코 후리가나 신문을 경시하지 못하게 하는 신문"이라고 칭찬하는 투고가 실렸다(拈華微笑庵, 「투고」, 《일요만담日曜漫言》, 1884.3.13).

'학문'은 이미 계층 상승의 수단이 되었고 '천박한 우민'이 한 부에 1전 5리로 얻을 수 있는 '신문 학문'의 차원을 넘어섰다. 학문은 "책을 사거나 교사教師에게 사례할 돈 없이"[47]는 이루어지지 않는 것, "도덕을 설교하는 도구가 아니라 우승열패의 도구"[48]로 논의되기에 이르렀다. '중산층'으로서의 자기의식은 서열을 만들어 내는 다양한 요인 — 사회적 · 경제적 · 문화적 차별화의 원리 — 을 발견했고, 계급적 정체성의 의미와 가치를 부여하는 담론으로 공론장을 채워 갔던 것이다.

6. 마치며

서두에 인용한 청불전쟁의 전말을 둘러싼 쿠마와 하치의 '염려'가 실린 「요미우리 잡담」란은 이러한 담론 공간 안에서 묘사되었던 것이다.

가시적으로 드러나지 않던 '하층 사회'의 사람들이 국가의 운명에 자신의 운명을 일체화함으로써 '중산층 사회'에 포섭되어 버린 존재, 즉 '국민'으로 소환되고 있다. 이들은 대외적 위기에 직면했을 때, 다시 말해 '개인', '개체'의 이해가 사라지고 '집단'의 이해에 초점이 맞추어질 때 '국민'이라는 주체로 통합되었다. 그러나 이와 동시에 내부에서 발생한 차별화에 의해 분절되고 배제된 객체이기도 했다.

마지막으로 다섯 번째 지폭 확장을 하던 해,49) '제국제민회帝國濟民會'의 하라주 메키치原十目吉가 『요미우리』에 연재한 하층 사회 탐방기 《도쿄 빈민의 생활》(1894.2.8~20)은 하층 사회를 향한 시선이 어떠한 것이었는지 여실히 보여준다. "경악할 수밖에 없는 그들 생활의 이면을 보도"한 이 '탐험'기에서 수천의 하층민들은 그들이 살고 있는 싸구려 숙소의 숙박료와 그들이 먹었던 잔반殘飯 가격에 의해 '상층'에서 '하층'으로 재구분되어 지면에 가시화되었다. 거주지・성명・연령・직업・가족 구성・생활수준에 따라 각기 분류된 사람들은 그들이 몸에 걸치고 있는 남루한 옷처럼 자신의 경력이나 고단한 삶을 말하는 언어마저 가난의 정도를 평가하는 기준으로 설정하는 시선에 노출되었던 것이다.

대중적 공론장으로서의 '중산층 사회'는 '상층 사회'와 대비할 때 균질화되어 있었고, 지식과 교양을 드러내는 투고를 쓸 수 없는 무학자들을 투고란에서 추방함으로써 그들을 침묵하는 독자로 만들었다. 이것은 '하층 사회'를 내부에서 포섭하여 비가시화하는 과정과, 가시화함으로써 외부로 배제하는 과정이 맞물린 것이었다. 이러한 하층민으로서의 정체성과 차이에 주목할 때, 계급의 '단일한 집단적 이해'를 전제하는 경제 결정론이나 정치적 이데올로기에 의하지 않은, 구조적으로 비균일한 '장', 즉 '계급의 복잡한 행위성'50)이 국민화 된 주체에 의해 잉태된 문제로서 탐구되어야 한다는 점이 명확해진다.

이런 관점에서 보면 "개인의 자유와 권리를 매개로 인간의 능동성과 활력을 동원"하려 했던 근대 일본 국가 형성의 복잡한 과정이 드러난다. 이는 다시 말하면 주체화와 객체화를 통해 개인과 집단 사이에서 이루어졌던 포섭과 배제의 경합이다. 자타自他 사이에 놓인 다양한 차이에 의해 인간은 스스로의 정체성을 만들어 간다. 그러나 젠더 개념이 가장 첨예하게 보여주듯이 그 사이에 존재하는 힘의 비대칭성에 의해, 차이는 지배와 피지배의 관계로 전환되고 언제나 권력의 근원으로 기능했다. 마슈레Macherey가 사드Sade의 『소돔 120일』을 해석하며 "사회 구성원들이 극단적으로 통제될 때 그 내부에 존재하는 권력 관계가 발견된다"라고 말한 것처럼 "민주주의라는 과정을 통해 성립한 지배 관계, 그리고 이 관계를 한층 더 혹독한 것으로 만드는"51) 과정이 근대 일본의 '국민이라는 주체'를 낳았던 것이다.

사진 속의 '전쟁'*

메이지 30년대 잡지 『태양太陽』에 실린 사진들에 대하여

고노 켄스케 紅野謙介**

1. 들어가면서

1895년(메이지 28) 4월 17일, 일본과 청 사이에 청일강화조약이 조인되었다. 그 해, 청일전쟁이 종결됨에 따라 조선에 대한 청의 종주권은 부정되면서 조선의 독립이 인정되었고, 이와 함께 청은 요동遼東반도와 타이완, 평후澎湖제도의 할양, 배상금 지급 등의 정치적 결정을 받아들여야 했다. 이로 인해 일본은 메이지 정부가 성립된 이후 처음으로 영토를 확대하고 식민지를 영유하게 되었다.

---

* 이 글은 한윤아가 번역했다.

** 1956년 도쿄 출생. 일본대학 문학부 교수. 와세다대학교 문학부에서 공부했고, 대학시절엔 대학 내 영화연구회 활동으로 야마카와 나오토 감독의 영화에 출연하기도 했다. 근대문학자이자 미디어 연구자로, 『책과 근대미디어의 문학사』(筑摩書房, 1992) 등을 저술했다.

그 후 5월 4일 내각회의에서 러시아·독일·프랑스의 '삼국간섭'(1895.4.23)에 의해 요동반도의 반환을 결의할 수밖에 없었지만, 타이완, 펑후제도는 그대로 일본국가의 영토로 편입되었다. 5월 25일에 타이완에서 반란사건이 일어나, 일본은 식민지 통치의 어려움에 직면하기도 한다. 일본이 어느 시점에서 제국주의 단계로 들어섰는지 정확하게 정의하기는 어렵지만, 적어도 식민지를 점유했다는 점에서 1895년이라는 역사적인 연도가 대일본제국의 기원이라고 말할 수 있다. 그 후 10년 동안 러일전쟁을 통해 가라후토樺太 남부를 영유領有하게 되고, 요동반도의 조차권과 남만주 철도의 경영권 등을 획득했으며, 1905년(메이지 38) 11월에는 조선반도의 실질지배권을 얻음으로써 새로운 식민지를 추가하게 된다.

최근 문학이나 문화연구의 관심은 청일전쟁과 러일전쟁의 사이 기간, 일본의 연대기에 의하면 메이지 30년대라고 불리는 시기에 집중되어왔다.[1] 이것은 식민지 획득이라는 새로운 상황을 맞아 종주국인 일본 안에서 무엇이 일어났는가를 주제로 연구가 구성되었기 때문이다. 청일전쟁은 일본이 치른 최초의 대외적인 국가 간 전쟁이라는 의미가 있지만, 이에 비해 러일전쟁은 규모의 차이가 있을 뿐 아니라 여러 가지 다른 의미도 가지고 있다. 메이지 정부는 러일전쟁을 통해, 그 때까지 평민으로 범주화되었던 사람들을 '국민'이라는 개념 아래 불러 모으고, 국민공동체의 문화적 총합을 정책적으로 추진했다. 그러나 권력자의 방침만으로 '국민국가'가 성립된 것만은 아니다. '국민'으로 호명되었던 자들이 스스로를 '국민'이라고 인식하며, 의식적 / 무의식적으로 '국민'으로 창출되는 과정이 있어야 한다. 그리고 다양한 차원에서 일어났던 무수한 사건이 균열과 불화를 낳았음에도 불구하고, 그 균열이나 불화를 주변부로 밀어내버리는 과정이 있어야만 한다. '국민'이라는 주체가 성립되는 과정에서, 의식 이전의 차원에서 감성과 미의식, 욕망과 시선의 재편성이 일어났다고 할 수 있다.

이 글에서는 그 분기점에 해당하는 시기인 1895년 1월에 창간된 잡지『태양』2)에 실린 사진의 변천을 살펴보려 한다. 잡지, 신문 등의 매스미디어가 '국민'의 생성에 있어서 중요한 역할을 했다는 것은 말할 나위도 없다. 그중에서도 직접적인 의견과 주장을 표명하는 언어활동이 아니라, 언어와 밀접하게 연관되지만 쉽게 의식하기 어려운 시각 문법을 사용하던 잡지사진에 주목하고자 한다. 사진 테크놀로지의 발전이 19세기부터 20세기에 걸쳐서 시선의 문법을 바꾼 것은 이미 거론되었다. 그러나 여기에서 문제 삼고 싶은 것은 사진 그 자체가 아니라 매스미디어에 인쇄된 사진, 즉 '기술복제'(발터 벤야민Walter Benjamin)시대의 사진이 불특정 다수를 대상으로 대량 복제되어 잡지와 신문에 게재되어온 과정이다. 이 사진들은 개인 소유의 사진과 달리, 공공의 공간에서 유통되었다. 한편 이 사진들은 권위 있는 어진영御眞影[1]이나, 예술사진, 사진집의 사진과도 다르게, 흘낏 본 후에는 버려질 가능성이 높으며, 혹은 그 부분만 오려져 벽에 붙여질지도 모르고, 금세 잊혀질 지도 모르는 것들이다. 논설이나 읽을거리 바로 앞에 끼워 넣어진 이런 사진은 적은 분량에도 불구하고 잡지 문화에 중요한 한 부분을 구성한다. 몇 장 안 되는 사진일지라도 언설공간을 접하는 독자의 시선에 스며들어, 어느 사이엔가 무엇을 어떻게 봐야 할지를 재구성한다.

불특정 다수에게 침투하는 정도로 본다면 당연히 신문을 주목해야 한다. 그러나 사진인쇄에 있어서 신문은 잡지보다 크게 뒤떨어졌다. 신문 미디어가 사진을 효과적으로 이용하게 된 것은 러일전쟁 직전이 되

1 1872년부터 천황의 사진에 신성성을 부여하여 '어진영御眞影'이라 불렀다.

어서이다. 1900년 전후로 시기를 한정한다면, 사진은 신문보다 잡지에 먼저 수록되었다. 『태양』은 그 시기의 대표적인 잡지였다. 후에 '종합잡지'로 분류된 『태양』은, 『문예구락부文藝俱樂部』라는 문예잡지, 『소년세계少年世界』라는 소년잡지와 나란히 3대 잡지로 불렸고, 잡지 왕국인 하쿠분칸博文館의 간판 잡지가 되었다.

게다가 『태양』의 발행 부수는 결코 신문에 뒤지지 않았다. 스즈키 사다미鈴木貞美는 창간 당시의 발행 부수에 대해 다음과 같이 썼다.3)

> 메이지 28년(1895) 1월 5일 발행한 『태양』 창간호는, 판형은 사륙배판,[2] 수록사진은 망점동판사진,[3] 삽화에 목구목판[4]을 주로 쓰고, 총 216면, 정가는 15전이다. 처음에는 대형판 잡지로 시각적인 부분에 집중했으며, 두껍고, 저렴했다. 제2호(2월 5일 발행) 초판 표지에는 "창간호의 발행이 6판, 28만 5천 부에 이르렀다"는 호평이 실려 있다. 제3호 초판 표지에는 "제1호는 8판, 제2호는 6판을 발행했다"고 쓰여 있다. 이 숫자들은 과장된 것처럼 보이지만, 창간한 해에 각 월 각 호 평균 10만 부라는 경시청 계출 수치로 볼 때 유명한 신문들을 훨씬 능가했다고 볼 수 있다.

그 이전의 언론잡지로 알려진 도쿠토미 소호德富蘇峰의 『국민의 벗國民之友』은 매월 세 번 간행되었는데 부수는 1만에서 2만 부였다. 평균 10만

---

2 크기 188mm×254mm(6.2치×8.4치). 세로결 사륙전지를 16절로 하여 판을 앉히며, B5판(176mm×250mm, 5.8치×8.0치)보다 큰 치수의 판형이다.

3 사진제판법 중 '망점스크린 부식제판'. 렌즈를 통해 대각선 스크린(망점스크린)을 사용하여 망 네거티브를 만들고, 따로 감광액을 도포한 동판에 구워 붙여 감광막의 그림상을 만든다. 이 그림상 이외의 부분을 부식시켜 제거하여 제판하는 방법.

4 목구목판木口木版/小口木版은 나무를 가로로 잘랐을 때의 판면版面을 이용하여 찍는 것으로, 주로 신문이나 책의 삽화에 쓰인다.

부라는 수치는, 『오사카 아사히신문大阪朝日新聞』의 일일 발행부수가 같은 해인 1895년에 10만 2천5백8십5부, 다음 해의 『도쿄 아사히신문東京朝日新聞』이 4만 7천 부인 것[4]에 비교해보면, 그 수량적인 의미를 알 수 있다. 정보의 신속성이나 일상적인 습관을 만드는데 있어서는 일간신문이 잡지보다 낫지만, 독자층의 폭이나 정보량에 있어서 『태양』은 당시 신문업계보다 오히려 앞서가고 있었던 것이다.

하쿠분칸이 잡지 왕국이 된 것은 전쟁보도 잡지인 『청일전쟁실록日清戰爭實記』(1894.8~1896.1, 매월 3권)이 각 호 10만 부 이상 발행된 덕분이다. 이는 잡지로서 미증유의 판매를 기록한 것이었다. 『청일전쟁실록』에서 인기를 끈 것은 망점동판인쇄로 찍어낸 4면의 사진이었다. 그 소재는 군인이나 전사자들 초상에 지나지 않았지만 사진이라는 테크놀로지를 잡지 매체에 결부시켰다는 점에서 그래픽적인 잡지 편집을 실현했다고 볼 수 있다. 일반적으로 하쿠분칸이 『청일전쟁실록』의 인기를 좇아 분야별로 세분화된 20여 종류의 잡지를 3종으로 통합시켜버렸다고 평가한다. 하지만 이는 『청일전쟁실록』의 성공을 통해 찾아낸 방법론을 받아들여 새로운 잡지군을 시작하게 된 것이라고도 볼 수 있다.

그렇다면 잡지사진은 어떠한 변천을 거쳐 간 것일까. 우선 당시 신문이나 다른 잡지에서 사진 인쇄의 맥락을 짚어본다.

2. 사진제판寫眞製版의 계보

'사진제판'은 사진인쇄를 가리킨다. 사진제판의 역사는 사진기술의 역사와 인쇄기술의 역사가 교차하는 지점에서 시작한다. 특히 인쇄 중에서도 석판인쇄라는 회화의 인쇄기술과 깊은 연관이 있다. 막부 말기에서 메이지기에 걸쳐 회화의 인쇄는 목판에서 부식오목동판(에칭)과 석판이 공존하는 형태로 변화했다. 예를 들어 메이지 정부의 지폐인쇄는 과거 번찰藩札[5]을 찍어내던 목판이 아니라 동판으로 찍었고, 이로 인해 지폐는 위조하기 힘들 정도의 인쇄 정밀도를 가지고 발행되었다. 한편에서는 석판인쇄가 도입되었다. 특수한 대리석 판에 유성 잉크로 그려서 표면을 질산으로 녹이면, 잉크 부분만이 돌출되어 남는다. 이는 비교적 쉽게 볼록 인쇄를 가능하게 한 기술로 증권이나 광고, 삽화, 화첩 등 일반 인쇄물에 도입되었다. 게다가 모랫발[6]에 크레용으로 그린 석판은 그 때까지 불가능했던 농담까지 표현할 수 있었다. 이러한 기술의 도입으로 석판화 인쇄가 유행하여, 1882년(메이지 15) 즈음에는 도쿄만 해도 수십 군데의 석판인쇄소가 등장했다고 한다.5)

이미 신문, 잡지 등에서 활자 인쇄가 시작되었지만 잡지사진이나 삽화에 주로 사용되었던 것은 목구목판이었다. 이는 서양 목판이라고 불렸는데, 회양목 나무에 동판용 조각도를 사용하여, 공백 부분에도 선을 조각하여 넣음으로써 농담을 연출하는 것이 가능했다. 삽화에 동판을 사용하면 활자부분과 삽화부분을 따로 두 번 인쇄해야 했지만, 목구목판의 경우는 활판에 목판을 집어넣어 한 번에 인쇄가 가능했다. 목구목판 인쇄로 이름을 날렸던 이는 고다 키요合田清이다. 고다 키요는 인쇄회

5 번찰藩札(한사쯔)은 에도시대의 지역화폐이다. 다이묘가 지배하는 지역단위인 번藩에서 다이묘가 발행했던 지폐로, 중앙정부에서 발행한 금속화폐와 달리 해당 지역에서만 유효한 화폐였다.

6 금속의 인쇄판을 연마사로 갈았을 때 생기는 요철 모양의 홈. 사진판이나 인쇄판을 제판할 때, 이 패인 홈이 판면에 수분을 고르게 하고 지방산 막, 감광막 따위를 잘 접착시키는 구실을 한다.

사 슈에이샤秀英舍의 사쿠마 마코토佐久間一와 함께 목구목판에 전기동판을 덧붙여 대량인쇄가 가능하도록 개량하고 세이코우칸生巧館이라는 목구목판 인쇄소를 만들었다. 1888년(메이지 21) 7월 『도쿄 아사히신문』 창간호의 부록으로 《높은 분의 초상》이라는 제목의 메이지 천황 초상이 배포되었는데, 이것은 고다 키요가 조각하고 슈에이샤가 인쇄한 것이었다. 또한 1890년(메이지 23) 초판 부록에 마루아먀 오쿄圓山応擧의 호랑이 그림을 신문 한 면 크기의 목구목판인쇄로 복제했는데, 이것은 습식 네거티브를 나무판에 붙여 이를 밑그림으로 하여 조각하는 기법으로 찍었고, 이는 장인적인 개인 기술의 성과였다.

사진제판의 역사는 화학약품을 발라 만드는 새로운 기술이 개발됨과 더불어 다양한 방법이 앞 다투어 나타났다. 그중에서도 사진가인 오가와 잇신小川一眞6)은 유학시절에 유리 위에 젤라틴 막을 발라 인화하는 콜로타이프collotype를 익혀 인쇄소를 열었다. 1889년(메이지 22) 10월, 다카하시 켄조高橋健三와 오카쿠라 카쿠조岡倉覺三[7]가 창간한 미술잡지 『곳카國華』의 도판인쇄는 오가와 잇신에게 맡겨졌고, 이는 지금까지도 불상사진 분야에서 높은 명성을 얻고 있다. 다른 한편, 1888년(메이지 21) 미국과 독일에서 동시에 망점의 크기를 달리하여 사진의 농담을 표현하는 기법이 발명되었다. 그즈음 일본에서도 육군측량본부 제도과에 있었던 호리 켄키치堀健吉가 스크린 방식에 의한 망점동판인쇄에 성공하여, 1890년에는 사진제판공장인 유코샤猶興舍를 설립했다. 그는 슈에이샤의 석판부, 그리고 타이멘도泰綿堂와 함께 손잡고 '사진아연판'의 본격 수주를 시작했다. 가와타 히사나가川田久長7)에 의하면 그 해 『요코하마 무

7 오카쿠라 텐신岡倉天心의 본명. 오카쿠라 텐신은 일본미술의 근대화와 국제화에 힘쓴 인물로 도쿄미술학교 교장을 지냈다.

역신문橫浜貿易新聞』이 정부가 발행하는 국외용 우편봉투에 사진을 게재했는데, 이것은 호리 켄키치가 제판한 사진으로 일본 신문지면에 처음으로 사진게재가 이루어진 사례라고 한다(그러나 윤전기가 아닌 평대인쇄기에 의한 것이다). 같은 방식으로 『여학잡지女學雜誌』 222・223호(1890.7.19・26 발행)에 풍경사진과 초상사진이 게재되었는데, 이 또한 유코샤가 찍은 것이었다.[8)]

다른 잡지에서도 사진이 수록된 다양한 사례를 찾아볼 수 있다. 예를 들어 우에다 노부미치上田信道에 의하면,[9)] 이시이 켄도石井研堂가 편집했던 소년잡지 『소국민小國民』(1889~1895)은 스스로 "화공을 고르고, 조각가를 선별하여, 그 기량이 십분 발휘된 메이지의 오늘날 삽화의 최고 수준을 후세에 전하고자 한다"(「소국민의 삽화」 제5년 제24호, 1893.12.18)라고 쓰여 있는 것처럼 사진과 삽화에 힘을 쏟았던 잡지였다. 오가타 겟코尾形月耕, 고바야시 키요치카小林淸親, 도미오카 에이센富岡永洗 등 이미 이름 있는 화가부터, 당시 무명이었던 고보리 토모토小堀鞆音, 오타케 콧칸尾竹國觀 등의 화가에게 의뢰했다. 신속성을 위해 목구목판을 도입했고 세이카우칸에 발주를 했다. 발행 2년째부터 수록 사진은 다색인쇄가 되었고 잡지 삽화는 동판사진제판을 채택했다. 발행 제3년 제1호(1891.8.3)에는《태국 황태자 성인식 대례》가 게재되었는데, 이는 『소국민』에 있어서 망점동판인쇄가 사용된 초창기 사진이다. 이 또한 오가와 잇신이 담당했다. 즉 잡지업계에서 사진제판의 최첨단 기술에 주목하였기 때문에 나날이 사진제판의 수요가 늘어날 가능성을 보여주고 있었다.

이러한 움직임에 비하면 신문업계는 기술적인 어려움에 직면하고 있었다. 1894년(메이지 27) 6월 16일, 『도쿄 아사히신문』은 본지 한 면 크기로 동판사진을 부록으로 실었다.[10)] 그 때 게재되었던 사진은《경성과 한국병사의 사진》을 비롯해《조선경성전도》,《조선 육군병 정렬 사진》, 《조선 육군사관의 모습》 등 4장이었다. 모두 오가와 잇신의 사진이었는데, 이는 신문의 본지가 아닌 부록이었기에 가능한 일이었다. 즉 1890년에 도입되었던 마리노니 윤전기[8]는 인쇄 속도가 빠르고 대량인쇄를 현실화하기는 했으나 사진제판에 있어서는 한계가 있었다. 본지의 본문 속에 사진 게재가 가능해진 것은 그로부터 10년이 지난 1904년 1월 1일자 『호치신문報知新聞』에서부터였다고 한다.11) 그 때 『호치신문』은 사진동판을 활처럼 구부려 안쪽에 놋쇠 발을 붙이는데, 연판에 쇳물을 부어서 사용했다. 사진 소재는 궁녀나 여배우의 얼굴로 이것을 각 면에 게재하여 호기심어린 시선을 끌었다. 이어서 『요미우리신문讀賣新聞』이 같은 해 4월에, 『도쿄 니치니치신문東京日日新聞』은 같은 해 7월에 사진동판인쇄를 신문지면에 실현했다. 모두 '미인사진' 종류였다. 이노우에 쇼이치井上章一에 의하면,12) 이러한 사진의 등장 자체가 사건이었고 또한 '미인'이라는 개념이 만들어지는 계기가 되었다. 『도쿄 아사히신문』이 사진을 게재한 때는 9월 30일이었다. 그 날 신문 2면에, 제2군으로 종군했던 우에노 이시타로上野石太郎 특파원이 찍은 랴오양전遼陽戰의 사진이 실리기도 했다.13) 신문 역사상 사진동판의 도입은 이렇게 지체되고 있었다. 그 배경에 대해 『아사히신문사의 역사, 메이지편朝日新聞社史 明治編』은 다음과 같이 설명한다.14)

지금 각 지사들은 아직 제판설비는 물론, 암실도 없는 상황이라 일일이 회사 밖의 제판소에 의뢰하고 있는 형편이다. 게다가 사진동판을 지형紙型에 찍는 기술이 발전하지 않았기 때문에 윤전기의 연판에 직접 사진동판을 찍는다. 이 기술을 개발했던 제판소가 기술특허를 갖고 있기 때문에, 지사들은 각각의 제판소에 부탁해

8 프랑스 기술자 마리노니Marinoni가 개발한 고속윤전기.

야 하고, 또한 연판의 수만큼 동판이 필요하기 때문에 매달 지출이 상당한 액수에 이른다. 오사카에는 아직 이러한 제판소가 없어서 『오사카 아사히』는 우에노 이시타로 특파원의 사진을 목판으로 찍었지만, 그 후 사내에 제판설비를 서둘러 마련하여, 다음 해인 메이지 38년 2월 11일 《전시의 관병식》이라는 제목의 사진을 처음으로 크게 실었다.

곧 사진제판기술이 전문학교의 교과과정으로 들어가면서 기술의 독점은 금세 해소될 수 있었지만, 신문에 사진이라는 시각적 매체가 필수불가결하게 된 것은 메이지 30년대 후반에 이르러서였다.

하지만 이러한 잡지와 신문의 '시간 차'를 볼 때, 『태양』에 실린 사진의 역할이 상대적으로 얼마나 컸을지 알 수 있다. 『태양』은 세이카우칸의 사쿠마 분고佐久間文吾가 찍은 석판화인, 구름 사이로 빛을 내뿜는 태양의 그림을 표지로 한 것으로 유명한데, 창간호 이래로 표지 그림 하단에는 '동판사진 삽화 목차'에, 수록된 사진 및 그림의 제목을 실었다. 어떤 사진이 게재되어있는지 표지에 일목요연하게 배치하는 것, 즉 사진목록을 앞에 싣는 이런 형식은 『태양』 광고의 경우에도 마찬가지로 사용되었다. 언론잡지였지만 글을 쓴 필자의 이름보다 사진이 더 중요했던 것이다. 이것은 명백하게 사진이 잡지 판매의 중심적인 요소였다는 것을 잘 보여준다. 사진은 주요한 매스미디어로 도약해가던 잡지의 간판을 장식하는 표현매체였다.

3. 사진과 회화의 경합

우선 초기 『태양』의 권두화보를 살펴보자.

창간호(1895.1.1)는, 목차 뒤에 이어지는 권두화보로 현 내각 대신의 초상 사진 9장을 실었다. 이어서 《귀족원 의장 하치스카 모치아키 후작》, 《귀족원 의장 구로다 나가시게 후작》, 《중의원 의장 구스모토 마사타카》, 《중의원 의장 시마다 사부로》 등 4장의 초상사진, 그리고 《전쟁승리의 새해 첫날》이라는 제목의 석판화를 삽입했다. 이 석판화에는 '도쿄 세이코우칸 제작', '도쿄 슈에이샤 인쇄'라는 문구가 붙어 있다. 펄럭이는 만국기 아래 군인이 악수하는 모습을 포착한 이 석판화의 주제는, 청일전쟁의 승리를 미리 축하하는 것이었다. 책의 앞머리 외에도 본문 속에 5면 분량의 사진과 삽화가 들어있다. 첫 번째는 '지리'란의 「교토 신안내기京都の新案内記」라는 기사와 관련된, 《교토 기요미즈데라》, 《교토 시죠가와라의 피서》라는 두 장의 사진이다. 앞의 것은 기요미즈데라清水寺의 풍경사진이고, 뒤의 것은 시죠가와라四條川原에서 어린 게이샤 몇몇이 시원한 바람을 쐬는 모습을 담은 것이다. 두 번째는 '소설'

THE SUN
太陽
太陽第壹號挿畫
戰勝の元日
米國桑港市街の圖
京都名勝の圖
蒙古襲來繪卷の圖
正月門遊の圖
博文館發行

사진제공 일본근대문학관

란에 게재된 오자키 코요尾崎紅葉의 단편 소설 「키잡이取舵」의 삽화이다. 이는 다케우치 케이슈가 그린 것으로 《눈 먼 뱃사공 노를 빼앗아 올리다》라는 제목이 붙은 역동적인 구도의 그림들이다. 세 번째는 '문원文苑' 란에 있는 《미국 샌프란시스코》라는 사진 한 장이다. 원근법 구도로 샌프란시스코의 번화가를 찍은 사진인데, '슈에이샤 인쇄, 유코샤猶興舍 아연판'이라는 문구가 붙어 있다. 다른 페이지에 「권두에 실린 샌프란시스코 사진에 붙여口繪の桑港に就て」가 실렸는데, "이 땅은 우리나라와 매우 밀접한 관계가 있기 때문에 자세히 조사를 하여 다음 호에 기술할 것이므로, 여기서는 단지 경치만 보여주었다. 자세한 것은 다음에 보충하고자 한다"고 쓰여 있다. 네 번째는 '가정'란의 「신년 의례新年の禮式」라는 기사에 삽입한 《정월 놀이의 그림》이다. 이것들은 도미오카 에이센富岡永洗의 그림으로, '슈에이샤 인쇄, 유코샤 아연판'이라는 문구가 붙어 있다. 이 밖에도 도미오카 에이센의 그림은 삽화로 세 장 정도가 사용되고 있다. 다섯 번째도 그림으로 '미술'란에 《몽고침입도》라는 역사화가 두 장 게재되어 있다.

이와 같이 사진은 초상, 명소 풍경, 도시 풍경을 다루고, 회화는 사건을 다루고 있다. 《전쟁승리의 새해 첫날》, 《눈 먼 뱃사공 노를 빼앗아 올리다》, 《몽고침입도》 모두가 회화인 것은, 이 시기의 사진이 아직 움직임을 표현하는 기술이 부족해서, 다양한 우연적인 요소에 지배받는 사건의 결정적인 순간은 사진으로 찍을 수 없었다는 점을 잘 보여준다. 사진은 노출시간 때문에 순간을 놓쳐버리거나 혹은 망원렌즈가 아직 개발되지 않아서 근접촬영이 불가능했기 때문에, 움직이는 대상에 초점을 맞추거나 클로즈업을 하는 것이 불가능했다. 이에 비해, 회화에서는 화면에 대한 화가의 지배력이 강해 결정적인 순간을 얼마든지 반복하고, 되풀이하여 전경화하는 것이 가능했다. 따라서 회화는 단일한 주제만 부각시켰고, 주관적인 것이었다. 그럼에도 불구하고 아직 이 시기에는 회화가 사진보다 우위에 있었고, 사진은 회화를 모방하는 것에 그쳤다.

『태양』 창간호(제1호)에는 또한, 쓰보우치 쇼요坪內逍遙의 「전쟁과 문학戰爭と文學」이라는 논설이 실렸다. 여기에서 쓰보우치 쇼요는 전쟁을 유사 이래 "인류의 대현상"이라고 했을 뿐 아니라, 전쟁과 (그와 관계가 별로 없을 터인) '문예'의 관계를 다루었다. "무릇 문예는 국민의 사상과 감정을 반영하고", "절대적인 평화"는 "진보의 정지, 안분지족의 상태"를 의미한다. 전쟁은 불가피할 뿐 아니라 '도의의 전쟁'이자 '이상적인 전쟁'인 의전義戰의 경우 그 의의가 크다. "의전, 즉 국가적 무력 투쟁은 외적으로는 국민의 기운과 정력을 세계를 향해 능동적으로 표상함과 동시에, 내적으로는 국민의 카타르시스를 촉진시킨다. 이것은 전쟁의 긍정적인 측면의 하나이다. 요한 G. 피히테Johann G. Fichte는 '국민의 전쟁, 즉 협동의 노력에 의해서 비로소 진정한 국민이 될 수 있다'라고 했다. 즉 전쟁이라는 대협동이 필요한 이유는 자질구레한 미움과 원한, 질투, 울분, 비분 등 모든 쓰레기 같은 악덕을 일소하는 좋은 결과를 낳기 때문"이다.

청일전쟁을 '의전'으로 파악하고, '진정한 국민'의 '대협동'을 달성하는 좋은 기회라고 논하는 대목을 보면, 쓰보우치 쇼요에 의해 근대소설이 시작되었다는 역사적 사실이 씁쓸하게 여겨진다. 그러나 현 시점에서 쓰보우치 쇼요를 냉소하는 것은 의미가 없다. 문제는 언설에서 계속 언급되는 '진정한 국민'을 기르는 '전쟁'을 관념으로서 제기하는 것이 가능하다해도, 표상으로서 구성해내는 것은 아직 불가능했다는 점이다. 이는 전통적인 기예를 가진 화공에 의해서만 그려질 수 있었다. 그러나 아무리 극적으로 보인다 할지라도 극화 역시 회화일 뿐이다. 그것이 사진과 병치되면, 프레임 속에 허구성이 드러나게 된다.

제2호(1895.2.5), 제3호(1895.3.5)에도 상황은 그다지 변하지 않았다. '육군대장 고마츠 아키히토小松彰仁 친왕 전하'와 '육군대장 후시미 사다나루伏見宮貞愛 친왕 전하' 등 황족 군인이나 '일본주재 각국 공사'의 초상사진, '미국 샌프란시스코 팔레스 호텔', '런던 로얄 호텔', '런던 블랙프라이어스 브릿지와 세인트 폴 성당' 등 구미의 화려한 건축물을 찍은 세계 도시 풍경, '게이슈藝州 우지나宇品항', '교토 다이교쿠덴太極殿', '제4회 내국권업박람회' 등 국내 풍경과 행사가 사진의 피사체가 되었다.

잡지의 부수가 늘어나면서 사진의 수요가 증가했는지, 제4호 권두의 사진 페이지가 10면으로 늘어났다 그러나 여전히 대상은 '육군대장 야마가타 아리토모山縣有朋 백작'을 비롯한 군인, 구미의 왕실과 궁성, 풍경사진이다. '군사'란에 삽입된《요코스카조선소 스마호 진수식》사진은 피사체의 움직임을 포착하려 했지만, 카메라는 거대한 대상의 측면샷을 겨우 잡았을 뿐이다. 제5호(1895.5.5)에는 '상업'란에《의주성 서쪽 고지에서 압록강너머 호산을 바라본 사진》,《주렌청 점령 후 보루의 내부》,《조선 관기》이렇게 세 장의 사진이 조합되어 권두에 실렸는데, 사진 속에 흐르는 시간에 대한 상상을 부추기고 있다. 그러나 여기에서 두 장의 사진은 문구가 붙어 있지 않는 한, 단지 이국풍물사진으로 오인될 만큼 허술하여, 독자의 마음을 움직이지 못했다.

그러나 6월 5일에 발행된 6호부터 미묘한 변화가 보이기 시작한다. 앞서 청일강화조약의 체결(4.17)과 삼국간섭(4.23), 요동반도 반환(5.4), 타이완 양민 봉기(5.25)의 날짜를 명기했는데, 일련의 전후처리와 그 뒤엉킴, 그리고 식민지 통치를 둘러싼 사건의 발발은 사진의 소재 선택에도 영향을 주게 되었다. 예를 들어 권두에 사진으로 타이완 출병 후에 전사한 근위사단장인 '기타시라 카와노미야北白川宮 대훈위 육군중장 구마히사熊久 친왕 전하'와 그의 아내 사진, 그리고 마지막에 강화조약조인 시 청의 대표였던 '이홍장李鴻章'의 초상이 실렸다. 당연히 이 사진들은,

본문 속 사진인《비스마르크 80세 상》이라는 제목의 독일 제국 수상 비스마르크Bismarck의 초상사진과 함께 정치적인 자장을 형성하고, 또한 '파리 오페라 극장'의 우아하고 화려한 풍물사진도 삼국간섭을 상기시키는 단서가 된다. 그리고 제7호(7.5)에는 권두에《도쿄 12경》에 이어 '러시아 황제 니콜라스 2세 폐하'와 황후의 사진이 게재되었다. 이 호는《남쪽을 정벌한 무장》의 초상사진 5장을 게재했고, 타이완 출병을 잡지의 토픽으로 삼았다. 6호의《홋카이도 척식의 실경》이라는 제목의 사진 9장은 '홋카이도 식민지 개척'의 기억을 새로운 식민지 통치라는 현재 상황 속으로 불러들인다.「요동 반환의 조칙遼東還付の詔勅」,「삼국간섭의 경과三國忠言始末」,「와신상담臥薪嘗膽」이라는 제목으로 시작하는 제6호의 '정치'란 기사를 필두로, 제7호의「홋카이도 식민지 개척론北海道拓植論」(고노에 아쓰마로近衛篤麿),「외교전략外交戰略」(신토 사이이치神藤才一),「조선문제朝鮮問題」(가와사키 사부로川崎三郎),「타이완 부임의 변臺灣赴任の辭」(미즈노 쥰水野遵)이라는 논설들은 이 사진들과 결합되었다. 이제 사진은 기사와 직접적인 관계를 맺게 되었고, 서로 분산되어 있음에도 불구하고 특정한 언설의 장을 조직하는 요소로 기능하게 된 것이다.

청일전쟁이라는 실제 '전쟁'은 종료되었지만, 잡지에서는 새로운 전쟁이 계속되어갔다. 전쟁사진은 독자의 관심을 불러 일으켜 집중된 '사건'으로 표상되어야 했다. 잡지사진은 이렇게 회화적인 틀에서 서서히 유리되기 시작했다.

4. 죽음의 은폐와 미학화

잡지 수록사진이 사건성을 띠어가는 것이 반드시 전쟁 때문만은 아니다. 대부분의 자연재해도 보도의 대상이었다.15) 시민의 범죄를 사건으로 구성하고 스캔들로 포착하는 시선은 아직 『태양』지면에 담겨 있지 않았다. '사건'을 외부 요인 때문에 발생한 것이라고 받아들인 탓이다.

1896년(메이지 29)은 잇달아 재난이 일어났던 해이다. 6월 15일에는 산리쿠三陸 지방에 큰 쓰나미[9]가 일어나 사망자가 약 2만 7천 명, 유실되고 파괴된 가옥이 약 8천9백 호로, 막대한 피해를 입었다. 8월 26일에는 하코다테函館에 큰 화재가 일어나 2천2백 호 이상이 불탔다. 일주일 후인 31일에는 리쿠陸羽대지진이 일어나 아키타秋田현에서 사망자 200명, 파괴된 가옥만 5천7백 호 이상의 피해가 있었다. 9월 8일에는 와타라세강渡良瀨川에 대홍수가 일어나 하류의 아시오足尾 구리광산에서부터 광독鑛毒 피해가 발생했다. 아시오 광독사건[10]을 만천하에 드러낸 이 재난에 이어서 도쿄에서도 태풍 피해가 이어졌다. 확실히 그 해는 자연재해가 연속해서 일어나는 불길한 해였다.

『태양』의 2권 14호(1896.7.5)는 《도오 대해일》이라는 제목으로 전체 25장의 사진을 7면에 걸쳐 권두에 실었다. 특파원으로 파견된 사람은 창

9 '메이지 산리쿠지진'이라고 하는데, 1896년에 발생했고, 일본 역대 대규모 자연 재해 중 하나로 기록되어 있다. 이와테현 앞바다에서 지진이 일어났는데, 육지에서 멀리 떨어진 지역에서 발생하여 지진 자체에 의한 피해는 거의 없었다고 한다. 그러나 지진으로 일어난 쓰나미(대해일)가 산리쿠 해안을 강타, 수많은 사람과 가옥이 이에 휩쓸렸다. 일본 기상청에서 정확한 사망자 집계가 되지 않은 유일한 지진이지만 약 2만여 명이 죽은 것으로 추측된다.

10 메이지 산업화로 나타난 첫 번째 공해사건으로 기록되어 있다. 아시오에 개발한 구리광산 폐광에서 중금속 중독사건이 일어나 인근의 와타라세강 등을 오염시켰다.

사진제공_일본근대문학관

업자 오하시 사헤이大橋佐平의 사위이자, 도요도東陽堂에서 『풍속화보風俗畵報』의 편집을 맡았던 오하시 오토와大橋乙羽이다. 오하시 오토와는 『태양』의 실질적인 편집을 담당하여, 스스로 다수의 기행문을 쓰는 한편, 오가와 잇신과 친구여서 1894년(메이지 27) 말엽부터 사진에 몰두했다.16) 점차 수준이 높아져서 전문가가 무색할 정도의 사진기술을 구사했고, 그 결과 그 시기 잡지사진의 대다수를 촬영했다. 오하시 오토와는 산리쿠 해안 쓰나미를 취재하여 재해보도 사진을 구성했다. 피해의 규모가 엄청나게 컸고, 재난 자체가 수습된 후에야 눈앞의 안전이 확보되어 안정된 촬영이 가능하였다. 오하시 오토와의 사진은 파괴된 집들, 망연자실한 사람들의 표정, 흙투성이의 모습, 그리고 진흙투성이가 된 익사체를 담았다. 특히 파괴된 재목 위에 선 채 꼼짝 못하고 있는 마을사람과 그 발아래에 뒹구는 시신의 사진은, 마을 사람들이 시체를 바라보는 시선에 독자의 시선을 일체화시켜 재난을 내재화한 뛰어난 결과물이었다. 그러나 죽은 사람이 2만 명 이상이 나왔음에도 불구하고, 죽은 이들의 사진은 겨우 한 장에 불과하다는 점에 주목해야 한다.

다음 호에 게재된 오하시 오토와의 「해일사진약해嘯害寫眞略解」(2권 15호, 1896.7.20)는, "참혹하고 참혹하다. 모질고 모질다. 이와테岩手현의 피해는 말로 할 수 없고, 글로 쓸 수 없고, 그림으로 전할 수 없다. 사진술만이 현실을 그려내어 슬픔에 젖은 사람들을 감동시키지만, '미美'에 치우쳐 사람들의 동정을 희석시키니, 어찌할꼬"라고 썼다. 이미 '글'로도 '그림'으로도 그 비참함을 전할 수 없다. '사진'만이 '현실'을 겨우 그려냈지만, 그것조차도 '미'에 치우쳤던 것이다. 여기서 '사진'이야말로 '글'과 '그림'을 능가하여 '현실'에 접근하는 것이 가능한 매체로 일단 승인되었다. 하지만 그렇다고 해도 역시 여기에 덧붙여진 판단유보가 중요하다. "미에 치우쳐 보는 사람의 동정을 희석시키니, 어찌할꼬"라는 말은, 사진 그 자체의 본질을 언급한 것일까, 아니면 2차원적인 재현 혹은 표상의 매체에 지나지 않는다는 것에 대한 초조함일까. 물론 미 자체를 부정할 수는 없다. 그러나 여기서 말하는 '미'의 추구란 사진이 가진 불가피한 조건을 가리키는 것이 아니라, 보다 많은 촬영자가 따라야 할 '미학'의 문제를 가리킨다.

즉, 사진은 렌즈에 담을 수 있는 것이라면 어떤 것도 감광판에서 인화하는 것이 가능하다. 그러나 무엇을 찍는가는 촬영자의 판단에 따르고, 촬영된 사진 중에서 무엇을 선택하는가도 역시 촬영자/편집자의 가치기준에 의한다. 현실에서는 오하시 오토와의 사진보다 더 비참한 광경이 전개되었을 터이기도 하고, 카메라는 "참혹하고 참혹하다. 모질고 모질다"라고 말할 수밖에 없는 죽음의 광경을 찍었을 것이다. 그러나 잡지사진은 취사선택되었다. 독자의 시선이 피해자의 시선과 중첩될 수 있었던 한 장의 사진은, 그 선택의 그물코를 통과한 것이며 나아가 그것만이 훌륭한 '미'로 완성되었다.

쓰나미 사건의 보도는 이것으로 끝나지 않았다. 15호에는 도호쿠東北의 쓰나미 재난 사건의 속보로서 《카마이시의 대참사》를 비롯한 사진 23장이 실리고, 2권 16호(1896.8.5)에는 《도오 대해일》의 세 번째 연재로서 12장의 사진이 게재되었다. 이후에도 2권 18호(1896.9.5)에는 《시나노 수해》의 사진 8장이, 19호(9.20)에는 《고베 수해의 진상》의 사진 12장, 22호(1896.11.5)에는 다시 한 번 오하시 오토와가 촬영한 《이와시로노쿠니의 반다이 분화산》의 사진 5장이 게재되었다. 이러한 재난 보도가 이어지고, 피해의 규모를 전하는 사진도 앞 다투어 실렸다.

그러나 보도사진에서 죽음은 일관되게 은폐되었다. 인간의 죽음을 가시화하는 것을 피하면서 파괴의 상흔과 살아남은 자의 모습만을 찍었다. 일반적으로 보도사진의 의미를 '기록'에 두지만, 이와 같은 경우, 기록성은 재고되어야 한다. 왜냐하면 피해의 핵심인 죽음만은 늘 회피되었기 때문이다. 따라서 죽음을 은폐했던 재난사진은 현장감이 넘치는 스펙터클이었지만 늘 '미'에 치우치게 된다. 비참한 광경이 스캔들과 같은 상품이 되는 것은 확실히 직접적인 죽음을 은폐했기 때문이다.

「해일 피해지역 사진을 보시도록 올린다海嘯被害地寫眞 叡覽に供せられる」라는 기사(2권 14호)에 의하면, 하쿠분칸은 『태양』지에 실린 오하시 오토와가 촬영한 산리쿠 쓰나미의 사진첩을 궁내청에 제출하고, 메이지 천황이 '보시도록' 했다. 실제로 천황이 '보았느냐'는 문제가 아니다. 당시 천황은 사진 찍기를 싫어해서 자신의 초상사진의 경우마저, 본인이 아닌 자신의 초상화를 촬영하도록 했다. 천황은 이러한 '어진영'에 의

해 표상된 기호론적 존재였다. 이중으로 거리를 두어 스스로를 표상 불가능한 영역에 둔 천황처럼, 재해를 담은 사진첩도 죽음의 냄새를 농후하게 풍기면서도, 죽음 자체를 표상이 불가능한 불가시 영역으로 밀어내며 미학으로 전환되었던 것이다.17)

2권 18호(1896.9.5) 등에서는 이러한 재난보도 사이에 오하시 오토와가 찍은 《야슈 카미미요리의 후도폭포》, 미쓰무라 토시모光村利藻의 《시오바라 팔경》 등 풍경사진이 배치되었다. 명소풍경의 사진은 이전부터 있었고, 오하시 오토와나 미쓰무라 토시모의 이름은 잡지사진의 단골손님이었지만, 그 해부터 다음 해에 걸쳐서 일정한 장르를 형성해갔다는 것이다. 주목해야 할 점은 명소풍경 사진이 특히 3권 14호(1897.7.5)에는 《시나노 40승》이라는 제목으로 오하시 오토와가 촬영한 40장의 명소풍경 사진이 한꺼번에 게재되었다. 그때까지 몇 장씩 게재되는 경우는 있었지만, 40장을 20면에 걸쳐 수록한 경우는 없었기 때문에 그 분량에 압도되지 않을 수 없다. 여기에서 발견된 것은 자연이다. 이 사진들은 자연을 프레임 속에 풍경으로 넣어, 심미적인 대상으로 바라보게 만들었다.

앞서 발간된 3권 12호(1896.6.15) '하쿠분칸 창업 10주년 기념 임시증간'에는 하루노야 오보로春のやおぼろ[11]의 『당세 서생기질當世書生氣質』, 후타바테이 시메이二葉亭四迷의 『뜬 구름浮雲』, 야노 류케이矢野龍溪의 『우키시로 이야기浮城物語』 등 메이지 전반기의 소설 선집을 묶어내는 한편, 글과 회화 각 36점을 권두에 한꺼번에 게재했다. 이는 사진으로 대량의 그림인쇄를 실현한 것이었다. 3권 13호(1896.6.20)에도 역시 권두 사진은 18면에 걸쳐 화보로 실었는데, 고보리 토모오토小堀鞆音, 다케우치 세이호竹内栖鳳, 가와바타 교쿠쇼川端玉章 등의 전국회화공진회 우수작을 게재

11 쓰보우치 쇼요의 필명 중 하나.

했다. 이때 '오하시 오토와'가 회화 촬영을 했다는 문구가 들어가 있다. 이렇게 회화와 공존을 도모하면서 화보면을 증편하는 임시증간 스타일의 풍경사진 시리즈가 생겨났다. 3권 16호(1896.8.5)에는, 미쓰무라 토시모가 봄・여름・가을・겨울의 계절별로 촬영한 일본 전국의 풍경사진 20장이 20면에 걸쳐 실렸다. 여기에는《사진으로 본 사계》란 제목으로 오하시 오토와의 해설이 붙었고, 3권 23호(1896.11.20)에는《도호쿠 시치쥬의 절경》이라는 제목의 오하시 오토와 사진 38장이 화보 사진으로 15면이나 실렸다. 사진은 계절별로 나뉘어 세시풍속 기록과 지도 안에 포함되어 있다.

시가 시게타가志賀重昂의 『일본풍경론日本風景論』(政教社, 1894.10)이나, 『겐 숙부源叔父』(『文藝俱樂部』, 1897.8)를 필두로 한 구니키다 돗포國木田獨步의 일련의 단편소설, 오마치 케이게츠大町桂月, 오하시 오토와, 다야마 가타이田山花袋 등의 기행문이 이 사진들과 함께 어떠한 풍경을 구축했고, 일본에 대한 어떤 시각 이미지를 축적했을까의 문제는 또 다른 연구의 주제가 될 것이다. 그러나 앞서 보았던 재해사진과 풍경사진은 오하시 오토와라고 하는 문학자이자 편집자 그리고 사진가였던 이 인물과 긴밀하게 연결되어 있다. 사건으로서의 재해와 자연미로서의 풍경. 그러나 이들은 동시에 죽음의 은폐와 미학화라는 점에서 불가분의 관계를 맺고 있다.

5. 운동과 원근법

1권 8호(1895.8.5)에는《청국 정벌 종군무관》이라는 제목으로 세 장의 사진이 묶여서 수록되었다. 미국·영국·러시아·프랑스에서 온 종군무관 다섯 명이 전쟁당사국이 아닌 제3국의 군인으로서 청일전쟁의 전선을 시찰하고 있는 사진이 중심이다. 한 장의 사진 위에 두 장의 사진을 나란히 배치한 레이아웃으로 "외국장병 다섯 명의 사진 위에 있는 두 장의 사진 중, 한 장은 황해해전의 실황을 사이쿄마루西京丸에서 촬영한 것이고, 다른 한 장은 웨이하이웨이威海衛의 서북 해안 황토절벽 포대에서 적포 두 대가 우리 포탄에 의해 격파된 광경"이라는 문구가 붙어 있다. 즉, 그들의 모습과 함께, 그들이 시찰했던 '황해해전의 실황'과 포대가 '격파된 광경'을 한 면에 배치했던 것이다. 제3국 종군무관의 시선을 묘사한 것은 자국을 바라보는 국제적 시선, 특히 구미열강의 시선을 의식하는 것을 의미한다. 어떻게 보일까를 의식함으로써 자기 이미지를 직조해냈다.

이것은 조선 경성 소재 일본공사관에 근무한 외교관보 구사카베 산쿠로日下部三九郎의 「국제공법상 군대안전의 권리를 논한다國際公法上軍隊安全の權を論ず」(1권 3호, 1895.3.5)의 언설과 호응한다. 이 외교관은 뤼순旅順 공격 후, 일본군이 시민에게 잔혹행위를 했다는 해외의 보도에 대해 다음과 같이 언급한다. "뤼순의 상황이 참혹하다고 하더라도, 그것은 극히 일부에 지나지 않는다. 그럼에도 해외에서는 아군이 잔혹한 행동을 했다고 주장한다. 그 주장의 분별없음을 알리기 위해 학자로서 국제공법을 논거로 그들의 무지를 깨우치도록 하겠다." 이렇게 필자는 일본군 비판에 반론을 제기했지만, 문제는 일의 옳고 그름이 아니었다. 그의 언설 중에 들어가 있는 "내외 신문기자 통신원의 말에 따르면(우리는 그 외에는 사실을 알릴 수 있는 근거자료가 없다)" 혹은 "각 신문기자가 보도한 바에 의하면", "통신원이 전한 바에 의하면", "일본군이 뤼순 주민을 모조리 적으로 보는 것도 무리가 아닌 일이었다고 타임지 통신원 카웬이 진

술한 것"이라는 대목과 같이, 주목할 점은 "내외의 신문기자 통신원"에 대한 빈번한 언급이다. 전쟁은 항상 시찰되고, 취재의 대상이 된다. 이렇게 전쟁을 세계의 시선에 노출시키면서 동시에 이를 변호하는 근거를 함께 만들어야 했다. 전쟁보도의 중요한 목적은 기록이 아니다. 전쟁의 정당성을 호소하는 것과 더불어 그 행위의 '명분[義]'을 설득력 있게 만들어야 한다. 입장에 따라 보이는 사실도 다르다. 그렇다면 전쟁보도의 양상을 정비하여, 국내적으로는 전쟁에 대한 긍정의 목소리를 집결하고, 대외적으로는 언제 어떠한 비판을 받더라도 반론할 수 있는 근거를 기록으로 남겨두는 것. 그러한 정보전쟁을 예감하면서 사진이라는 새로운 매체를 통한 전쟁보도가 점점 중시된다.

그러나 재해보도와는 달리, 전쟁보도의 어려움은 그 사건의 현장에 있는 것이 극히 힘들다는 데 있다. 생명의 위험은 말할 것도 없고, 공간적 시간적으로 폭이 넓어 어디가 전장의 최전선일지, 언제가 가장 극적인 순간일지 매우 불투명하기 때문이다. 종군보도는 병사들과 같은 위험에 처하게 되거나, 같은 헛수고를 피할 수 없어서 비효율적이다.

그래서 프로파간다를 위한 '조작 화면'이 만들어지기도 한다. 1898년(메이지 31)경부터 집중적으로 늘어난 군사훈련의 사진들은 군사적으로 뿐만 아니라 전쟁보도에 있어서도 시뮬레이션으로서 의의를 갖는다. 《제3사단 기동훈련》(1897년 11월 오와리만의 연습 풍경)과 《영국해군수뢰정훈련》의 사진이 게재된 4권 1호(1898.1.1)부터 군사훈련의 사진들이 게재되기 시작했다. 그 해부터 《치쿠호 기동훈련》(4권 2호), 《특별기동 대연습》(4권 25호), 《특별기동 대연습 함대운동》(5권 2호) 등의 가상훈련 사진이 이어졌다.

1898년 4월, 미국과 스페인 사이에 미서전쟁美西戰爭이 시작되고, 게다가 스페인 치하의 필리핀에서는 장군 에밀리오 아기날도Emilio Aguinaldo 등이 독립전쟁을 개시했다. 그 전쟁은 연말까지 이어졌고, 『태양』에서도 《미서개전 미군병사 샌프란시스코 출발》을 비롯한 관련 사진 4장이 4권 14호(1898.7.5)에 '재미 이마이 쓰네키치今井常吉 촬영'이라는 글과 함께 게재되었다. 출병의식은 병사집단과 그들을 보내는 환송행사, 화려하게 깃발을 흔드는 군중을 포함한 구도로 찍혔다. 4권 19호(1898.9.20)에는 '마닐라만 내전 후의 광경'의 사진 10장을 모은 화보가 게재되었다. 촬영자로 미쓰무라 토시오 등의 이름이 적혀있어서, 오하시 오토와와 함께 풍경사진을 찍었던 미쓰무라 토시오가 마닐라까지 가서 촬영을 했다는 것을 알 수 있다. '출발'과 '전후戰後'라는 단어를 제목에 넣어, 가까운 무대에서 벌어진 전쟁의 시작과 전후의 광경을 소개했던 것이다. 전쟁으로 파괴된 흔적은 재해사진 속의 피사체처럼 다루어졌다. 전쟁의 소용돌이를 촬영할 수 없었기 때문에, 병사들을 군대라는 거대한 집단으로 포착하여 정지화면 속에 움직임을 도입한 것이 전쟁의 대리 표상이 되었다. 그 유별났던 규모와 운동의 역동성을 어떻게 사진에 담을까하는 것이 계속된 과제였다.

이러한 경향은 4권 25호(1898.12.20)에 실린 《10월 13일 제국수병 베이징에 들어가다》, 《특별기동 대연습》, 《일본 적십자사 제9회 총회》라는 일련의 사진들에서도 잘 나타난다. 특히 마지막의 적십자 총회의 사진은 다섯 장이 두 쪽에 걸쳐 실렸고, 오가와 잇신이 촬영한 것이었다. 해군의 베이징 입성은 그 해 9월 21일에 청에서 일어난 무술정변과 관련된 것으로 추측되는데, 병사를 집단으로 포착한 구도나 군중이 이 시기 이후 사진에서 중요한 주제가 되었다.

군사훈련의 사진에는 이미 조금씩 움직임이 나타나기 시작했는데, 5권 3호(1899.2.5)에 실린 《고베항 외함대 기동훈련》에서는 확실히 장족의 발전을 보였다. 이것은 사진 두 장을 각각 한 면에 담은 것으로, 한 장은

사진제공_일본근대문학관

근경에 기함의 굴뚝, 돛대 등을 배치했고, 원경에 주항하는 전함을 조망하는 구도였다. 다른 한 장은 '소대가 종진縱陣을 만든다'라는 문구가 붙어, 전함이 종대가 되어 나아가는 모습을 찍은 것이었다. 원근법을 도입하여 사진에 근경・중경・원경이 생기고, 그 연속성으로부터 깊이가 만들어지지만, 거꾸로 원근 가운데 비연속성을 도입하여 운동감이 생겨난다. 원경과 근경에 있는 것은 각각 다른 방향을 향하고 있다. 여기에 중경으로 움직이지 않는 것을 배치하면, 정지화면 가운데 운동감이 표현된다. 이러한 연출을 사진이 학습하기 시작했다. 한편, 5권 4호(같은 해 2.20)에는 '참모본부사진반 제공'이라는 문구를 단 《육해군 대연습》의 사진 9장이 담긴 화보가 실렸다. 군 중추에서도 사진을 선전활동의 일환으로 뚜렷이 인식했던 것이다.

청의 정변은 1899년(메이지 32) 3월에 시작한 내란, 의화단 운동으로 발전하여, 다음 해 6월부터 55일 동안에 걸쳐 베이징 각국 공사관이 의화단에 의해 포위된 사건이 발생한다. 이에 대해 영국・프랑스・러시아・미국・이탈리아・일본 등 각국 군대가 출동하여, 진압이라는 명목으로 약탈과 학살이 자행되었다. 『태양』은 이 사건의 10월 종식에 이르기까지, 《북청 최전선 파견 제국군함 배치》, 《재청국 일본외교관》, 《톈진의 풍경》, 《청국 풍경》, 《베이징 풍경》, 《경인철도》 등 8면 29장(6권 10호, 1900.8.1)을 비롯해, 《다구의 새로운 전장》, 《톈진의 전쟁상황》 등 5면 9장(6권 11호, 같은 해 9.1), 《베이징 농성자의 가족》, 《청국 출정 장교》, 《북청 전사자》, 《전후의 톈진》 등 5면 21여 장(6권 12호, 같은 해 10.1), 《베이징 농성 공사관원 및 육해전대의 용병》 한 장(6권 13호, 같은 해 11.1) 등을 싣고, 빠른 사건 보도를 이어갔다. 이 사진들과 '의화단 사건'을 둘러싼 정치・경제・시사에 걸친 기사를 대조해가며 읽으면, 전쟁의 전체를 파악할 수 있다. 잡지의 수록 사진들은 그러한 착시를 가능하게 만든 하나의 장치로서 기능했다.

다음 해 7권 14호(1901.12.5)에서는 의화단 사건의 전과를 자랑하는 듯 군사훈련인 《특별 대연습》의 사진을 4면, 총 13장으로 크게 늘렸다. 같은 호에는 《아사쿠사 공원에 설치된 톈진 총공격 파노라마》(五姓田芳柳・東條鉦太郎 그림)를 찍은 사진 4장도 게재되어 있다. 파노라마는 사진의 자극에 의해 생긴 회화의 시각 장치이기도 하다. 회화와 사진은 서로 모방해가면서, 전쟁이라는 사건의 전체를 조망하는 시선을 연출했다. 전쟁의 시뮬레이션, 그리고 실제로 소규모 전쟁 보도를 반복함으로써, 러일전쟁을 포착하는 시점을 형성해갔다.

6. 사진과 언설의 교착

초상사진이든, 풍경사진이든 여러 장으로 시리즈를 만들면, 구체적인 세계가 출현할 수 있다는 상상이 생겨났다. 사진들의 모음은 확실히 세계를 한 눈에 볼 수 있는 시선을 만들었다. 『태양』에서 특집호는 「고메이孝明 천황의 식년제,[12] 에이쇼英照 황태후 장례」 특집(3권 4호, 1897.2.20)으로 시작되었다. 이어 「하쿠분칸 창업 10주년 기념 임시증간」(3권 12호)이라는 특집호를 출간, 메이지의 '성대聖代'를 역사화했다. 또한 「19세기」라는 특집호(6권 8호, 1900.6.15)에서 세기를 회고하면서, 단숨에 '세계'로 시선을 넓혔다. 「세계일주」라는 제목을 붙인 특집호(6권 14호, 1900.11.3)에는 32면에 걸쳐 세계 각지의 풍물사진을 게재했다. 7권 11호(1901.9.10), 8권 13호(1902.10.20), 9권 12호(1903.10.20)와 그 사이에 매년 간행된 「세계국세요람」 특집호를 통해, 세계를 가시화하고, 그래프나 표로 수치적인 통계화를 꾀했다. 게다가 「바다의 일본」 특집호(8권 8호, 1902.6.15), 「육지의 일본」 특집호(9권 7호, 1903.6.15)가 사이사이 간행되면서 '세계'와 '일본'의 관계를 표상했다. 그 안에서 문명과 야만이라는 이원론이 객관적인 모습으로 재생산된 것은 말할 것도 없다.

사진이 중시되자, 「신법령」 특집호(7권 6호, 1901.5.25)는 실무적인 안내서였음에도 그전과는 달리 《최근 1년의 기록》이라는 제목으로 16면 62장의 사진을 게재했다. 이러한 방식의 사진 게재는, 이후 사진을 통해 1년을 연대기적으로 돌아보는 기사로 정착되었다.

12 역대 천황・황후가 죽은 지 3・5・10・20・30・40・50년 및 이후 매 100년마다 해당하는 해(식년)에 지내는 제사.

그런데 화보사진의 변천이라는 관점에서 더욱 중요한 점은, 오히려 인쇄매체의 변화이다. 첫째로 우선 아트지의 도입이다. 아트지는 표면에 도료를 고르게 바르고 평평하고 매끄럽게 만들어 광택, 농도, 망점재현성 등 인쇄품질을 높이는 것을 목적으로 한 도공지이다. 그 기술은 구미에서 도입되어 이미 일부 서적에 사용되었는데, 『태양』은 7권 1호(1901.1.5)부터 4면의 아트지를 사용했다. 이로 인해 사진인쇄가 훨씬 더 선명해졌다. 또 이에 호응하듯이 종래 고급종이를 사용했던 화보 사진은 안에 붉은 색으로 해설 문구를 넣어, 두 가지 색으로 인쇄되었다. 사진은 선명해지고, 좀 더 상세한 정보를 갖게 되었다. 이는, 사진 자체에 대한 관심을 높였다고도, 혹은 너무 사진에만 치우쳤다고도 말할 수 있지만, 인쇄술의 향상이 반드시 사진의 주제에 대한 이해를 높였던 것은 아니다. 아름다운 사진은 사진이라는 매체 자체에 대한 애착을 불러왔기 때문이다.

이를 뒷받침하듯 1901년 말 「사진장려 현상공모」라는 사고가 실리고, 다음 해 8권 2호(1902.2.5)부터는 잡지에 '현상공모사진'의 당선작이 게재되었을 뿐 아니라, 전국 각지의 사진관 주인이나 사진애호가들의 작품이 소개되었다.[18] 이러한 쌍방향성을 얻었음에도 불구하고, 1년 후 9권 1호(1903.1.1)부터 대략 1년 가까이 사진 화보의 면이 4면으로 감소하는 일이 일어났다. 이는 아트지의 사용을 줄여 경비를 절감하려는 것이 아니었다. 특집호에서 화보면을 늘리거나 현상공모 사진으로 증면하는 현상이, 일반호의 사진면 감소와 병행하여 일어났다. 일반호에서는 예술사진보다 정보사진을 중시하여, 특집호와 성격을 분리하자는 사고방식이 반영된 것이다. 실제로 9권 1호 이후에는 잡지 앞머리에 사진 대신, 기사본문 속에 사진을 실은 '시사평론'이라는 권두언을 집어넣었다. 이 부분의 사진은 고급종이에 청색으로 인쇄해서 본문과 다르게 취급되었지만, 글과는 연동이 되도록 했다. 사진의 성격에 따라 고급지와 아트지를 분리해 사용한 이런 방식은 『태양』이라는 잡지의 성격을 말해주며, 매스미디어에서 사진의 위상을 잘 보여준다.

러일전쟁이 시작된 1904년(메이지 37)의 10권 3호(2.1)에는 이후에 자연주의 문학의 수장으로 활약한 다야마 가타이田山花袋의 평론 「노골적인 묘사露骨なる描寫」가 실렸다. 이 에세이는 자연주의 리얼리즘을 선취했다는 평가를 받았는데, 다야마 가타이는 고스기 텐가이小杉天外, 오구리 후요小栗風葉, 야나가와 순요柳川春葉, 도쿠다 슈세이德田秋聲, 히로쓰 류로廣津柳浪, 가와카미 비잔川上眉山, 고토 츄가이後藤宙外 등을 '노골적인 묘사파'로 평가했다. 이름이 거론된 위 작가들이 반드시 후에 발생한 자연주의와 관계가 있는 것은 아니지만, 그들은 대체로 사진에 비견할만한 '묘사'의 힘을 확신했다. 이 호부터 『태양』의 표지는 적청흑의 다색으로 인쇄되었다. 권두의 '사진동판' 화보는 아트지 4면, 고급종이 8면이었고, 본문에 기사와 관계된 사진이 32장이나 실렸다. 사진이 기사 내용을 보강하고, 기사가 사진 해석의 틀을 제공했다. 그래서 글과 사진의 관계는 화보면과 기사면으로 분리되었던 단계에서, 펼친 면의 양 지면에 문자정보와 시각정보가 공존하는 단계로 넘어갔다.

사진 그 자체는 여러 정보를 하나의 평면 위에 배치한다. 특히 이것이 인쇄될 때는 망막 스크린을 거친 점들이 모여 그림 형상을 만든다. 점의 집적인 그림을 어떤 식으로 보느냐는 독자의 관점에 따른다. 그러나 독자는 자유롭지 않다. 점들의 집적을 어떻게 보며 어떻게 해석하느냐의 문제는 사진 속 대상 이외의 정보에 의해 채워지는 것이다.

러일전쟁 개전 이후 첫 호인 10권 4호(1904.3.1)에는, 《뤼순 해전에 참가하는 세 분 전하》, 《러시아 황제 니콜라스 2세 폐하》를 비롯해 화보면에 이어서 '시사평론'란이 다룬 개전과 관련된 기사 사이사이에 31장의 사진이 배치되어 있다. 이러한 구성은 개전전과 별로 다르지 않다. 그러나 압도적인 사진의 양은 기사를 이해하는 데 중요한 역할을 한다. 물론 전쟁개시 때의 상황을 그대로 전하는 사진은 거의 없었다. 사진들은 인물이나 도시, 항구, 풍경의 정보를 제공했다. 공격의 역동적인 모습은 역시 회화에 의존했다. 《뤼순 항구 폐쇄특공대의 활동》을 비롯해 《뱃전과 뱃전의 부딪힘(뤼순항 4차 해전)》, 《뤼순항 4차 공격》(10권 5호, 1904.4.1) 등은 모두 회화였다. 사진은 《뤼순항을 폐쇄시킨 무양환》처럼 전투에 참가한 군함의 사진이나 러시아와 일본의 군인들과 부인들의 초상이다. 그러나 이것이야말로 이 시기에 정비된 전쟁보도의 스타일이었다.

'군신軍神'으로 신화화된 히로세 타케오廣瀨武夫의 전사戰死는 10권 7호(1904.5.1)에 자세히 실려 있는데, 여기서도 사건의 핵심, 즉 히로세 타케오의 부서진 몸은 시각화될 수 없었다. 죽음을 불가시화의 영역으로 몰아넣은 근대 일본의 미디어는 히로세 타케오의 얼굴과 유서, 장례 장면은 사진으로 게재했지만, 중요한 죽음 그 자체는 공백으로 두었다. 그래서 그 죽음을 표상할 수 없었기 때문에 오히려 군신의 신화가 성립되었던 것이다.

전쟁개시 직후, 하쿠분칸은 보도사진반을 정비해 전선에 파견했다. 『청일전쟁실록』을 출간한 경험은 『러일전쟁실록日露戰爭實記』(1904.2.20 창간), 그리고 그래픽 잡지인 『러일전쟁 사진화보日露戰爭寫眞畵報』로 발전되어갔다. 당시 기자였던 다야마 가타이도 그 사진반에 들어갔다.[19] 이 전쟁에 대해서는 하쿠분칸 뿐 아니라 지쓰교노니혼사實業之日本社를 필두로 여러 회사가 『러시아 정벌 화첩征露畵帖』 등 화보 잡지를 발행했다. 사진의 시대가 온 것이다. 그러나 여기에도 죽음의 은폐와 역동성이 도입되었고, 모더니즘적인 숭고의 미학을 보여주었다. 또한 사진제판이 발달했음에도 불구하고 기술의 도입이 유보되어 예술사진으로 나아가는 것을 지연시켰으며, 사진은 현실의 대리표상으로만 한정되어 사용되었다. 예술로서의 사진은 암실에 수장되었다. 제판기술이 기사 안에 사진을 넣는 데에만 사용됨으로써, 사진은 언설에 의존해야만 하는 기호로 전락했다.

신문 저널리즘에 사진제판이 사용된 것이 잡지의 변모와 같은 시기에 이루어진 사실에 다시 한 번 주의를 기울여야 한다. 『태양』 안에 수록된 사진들의 변모와 사진과 언설이 뒤섞인 지면의 구성을, 신문이 마침내 스스로의 것으로 만들어 자신의 정체성으로 삼았다. 이러한 지면구성은 전쟁에 직면한 제국의 '국민'을 형성했고, 국민공동체를 만든 것과 밀접하게 얽혀있다. 산만해보이지만, 이해를 돕는 듯한 이 지면구성은 평이하다는 점에서 우리들 속에 쉽게 침투되어왔다.

사진 원제 목록

1.
《높은 분의 초상貴顕之肖像》
《태국 황태자 성인식 대례シャム国皇太子元服の大礼》
《경성과 한국병사의 사진京城と韓兵の図》
《조선경성전도朝鮮京城全図》
《조선 육군병 정렬 사진朝鮮陸軍兵整列の図》
《조선 육군사관의 모습朝鮮陸軍士官の形貌》
《전시의 관병식戦時の観兵式》

2.
《귀족원 의장 하치스카 모치아끼 후작貴族院議長侯爵蜂須賀茂韶》
《귀족원 의장 구로다 나가시게 후작貴族院議長侯爵黒田長成》
《중의원 의장 구스모토 마사타카衆議院議長楠本正隆》
《중의원 의장 시마다 사부로衆議院議長島田三郎》
《전쟁승리의 새해 첫날戦捷の元旦》
《교토 기요미즈데라京都清水寺》
《교토 시죠가와라의 피서京都四条川原納涼》
《눈 먼 뱃사공 노를 빼앗아 올리다盲船頭櫓ヲ奪ヒテ起ツ》
《미국 샌프란시스코米国桑港の図》
《정월 놀이의 그림正月遊びの図》
《몽고침입도蒙古襲来の図》
《요코스카조선소 스마호 진수식横須賀造船所須磨号進水式》
《의주성 서쪽 고지에서 압록강너머 호산을 바라본 사진義州城西の高地より鴨緑江を隔てて虎山を眺む図》
《주렌청 점령 후 보루의 내부九連城占領後保塁の内部》
《조선 관기朝鮮官妓》
《비스마르크 80세 상比斯麦公八十寿像》
《도쿄 12경東京十二景》
《남쪽을 정벌한 무장南征武将》
《홋카이도 척식의 실경北海道拓植の実景》

3.
《도오 대해일東奥大海嘯》

《카마이시의 대참사釜石の大参事》
《시나노 수해信濃水害》
《고베 수해의 진상神戸水害真景》
《이와시로노쿠니의 반다이 분화산岩代国磐梯噴火山》
《야슈 카미미요리의 후도폭포野州上三依の不動滝》
《시오바라 팔경塩原八景》
《시나노 40승信濃四十勝》
《사진으로 본 사계写真四季》
《도호쿠 시치쥬의 절경東北七州奇勝》

4.
《청국 정벌 종군무관征清従軍武官》
《제3사단 기동훈련第三師団機動演習》
《영국해군수뢰정 훈련英国海軍水雷艇演習》
《치쿠호 기동훈련筑豊機動演習》
《특별기동 대연습特別機動大演習》
《특별기동 대연습 함대운동特別機動大演習艦隊運動》
《미서개전 미군병사 샌프란시스코 출발美西開戦米兵桑港出発》
《10월 13일 제국수병 베이징에 들어가다十月十三日帝国 水兵北京城に入る》
《일본 적십자사 제9회 총회日本赤十字社第九回 総会》
《고베항 외함대 기동훈련神戸港外艦隊機動演習》
《육해군 대연습陸海軍大演習》
《북청 최전선 파견 제국군함 배치北清最先派遣帝国軍艦笠置》
《재청국 일본외교관在清国日本外交官》
《톈진의 풍경天津風景》
《청국 풍경清国風景》
《베이징 풍경北京風景》
《경인철도京仁鉄道》
《다구의 새로운 전장大沽の新戦場》
《톈진의 전쟁상황天津戦況》
《베이징 농성자의 가족北京籠城者の家族》
《청국 출정 장교清国出征将校》
《북청 전사자北清戦死者》
《전후의 톈진戦後の天津》
《베이징 농성 공사관원 및 육해전대의 용병北京籠城公使館員及陸戦隊勇兵》
《특별 대연습特別大演習》
《아사쿠사 공원에 설치된 톈진 총공격 파노라마浅草公園内天津総攻撃パノラマ》

5.
《최근 1년의 기록最近一年事紀》
《뤼순 해전에 참가하는 세 분 전하旅順海戦御参加の三殿下》
《러시아 황제 니콜라스 2세 폐하露国皇帝ニコラス第二世陛下》
《뤼순 항구 폐쇄특공대의 활동旅順口閉塞の活動》
《뱃전과 뱃전의 부딪힘(뤼순항 4차 해전)舷舷相接す(第四回の旅順口海戦)》
《뤼순항 4차 공격旅順口第四回の攻撃》
《뤼순항을 폐쇄시킨 무양환旅順口を閉塞せし武揚丸》

저자 주

총설

1) 이 점에 관해서는 『歴史学のスタイル역사학의 스타일』(教倉書房, 2001), 또는 「歴史叙述のひろがり역사서술의 전개」, 『現代歴史学の成果と課題현대 역사학의 성과와 과제』 III(小谷汪之他 編, 青木書店 근간)에서 다루고 있다.

2) 공간론의 관점에서 근대 일본을 대상으로 한 도시사都市史 연구는, 졸고, 「近代日本都市史研究のカンド・ステージ근대 일본 도시사 연구의 두 번째 무대」(『歴史評論』 제500호, 1991)를 참조하기 바람.

3) 근대사학사의 대표적인 연구로는 이와이 타다쿠마岩井忠熊, 「日本近代史学の形成일본근대사학의 형성」(『岩波講座, 日本歴史別巻』 1, 岩波書店, 1964), 오쿠보 리켄大久保利謙, 『大久保利謙歴史著作集 7 日本近代史学史の誕生일본근대사학사의 탄생』(吉川弘文館, 1988), 이에나가 사부로家永三郎, 『現代史学批判현대사학 비판』(和光社, 1953), 마쓰시마 에이이치松島栄一, 「解題해제」(松島栄一, 『明治史論集메이지사 집론』 1・2, 筑摩書房, 1965・1978) 등이 있으며, 현재까지 이 같은 연구의 틀에서 논의가 진행되었다. 또 근년의 사학사에 대한 논의는 『江戸の思想에도의 사상』 제8호(1998)의 「特輯 歴史の表象특집 역사의 표상」이 새로운 논점을 명확히 보여주고 있다.

4) 시게노 야스쓰구重野安繹는 역사가에게 '지공지평至公至平'할 것을 요청하였다. 시게노 야스쓰구는 이것을, 그때까지의 역사가들의 마음씀씀이가 편협하고心術偏狹, '벽견僻見'에 가득 차, 애증 때문에 편견에 휩싸이는 경향이 크기 때문이라고 설명하고 있다(본문에 언급된 시게노 야스쓰구, 「『利国新誌』ニ載スル草芥生ノ説ニ答フ『이국신지』에 게재된 초망생의 글에 답한다」). 그는 근대 역사학에 '지공지평'한 마음이, 필수적이라고 주장하였고, 동시에 그것이 국학파에 대한 견제이기도 하다고 말했다.

5) 다케코시 요사부로 『신일본사』의 역사서술에 대해서는 가메이 히데오亀井秀雄, 「文学と史学문학과사학」 上・下(『文学문학』 第四六巻四号・第五号, 1978)를, 또한 역사의식에 대해서는 다케다 세이코武田清子의 「竹越与三郎の新日本史観다케코시 요사부로의 신일본사관」(『歴史と社会역사와 사회』 第二号, 1983)을 참조할 것.

6) 이렇게 1980년대의 역사와 시간인식 프로젝트는 시간이라는 관점에서 보자면, 복고의 시간과 유신의 시간 사이의 대항이었다고 말할 수 있다. 시게노 야스쓰구와 호시노히사시, 구메 구니다케久米邦武 등은 수사관修史館에서 『復古記복고기』라는 상징적인 이름의 연

대기를 편집하였으며, 야마지 아이잔과 다케코시 요사부로는 페리 내항 이후 메이지 유신에 관심을 둔 서술을 실천하고 있었다. '복고'와 '유신'의 시간과 함께, 여기에 '쇠망衰亡'의 시간이 덧붙여졌던 것이다. '지금'을 설명함에 있어 '과거'에 대한 해석 방식으로서 '쇠망'의 레토릭을 사용한 작품들이 이 시기에 속속 등장한다. 후쿠치 겐이치로福地源一郎의 『幕府衰亡論막부쇠망론』(1891~1892; 『懐往事談회왕사담』은 1894년, 『幕府政治家막부정치가』는 1900년으로 3부작으로 발간)이 그 대표작이다(덧붙여 역사학자인 오오쿠보 토시아키大久保利謙과 오오쿠보를 원용한 다나카 아키라田中彰는 그들을 '좌막파佐幕派'라고 불렀다(다나카 아키라田中彰, 『明治維新観の研究메이지유신관의 연구』, 北海道大学図書刊行会, 1987). 오오쿠보는 「메이지 좌막파」라고도 불렀다). 이후 1911년에 간행된 고바야시 소지로小林庄次郎의 『幕末史막부사』(早稲田大学出版部, 1927)는, 외무성에서 외교문서의 편집을 담당했던 저자가 집필한 것으로 「徳川幕府季世の衰態도쿠가와막부말세의 쇠퇴」을 가필한 것이다.

7) 이러한 역사학과 문학사의 성립은 본질주의적인 시간인식에 기초하고 있으며, 과거로부터의 직선적인 시간을 상정하고 있다. 이에 비해 역사소설은 상이한 시간의식, 즉 역사의식을 제시한다. 예를 들어, 쓰카하라 주시엔塚原渋柿園은 이를 구성주의적인 역사의식이라고 지적하는데, 역사의 사실에 의문을 나타내며 그 사실이 어떻게 소설화되는가, 사실이란 어떤 것인가를 묻는다(「歴史小説所見역사소설소견」, 『新声신성』 第一四編第四号, 1906; 「歴史小説の文章역사소설의 문장」, 『新声신성』 第二巻第一一号, 1907; 「歴史小説に就いて역사소설에 대하여」, 『新小説신소설』 第一三年第七号, 1908 등). 근대 역사학의 탄생과 함께 역사소설도 탄생하였는데, 역사소설은 역사학의 작법과 거기에서의 역사, 시간, 사건인식에의 조화가 언급되고 있다. 역사학에 의한 역사기술이 사실에 리얼리티를 요구할 때, 그 리얼리티의 구성양상에 회의적인 태도를 보이고 있는 것이다.

8) 요코야마 겐노스케横山源之助의 『日本之下層社会일본의 하층사회』에 실린 「機械工場の労動者기계공장의 노동자」에서, 요코야마는 방직공장의 여공들의 노동시간에 대해 언급하였다(「労動時間・休憩時間 および 休日노동시간・휴게시간 및 휴일」). 여기에서 요코야마는 '방직공장에서 결근자가 많은 것은 놀랄만하다'고 하면서 10%의 결근자가 '항상' 있다고 해도 과언이 아니라고 했다. 이 가운데 10%는 병결이지만 나머지는 모두 '나태'하거나, 무단 결근자가 대부분이라고 했다. 덧붙여 노동의 정도가 가장 힘들었던 '방직 여공'들 사이에 결근자가 많다는 것에도 주의를 기울이고 있다.

9) 사회주의자 가운데에는 직접행동파도 의회정책파도 모두 '진화의 시간'이라는 관념을 공유하고 있었다. 타조에 테츠지田添鉄二의 『経済進化論경제진화론』은, '금세기 사회는 하나의 휴화산과 같다'라는 인식하에, '화산구'를 밟고 있는 귀족・번벌 정치가・군인・승려 등 '부호'들은 '시대가 발전하는 힘을 모른다'고 쓰고 있다. '생존문제'의 해결을 논하는 가운데 '진화'의 시간이 공유되었다. 다만 직접행동파로부터는 몇 개인가 이론이 도출되었는데, 사카이 토시히코堺利彦는 '대체적으로 나의 의견과 일치한다'고 쓰면서도, '두세 군데에 있어서는 수긍하기 어려운 점이 있다'고 말하고 있다. 그리고 '사회문제는 사회주의로 해결할 수 없다'는 것과, '노예제도의 폐지 때문에 공예품기기가 발명되었다'는 타조에 테츠지의 설명을 비판했다. 덧붙여 그는 '사회진화를 관찰함에 있어 새로운 계통을 세우려고 노력하느라 거기에 오류가 생겼다'고 썼다(堺枯川[枯川는 사카이 토시히코의 호이다], 「『経済進化論』を読む『경제진화론』을 읽는다」, 『平民新聞헤이민신문』 第48号,

1904.10.9). 사카이의 비판에 대해서 타조에 테츠지는 「経済進化論に就て경제진화론에 관하여」(『平民新聞헤이민신문』 第49号, 1904.10.16)에서 응답하고 있다. 그러나 『経済進化論경제진화론』은 헤이민문고에 포함되었으며 두 파의 대항이 결정적이었던 것은 아니다. 본고의 주제인 시간의 의식은 처음부터 공유되어 있었다.

10) 사카이 토시히코堺利彦에게는 이보다 앞서 『家庭雑誌가정잡지』 제1권 제6호(1903)에 베라미의 『百年後の新社会백 년 후의 신사회』(Edward Bellamy, *Looking Backward*)를 번역하여 게재하였다. 이것도 거의 비슷한 이야기풍으로, 신사회의 이상적인 모습을 노동, 분배에서 생활과 그 의욕, 사회의 장치와 조직에 이르기까지 쓰고 있다. 젠더의 불평등함도 거의 비슷하다는 것은 당시의 부정적인 인식이 신사회의 골자가 되어 있다는 사실과 연관되어 있을 것이다. 니시카와西川는 「太古のままの幸福島태고 그대로의 행복한 섬」(『平民新聞헤이민신문』 제20호, 1904.3.27)에서 처음에 섬은 '소위 빈부의 괴리가 없었'으며, 범죄자도 전혀 없었다고 말한다. '태고 그대로'와 근대를 합치하거나 섞지 않음으로서 이상향을 만들어 낸다. 그리고 징병제는 '그 무릉도원의 백성을 살인자의 무리로 넣는 것'이라며 이를 비판하고 있다. 현실에 대한 비판이 미래와 만나, 과거에서 이어져온 사례도 보인다. 다만 사회주의자들이 '일본'의 역사에 관심을 가지고 거기서부터 논의를 시작하게 된 것은 훨씬 이후의 일이었다.

11) 모험담이 가지는 의미에 대해서는 본문에 언급된 졸고, 「文明 / 野蛮 / 暗黒문명 / 야만 / 암흑」에서도 간단히 언급한 바 있다.

'일본미술'이라는 제도

1) 矢代行雄, 『日本美術の再検討일본미술의 재검토』(ぺりかん社, 1987)에 수록되어 있음.

2) 東京国立博物館 編, 『明治デザインの誕生메이지 디자인의 탄생－調査研究報告書「温知図録」』, 国書刊行会, 1997; 졸저, 『明治国家と近代美術메이지국가와 근대미술』, 吉川弘文館, 1999.

3) 西川長夫・松宮秀治 編, 『幕末・明治期の国民国家形成と文化変容막부 말기・메이지기의 국민국가 형성과 문화변용』, 新曜社, 1995.

4) 졸저, 『'日本美術'誕生－近代日本の'ことば'と戦略'일본미술' 탄생－근대일본의 '언어'와 선략』, 講談社選書メチエ, 1996.

5) 北沢憲昭, 「'日本画'概念の形成にかんする試論'일본화' 개념의 형성에 관한 시론」, 『明治日本画史料』(青木茂 編), 中央公論美術出版, 1991.

6) Warren I. Cohen, *East Asian Art and American Culture－A Study in International Relations*, Columbia University Press, 1992.

7) 中島朋子, 「アメリカのエスティック・ムーブメントにおける明治輸出工芸品の受容と意義미국 에스테틱 운동에서 메이지기 수출공예품의 수용과 의의」, 明治美術学会例会 발표, 2000.4.8.

8) 北沢憲昭, 『眼の神殿눈의 신전』, 美術出版社, 1989; 高木博志, 『近代天皇制の文化史的研究근대천황제의 문화사적 연구』, 校倉書房, 1997.

9) 졸저, 앞의 책; 北沢憲昭, 「'日本画'概念の形成にかんする試論'일본화' 개념의 형성에 관한 시론」, 『明治日本画史料』(青木茂 編), 中央公論美術出版, 1991.

10) フェノロサFenollosa, 「日本歴史画の将来일본 역사화의 장래」, 『フェノロサ資料』 II(村形明子 編訳, ミューゼアム出版, 1984)에 수록.

11) 졸고, 「"勤王"伝説の背景"근왕"전설의 배경」, 『菊池容斎と明治の美術기쿠치 요사이와 메이지 미술』展카달로그, 練馬区立美術館, 1999.

12) 『千九百年巴里万国博覧会 臨時博覧会事務局報告1900년 파리 만국박람회 임시박람회사무국 보고』 上, 1902(메이지 35)년 3월 30일, 農商務省(복각본, 제1함제3분책, フジミ書房, 2000).

13) 東京国立文化財研究所美術部編, 『明治期万国博覧会美術品出品目録메이지기 만국박람회 미술품 출품 목록』, 中央公論美術出版, 1997.

14) 과거 10년간의 수작으로 이미 선정된 下村観山의 〈嗣信最期〉, 横山大観의 〈聴法〉(두 작품 모두 1897년 제3회 일본회화협회전에도 출품)이 그대로 파리 만국박람회에 출품되었는데, 박람회의 『千九百年巴里万国博覧会 臨時博覧会事務局報告1900년 파리 만국박람회 임시박람회사무국 보고』 下(복각본, 제2함제1분책)에는 이 두 작품에 대하여 "전혀 비평을 들을 수 없다"고 기록되어 있다(145면).

15) 森鴎外, 「外山正一氏の画論を駁す도야마 마사카즈씨의 화론을 논박한다」, 『しがらみ草紙시가라미소시』 8호, 1890.

16) 高木博志, 앞의 책; 졸저, 『明治国家と近代美術메이지국가와 근대미술』, 吉川弘文館, 1999.

17) 『千九百年巴里万国博覧会 臨時博覧会事務局報告1900년 파리 만국박람회 임시박람회사무국 보고』 下(복각본, 제2함제1분책), 147면.

18) 〈写された国宝사진으로 찍은 국보〉 전시회 카달로그, 東京都写真美術館, 2000.11; 村角紀子, 「明治期の古美術写真－畿内宝物取調写真を中心に메이지기 고미술사진－왕궁부근의 보물조사사진을 중심으로」, 明治美術学会 정례회 발표문, 2001.7.7.

19) 『千九百年巴里万国博覧会 臨時博覧会事務局報告1900년 파리 만국박람회 임시박람회사무국 보고』 上, 1902(메이지 35)년 3월 30일, 農商務省(복각본, 제1함제4분책, 930면).

20) ジャポニスム学会 編, 『ジャポニスム入門자포니즘 입문』, 思文閣出版, 2000.

21) 鈴木広之, 「和辻哲郎의 『古寺巡礼』と日本美術史와스지 데쓰로의 『옛 사찰 순례』와 일본미술사」, 東京国立文化財研究所美術部・情報資料部研究会, 1997.4.30.

22)東京国立博物館編, 『明治デザインの誕生메이지 디자인의 탄생－調査研究報告書「温知図録」』, 国書刊行会, 1997; 졸저, 『明治国家と近代美術메이지국가와 근대미술』, 吉川弘文館, 1999.

문학사와 내셔널리티

1) 大和田建樹, 『明治大正文学史集成 第三巻 明治文学史메이지 다이쇼 문학사집성 제3권 메이지문학사』, 日本図書センター, 1982(초판은 博文館, 明治27=1894).

2) 高橋淡水, 『明治大正文学史集成 第四巻 明治文学史메이지다이쇼 문학사집성 제4권 메이지문학사』, 日本図書センター, 1982(초판은 開発社, 明治39=1906).

3) 岩城準太郎, 『明治大正文学史集成 第五巻 増補 明治文学史메이지다이쇼 문학사집성 제5권 증보 메이지문학사』, 日本図書センター, 1982(초판은 育英舎, 明治39=1906). 여기서는 초판의 7장을 개정하고 8~9장을 가필한 증보판, 明治42=1909년에 간행한 것을 대상으로 한다.

4) 山路愛山, 「明治文学史메이지문학사」, 『明治文学全集 三五 山路愛山集메이지문학전집 35 야마지 아이잔집』, 筑摩書房, 1965(초판은 『国民新聞』, 明治26=1893.3.1~5.7).

5) 北村透谷, 「日本文学史骨일본문학사골」, 『明治文学全集 二九 北村透谷集메이지문학전집 29, 기타무라 도고쿠집』, 筑摩書房, 1976(초판은 『評論』 1~4호, 明治26=1893.4~5).

6) 坪内雄蔵(逍遥), 『小説神髄소설신수』 『明治文学全集 一六 坪内逍遥集메이지문학전집 16 쓰보우치 쇼요집』, 筑摩書房, 1989년 所収. 초판은 松月堂에서 九分冊으로 간행. 明治18~19=1885~86.

7) 메이지기에 쓰여진 근대문학사로서는 이외에 不知庵主人(内田魯庵), 「現代文学현대문학」(『国民之友국민의 벗』 137・138・140・141호, 明治24년 11월~25년 1월=1891.11~1892.1), 高山林次郎(樗牛), 「明治の小説메이지의 소설」(『太陽태양』, 明治30=1897.6), 잡지 『太陽태양』의 특집 「明治史第7編文芸史메이지사 제7편 문예사」(同誌 明治42=1909.2 임시 증간호), 相馬御風, 「最近文壇十年史최근 문단 십년사」(『新潮신조』, 明治44=1911.1) 등이 있다.

8) 주지하는 바와 같이 이 용어는 『創られた 伝統만들어진 전통』(紀伊国屋書店, 1992), 에릭 홉스봄 외, 『만들어진 전통』(휴머니스트, 2008)에 따른다. 또한 이 개념을 사용해서 주로 메이지기의 일본문학사를 「万葉集만요슈」이 다루어진 방법이라는 시점에서 분석하여 국민가집으로서의 「만엽집」의 이미지가 메이지기의 「国民文学論국민문학론」으로부터 발명된 전통임을 분명하게 밝힌 것으로 品田悦一, 『万葉集の発明만요슈의 발명』(新曜社, 2001)이 있는데, 이 글에서도 많은 점을 참조하고 있다.

9) 三上参次・高津鍬三郎, 『日本文学史일본문학사』, 金港堂, 明治23=1890; 萩野由之, 『日本文学史大要일본문학사대요』, 明治講学会, 明治30=1897; 中等学科教授法研究会編, 『教程 日本文学小史교정 일본문학소사』, 中等学科教授法研究会, 明治30=1897; 池谷一孝, 『日本文学史일본문학사』, 東京専門学校, 明治30=1897(동경전문학교의 강의록에 있는 이 문학사는 메이지 32・33・35년에도 동일한 제목의 것—다만 저자명은 永井一孝로 변경—이 간행되었지만 권말의 「日本 文学年表일본문학연표」에 근대의 작품을 첨가한 것 이외에는 큰 변화는 없다); 内海弘蔵, 『中等学校 日本文学史중등학교 일본문학사』, 明治書院, 明治33=1900; 藤岡作太郎, 『日本文学史教科書일본문학사교과서』, 開成館, 明治25=1902; 藤岡作太郎, 『国文学全史 平安朝編국문학전사 헤이안조편』, 開成館, 明治38=1905(이하 인용은 平凡社=東洋文庫版, 1971・74년에 따른다); 武島 又次郎(羽衣), 『日本文学史일본문학사』, 人文社, 明治39=1906; 明治中学会編, 『言文一致日本文史講義언문일치 일본문학사강의』, 明治中学会, 明治44=1911.

10) 笹川種郎(臨風), 『中等教科 日本文学史중등교과 일본문학사』, 文学社, 明治34=1901; 三上参次・高津鍬三郎, 『刪定 日本文学小史책정 일본문학소사』, 金港堂, 明治35=1902(동일한 저자에 의한 『教科適用 日本文学小史교과적용 일본문학소사』, 金港堂, 메이지 26년의 개정판이지만, 이 초판의 하권은 아직 발견되지 않았다. 상권만으로도 상당히 기술상의 차이

가 있다); 岡井愼吾, 藤井乙南 閱, 『新体日本文学史신체일본문학사』, 金港堂, 明治35=1902.

11) 大和田建樹, 『和文学史화문학사』, 博文館, 明治25=1892; 芳賀矢一, 『国文学史十講국문학사십강』, 富山房, 明治32=1899; 大和田健樹, 『日本大文学史일본대문학사』, 博文館, 明治32~33=1899~1900; 塩井正男(雨江)・高橋龍雄, 『新体日本文学史신체일본문학사』, 普及社, 明治35=1902; 池辺(小中村)義象, 『日本文学全史일본문학전사』, 金港堂, 明治35=1902; 落合直文, 『訂正中等国語読本付禄 国文学史정정중등국어독본부록 국문학사』, 明治書院, 明治36=1903(초판은 明治29년의 개정판, 초판은 아직 발견되지 않음); 藤岡作太郎, 『国文学史講話국문학사강화』, 開成館, 明治41=1908; 佐藤正範, 芳賀矢一 閱, 『日本文学史要일본문학사요』, 光風館, 明治43=1910; 五十嵐力, 『新国文学史신국문학사』, 早稲田大学出版部, 明治45=1912.

12) 여기서 사용하고 있는 "横領횡령", "節合절합"이라는 개념에 대해서는 ルイ・アルチュセール, 『マルクスのために마르크스를 위하여』(平凡社, 平凡社ライブラリー, 1994), ミシェル・ド・セルトー, 『日常的実践のポイエティーク일상적실천의 포에티크』(国文社, 1987), ロジェ・シャルチエ, 『書物의 秩序서물의 질서』(筑摩書房=ちくま学芸文庫, 1996), エルネスト・ラクラウ/シャンタル・ムフ, 『ポスト・マルクス主義와 政治포스트마르크스주의와 정치』(大村書店, 2000=復刊新版), ステュアート・ホールへのインタヴュー, ローレンス・グロスバーグ編의 인터뷰, 「ポスト・モダニズムと節合について포스트모더니즘과 절합에 대하여」(『現代思想현대사상』 臨時 增刊号임시 증간호, 1998.3) 등을 참조하여 이 글의 대상에 맞게 변형을 했다.

13) 예를 들면, 특히 小林よしのり, 『新ゴーマニズム宣言신오만주의 선언』 シリーズ(小学館, 1996) 등에 현저하게 나타난다. "역사歴史는 내용所詮, 이야기物語이기 때문에, 국민의 자신감 회복을 위해서 어떻게 이용해도 좋다"라는 아이러니컬한 이론 앞에 역사가 소급적으로 창조된 이야기物語라는 검토로는 현재의 내셔널리즘에 대한 충분한 비판이 되지 않을 것이다.

14) 品田悦一, 『万葉集の発明만엽집의 발명』, 新曜社, 2001.

15) 三上参次・高津鍬三郎, 『日本文学史일본문학사』, 金港堂, 1890. 〈문학사〉로는 関根正直, 『小説史稿소설사고』(金港堂, 明治23=1890)가 가장 먼저 간행되었다.

16) 이 점에 관해서는 鈴木貞美, 『日本の「文学」概念일본의 「문학」 개념』(作品社, 1998)이 포괄적인 고찰을 하고 있다.

17) 小堀桂一郎, 「'文学'という 名称'문학'이라는 명칭」(「月報八二」, 『明治文学全集 79 明治芸術・文学論集메이지 문학전집 79 메이지예술・문학논집』, 筑摩書房, 1975 부록).

18) 磯田光一, 『鹿鳴館의 系譜로쿠메이칸의 계보』, 文芸春秋, 1983.

19) 大岡昇平, 『小説家夏目漱石소설가 나쓰메 소세키』, 筑摩書房, 1988.

20) 高橋淡水, 『明治大正文学史集成 第四巻 明治文学史메이지다이쇼 문학사집성 제4권 메이지 문학사』, 日本図書センター, 1982.

21) 和田繁二郎, 『近代文学創成期の研究근대문학창성기 연구』, 桜楓社, 1973.

22) 大和田建樹, 『和文学史화문학사』, 博文館, 1892.

23) 岡井愼吾, 藤井乙南 閱, 『新体日本文学史신체일본문학사』, 金港堂, 1902.

24) 三上参次・高津鍬三郎, 『日本文学史일본문학사』, 金港堂, 1890.

25) 塩井正男(雨江)・高橋龍雄, 『新体日本文学史신체 일본문학사』, 普及社, 1902.

26) 大和田健樹, 『日本大文学史일본대문학사』, 博文館, 1899~1900.

27) 中等学科教授法研究会編, 『教程 日本文学小史교정 일본문학소사』, 中等学科教授法研究会, 1897.

28) 北村透谷, 「日本文学史骨일본문학사골」, 『明治文学全集 二九 北村透谷集메이지문학전집 29, 기타무라 도고쿠집』, 筑摩書房, 1976(초판은 『評論』 1~4호, 1893.4~5).

29) 大和田健樹, 『日本大文学史일본대문학사』, 博文館, 1899~1900.

30) 岩城準太郎, 『明治大正文学史集成 第五巻 増補 明治文学史메이지다이쇼 문학사집성 제5권 증보 메이지문학사』, 日本図書センター, 1982(초판은 育英舎, 1906).

31) 武島又次郎(羽衣), 『日本文学史일본문학사』, 人文社, 1906.

32) 高山林次郎(樗牛), 「明治の小説메이지의 소설」, 『太陽태양』, 1897.6.

33) 뒤에 서술할 외국문화・문학과의 융합론, 동화론이 아니라 국민성 그 자체에 대해서 기술한 〈문학사〉에는 주 9의 三上参次・高津鍬三郎, 『日本文学史일본문학사』, 金港堂, 明治23=1890; 中等学科教授法研究会編, 『教程 日本文学小史교정 일본문학소사』, 中等学科教授法研究会, 明治30=1897; 池谷一孝, 『日本文学史일본문학사』, 東京専門学校, 明治30=1897; 藤岡作太郎, 『国文学全史 平安朝編국문학전사 헤이안조편』, 開成館, 明治38=1905; 武島又次郎(羽衣), 『日本文学史일본문학사』, 人文社, 明治39=1906; 주 10의 笹川種郎(臨風), 『中等教科日本文学史중등교과 일본문학사』, 文学社, 明治34=1901; 주 11의 大和田建樹, 『和文学史화문학사』, 博文館, 明治25=1892; 芳賀矢一, 『国文学史十講국문학사십강』, 富山房, 明治32=1899; 大和田健樹, 『日本大文学史일본대문학사』, 博文館, 明治32~33=1899~1900; 塩井正男(雨江)・高橋龍雄, 『新体日本文学史신체일본문학사』, 普及社, 明治35=1902; 藤岡作太郎, 『国文学史講話국문학사 강화』, 開成館, 明治41=1908; 佐藤正範, 芳賀矢一 閲, 『日本文学史要일본문학사요』, 光風館, 明治43=1910이 있다.

34) 三上参次・高津鍬三郎, 『日本文学史일본문학사』, 金港堂, 1890.

35) 이와 관련하여 北沢憲昭는 메이지 10년대부터 fine art의 의미로도 사용되는 〈미술〉이 회화나 조각의 의미에 한정되고, 대신하여 〈예술〉이 fine art의 의미로 사용되는 것은 메이지 30년대 후반이다라고 한다(『眼の 神殿눈의 신전』, 美術出版社, 1989).

36) 芳賀矢一, 『国文学史十講국문학사십강』, 富山房, 1899.

37) 三上参次・高津鍬三郎, 『日本文学史일본문학사』, 金港堂, 1890.

38) 品田悦一, 『万葉集の発明만엽집의 발명』, 新曜社, 2001.

39) イポリイト・テーヌ, 『文学史の方法문학사의 방법』, 岩波書店=岩波文庫, 1953.

40) 平岡敏夫, 『北村透谷 研究기타무라 도고쿠 연구』, 有精堂, 1967.

41) 鈴木登美, 「ジャンル・ジェンダー・文学史記述－「女流日記文学의 構築」お 中心に장르・젠더・문학사 기술－「여류일기문학의 구축」을 중심으로」, 『創造された古典창조된 고전』(ハルオ・シラネ, 鈴木登 美編), 新曜社, 1999(하루오시라네 외, 왕숙영 역, 『창조된 고전』, 소명출판, 2002).

42) 大和田健樹, 『日本大文学史일본대문학사』, 博文館, 1899~1900.

43) 大和田建樹, 『和文学史화문학사』, 博文館, 1892.

44) 佐藤正範, 芳賀矢一 閱, 『日本文学史要일본문학사요』, 光風館, 1910.

45) 芳賀矢一・立花銑三郎編, 『国文学読本국문학독본』(富山房書店, 1890)도 「총론」의 문학사적인 전망을 포함하는 기술에 있어서 같은 "어긋남"이 생긴다.

46) 武島又次郎(羽衣), 『日本文学史일본문학사』, 人文社, 1906.

47) 萩野由之, 『日本文学史大要일본문학사대요』, 明治講学会, 1897.

48) 塩井正男(雨江)・高橋龍雄, 『新体日本文学史신체 일본문학사』, 普及社, 1902.

49) 落合直文, 『訂正中等国語読本付禄 国文学史정정 중등국어독본 부록 국문학사』, 明治書院, 1903.

50) 주 9의 三上参次・高津鍬三郎, 『日本文学史일본문학사』, 金港堂, 明治23=1890; 萩野由之, 『日本文学史大要일본문학사대요』, 明治講学会, 明治30=1897; 中等学科教授法研究会編, 『教程 日本文学小史교정 일본문학소사』, 中等学科教授法研究会, 明治30=1897; 内海弘蔵, 『中等学校 日本文学史중등학교 일본문학사』, 明治書院 明治33=1900; 주 10의 笹川種郎(臨風), 『中等教科日本文学史중등교과일본문학사』, 文学社, 明治34=1901; 三上参次・高津鍬三郎, 『刪定 日本文学小史책정일본문학소사』, 金港堂, 明治35=1902; 주 11의 芳賀矢一, 『国文学史十講국문학사십강』, 富山房, 明治32=1899; 塩井正男(雨江)・高橋龍雄, 『新体日本文学史신체 일본문학사』, 普及社, 明治35=1902; 落合直文, 『訂正中等国語読本付禄 国文学史정정 중등국어독본 부록 국문학사』, 明治書院, 明治36=1903; 五十嵐力, 『新国文学史신국문학사』, 早稲田大学出版部, 明治45=1912이 여기에 해당한다.

51) 岡井慎吾, 藤井乙南 閱, 『新体日本文学史신체일본문학사』(金港堂, 明治35=1902), 藤岡作太郎, 『国文学史講話국문학사강화』(開成館, 明治41=1908), 藤岡作太郎, 『国文学史講話국문학사강화』(開成館, 明治41=1908), 佐藤正範, 芳賀矢一 閱, 『日本文学史要일본문학사요』(光風館, 明治43=1910)이 여기에 해당한다.

52) 坪内雄蔵(逍遥), 『小説神髄소설신수』(『明治文学全集 一六 坪内逍遥集메이지문학전집 16 쓰보오치 쇼요집』, 筑摩書房, 1969年 所収. 초판은 松月堂에서 九分冊으로 간행. 1885~86).

53) 塩井正男(雨江)・高橋龍雄, 『新体日本文学史신체 일본문학사』, 普及社, 1902.

54) 亀井秀雄, 『「小説」論「소설」론』, 岩波書店, 1999.

55) 前田愛, 『近代 日本の文学空間근대 일본의 문학공간』, 新曜社, 1983.

56) 島村抱月, 「自然主義の価値자연주의의 가치」(「早稲田文学와세다문학」, 明治41=1908.5), 長谷川天渓, 「自然主義と本能満足主義との別자연주의와 본능만족주의와의 차이」(『文章世界』, 明治41=1908.4) 등이 대표적 예이다.

57) 三上参次・高津鍬三郎, 『日本文学史일본문학사』, 金港堂, 1890; 芳賀矢一, 『国文学史十講국문학사십강』, 富山房, 1899.

58) 萩野由之, 『日本文学史大要일본문학사대요』, 明治講学会, 1897.

59) 芳賀矢一, 『国文学史十講국문학사십강』, 富山房, 1899.

60) 岡井慎吾, 藤井乙南 閱, 『新体日本文学史신체일본문학사』, 金港堂, 1902.

61) 위의 책.

62) 이 점에 대해서는 특히, 本田和子, 『女学生の系譜여학생의 계보』(青土社, 1990)를 참조했다.

63) 자세하게는 金子明雄, 「メディアの中の死미디어 속의 죽음」(『利刊文学이간문학』 5권 3호,

1994), 中山昭彦, 「小説『都会』裁判の銀河系소설 『도회』재판의 은하계」(三谷邦明編, 『近代小説の〈語り〉と〈言説〉근대소설의 〈이야기〉와 〈담론〉』, 有精堂, 1996 所収)를 참조

64) 자세한 것은 中山昭彦, 「"芸術"の成型예술의 형성」(『日本近代文学일본근대문학』 61집, 1996)을 참조

65) 佐藤正範, 芳賀矢一 閲, 『日本文学史要일본문학사요』, 光風館, 明治43=1910; 五十嵐力, 『新国文学史신국문학사』, 早稲田大学出版部, 明治45=1912.

66) 佐藤正範・芳賀矢一, 『日本文学史要일본문학사요』, 光風館, 1910; 五十嵐力, 『新国文学史신국문학사』, 早稲田大学出版部, 1912.

67) 塩井正男・高橋龍雄, 『新体日本文学史신일본문학사』, 普及舎, 1902.

68) 中等学科教授法 研究会 編, 『教程 日本文学小史교정 일본문학소사』, 中等学科教授法研究会, 1897.

69) 三上参次・高津鍬三郎, 『刪定 日本文学小史개정 일본문학소사』, 金港堂, 1902.

70) 内海弘蔵, 『中等教科日本文学史중등교과일본문학사』, 明治書院, 1900.

71) 武島又次郎, 『日本文学史일본문학사』, 人文社, 1906.

72) 落合直文, 『訂定中等国語読本附録国文学史정정 중등국어독본 부록 국문학사』, 明治書院, 1903.

73) 萩野由之, 『日本文学史大要일본문학사 대요』, 明治講学会, 1897; 中等学科教授法 研究会 編, 『教程 日本文学小史교정 일본문학소사』, 中等学科教授法 研究会, 1897; 内海弘蔵, 『中等教科日本文学史중등교과 일본문학사』, 明治書院, 1900; 武島又次郎, 『日本文学史일본문학사』, 人文社, 1906; 笹川種郎, 『中等教科日本文学史중등교과 일본문학사』, 文学社, 1901; 三上参次・高津鍬三郎, 『刪定 日本文学小史개정 일본문학소사』, 金港堂, 1902; 岡井慎吾・藤井乙男, 『新体日本文学史신 일본문학사』, 金港堂, 1902; 塩井正男・高橋龍雄, 『新体日本文学史신 일본문학사』, 普及舎, 1902; 落合直文, 『訂定中等国語読本附録国文学史정정 중등국어독본 부록 국문학사』, 明治書院, 1903; 五十嵐力, 『新国文学史신국문학사』, 早稲田大学出版部, 1912.

74) 高橋義雄, 『日本人種改良論일본인종개량론』(嘉治隆一 編, 『明治文化資料叢書메이지문화자료총서』 第6巻, 風間書房, 1972).

75) 加藤弘之, 「人種改良の弁인종개량의 변」(『東洋学芸雑誌동양학예잡지』 53~55号, 1886.2~4). 이 논쟁에 관해서는 특히 鈴木善次, 『日本の優生学일본의 우생학』(三公出版, 1983)을 참조했다.

76) 志賀重昂, 『日本風景論일본풍경론』, 岩波書店, 1995(초판은 石川半次郎 編, 1884).

77) 志賀重昂, ""日本人"が懐抱する処の旨意を告白する"일본인"이 가지고 있는 본뜻을 고백한다", 『明治文学全集메이지문학전집 37 政教社文学集세이쿄샤 문학집』, 筑摩書房, 1980(초판은 『日本人』 1号, 1887).

78) 富山一郎, "国民の誕生と"日本人種"국민의 탄생과 "일본인종""(『思想사상』 845, 岩波書店, 1994.11).

79) 松本三之介, "解題"(『明治文学全集메이지문학전집 37 政教社文学集세이쿄샤 문학집』).

80) 三上参次・高津鍬三郎, 『日本文学史일본문학사』, 金港堂, 1890.

81) 大和田建樹, 『日本大文学史일본대문학사』(博文館, 1899~1900), 池谷一孝, 『日本文学史일본문학사』(東京専門学校, 1897)에도 이폴리트 텐느의 인용과 인종의 회피라는 점이

동일하게 언급된다.

82) 小熊英二,『単一民族神話の起源단일민족 신화의 기원』(新曜社, 1995). 혼합민족설에 의한 역사서로서는 竹越与三郎,『二千五百年史이천오백년사』 上・下(民友社, 1896) 등이 대표적이다.

83) 志賀重昂, ""日本人"が懐抱する処の旨意を告白する"일본인"이 가지고 있는 본뜻을 고백한다",『明治文学全集메이지문학전집 37 政教社文学集세이쿄샤 문학집』, 筑摩書房, 1980.

84) 大和田建樹,『日本大文学史일본대문학사』, 博文館, 1899~1900.

85) 佐藤正範・芳賀矢一,『日本文学史要일본문학사요』, 光風館, 1910.

86) 明治中学会 編,『言文一致 日本文学史講義언문일치 일본문학사강의』, 明治中学会, 1911.

87) 그것에 관해서는 柳父章,『飜訳とはなにか번역이란 무엇인가』, 法政大学出版局, 1976 등을 참조했다.

88) 芳賀矢一,『国文学史十講국문학사 십강』, 富山房, 1899.

89) 鈴木登美,「ジャンル・ジェンダ・文学史記述ー"女流日記文学の構築"を中心に장르・젠더・문학사기술ㅡ"여류문학의 구축"을 중심으로」,『創造された古典』, 新曜社, 1999(스즈키 토미, 왕숙영 역,『창조된 고전』, 소명출판, 2006).

90) 藤岡作太郎,『国文学史講話국문학사 강화』, 開成館, 1908.

91) 藤岡作太郎,『国文学全史 平安朝編국문학전사 헤이안 시대편』, 開成館, 1905.

92) 鈴木登美, 앞의 글, 앞의 책.

93) 이 점에 관해서는 牟田和恵,『戦略としての家族』(新曜社, 1996)이 가장 포괄적으로 논하고 있다.

94) 芳賀矢一,『国民性十論국민성 십론』, 富山房, 1907(『明治文学全集메이지문학전집 44 落合直文, 上田万年, 芳賀矢一, 藤岡作太郎集』, 筑摩書房, 1968에 수록).

95) 국민성을 말하는 문학사에 관해서는 원주 33번을 참조.

96) 塩井正男・高橋龍雄,『新体日本文学史신 일본문학사』, 普及舎, 1902.

97) ロラン・バルト,『表徴の帝国』, 筑摩書房, 1996(롤랑 바르트, 김주환 역,『기호의 제국』, 산책자, 2008).

98) 황화론과 노동・이민문제에 관해서는 주로 Heinz Gollwitzer,『黄禍論とは何か황화론은 무엇인가』(草思社, 1999), 橋川文三,『黄禍物語황화 이야기』(筑摩書房, 1976), 若槻泰雄,『排日の歴史배일의 역사』(中央公論社, 1972) 등을 참조했다.

99) 小熊英二,『単一民族神話の起源단일민족 신화의 기원』(新曜社, 1995)를 참조.

100) 若槻泰雄,『排日の歴史배일의 역사』(中央公論社, 1972)에 미국노동총동맹이 개최한 대회에서 캘리포니아 대표는 일본인 노동자 배척의 이유 중 하나로 "손재주가 뛰어나다"는 이유를 들고 있다. 그렇지만 그것은 Heinz Gollwitzer의『황화론은 무엇인가』에 의하면 중국인의 이미지가 전이된 것이다.

내셔널 심볼

1) 일본의 미디어는 애도하는 미사missa나, 대 리그league의 시합 전에 하는 의식에서, 엄청난 수의 성조기가 휘날리는 장면을 내보내는 한편, 과거의 기억도 환기시켜서, 1945년 3월의 '진실한' 기록 필름으로 미군의 아오지마琉黄島(역주–이오섬이라고도 부름) 탈환 당시, 성조기가 세워졌던 장면도 내보냈다.

2) 20세기 미국문화연구에 따르면, 국기에 특권적인 내셔널 심볼이라는 의미를 부여하고, 개개인의 신체동작의 의례를 확립시켰던 것은 제1차대전 후의 미국사회이다. 이 점에 대해서는 Scot M. Guenter, 和田光弘・山脇亨・久田由佳子・小野沢透 訳,『星条旗－1777~1924성조기－1777~1924』, 名古屋大学出版会, 1997; A. Spigel, M. Spigel, "The United States National Anthem as an Obligatory Sports Ritual", Culture, Sports, Society, 1998.5.11. 또 일본근대의 국기・국가에 대한 저자의 틀에 관해서는 長志珠絵,「政治文化としての国旗・国歌정치문화로서의 국기・국가」(『新しい歴史学のために새로운 역사학을 위하여』 238호, 2000.6) 참조. 근대 일본에서 기旗가 내셔널 심볼로서 확립하는 데에는 점령 하 패전체험이 결정적인 영향을 주었다. 이 점에 대해서는 長志珠絵,「敗戦/占領と〈国旗〉の記憶패전/점령과 〈국기〉의 기억」(『歴史叙述の臨界点 第三巻역사서술의 임계점 제3권』, 東京大学出版会, 2002) 참조.

3) 藤原帰一,『戦争を記憶する전쟁을 기억한다』, 講談社現代新書, 2001(후지와라 키이치, 이숙종 역,『전쟁을 기억한다』, 일조각, 2003).

4) E. J. Hobsbawm, 浜林正夫・嶋田耕也・庄司信 訳,『ナショナリズムの歴史と現在내셔널리즘의 역사와 현재』, 大明書店, 2001, 62면(E. J. Hobsbawm, *Nations and Nationalism since 1780－Programme, Myth, Reality*, Cambridge Univ. Press, 1993[에릭 홉스봄, 강명세 역,『1780년 이후의 민족과 민족주의』, 창비, 1998])에서는 "언어를 기본으로 하는 내셔널리즘은 본질적으로 국가에 의한 통제를 요구"하고 "바로 그 언어에 대한 공적 승인을 획득하려" 하듯이 국가와 직설적인 관계를 찾으려는 것에 대해 기旗의 상징성이 발휘되기 위해서는 "'정치적 네이션'과 국민전체로부터 만들어지는 것으로서의 네이션과의 결부가 간접적"(93면)인 일정한 역사적 상황을 상정하고 있다.

5)「新聞紙上二国章ヲ掲載セシム」,『太政類典 第二編 第六巻 出版 二태정류전 제2편 제6권 2』, 明治6년 3월 28일. 이하 太라고 생략해서 쓴다. 역시 이에 대응하는『公文録공문록』의 기사는「第百五十九巻 明治六年 三月 司法省伺 目録(1)」 메이지 6년 3월「新聞紙上二国章掲載伺」.

6)『太政類典 第二編 第六巻 出版 二태정류전 제2편 제6권 2』, 明治六年 三月 二八日.

7) 위의 책.

8) 高木博志,「桜とナショナリズム－日清戦争以後のソメイヨシノの植樹벚꽃과 내셔널리즘－청일전쟁 이후 소메이요시노(왕벚나무)의 식수」,『国際秩序と国民文化の形成국제질서와 국민문화의 형성』(西川長夫・渡辺公三 編), 柏書房, 1999. 에도 후기의 품종개량에 관해서는 川添登・菊池勇夫,『植木の里－東京駒込・巣鴨식목의 마을–동경 고마고메・스가모』(生活学選書, ドメス出版, 1986) 참조. 스가모巣鴨・고마고메駒込의 원예센터가 만들어지면서 개량품종이 배치되는 과정과, 많은 재래종을 휩쓸어갔던 원예기술과 유통 경로를 명확하게 하고 있다.

9) 막부 말기에 후쿠이번福井藩의 영어교사로서 일본에 건너와서, "천황ミカド"을 처음으로 내세운 천황론, 일본론으로 알려진 윌리엄 엘리어트 그리피스W. E. Griffis는 국화나 매화의 분재 등 일본의 정원・화원 가꾸는 기술을 높이 평가하고, 국화문장에 대해서, "천황의 문장인 국화가 병사兵舎나 군모・군복의 단추, 군기, 정부의 목적에 맞추어진 건물을 장식하고 있다"(W. E. Griffis, 山下英一 訳, 『明治日本体験記메이지일본체험기』, 平凡社, 1984, 76면[William Elliot Griffis, *The Mikado's Empire*, New York, 1876])고 관찰하고 있다.

10) 大日方純夫, 「近代天皇制と三つの花근대천황제와 세 가지 꽃」, 『歴史評論』 602号, 2000.6.

11) 太, 一編 四七巻 儀制・徽章(明治元年 11月); 太, 위의 글(明治元年 12월); 太, 위의 글(明治2年 9月 18日).

12) 太, 二編 五一巻 儀制・徽章 二, 「皇族ヨリ寺院へ寄附ノ菊章処分황실에서 사원에 기부한 국화문장 처리」(明治4年 8月).

13) 위의 글.

14) 위의 글.

15) 大蔵省伺, 「京都府菊御紋取扱ノ儀伺」, 『公文録공문록』 127編, 辛未 8月. 이하, 公이라고 생략해서 쓴다.

16) 島根県伺(明治8年 10月 10日, 太, 2編 51巻 儀制 六・徽章 二, 「桐章ヲ用ルハ禁止ニアラス」). 또한 교토부에 대한 회답은 「濫觴未詳」, 후자에서는, 유신 이래 오동나무문장桐章을 금지시켰던 분명한 문장은 존재하지 않는다.

17) 예를 들면, 메이지 6년 7월 18일 부付에서는 공부성사工部省伺가 "공학교工学校 벽위에 국화문장을 게재"(太, 2編 51券 儀制 六・徽章 二), 또한 메이지 9년 1월 26일에는 대장성사大蔵省伺(太, 위와 같음, "지폐 신안新案의 제조장에 국화문장 부조를 허가")가 허가되어 있다.

18) 太, 위의 글, "부현청 신축 즈음 집에 국화문장을 드러내는 것을 허가함"(明治9年 11月 6日).

19) 『法令全書법령전서』, 明治3年. 또한 이 세 사료의 초抄를 비롯해서, 佐藤秀夫 他編, 『日本の教育課題 第1巻 「日の丸」 「君が代」と学校일본의 교육과제 제1권 '히노마루(일장기)' '기미가요'와 학교』(東京法令, 1995) 참조.

20) B의 '국기장国旗章'은, 같은 해 4월(병부성兵部省 령達)에서 "국기御国旗수여"를 전제로 하고 있다. 또한 C의 '국기장国旗章'은 1875년 2년 전에 발포된 해군기장 가운데 '황실기御旗'를 '붉은 비단과 흰 국화문장'으로 개정하고, 1889년(메이지 22) 9월에 천황기 제도(궁내성宮内省 령達)에서도 계속된다. 10월 칙령으로서 발표되었던 해군기문장 조례에서 '천황기'라는 명칭과 바탕 색地色은 붉고, 국화문장은 금색 의장이라고 바뀌었다. 또한 같은 조례에서 15개의 해군 기장旗章이 열거되는데, '천황기'는 가장 먼저 열거되었고, 황후기 이하 황실기 그 외 해군대신기 등의 순이었고, 아홉 번째가 '군함기'(바탕 색地色은 희고, 태양日章 광선은 붉은 색)였고, 바탕색은 희고, 태양日章은 붉은 '함수기艦首旗'는 10번째였다.

21) 1930년, 일장기의 붉은 원의 위치를 둘러싸고, 문부성에 조회했던 것으로부터, 국기의 여러 양식이 명확해지고, A와 C로 정해졌던 규격・치수가 논쟁 대상이 되었다. 교육분야를 중심으로 이 논쟁을 상세하게 검토했던 籠谷次郎(「いわゆろ国旗'日の丸'と国民教

育소위 국기 '히노마루'와 국민교육」, 『近代日本における教育と国家の思想근대일본의 교육과 국가사상』 8章, 阿吽社, 1994)은, 정해진 규격은 무엇인가를 살피는 것이 아니라, 논의의 담당자나 그 발생 시기에 대한 문제를 고찰하고 있다.

22) 明治4年 10月 29日, 大政官布告 626号, 『法令全書법령전서』 明治4年.

23) 太, 2編 51巻 儀制 6 · 徽章 2. 가장 먼저 나온 대안은 병부성의 화약 군함선의 표장標章과 혼동되는 것을 구별하기 위해서, 결국 흰 바탕에 검은 색으로 "세관稅関"이라고 썼던 깃발이었다.

24) 太, 2編 51巻 儀制 6 · 徽章 2. "나라奈良 현청 및 관저의 국기게양의 청을 허가함"(메이지 5년 12월 17일).

25) 『明治天皇記메이지천황기』 二.

26) 太, 2編 51巻 儀制 6 · 徽章 2. "도쿄부 및 여러 현 아래의 여러 제일과 축일도 이와 같음(도쿄부 1월 1일 거리에 국기게양을 허가)"(明治6年 1月 20日). 확실히 이런 문서의 진무천황神武天皇즉위일은 "1월 29일"라고 붙여진 그대로이다.

27) 이 점에 대해서 지역 명망가 층의 사료를 사용했던 초창기 논증에서는 有泉貞夫, 「明治国家と祝祭日메이지 국가와 축제일」(『歴史学研究역사학 연구』 341号, 1968.10).

28) 太, 2編 51巻 儀制 6 · 徽章 2. "도쿄부 및 여러 현 아래의 여러 제일과 축일도 이와 같음(도쿄부 1월 1일 거리에 국기게양을 허가)"(明治6年 1月 20日).

29) 太, 2編 51巻 儀制 6 · 徽章 2. "도쿄부 및 여러 현 아래의 여러 제일과 축일도 이와 같음(도쿄부 1월 1일 거리에 국기게양을 허가)"(明治6年 1月 20日).

30) 太, 2編 51巻 儀制 6 · 徽章 2. "도쿄부 및 여러 현 아래의 여러 제일과 축일도 이와 같음(도쿄부 1월 1일 거리에 국기게양을 허가)"(明治6年 1月 20日).

31) 太, 2編 51巻 儀制 6 · 徽章 2. "여러 축일에 국기게양은 인민의 원하는 바에 맡긴다"(明治8年 4月 24日).

32) 太, 2編 51巻 儀制 6 · 徽章 2. "여러 축일에 국기게양은 인민의 원하는 바에 맡긴다"(明治8年 4月 24日).

33) 国立公文書館 所蔵 『決済録, 儀制雑法결제록, 의제잡법』(明治8年 1月 9日付).

34) 菅沼竜太郎 訳, 『ベルツの日記벨츠의 일기』 上, 明治13年 11月 3日条, 岩波文庫, 1979.

35) 『読売新聞요미우리신문』 寄書.

36) 太, 2編 51巻 儀制 6 · 徽章 2 "개항장의 외부 각 현 국기게양과 그에 대한 조형물 제조비 지출을 허락한다"(明治9年 2月 18日), 太, 그 바로 앞에 "부현청 병설관 등 국기게양에 대하여"(明治10年 12月 18日).

37) 太, 3編 12巻 儀制 · 朝排寮会, 「御国旗掲揚指令の権限국기게양 지침의 권한」(明治11年 6月 4日).

38) 위의 글.

39) 中村理平, 『洋楽導入者の軌跡양악도입자의 궤적』, 刀水書房, 1993, 279면.

40) 나팔수도 포함한 여러 번의 서양식 병제兵制의 수용과 변화에 대해서는, 鈴木淳, 「蘭式 · 英式 · 仏式네덜란드식 · 영국식 · 프랑스식」(横浜開港資料館 編, 『横浜英仏駐屯軍と外国人居留地요코하마의 영 · 불 주둔군과 외국인 거류지』, 東京堂出版, 1999) 참조.

41) 中村理平, 『洋楽導入者の軌跡양악도입자의 궤적』, 刀水書房, 1993, 90면.

42) 太, 220編 兵制 第19・徵兵 4(明治5年 9月 27日); 太, 204編 兵制 3・武官職制(明治8年 10月 14日).

43) 塚原康子, 『十九世紀の日本における西洋音楽の受容19세기 일본의 서양음악 수용』, 多賀出版, 1993. 의례와 사찰 음악으로서 군악이라는 첨단기술은 해・육군악, 식부성式部省 악사, 나아가서는 문부성 음악 취조소取調所 등 19세기 후반 일본의 양악기술의 기초가 되었다. 다만, 최근의 연구에서 쓰카하라 야스코塚原康子는 '양악' 수용은 결과였고, '궁정' '군악' '문부성'의 세 조직이 각각 전문 부서를 설치하고, 각 기능에 어울리는 음악선택을 행했다고 한다(「明治前期の新しい音楽表現메이지 전기의 새로운 음악 표현」, 『(昭和音楽大学) 研究紀要(쇼와음악대학) 연구기요』 19, 1999).

44) 海軍省 編, 「横須賀行幸海軍天覧ノ件」, 『海軍制度沿革해군제도 연혁』 一, 原書房, 1971(原箸, 1938).

45) 반자이万歳의 성립에 대해서는 마키하라 노리오牧原憲夫, 「'万歳'の誕生'반자이'의 탄생」, 『思想』 845号, 1994.1.

46) 초창기 기미가요의 성립에 대해서는 '어전연주御前演奏' 초연 시기에 집중해야 한다. 메이지 4년(1871) 4월과 9월의 두 가지 방식이 있었지만(倉田喜弘, 『芸能の文明開化예능의 문명개화』, 平凡社, 1999; 中村理平, 『洋楽導入者の軌跡양악도입자의 궤적』, 刀水書房, 1993), 어느 것이나 다 해군군악대에 의한 사찰식 음악이다.

47) 楽水会 編, 『海軍軍楽隊해군군악대』, 国書刊行会, 1984, 44면.

48) P. ロチ, 「秋の日本가을의 일본」, 『世界教養選集세계교양선집』 九, 平凡社, 1975, 43면(原著, 1901).

49) 쓰카하라 야스코塚原康子의 앞의 책(주 43)은 '奏楽機会'라는 개념을 사용해서 수입된 양악 전수와 사회의 관계도 언급하고 있다. 주 46의 구라타 요시히로倉田喜弘의 책(『芸能の文明開化예능의 문명개화』, 平凡社, 1999)에서도 요코하마개항장에서 조약체결국의 군악대가 함상에서뿐만 아니라, 시내에서도 연주했고, 이것이 "서양 소리sound"의 창구가 되었다고 본다.

50) 「国楽を振興すべきの説국악을 진흥해야한다는 주장」, 『明六雑誌』 18, 1874.

51) 『中村祐康遺録나카무라 쓰케야쓰 유록』 소장. 주 47의 『海軍軍楽隊해군군악대』 소장 사료.

52) タカシ・フジタニ, 「近代日本のおける権力のテクノロジー軍隊・'地方'・身体근대일본에서 권력의 테크놀로지－군대・'지방'・신체」, 『思想』 845号, 1994.11.

53) 勝部真長・松本三之介・大口勇次郎 編, 『勝海舟全集 15巻 陸軍歴史 1가쓰 카이슈 전집 15권 육군역사 1』, 勁草書房, 1976.

54) 동일하게 정규 교육을 받고, 훈장을 받았던 육군성 초빙 프랑스인 샤를르 에두와르 가부리엘 르루Charles Edouard Gabriel Leroux가 자신의 음악활동이나 일본음악연구를 저술했던 것에 비해서, 프란츠 폰 에케르트Franz von Eckert는 말하자면 직수입의 기술전달에 힘썼고, 1897년에는 에이조 황태후英照皇太后(역주－메이지 천황의 어머니)의 장례식용 장송곡 〈지극한 슬픔哀之極 かなしみのきわみ〉을 작곡했다. 이 장송곡은 메이지 천황의 장례때나 그 이후에도 수행군악대에 의해 연주되는 한편, 독일 귀국 후인 1901년에는 한국 이왕조李王朝 궁정음악사로서 한국으로 가서, 구한국 국가 〈대한제국애국가〉를 편곡했다(中村理平,

앞의 책). 또한 지식이나 기술을 사람이나 장소를 매개로 전수했던 군악·양악은 식민지 한국에서는 창가교육이라는 회로를 통해서 일본의 창가가 '양악'으로서 도입되었다(姜信子, 『日韓音楽ノート일한음악노트』, 岩波新書, 1998). 한편 대만에서는, '국어'교육이라는 명목으로 일본어습득은 창가교육의 텍스트가 중요한 역할을 담당했다(劉麟玉, 『日本植民地下の唱歌教育−台湾における西洋音楽受容の一側面일본식민지 하의 창가교육−대만에서 서양음악수용의 일측면』, 1995, 国立国会図書館 所蔵).

55) 中村理平, 『洋楽導入者の軌跡양악도입자의 궤적』, 刀水書房, 1993, 권말 부록 자료.

56) 吉全進, 『ラ・マルセイーズ物語−国歌の成立と変容라・마르세이즈 이야기−국가의 성립과 변용』, 中公新書, 1994.

57) 메이지 송頌은 도중에 사라졌다고 여겨지지만, 음악연구소에서 신곡으로 연주되고 있었다. 『学海日録학해일록』 五(岩波書店, 1992) 메이지 16년 10월 2일의 조목条目에는 "삼현사三絃師가 와서 신곡을 연주하다. 메이지 송頌의 제1수首였다"는 부분이 있다.

58) 군대예법으로서 "천황을 맞이하는 음악"은 〈기미가요君が代〉도 포함한 복수의 악보가 있지만, 육해군의 나팔 예법곡은 통일되어서, 〈육해군 나팔 악보〉가 제정되는 것은 1885년(메이지 18)이다. 또한 육해군악대는 예식음악으로서 현행 〈기미가요君が代〉를 채용, 1888년, 해군성은 〈대일본예식大日本礼式〉악보를 배포하고, 나아가 1893년에는 문부성이 "축일祝日 대제일大祭日 가사 및 악보"를 공포, 1900년 8월, 축제일 의식을 비롯해서 〈기미가요君が代〉 합창을 명시했다는 경과가 알려져 있다.

59) 검토내용은 음악취조소에서 현재 동경예술대학 소장 사료 「음악경사서류音楽経伺書類」로 남아있다. 이것을 창가교육으로서 위치 지웠던 초창기의 연구로서 야마즈미 마사미山住正己의 『창가교육성립과정 연구唱歌教育成立過程の研究』(도쿄대학출판회, 1967) 참조. 이런 국가안国歌案의 검토논점은 일부, 오사 시즈에長志珠絵, 「국가와 국어国歌と国語」(『강좌세계사 4−자본주의는 사람을 어떻게 변화시켜왔는가講座世界史 4−資本主義は人をどう変えてきたか』, 도쿄대학출판회, 1995)에도 중복되어 있다. 사료는 『일본근대사상대계 제18권 예능日本近代思想大系 第18巻 芸能』(岩波書店, 1988)에도 수록되어 있다.

60) 国立公文書館所蔵文書, 山住正己校注・伊沢修二, 『洋薬事始−音楽取調成績申報告양악의 시초』, 東洋文庫, 平凡社, 1971.

61) 普通学務局取調掛, 「音監経伺書類음감경사서류」, 東京芸術大学所蔵.

62) 위의 글. 하마오 아라타浜尾新의 번역 부분 안에는, 국가国歌에 대해서 "사람으로서 자기로부터 그 나라에 대한 애모비우愛慕悲憂의 정을 서로 드러낸다. 그것을 듣는 것은 그 몸의 초라하고 허약함을 깨닫는 인식이 아니라 고무함으로써 강하게 매진하는" 효과가 기대된다. 또한 "주변 국가는 모두 형제가 아니며, 반드시 나를 시기하고 나를 침략한다"는 인식도 외부를 '적'이라고 상정했던 19세기 국가国歌의 가사歌詞 이미지로서 흥미롭다.

63) 위의 글.

64) 구로이타 가쓰미黒板勝美를 비롯한 이들이 '사적史蹟'의 확정이나 '국사国史'교육에 의해 상서롭고 좋은 전쟁이라는 기억을 재구축하고 잊혀지지 않도록 하기 위한 이와 같은 장치를 인식한 것은 메이지 30년대 이후다.

65) 普通学務局取調掛, 앞의 글.

66) 『学海日録학해일록』 八, 岩波書店, 1992(明治23年 4月 30日条).

67) 청일전쟁 전후 진구황후神功皇后상 변화를 에마絵馬를 소재로 논한 논문으로서, 리처드·앤더슨의 「정한론과 진구황후 에마征韓論と神功皇后絵馬」(『열도의 문화사列島の文化史』 10, 1996) 참조. 이 논문의 분석관점은 평화적인지 호전적인지에 대해서 몰두하고 있다. 오사 시즈에長志珠絵의 「천자天子의 젠더天子のジェンダー」(荻野美穂, 西川祐子 編, 『(공동연구) 남성론(共同研究) 男性論』, 人文書院, 1999)에서는 진구황후의 다양한 색채적인 요소와 근대국가에서 여성의 배치와의 괴리에 대해서 언급했다.

68) 국가안国歌案으로서의 '진구황후神功皇后'는 그 가사 중에 "남자보다 뛰어난 공적"이라는 문구가 문제시되는데, "세상에서 드문 공적"으로 개정, 이후 폐안廃案.

69) 多木浩二, 『天皇の肖像천황의 초상』, 岩波新書, 1988; 飛鳥井雅道, 『明治大帝메이지 대제』, 筑摩書房, 1989; 岩井忠熊, 『明治天皇－'大帝' 伝説메이지 천황－'대제' 전설』, 三省堂, 1997; 佐佐木克, 「天皇像の形成過程천황상의 형성과정」, 『国民文化の形成국민문화의 형성』 (飛鳥井雅道 編), 筑摩書房, 1984. 복장 변화의 관점에서는 다케다 사치코武田佐知子의 「메이지 천황의 어진영과 남성미明治天皇の御真影と男性美」(『衣服で読み直す日本史의복으로 다시 읽는 일본사』, 朝日選書, 1998).

70) 『明治天皇紀메이지 천황기』 二.

71) 太, 2編 2巻 宮内 一·内廷, 「司法省判任官聖上皇后宮御真影下賜ヲ請フ充サス사법성 판임관 성상 황후궁 어진영 하사를 청하는데 쓰임」(明治6年 12月 10日); 太, 위의 글(明治8年 5月 10日).

72) 太, 위의 글(明治7年 4月 10日); 公, 168編, 辛未 10月~11月·諸県伺.

73) 宮内庁 書陵部 所蔵.

74) 宮内庁 書陵部 所蔵.

75) 도쿄대학 메이지신문잡지 문고 소장. 신문부록인 도상은 대판大判 1매로 〈그림 1〉과 같이 화공의 서명, 가장자리 장식 등 신문 니시키에錦絵新聞의 형식을 띤 것이 많다. 자료로서 독립적인 가치가 있다고 생각된다.

76) 「外国新聞へ掲載ノ国章ノ儀二付司法省へ照会ノ件외국신문에 게재된 국가문장의 의례에 붙인 사법성의 조회 건」, 『諸帳簿·往復簿二·明治二十一年·内閣記録局제 장부·왕복부 2·메이지 21년·내각기록국』. 정형화되었던 '어진'은 1888년(메이지 21년) 1월에 기요소네キョソネ가 밑그림을 스케치하고, 마루키 토시히로丸木利陽가 촬영해서 완성한다. 『메이지 황후기明治皇后紀』 7에서 변경이유로 "어진영으로서 존재하는 것은 구식 불란서 군복" "모두 10년 전의 촬영"이어서 "외국황실·귀빈에게 증여하기에는 적당치 않고, 요청하는 자가 있을 때마다 대신 등은 그것을 처리하는데 곤란했다"고 설명하고 있다.

77) 주 20 참조.

78) Ottmar von Mohl, 金森誠也 訳, 『ドイツ貴族の明治宮廷記독일귀족의 메이지 궁정기』, 新人物往来社, 1988, 111~112면(Ottmar von Mohl, *Am japanischen Hofe(At the Japanese Court)*, Berlin : Reimer, 1904).

79) 「観菊御宴관국어연」, 『世界教養選集세계교양선집』 九, 平凡社, 1975, 78면.

80) 大日方純夫, 「近代天皇制と三つの花근대천황제와 세 가지 꽃」, 『歴史評論』 602号, 2000.6.

81) 『法令全書법령전서』 明治3年, 해설.

82) 주 21 籠谷次郎, 앞의 책. 특히, 1888년 작성된 당초는 소학교에서만으로 한정되었거

나, 또는 고등소학교에 한정되었고, 1892년 이후에도 사립소학교는 제외되어지는 등 그 수용 실태는 지역적인 편차가 있었다. 사토佐藤도 최근 이와 비슷한 지적을 한 바가 있다(佐藤, 「解説해설」, 『続・現代史資料 八 教育一御真影と教育勅語속・현대사자료 8 교육–어진영과 교육칙어』, みすず書房, 1994).

83) 木下直之, 「出来事を写す写真사건을 찍은 사진」, 『日本の写真家 二 田本研造と明治の写真家たち일본의 사진가 2 다모토 겐조와 메이지의 사진가들』, 岩波書店, 1999.

84) E. J. Hobsbawm, 浜林正夫・嶋田耕也・庄司信 訳, 大明書店, 『ナショナリズムの歴史と現在내셔널리즘의 역사와 현재』, 2001, 183면(E. J. Hobsbawm, *Nations and Nationalism since 1780－Programme, Myth, Reality*, Cambridge Univ. Press, 1993[에릭 홉스봄, 강명세 역, 『1780년 이후의 민족과 민족주의』, 창비, 1998]).

85) 長志珠絵, 「天子のジェンダー천자의 젠더」, 『共同研究 男性論공동연구 남성론』(荻野 美穂, 西川祐子 編), 人文書院, 1999.

86) 北原恵, 「正月新聞における〈天皇ご一家像〉の形成と表象정월신문에서 〈천황일가상〉의 형성과 표상」, 『現代思想현대사상』 2001年 5月号.

87) 宮内庁書陵部 所蔵, 1900년 '성혼成婚' 즈음에 황태자비 '어진영' 요청이 늘어났다.

88) 하쿠분칸博文館의 '국민' 형성전략에 대해서는 니시카와 유코西川祐子, 「잡지 『태양』의 '19세기' 특집호에 나타난 세기전환의 의식雑誌『太陽』の「一九世紀」特輯号に見る世紀転換の意識」, 『国際秩序と国民文化の形成국제질서와 국민문화의 형성』(西川長夫・渡辺公三 編, 柏書房, 1999)에 수록.

89) 이 해에는, 하쿠분칸博文館 이외에서도 『부인화보婦人画報』에서 세 황손의 신년호三皇孫の元日号 게재를 허가해 달라는 요청이 나왔다.

90) 신년호元日号의 지면에서 천황가의 아이들 사진게재는, 신문부록으로서는 『도쿄니치니치신문東京日日新聞』의 1902년 1월 1일 부록에 1901년 4월에 태어난 황손 미치노미야迪宮(훗날 쇼와천황昭和天皇)가 양장을 한 어린아기의 모습으로 정면사진상으로 등장한다(〈皇孫迪宮殿下御写影황손 미치노미야전하 어진영〉).

91) 藤原帰一, 『戦争を記憶する전쟁을 기억한다』, 講談社現代新書, 2001(후지와라 키이치, 이숙종 역, 『전쟁을 기억한다』, 일조각, 2003).

92) 鶴見俊輔, 「明治天皇伝説메이지천황 전설」, 『共同研究明治維新공동연구 메이지유신』(思想の科学研究会 編), 徳間書店, 1967.

93) 「偉大なる元首위대한 원수」, グローブ紙, 1912.7.30; 『世界に於ける明治天皇세계의 메이지 천황』, 英文通信社, 1913, 50면.

94) 「治世変遷の際に於ける日本치세변혁의 즈음에서의 일본」, 『世界に於ける明治天皇세계의 메이지 천황』, 1912.8.25, 162~163면.

95) 『大阪朝日新聞오사카아사히신문』, 1904.9.3, 天声人語.

96) 「銀座より国家について긴자로부터 국가에 대해서」, 『読売新聞요미우리신문』, うまのかみ, 1912.7.9.

일본 근대 종교개념의 형성

1) M. フーコー, 中村雄二郎 訳, 『知の考古学지식의 고고학』, 河出書房新社, 1981, 119면

(미셸 푸코, 이정우 역, 『지식의 고고학』, 민음사, 2000, 117면).

2) 이 논의를 볼 수 있는 것으로, ラッセル・T・マッカチオン, 「'宗教'カテゴリをめぐる近年の議論'종교' 범주를 둘러싼 최근의 논의」(磯前順一, R・カリチマン 공역, 『現代思想』 28-9, 2000), 磯前順一, 「宗教概念および宗教学めぐる研究概況종교개념 및 종교학에 관한 연구개황」(『現代思想』 28-9, 2000)이 있다.

3) 阿満利麿, 『日本人はなぜ無宗教なのか일본인은 어째서 무종교인가』, ちくま新書, 1996.

4) 松井芳郎, 「近代日本人と国際法근대 일본인과 국제법」, 『季刊 科学と思想계간 과학과 사상』 13・14호, 1974; 藤田久一, 「東洋諸国への国際法の適用동양국가들에 대한 국제법의 적용」, 『関西大学法学部百周年記念論文集 法と政治理論の現実간사이대학 법학부 백주년기념논문집 법과 정치이론의 현실』 上, 有斐閣, 1998.

5) 広瀬靖子, 「キリスト教問題をめぐる外交状況기독교문제를 둘러싼 외교상황」, 『日本歴史』 290・291・303호, 1972.

6) 外務省, 『日本外交年表並主要文書 1840~1945일본외교연표 및 주요문서 1840~1945』, 原書房, 1936, 19면.

7) 相原一郎介, 「訳語'宗教'の成立번역어 '종교'의 성립」, 『宗教学紀要종교학기요』 5호, 1938, 3면.

8) 藤井貞文, 『開国期基督教の研究개국기 기독교 연구』, 国書刊行会, 1965, 164면.

9) 小泉仰, 「序論서론」, 『明治思想家の宗教観메이지 사상가의 종교관』(比較思想史研究会 編), 大蔵出版, 1975, 20~21면.

10) 『日本外交文書일본외교문서』 1-1, 642면; 『日本外交文書일본외교문서』 2-1, 41면.

11) 関一敏, 「日本近代と宗教일본 근대와 종교」, 『春秋춘추』 393호, 1997. Winston L. King, "Religion", in M. Eliade ed., *The Encyclopedia of Religion*, Vol.11, Macmillian Publishing Company, 1987, p.283.

12) 종문宗門, 종지宗旨의 의미는 『徳川禁令考 前集五도쿠가와막부 금령고』(倉文社, 1959)에 수록되어있는 용례에 따른다.

13) 中村元, 『仏教語大辞典불교용어대사전』, 東京書籍, 1981; 小泉仰, 「序論서론」, 『明治思想家の宗教観메이지 사상가의 종교관』(比較思想史研究会 編), 大蔵出版, 1975.

14) 高橋文博・茂木誠他, 「近世諸思想の論争근세제사상의 논쟁」, 『日本思想論争史일본사상논쟁사』(今井淳・小沢富夫 編), ぺりかん社, 1975.

15) 川田熊太郎, 「宗の教とレリジォン종교와 religion」, 『仏教と哲学불교와 철학』, 平楽寺書店, 1957; 中村元, 「「宗教」という訳語'종교'라는 번역어」, 『日本学士院紀要일본학사원기요』 46-2, 1991.

16) 井上哲次郎, 「祝辞축사」, 『宗教学紀要종교학기요』 1호, 1930, 304면.

17) 鈴木範久, 『明治宗教思想の研究메이지 종교사상의 연구』, 東京大学出版会, 1979, 16면.

18) 鈴木裕子, 「明治政府のキリスト教政策메이지 정부의 기독교정책」, 『史学雑紙사학잡지』 86-2, 1977; 山崎渾子, 「幕末維新期における信教の自由막부 말, 메이지유신기 신앙의 자유」, 『聖心女子大学論叢세이신여자대학논총』 87・88호, 1996・1997.

19) 春畝公追頌会 編, 『伊藤博文伝이토 히로부미전』, 原書房, 1943, 654면.

20) 『明六雑誌메이로쿠잡지』 上, 岩波文庫, 1999; 『福沢諭吉全集후쿠자와 유키치전집』 四, 岩

波書店, 1959.

21) Wilfred Cantwell Smith, *The Meaning and End of Religion*, Fortress Press, 1962 / 1991, chap.2; Peter Harrison, *Religion and the Religions in English Enlightenment*, Cambridge U.P., 1990, chap.2.

22) 大隅和熊, 『中世思想史への構想중세사상사에 대한 구상』, 名著刊行会, 1984, 95면.

23) 宮田登, 『江戸のはやり神에도의 인기있는 신』, 学芸文庫, 1993, 48・52・66면.

24) 小泉仰, 「序論서론」, 『明治思想家の宗教観메이지 사상가의 종교관』(比較思想史研究会 編), 大蔵出版, 1975, 17면.

25) 大隅和熊, 『中世思想史への構想중세사상사에 대한 구상』, 名著刊行会, 1984, 93~94면.

26) James Edward Ketelaar, *Of Heretics and Martyrs in Meiji Japan*, Princeton U.P., 1990, chap.5.

27) 위의 책, chap.4; オールス・ランデ, 「『六合雑誌』における諸宗教に対する態度『리쿠고잡지』의 제종교에 대한 태도」, 『キリスト教社会問題研究기독교사회문제연구』 27호, 1978.

28) 小崎弘道, 「六合雑誌発行ノ趣意리쿠고잡지의 발행 취지」, 『六合雑誌리쿠고잡지』 1호, 1880, 1~2면.

29) 柏原祐泉, 『日本仏教史 近代일본불교사 근대』, 吉川弘文館, 1990, 47면.

30) 鶴巻孝雄, 「啓蒙家の誕生, そして民俗の文明化계몽가의 탄생, 그리고 민속의 문명화」, 『神奈川大学評論가나가와대학평론』 23호, 1996; 幡鎌一弘, 「明治期における社会と天理教메이지기 사회와 덴리교」, 『天理大学おやさと研究所年報덴리대학오야사토연구소연보』 3호, 1996.

31) 篠田一人, 「日本近代思想史における熊本バンドの意義일본근대사상사에서 구마모토반도의 의의」, 『熊本バンド研究 日本プロテスタンテイズムの一源流と展開구마모토반도연구 일본 프로테스탄티즘의 한 기원과 전개』(同志社大学人文科学研究所 編), みすず書房, 1965.

32) 沖本常吉 編, 『幕末淫祀論叢에도막부 말기 음사논총』, マツノ書店, 1978.

33) 西周, 『百一新論백일신론』 『西周全集』 一, 日本評論社, 1945, 271면.

34) 宮地正人, 『天皇制の政治史的研究천황제의 정치사적 연구』, 校倉書房, 1981, 제1장; 阪本是丸, 「日本型政教関係の形成過程일본형 정교관계의 형성과정」, 『日本政教関係の誕生일본 정교관계의 탄생』(井上順孝・阪本是丸 編), 第一書房, 1987.

35) 村上重良, 『国家神道국가신도』, 岩波新書, 1970, 108면.

36) 荻原隆, 『中村敬宇研究나카무라 케이우 연구』, 早稲田大学出版部, 1990, 제6장.

37) 小崎弘道, 「六合雑誌発行ノ趣意리쿠고잡지의 발행 취지」, 『六合雑誌리쿠고잡지』 1호, 1880, 11면.

38) 安丸良夫, 『神神の明治維新－神仏分離と廃仏毀釈신들의 메이지유신－신불분리와 폐불훼석』, 岩波新書, 1979, 8~9면.

39) 桂島宣弘, 『幕末民衆思想の研究에도막부 말기 민중사상의 연구』, 文理閣, 1992, 216면; 村上重良, 『近代民衆宗教史の研究근대 민중종교사 연구』, 法蔵館, 1958 / 1963, 183~189면.

40) ひろたまさき, 『文明開化と民衆意識문명개화와 민중의식』, 青木書店, 1980, 93면.

41) 위의 책, 72~73면.

42) 山路愛山, 『基督教評論기독교평론』(『基督教評論・日本人民史』, 岩波文庫, 1966, 71면).

43) 島尾永康, 「進化論者の排耶論と神道著述家の十字教観진화론자의 기독교배척론과 신도저

술가의 기독교관」, 『排耶論の研究기독교배척론 연구』(同志社大学人文科学研究所 編), 教文館, 1985; 渡邊正雄, 『日本人と近代科学일본인과 근대과학』 岩波新書, 1978, 제4장.

44) Eric Sharp, *Comparative Religion*, Duckworth, 1975 / 1986, p.28; 島尾永康, 「進化論者の排耶論と神道著述家の十字教観진화론자의 기독교배척론과 신도저술가의 기독교관」, 『排耶論の研究기독교배척론 연구』(同志社大学人文科学研究所 編), 教文館, 1985, 112면.

45) 平岩愃保, 「道徳ト宗教ノ関係도덕과 종교의 관계」, 『六合雑誌리쿠고잡지』 40호, 1883, 130면.

46) 大畠清・井門富士夫, 「明治キリスト教史메이지 기독교사」, 『明治文化史 第六巻 宗教編메이지문화사 제6권 종교편』, 洋洋社, 1954; 鈴木範久, 『明治宗教思想の研究메이지 종교사상의 연구』, 東京女子大学出版会, 1979, 제1장.

47) 有賀長雄, 『宗教進化論종교진화론』, 東洋館書店, 1883.

48) フルベッキ, 「優勝劣敗우승열패」, 『六合雑誌리쿠고잡지』 62호, 1886.

49) 牧原憲夫, 『客分と国民のあいだ 近代民衆の政治意識손님과 국민사이 근대민중의 정치의식』, 吉川弘文館, 1998, 제3장.

50) 그렇지만 서양에서조차 엄밀한 정교분리는 실현하기 어려웠다. René Rémond, trans. by Antonia Nevill, *Religion and Society in Modern Europe*, Blackwell, 1999.

51) Arie L. Molendijk, "Introduction", in A. L. Molendijk, P. Peles eds., *Religion in the Making*, Brill, 1998, p.7.

52) James Edward Ketelaar, *Of Heretics and Martyrs in Meiji Japan*, Princeton U.P., 1990, pp.41~44; 山口輝臣, 『明治国家と宗教메이지국가와 종교』, 東京大学出版会, 1999, 제6장.

53) 井上円了, 『比較宗教学비교종교학』 『井上円了選集이노우에엔료선집』 8, 東洋大学, 1991, 94면.

54) Eric Sharp, *Comparative Religion*, Duckworth, 1975 / 1986, chap.2・3; Peter Byrne, *Natural Religion and the Nature of Religion*, Routledge, 1989, pp.200~201.

55) James Edward Ketelaar, *Of Heretics and Martyrs in Meiji Japan*, Princeton U.P., 1990, chap.4; 鈴木範久, 『明治宗教思想の研究메이지 종교사상의 연구』, 東京大学出版会, 1979, 제3장.

56) 小沢三郎, 『内村鑑三不敬事件우치무라칸조불경사건』, 新教出版, 1961.

57) 松本三之介, 『明治思想における伝統と近代메이지사상에서 전통과 근대』, 東京大学出版会, 1996, 제8장.

58) 宮地正人, 「国家神道形成過程の問題点국가신도 형성과정의 문제점」, 『日本近代思想大系 第五巻 宗教国家일본근대사상대계 제5권 종교국가』, 岩波書店, 1988, 589면.

59) 村上重良, 『国家神道국가신도』, 岩波新書, 1970; 佐佐木聖史, 「神道非宗教より神社非宗教へ신도비종교에서 신사비종교로」, 『日本大学精神文化研究所・教育制度研究所紀要일본대학정신문화연구소・교육제도연구소기요』 16호, 1985, 104면.

60) 加藤玄智 編, 『神社対宗教신사 대 종교』, 明治聖徳紀念学会, 1921.

61) Brian, C. Wilson, "From the Lexical to the Polythetic", in T. A. Idinopulos, B. C. Wilson eds., *What is Religion?*, Brill, 1998, p.143.

62) Eric Sharp, *Comparative Religion*, Duckworth, 1975 / 1986, chap.6; Arie L. Molendijk, "Introduction", in A. L. Molendijk, P. Peles eds., *Religion in the Making*, Brill, 1998, part1.

63) 姉崎正治,『宗教学概論종교학개론』『姉崎正治著作集아네사키 마사하루 저작집』 六, 国書刊行会, 1982.

64) 姉崎正治,「仏教史の研究と基督教会史불교사연구와 기독교회사」,『哲学雑誌철학잡지』 10-106, 995~996면.

65) 위의 책, 33면; 磯前順一,「宗教学的言説の位相종교학적 담론의 위상」,『現代思想현대사상』 23-10, 1995.

66) 姉崎正治,『宗教学概論종교학개론』『姉崎正治著作集아네사키 마사하루 저작집』 六, 国書刊行会, 1982, 1면.

67) 姉崎正治,「宗教なる概念の説明契機종교 개념의 설명 계기」,『哲学雑誌철학잡지』 15-156, 1900, 1・21면.

68) 姉崎正治,『宗教学概論종교학개론』『姉崎正治著作集아네사키 마사하루 저작집』 六, 国書刊行会, 1982, 21면.

69)「明治三一年八月二十五日付, 大西祝宛, 姉崎正治書簡메이지 31년 8월 25일자, 오니시 하지메에게 보내는 아네사키 마사하루의 편지」,『大西祝・幾子書簡集오니시 하지메・이쿠코 서간집』(石関敬三・紅野敏郎 編), 教文館, 1993, 301면.

70) 東京帝国大学宗教学講座創設廿五年紀念会,『宗教学講座創設廿五年紀念 宗教学文献展覧会目録종교학강좌창설 25주년기념 종교학문헌전람회목록』, 1930, 3면.

71) 大塚虎雄,『学界新風景학계신풍경』, 天人社, 1930, 81면.

72) 磯前順一,「近代神道学の成立근대 신도학의 성립」,『思想』 860호, 1996.

73) 姉崎正治,「三教会同の観察3교회동의 관찰」,『宗教と教育종교와 교육』, 博文館, 1912, 553면.

74) 위의 글, 556면; 床次竹二郎,「三教者の会同を催すに就て3교회동 개최를 맞아서」,『東亜之光동아시아의 빛』 7-3, 1912, 109면.

75) 大石紀一郎,「文化批判の変容문화비판의 변용」,『比較思想雑誌비교사상잡지』 5호, 1985; 杉崎俊夫,「姉崎嘲風ノート아네사키 초후 노트」,『明治文学全集메이지문학전집』 40, 筑摩書房, 1970(아네사키 초후는 아네사키 마사하루의 필명－역자 주).

76) 姉崎正治,『宗教学概論종교학개론』『姉崎正治著作集아네사키 마사하루 저작집』 六, 国書刊行会, 1982, 62면.

77) 姉崎正治,『復活の曙光부활의 서광』, 有朋館, 1904, 122면.

78) 姉崎正治,『南北朝問題と国体の大義남북조문제와 국체의 대의』, 博文館, 1911.

79) 小口偉一, 高木広夫,「明治宗教社会史메이지시대 종교사회사」,『明治文化史 第六巻 宗教編메이지 문화사 제6권 종교편』, 洋洋社, 1954, 534~535면.

80) 赤坂憲雄,『遠野 / 物語考도노 / 모노가타리고』, ちくま学芸文庫, 1998; Gerald Figal, *Civilization and Monsters : Spirits of Modernity in Meiji Japan*, Durham & London : Duke University Press, 1999.

81) 韓晳曦,『日本の朝鮮支配と宗教政策일본의 조선지배와 종교정책』, 未来社, 1988(김승태 역,『일제의 종교침략사』, 기독교문사, 1990); 中島三千男,「'海外神社'研究序説'해외신사'연구 서설」,『歴史評論역사평론』 602호, 2000.

82) Charles F. Keyes, Laurel Kendall & Helen Hadacre eds., *Asian Vision of Authority*, Honolulu

: University of Hawaii Press, 1994, p.2. 아시아의 시각으로 서양의 대리인으로서의 일본을 거론한 논문으로 또, 姜来熙, 「模倣と差異모방과 차이」(『トレイシーズ트레이시즈』 1호, 岩波書店, 2000)가 있다.

'토론하는 공중'의 등장

1) 원문 강조. 특별한 이유가 없는 한, 이 글에서 소신문을 인용한 부분에서는 원문의 후리가나를 일부 생략하였다. 그리고 적당히 구두점과 탁점을 활용하는 등 원문과 표기를 조금 바꾸었다.

2) 東京府庶務課, 『明治十七年度 東京府統計書메이지 17년도 도쿄부통계서』, 1886.

3) 南新二, 「투고」, 《무제》, 『読売요미우리』, 1886.5.15.

4) Jürgen Habermas, 「一九九〇年新版への序言1990년 신판의 머리말」, 『(第二版)公共性の構造転換－市民社会の一カテゴリーについての探求(제2판)공공성의 구조전환－시민사회의 한 카테고리에 대한 탐구』, 未来社, 1994, 37면.

5) 위의 책, 33면.

6) 1880년, 도쿄부는 「甲第百拾九号갑제119호」(10월 11일)에서, 종래의 포고·포달의 공시방식을 바꾸어, "구정촌 내 게시와 신문지상의 게재를 공포식으로 정하여 (…중략…) 『도쿄니치니치 신문』, 『요미우리 신문』 두 개의 신문에 각 도쿄부 공포용 게재란欄을 설치"하도록 했다. 경시청에서는 이 두 신문에 『초야』, 『유빙호치』, 『도쿄에이리』, 『이로하』 4개의 신문을 추가하여 6개의 신문에 공포용 게재란을 설치하도록 정했다(「甲第四十五号갑제45호」, 1880.10.16).

7) 『公共性の構造転換공공성의 구조전환』에서 부르주아적인 공공권의 일원적 이론화, 이상화 등을 비판한 것에 대해서는, Nicholas Ghannam, 「メディアと公共圏미디어와 공공권」(Calhoun Craig J 編, 『ハーバマスと公共圏하버마스와 공공권』, 未来社, 1999)에 정리되어 있다. 또, 大貫敦子, 「排除された〈私〉の言葉－ドイツ市民社会における公共圏形成の言説とジェンダー배제된 '사적' 언어－독일 시민사회에서 공공권 형성의 언설과 젠더」(『思想사상』 925호, 2001.6)는 시민적 공공권에 부여되는 보편적 규범성에 의혹을 제시하고 그 선별과 배제의 구조를 젠더의 시각에서 문제화하고 있다.

8) 19세기의 북아메리카에서 공교육 이데올로기의 침투과정을 분석한 카츠Michael B. Katz는 그람시Antonio Gramsci를 인용하면서, 국가권력에 의한 법적인 강제와 사회생활의 강제적 방향에 대해 대중이 부여하는 '자발적' 동의를 구별할 필요가 있다고 지적하며, 민중에 의한 공교육의 수용이 후자에 의해 실현된 것이라는 관점에서 해명해야만 한다고 주장한다(M. B. Katz, 『階級・官僚制と学校－アメリカ教育社会史入門계급·관료제와 학교－미국교육사회사 입문』, 有信堂高文社, 1989, 28~30면).

9) 牧原憲夫, 『客分と国民のあいだ－近代民衆の政治意識손님과 국민의 사이－근대 민중의 정치의식』, 吉川弘文館, 1998, 229~230면.

10) Habermas하버마스, 앞의 책, 35면.

11) Balibar Etienne, 『市民権の哲学－民主主義における文化と政治시민권의 철학－민주주의의

문화와 정치』, 青土社, 2000, 150면.

12) 山本武利, 『近代日本の新聞読者層근대일본의 신문 독자층』, 法政大学出版局, 1981, 402면.

13) 浜田哲介, 「馬琴に於ける書肆, 作者, 読者の問題바킨의 책방, 작가, 독자의 문제」, 『国語国文국어국문』 22권 4호, 1953.4, 24면.

14) 中村幸彦, 『中村幸彦著述集 第八巻 戯作論나카무라 유키히코 저술집 제8권 희작론』, 中央公論社, 1982, 84~111면.

15) 桑田忠親, 『茶道の歴史다도의 역사』, 講談社学術文庫, 1979, 41~53면; 麻生磯次, 『川柳雑俳の研究삼류배우 연구』, 東京堂, 1948, 52~76면.

16) 安丸良夫, 「民衆運動における'近代'민중운동에서의 '근대'」, 『日本近代思想大系 第二一巻 民衆運動일본근대사상대계 제21권 민중운동』, 岩波書店, 1989, 448면.

17) 초기 소신문이 실었던 계몽주의에 내재된 폭력적인 측면에 대해서는, 平田由実, 「物語の社会空間ー近代メディアと'毒婦'言説이야기의 사회공간-근대 미디어와 '독부' 언설」(「明治文学の雅と俗메이지문학의 고상함과 저속함」, 『文学문학』 증간, 岩波書店, 2001)을 참조

18) 「新聞紙の昔신문의 옛날」, 『요미우리』, 1893.6.1. 고야스 다카시小安峻에 대해서는 西田長寿, 『日本ジャーナリズム史研究일본 저널리즘사 연구』(みすず書房, 1989)에서 「小安峻고야스 다카시」의 추기에 몇 개의 전기伝記 리스트(147면)가 있을 뿐 정리되어있는 전기나 연구가 빈약하다. 따라서 이 지론이 언제, 어떤 배경에서 형성된 것인지는 명확하지 않다. 그러나 『요미우리』의 발행처인 닛슈샤가 신문 사업에 관여하기 전년도에 간행했던 『英和字彙영일어휘』(1873.1)에서 가타가나체이긴 하지만 『요미우리』와 같은 와훈이 실행된 것으로 보아, 이 '숙원 사업'은 꽤 이른 시기에 형성되어, 사전 편찬에 관여했던 柴田昌吉 등 다른 외무성의 동료들에게도 공유되어 있었던 것으로 생각된다.

19) 『요미우리』, 1874.12.16. 서명署名은 '子安たかし고야스다카시.' 『요미우리』의 발행자 자격으로 고야스 다카시가 닛슈샤 사장으로 서명한 것은 1878년 11월 24일부터 1883년 4월 17일까지이다. 그러나 그 후에도 닛슈샤 주主로서 경영실무에 있었다는 것은 高田早苗, 『半峰昔ばなし한호우 옛날이야기』(早稲田大学出版部, 1927, 118면)에 나와 있다.

20) 石井研堂, 「全く読まれざる法令반드시 읽혀야 할 법령」, 『明治文化全集 別巻 明治事物起原메이지문화전집 별권 메이지 사물의 기원』, 日本評論社, 1969, 236면.

21) 「신문」, 『요미우리』, 1874.12.26. 『明治九年東京府管内統計表메이지 9년 도쿄부 관내 통계표』(1877.11)에는 경범죄 처벌 대상이 1만여 건으로 나와 있다. 小木新造, 「解説(一)해설(1)」(『日本近代思想大系 第二十三巻 風俗 性일본근대사상대계 제23권 풍속 성』, 岩波書店, 1990, 466~470면)에는 그 내역 등이 자세히 쓰여 있다.

22) 마찬가지로 『日本近代思想大系 第二十三巻 風俗 性일본근대사상대계 제23권 풍속 성』에 수록되어 있다.

23) 前島密, 「漢字御廃止之議한자폐지논의」, 1867. 인용은 山本正秀, 『近代文体形成史料集成 発生編근대문체형성사료집성 발생편』, 桜楓社, 1978, 130~133면.

24) 『요미우리』, 1874년 12월 14일 「투고」란에는, 이발소의 손님들이 "신문도 점차 개방된 덕분에 지금은 여러 가지 신문이 생겨났다. 그러나 사농공상은 물론 여자와 아이들이 이해하기 쉬운 신문은 아직 없다. 그렇지만 가나로만 쓰인 신문은 별로"라고 하자, "자네

는 아직 요미우리신문을 모르는 모양이군"이라고 답하는 대화를 담은 투고가 실려 있다.

25) '속담평화'가 역사적으로 보아도 '문文'이 아니라는 것은, 쇼몬하이론蕉門俳論에서 많이 보이듯이(『俗談一口咄속담일구돌』 등), 그것은 정통적인 에크리튀르écriture인 와카和歌의 언어 속에서 대량의 한어나 외래어, 속어를 투입했던 하이쿠 작가의 텍스트에서 조차, 고쳐져야만 하는 한 마디 짧은 말을 의미했다. '속담평화'가 수정이 필요 없는 문어체로 시민권을 얻을 수 있게 된 것은, 라쿠고 등을 기록한 텍스트가 출현한 이후이다. 『浮世床이발소』는, 『浮世風呂대중탕』과 마찬가지로 서민들의 공동체에서 세태를 여러 가지 '속담俗談'에 의해 그려내려 했다는 것을 명확하게 표명하고 있다는 점에서 『요미우리』의 편집방침과 같은 자세를 보여준다. 소신문 지면에 등장하는 목욕탕, 이발소, 우물가에서 나도는 다양한 풍문들은 근대 '속담평화'의 언설공간이 三馬의 그것과 긴밀하게 연결되어 있다는 것을 나타내고 있다고 할 수 있을 것이다.

26) "에이리 신문(의 창간)은 형제가 늘어난 것 마냥 매우 기쁜 일"(「이야기」, 『요미우리』, 1875.5.4), "또 아우가 세 명 생기고 여동생(여신문)도 태어났으니 이제 소신문의 유행으로 일가를 일으키자"(「투고」, 1875.12.28), "도쿄에서 영향력 있는 日新真事誌는 (…중략…) 나 같은 아이 신문과 달리 훌륭한 신문"(「신문」, 1875.12.7 등). 또 『가나요미』에서는, 메이지유신 이래 '각 신문사의 흥망성쇠'를 "적남嫡男－마이니치신문"을 선조로 하는 가보로 표현한 투고를 볼 수 있다(「투고」, 1876.8.13).

27) 『가나요미』 편집장 가나가키 로분仮名垣魯文도 역시 "소학교가 좋은 모범. 신문도 단어편부터 차츰차츰 단계를 밟아 일반적으로 누구나 알 수 있는 속담평화를 사용하여 후리가나부터, 신가타카나真片仮名로 나아가는 것이 순서"라고 하였다. 독자의 식자 향상을 학교 교육의 단계적 커리큘럼과 동일시하여, 후리가나가 붙은 속담평화의 지면이 '신가타카나'라고 불리는 한자와 가타카나가 섞인 문체로 이동해야 하는 것으로 보고 있다(神名垣魯文, 「투고」, 《論より証拠の説이론보다 증거 있는 설》, 『平仮名絵入히라가나 에이리』, 1875.12.7).

28) 투고 문장에 기자가 손을 대고 있었다는 것은 1875년 8월 3일 『요미우리』, 「社告」에 "이것 이외에도 어려운 투고가 올 때 고쳐 쓰는 일이 힘들고 곤혹스럽기 때문에 여러분께서는 가능한 한 쉽게 써 주셨으면 합니다"라는 구절에서 알 수 있다. 이후 미나미 신지는 같은 지면에 실은 《田舎饅頭と同物덴샤 만두와 같은 것》이라는 「후리가나 신문 투고」에서 "요즘에는 유식한 이들이 쓰기 때문에 기자 분들의 가필도 필요가 없고, 잘 짜여진 지면 위에 어엿하게 나란히 실리게 되었다"(1880.1.17)고 말하고 있다. 이를 통해 가필이 신문사의 예상만큼 필요하지 않게 되었다는 점을 추측할 수 있다.

29) 1876년 1월호부터 지폭이 26cm×35cm에서 31cm×23cm로 늘었고 1일 1매 1면에서 4면으로 증가했다(読売新聞百年史編集委員会 編, 『読売新聞百年史 資料・年表요미우리 신문 백년사 자료・연표』, 読売新聞社, 1976, 65면. 지폭에 관한 이하의 자료는 여기에 근거한다). 이에 따라 1부에 8리의 정가가 1전으로 올랐고 1개월 구독료 역시 20전으로 인상되어 격일로 간행되던 시기에 비해 두 배로 늘었다. 총 발행 부수는 1875년의 115만 3,298부에서 435만 2,554부로 급증했다(山本, 앞의 책, 402면).

30) 39cm×28cm로 확대, 정가는 1부 1전에서 1전 3리로 인상되었다.

31) 山本, 앞의 책, 402면.

32) 河愛楼晴雪, 「투고」, 《死灰再燃죽은 불 다시 타오라》, 『요미우리』, 1883.5.5.

33) 小松, 「투고」, 《外部の開化も捨べからず외부의 개화도 버려서는 안 된다》, 『요미우리』, 1882.3.24.

34) 高田しせん, 「투고」, 《무제》, 『요미우리』, 1883.4.5.

35) 渋江春, 「투고」, 《没書の説글이 실리지 않은 이유》, 『요미우리』, 1883.5.12.

36) 艸逢子, 「투고」, 《무제》, 『요미우리』, 1883.6.26.

37) 『스즈키다 신문鈴木田新聞』은 1880년 12월 6일 창간했고 1881년 12월 16일 폐간했다. 1부 1매 2면에 1전, 1개월 구독에 20전이었기 때문에 같은 시기의 『요미우리』에 비해 약간 비쌌다.

38) 47cm×35cm

39) 買水軒主人, 「투고」, 《かなのべんりなるろん가나가 편리한 이유》, 『요미우리』, 1883.10.3; 市隠翁, 「투고」, 《かなのくわいのよろこび가나 협회를 축하함》, 『요미우리』, 1883.10.12; ちとら, 「투고」, 《かなのくわいといふことをくわだてたまふとききて가나 협회를 계획하실 때》, 『요미우리』, 1883.10.13 등.

40) 「투고」, 『요미우리』, 1884.5.31.

41) さうどくせんもんいし たちばな, 「투고」, 《かなのくわいのはなし가나 협회 이야기》, 『요미우리』, 1883.10.9.

42) 傍観亭主人, 「투고」, 《局外居士の文を読사건과 무관한 거사의 글을 읽는다》, 『요미우리』, 1883.12.13. 『도쿄 니치니치』, 『유빙호치』 등의 소위 대신문은 반反 가나 문자론을 게재했고 가나 협회와 논쟁을 벌이고 있었다. 이 투고는 같은 달 9일 〈초야〉의 기사를 논박한 글이다. 다음 해인 1884년 1월 24일 『요미우리』 지면에 게재된 可愛楼晴雪의 《便不便편리와 불편》 역시, 《かなのくわいに対ツて誤高論を吹ツかけらるるの諸先生たち가나 협회에 대해 그릇된 주장을 펴는 여러분에게》에 대한 反批判반비판 투고이다.

43) 日下人, 「투고」, 《日本の文学일본의 문학》, 『요미우리』, 1883.12.19. 투고자가 주장한 '혼용문'이 구체적으로 무엇인지는 불분명하지만, '우리나라 문학의 역사'를 '한문'－'일기체日記体'－'가나문'－'혼합문'의 변화 과정이라고 서술하며 '혼용문'의 출현을 '1900년대'로 잡고 있다. 에도 후기 희극 작가 중 바킨馬琴의 독본読み本으로 대표되는 화한 혼용문을 언급하고 있는 것처럼 보인다. 매우 조잡한 정리로 예증도 없지만, 문학의 역사와 문체를 논하고 있다는 점에서는 이 해 9월부터 10월에 걸쳐 발표되어(『明治協会雑誌』 25~28호) 이후 『小説神髄소설신수』로 정리된 쓰보우치 쇼요坪内逍遥의 '소설 문체'와 상통한다.

44) 발단은 연노랑이나 자주색 히노마루를 거는 집이 있다고 보도했던 『도쿄 니치니치』 기사에 관한 투고(1월 10일)였고 여기에 의문을 제기한 '東橋のちか'로부터 온 투고가 있었다(16일). 또한 이를 반박한 '揚足突太郎'의 투고가 기재되었다(20일).

45) 『도쿄에이리』, 1876.6.24, 7.3・8・11일.

46) "저는 무학문맹의 날품팔이로 세상의 이치에 익숙하지 않다는 병이 있었습니다. 바보를 위한 약은 없다지만, 요미우리환読売丸 덕분에 이번에는 포고를 조금씩이라도 알 수 있게 되었습니다"(「투고」, 『요미우리』, 1874.12.14)라고 적은 투고가 대표적이다.

47) 中坂まとき, 「투고」, 《望みある世中희망 찬 세상》, 『요미우리』, 1883.8.29.

48) 任天居士, 「요미우리 잡담」, 《不立文字불립문자》, 『요미우리』, 1885.11.13.

49) 1894년 8월의 지폭 확장에 의해 『요미우리』는 현재와 거의 같은 세로 53cm, 가로 37cm

가 되었고 이 규격은 태평양 전쟁 후 용지 사정이 나빠져서 타블로이드판으로 나왔던 시기를 제외하고 계속 유지되었다.

50) ワイ・ディモク/マイケル・T・ギルモア 編,『階級を再考する－社会編成と文学批判の横断계급을 재고한다－사회편성과 문학비판의 횡단』, 松柏社, 2001, 9면.

51) ピエール・マシュレ,『文学生産の哲学－サドからフーコーまで문학생산의 철학－사드에서 푸코까지』, 藤原書店, 1994, 181면.

사진 속의 '전쟁'

1) 예를 들어 본고에서 다루는 영역과 관련이 깊은 것은, 고모리 요이치小森陽一, 고노 켄스케紅野謙介, 다카하시 오사무高橋修 편,『メディア・表象・イデオロギー明治三十年代の文化研究미디어, 표상, 이데올로기－메이지 30년대의 문화연구』(小沢書店, 1997.5)나, 가네코 아키오金子明雄 편,『ディスクールの帝国담론의 제국』(新曜社, 2000.4), 쓰쿠바대학 근대문학연구회筑波大学近代文学研究会 편,『明治期メディアに見る'文学'메이지기 잡지 미디어에서 보는 '문학'』(筑波大学・池内輝雄研究室, 2000.6), 스즈키 사다미鈴木貞美 편,『雑誌『太陽』と国民文化の形成잡지『태양』과 국민문화의 형성』(思文閣, 2001.7) 등을 들 수 있다. 보다 직접적인 자료는 히비 요시타카日比嘉高의「創刊期『太陽』の挿画写真－風景写真とまなざしの政治学창간 시기『태양』의 삽화사진－풍경사진과 시선의 정치학」(쓰쿠바대학 문화비평연구회筑波大学文化批評研究会 편,『植民地主義とアジアの表象식민지주의와 아시아의 표상』 수록, 佐藤印刷つくば営業所, 1999.3)이 동일한 대상을 다룬 선험연구이다. 외국의 풍경과 일본의 풍경이 사진으로서 어떻게 배치되고 있는가, 또한 재해 사진의 역할 등 전체에 걸쳐 영감을 받은 논거가 되었다.

2) 종간은 34권 2호(1928.2.5). 총 531권. 일본근대문학과과 야기서점八木書店이 제휴하여『CD-ROM版 近代文学館 6 太陽CD-ROM판 근대문학관 6 태양』으로 나와 있다. 이 잡지에는 편집명의인 외에 편집주간이라는 편집장제도가 있었다. CD-ROM판에 붙어있는『태양총목차』 해제에 의하면, 쓰보야 젠지로坪谷善四郎 시대(1895.1~1897.5), 다카야마 쵸규高山樗牛 시대(1897.6~1902.12), 도야베 슌테이鳥谷部春汀 시대(1903.1~1909.1), 우키타 카즈타미浮田和民 시대(1909.2~1917.6), 아사다 코손浅田江村 시대(1917.7~1923.9), 하세가와 텐케長谷川天渓 시대(1923.10~1927.3), 히라바야시 하쓰노스케平林初之輔 시대(1927.4~1928.3)의 일곱 시기로 나뉜다. 메이지기의『태양』의 독자층에 대해서는 나가미네 시게토시永嶺重敏「明治期『太陽』の受容構造메이지기『태양』의 수용구조」(『雑誌と読者の近代잡지와 독자의 근대』, 日本エディタースクール出版部, 1997.7)에 자세히 나와 있다. 실증적인 조사에 의해 "지방도시의 중학생, 지방청년, 재판소 공무원, 관리, 교원에서부터, 도쿄의 중등여학생과 중산가정, 고등학교 학생까지, 중학생부터 장년층에 걸쳐 전국적인 중산층 독자"를 획득하고 있었다고 한다. 게다가 이 잡지는 "크고, 백과사전 스타일"로 시각성을 겸비했고, "균질적인 청년학생층"에 의한 "반복, 숙독하는 수용"을 일소함과 동시에, "다양하고 광범위한 중산층 지식인들에 의한 시각을 주로 한 부분적, 소비적 수용"을 초래하면서 그때까지 없었던 잡지수용의 지평을 열었다.

3) 스즈키 사다미,「明治期『太陽』の沿革, および位置메이지기『태양』의 연혁 및 위치」(주 362

게재 『잡지 「태양」과 국민문화의 형성』 수록)

4) 山本武利야마모토 타케토시, 『近代日本の新聞読者層근대일본의 신문독자층』(法政大学出版局, 1981.6)의 책 말미 수록 자료, 「신문발행부수 일람」 참조

5) 『写真製版工業史사진제판공업사』, 도쿄사진제판공업협동조합, 1967.5.

6) 오가와 잇신은 1860년(만엔 원년) 8월에 태어나, 1929년(쇼와 4년) 9월에 사망하였다. 오자와 키요시小沢清의 평전 『写真界の先覚－小川一真の生涯사진계의 선각자－오가와 잇신의 생애』(近代文芸社, 1994.3)이 있다. 도쿄도의 사진미술관에는 오가와 잇신의 사진자료가 100점 정도 소장되어 있다.

7) 가와타 히사나가, 『活版印刷史－日本活版印刷史の研究활판인쇄사－일본활판인쇄사 연구』(印刷学会出版部, 1949.3, 복각판은 1981) 참조

8) 주 4와 동일.

9) 우에다 노부미치, 「『小国民』誌の異版『소국민』지의 다른 판」, 『国際児童文学舘紀要국제아동문학관기요』 제16호, 大阪国際児童文学舘, 2001.3.

10) 『朝日新聞社史 明治編아사히신문사의 역사 메이지편』, 朝日新聞社, 1990.7.

11) 주 4와 동일.

12) 이노우에 쇼이치, 『美人論미인론』, リブロポート, 1991.1.

13) 세로로 보통의 절반 사이즈로, "9월 1일 샤오샨즈이 고지 점령 후의 광경"라는 설명이 붙어 있다. 참호 옆에 세 명의 일본병사가 서있고, 일장기가 보이는 구도이다.

14) 『朝日新聞社史 明治編아사히신문사의 역사 메이지편』, 朝日新聞社, 1990.7.

15) 이전의 재해보도를 기초로 사회적인 접근을 했던 연구의 예로는, 北原糸子기타하라 이토코, 『磐梯山噴火－災異から災害の科学へ반다이산 분화－재이에서 재해의 과학으로』(吉川弘文館, 1998.12)을 들 수 있다. 여기에는, 매스미디어에서는 다루지 않았지만, 1888년경 이미 재해사진이 촬영되었고, 환등광고 등을 통해 의연금을 모집할 때 사용되었다는 기록이 있다.

16) 오하시 오토와, 「素人写真談소인사진담」(『名流談海명류담해』, 博聞舘, 1899) 참조. 오하시 오토와에 대해서는 쓰보우치 유조坪内祐三의 「編集者大橋乙羽편집자 오와시 오토와」(주 362 게재 『잡지 「태양」과 국민문화의 형성』 수록)를 참조

17) 물론 죽음의 은폐는 모든 사진에 해당되는 것은 아니다. 가메이 코레아키亀井茲明의 『明治二十七八年戦役写真帖메이지 27·28년 전역사진첩』(小川写真製版所, 1897.5)과 같은 청일전쟁을 다룬 전쟁사진집에는 시체의 사진도 수록되어 있다. 그러나 그것도 여전히 제약이 있었던 것은 분명하다. 더러는 오토와의 촬영이 송달된 사진첩에는 은폐시킨 사진도 들어있었으리라. 만약 그렇다면 천황이라는 장치만이 죽음을 바라보는 것이 가능한 존재가 된다.

18) 이자와 코타로飯沢耕太郎는 『日本写真史を歩く일본사진사를 걷다』(新潮社, 1992.10)에서 구마모토熊本의 사진관 주인과 도미시게 토쿠지富重德次 등의 '예술사진'을 추구했던 사진가에게 주목하고 있다. 그들은 『태양』 등에서 했던 사진 현상공모의 응모자였다. 토쿠지가 『태양』, 『文芸界문예계』에 응모했던 사진은 사진관에서 일반적으로 촬영했던 방식과 같은 초상사진이나 기념사진은 아니다. "자연의 미를 렌즈에 담는다"(『태양』사진 현상공모 모집규정)는, 이른바 '예술사진'이다. 메이지 30년대는 아마추어 사진가들이 그들의

미의 이상을 로맨틱한 풍경사진에 기대 표현했던 '예술사진'이 일제히 등장하기 시작한 시기다. 1904년(메이지 37)에는 도쿄의 '개밥바라기 모임ゆうづつ社'과 오사카의 '나니와사진클럽浪華写真倶楽部'이 결성되어 매달 정기 모임 외에, 사진전 개최, 기관지의 발행 등의 활동을 활발하게 펼쳤다. 그들은 초상, 풍경을 기계적으로 기록하거나 기존의 방식으로 찍는 것을 싫어하고, 회화식 구도, 명암처리를 목표로 하여, 이상화된 화면을 만들어내려고 했다. 그들의 작품이 픽토리얼 포토그래피(그림 같은 사진)로 불린 것은 그 때문이다.

19) 다야마 가타이는 『러일전쟁실록』에서도 대부분의 기사를 썼지만, 여기에 머물지 않고 단행본인 『第二軍従征日記제2군종정일기』(博文館, 1905.1)을 정리했다. 여기에는 데라사키 코교寺崎広業의 회화 외에, 사진 15점이 첨부되어 있다. 그 '서언'에 다야마 가타이는 다음과 같이 썼다. "태고이래 유래 없던 러시아 정벌의 일에 내가 종군했던 일은, 실은 더할 나위 없이 운이 좋았다. 포연탄우, 그것은 나의 어린 사상이 자라도록 영향을 준 것은 물론이거니와, 나는 인간최대의 비극, 인간최대의 사업을 보았다고 까지 생각했다. 특히 더욱 행복한 것은 나는 종군사진반에 속해 생활했고, 또한 종군기자의 동행을 허락하지 않는 최전선 즉 제2군 활동을 처음부터 따라가는 것이 가능했기 때문에, 상륙지점을 시작으로 십삼리태자十三里台子, 남산南山, 득리사得利寺 등 군의 모든 일거수일투족을 하나도 남기지 않고 볼 수 있었다." 그는 스스로 카메라가 되려고 했다.